# 古典文獻研究輯刊

## 三 編

潘美月・杜潔祥 主編

# 第 **27** 冊

## 新編校本劉邵及其《人物志》研究

黃 志 盛 著

國家圖書館出版品預行編目資料

新編校本劉邵及其《人物志》研究／黃志盛著 — 初版 — 台北
縣永和市：花木蘭文化出版社，2006〔民95〕

序 1+ 目 4+304 面；19×26 公分
（古典文獻研究輯刊 三編：第 27 冊）
ISBN：978-986-7128-57-7（精裝）
ISBN：986-7128-57-5（精裝）
1.（三國）劉邵－學術思想－哲學 2. 人物志－研究與考訂
123.11                                              95015497

古典文獻研究輯刊                ISBN：978-986-7128-57-7
三 編 第二七冊                    ISBN：986-7128-57-5

# 新編校本劉邵及其《人物志》研究

作　　者　黃志盛
主　　編　潘美月　杜潔祥
企劃出版　北京大學文化資源研究中心
出　　版　花木蘭文化出版社
發 行 所　花木蘭文化出版社
發 行 人　高小娟
聯絡地址　台北縣永和市中正路五九五號七樓之三
　　　　　電話：02-2923-1455／傳眞：02-2923-1452
電子信箱　sut81518@ms59.hinet.net
初　　版　2006 年 9 月
定　　價　三編 30 冊（精裝）新台幣 46,500 元　　版權所有·請勿翻印

# 新編校本劉卲及其《人物志》研究

黃志盛　著

作者簡介

1. 學歷：國立高雄師範大學國文研究所博士
2. 經歷：國立高雄海洋科技大學副教授
　　　　國立高雄師範大學兼任副教授

## 提　　要

　　本文旨在探討劉邵的生平及其著作《人物志》。生平的探討之內容包括：劉邵的名字考、仕宦考及生平考。《人物志》的探討之內容包括：《人物志》的版本源流考、劉邵撰寫《人物志》的緣由、《人物志》的人材思想及歷代學人對《人物志》的評價。

　　全文計分七章：

　　第一章「緒論」，旨在說明本文的研究動機、研究價值、研究成果檢討、研究方法及局限與謝忱。

　　第二章「劉邵生平考」，第一節「名字考」，由小學及古人取字的原則採名字義相符應兩個方法切入，論證劉邵的令名當作「從召從卩」的「邵」。第二節「仕宦考」，分別從劉邵初入仕途、官位漸升、政治高峰及淡出政治四個方面，論述劉邵在文學、政治、法律、禮學、軍事及人材理論等各面向的成就。第三節「生卒考」，論證劉邵約生於東漢靈帝中平三年（186），卒於魏齊王芳正始六年（245）。

　　第三章「《人物志》版本源流考」，旨在論證臺灣地區目前存在的十八種《人物志》版本，採校勘的方法，逐一比對各版本間文字的異同、版本款識的特色，以探討各版本的承啟關係。

　　第四章「劉邵撰寫《人物志》的緣由」，旨在從經學地位的沉淪、漢末政治的敗壞、控名責實的激盪及豐沛學養的流露等五個方向，說明劉邵為何要撰寫《人物志》。

　　第五章「《人物志》的人材思想」，旨在從《人物志》論人物的形上根據、論知人的途徑、論用人的原則、論知人失誤的原因及論偏材之性不可移轉等五個方向，全面論述《人物志》的人材思想之體系。

　　第六章「《人物志》的評價」，分別就理論架構及人材思想兩點評議《人物志》的歷史地位。

　　第七章「結論」，歸納本文的研究成果依序加以總結。

　　文中附有圖表、文末附有劉邵年譜簡編、劉昞傳、參考資料。

目
次

# 序

　　余潛心學術，偏好經世致用，雖研究魏晉思想，仍以劉邵《人物志》為主。此書詳論人才之考選、特性、種類與任用，為中國第一部研究人才學之專著。特於博士班開課，期勉研究生能治事，並用於當世。

　　黃志盛教授，時在課堂，頗有同感，遂以《劉邵及其人物志研究》為題，在黃錦鋐教授之指導下完成博士論文，並經口試委員之考試，以優異成績，獲得博士學位。由於黃教授之論文著有聲譽，近日得出版商之慧眼，即將付梓，並求序於余，遂拜讀再三，而心所感。

　　黃教授盡力研讀《人物志》，以現代之眼光與方法加以剖析、歸納和比較，將其人才思想系統化，並與當代人才思想相印證，肯定其學術與實用之價值，足供當今主管用人之借鑑；其論文闡述詳明，論證有力；且文辭通達曉暢，可讀性極佳，不論各階層領導人士，皆極具參考之價值；加上黃教授治學謹嚴，且為人謙和；其講學遍及中學至大學院校，體驗尤深，此書將有益於萬千學子，故特別加以推薦，以饗讀者。


民國九十五年七月十六日蔡崇名謹識於國立高雄師範大學國文系

# 編校凡例

一、本書最初爲博士學位論文，其最用心處在〈第二章劉邵生平考〉暨〈第三章人物志版本源流考〉。第四－六等三章則分別就劉邵撰著《人物志》的緣由、《人物志》的人材思想及《人物志》的評價予以探討，同時爲考量《人物志》文辭艱澀難讀，特附白話語譯於引文下，併以圖表方式呈現文本意涵，故全文除具學術價值外，當亦有助於初學者參考。

二、本書於民國 90 年自行打印，在罕見字、體例及版面處理等方面難免有諸多疏漏處。茲承花木蘭文化出版社選入《古典文獻研究輯刊三編》，並惠允重新打校排版統一體例，爰增列本〈編校凡例〉說明始末，用誌銘謝，並方便檢索。

三、本書定名〈新編校本〉，與原編不同處如次：（一）改〈目錄〉爲〈目次〉，並研擬〈編校凡例〉弁首（二）在〈第二章〉新增〈第十九節 結論〉標目，分別以粗體標示「引文」及「考訂」（三）〈第二章〉版本款識敘述，凡有「涼」及「涼」兩用，概從原版「書影」。

四、本書〈第二章〉版本源流考，凡有引用「正文或劉注」處，悉以「黑體」標示；凡有涉及「考訂」處則以「標準體」標示。但〈第十九節 結論〉則爲閱讀方便，概以「標準體」處理。凡有「脫文」處，無論脫文幾字悉以一「●」標示，凡有「應校正」處，悉以『 』標示。

五、本書在重新出版過程，承國立高雄師範大學國文研究所蔡教授崇名慨允賜序弁首，另承江永川先生協助校對、統一編校體例，特此致謝。

六、謹以此書獻給恩師黃錦鋐教授，聊表祝福與崇敬之意。

# 第一章 緒 論

　　本論文名爲《劉劭及其人物志研究》，旨在探討劉劭的生平及其著作《人物志》。生平的探討之內容包括：名字考、仕宦考。《人物志》的探討之內容包括：《人物志》的版本源流考、劉劭撰寫《人物志》的緣由、《人物志》的人材思想及《人物志》的評價。茲分五點論述本論文的研究動機、研究價值、研究成果的檢討、研究方法、局限與謝忱。

## 一、研究動機

　　民國八十五年，我在幾經波折之後，終於有幸考取國立高雄師範大學國文學系博士班，得以一償繼民國七十二年，畢業於東吳大學中研所碩士班以來未達成的宿志。內心除了感恩，還是感恩。感恩高師大教授的恩賜，讓我有機會重溫當學生的樂趣，也讓我有機會重回學術界充電。由於中輟十三年再返校園，因此，對於系上教授所開的各門課程，不管以前修過或從未觸及者，我都覺得新鮮而且值得用心去學。所以，博一博二兩年下來，除修畢校定的三十二學分之外，還特地利用暑假期間，到校旁聽蔡崇名教授在暑期學分班講授的書法課，向班上同學請益電腦打字的技巧。日子過得雖然辛苦，收穫卻頗充實。

　　由於自考取東吳大學起，就對老莊思想頗感興趣，加上碩士論文由精研道家思想的黃錦鋐教授所指導，因此，當我升上博二、聽聞蔡崇名教授開有「魏晉玄學專題研究」的課程，便不加思量的填選，希望能從中明瞭老莊思想在魏晉期間的開展變化。課中，蔡教授在上學期花了相當多的工夫介紹劉劭的《人物志》，並重複強調這本書討論人材的各種問題，堪稱精彩無比，值得深入研究。在蔡教授的循循善誘下，於是我開始留意《人物志》研究的相關資料。

　　當我讀到阮逸序《人物志》說：「由魏至宋，歷數百載，其用尙晦而鮮有知之者，

吁！可惜哉？」除了惋惜外，不由得生起疑問，爲何一本如此重要的人材理論巨著
竟遭此冷落？而後，我又陸陸續續的讀了一些相關的著作，才知道民國以後，由於
重視人材思想的研究與運用，及強調《人物志》在魏晉之際學術界的地位，《人物志》
已經逐漸受到重視。如湯用彤先生所寫的《魏晉玄學論稿》，其中第一篇就是〈讀人
物志〉；牟宗三先生所寫的《才性與玄理》，其中第二章就是〈人物志系統的解析〉；
錢穆先生所寫的《中國學術思想史論叢（三）》有一篇〈略述劉劭人物志〉，《人物志》
的價值已經逐漸被現代學人所肯定。

　　之後，以《人物志》爲題從事全面研究，結集成書者也不在少數。如江建俊先
生寫的《漢末人倫鑒識之總理則——劉劭人物志研究》、郭模先生寫的《人物志及注
校證》、陳喬楚先生寫的《人物志今註今譯》、蔡崇名教授寫的《新編人物志》、王曉
毅先生寫的《中國人才鑒識術——人物志譯注與研究》，鄭玉光先生寫的《知人善任
的奧秘——劉劭人物志研究譯注》等等，一時之間，不分此岸或彼岸，觸角伸及劉
劭人物志的學者愈來愈多。惟其中卻存著彼此見解迥異，或論證不足的現象，實有
待再深入探討之必要。因此，我乃不揣鄙陋，擬以《劉劭及其人物志研究》爲題，
踵武前賢的研究成果繼續向前深入鑽研。

## 二、研究價值

　　本論文的第二章，旨在探討劉劭的生平。劉劭的命名，歷代爭議頗大，我從古
人取名與字義相應的原則，試圖在文獻不足徵驗的局限之下，爲劉劭的命名謎團作
一較合理的解析。劉劭的生卒年、仕宦過程及其有關的著作撰寫之時間，《三國志》
〈本傳〉大都未作明確的交代，本文試著從歷代文獻及近人的考證，儘可能的將其
時間擬訂下來，文末並附有〈劉劭年譜簡編〉，可供有心研究《人物志》者之參考。

　　本論文的第三章旨在探討《人物志》的版本源流。由於近代學者對於《人物志》
的版本源流之見解，意見分歧頗深。且對於各版本的款識之介紹稍嫌簡略。因此，
我乃試著就已蒐集到的十八個版本：（一）、四部叢刊景印明正德刊本。（二）、明顧
定芳刊本。（三）、明刊本。（四）、明藍格鈔本。（五）、明梁夢龍刊本。（六）、明李
氏思益軒刊本。（七）、明胡氏兩京遺編本。（八）、明胡氏兩京遺編殘本。（九）、明
程榮漢魏叢書本。（十）、明說海彙編本。（十一）、何允中廣漢魏叢書本。（十二）、
明葉刊評點本。（十三）、清四庫全書本。（十四）、清王謨增訂漢魏叢書本。（十五）、
清張海鵬墨海金壺本。（十六）、清王氏畿輔叢書本。（十七）、民國鄭國勳龍谿精舍
本。（十八）、民國四部備要本。首先詳加介紹其版本款識，再逐一比對各版本文字
的異同，發現上述的十八個版本都源之於明顧定芳刊本，而各有發展。標名爲「四

部叢刊景印明正德刊本」的，其實跟梁夢龍刊本完全一樣。可見，它該景印自梁夢龍刊本。另外，上述的十八個版本，以四部叢刊景印明正德刊本及葉刊評點版本較佳。因此，本論文在徵引《人物志》的文字及劉昞注時，即以上述兩個版本為主，如有錯誤，再斟酌參考其它的版本。

　　本論文的第四章旨在探討劉劭撰寫《人物志》的緣由。歷來研究劉劭《人物志》的學者，大致採取從客觀環境的途徑說明劉劭何以要撰寫《人物志》。本論文則在江建俊先生及王曉毅先生的啓迪之下，認為劉劭撰寫《人物志》除了必以環境、歷史為背景之外，他個人的豐沛之人材思想也息息相關。因此，我試著從古書中披沙撿金，摘取有關的人材思想理論來與《人物志》相比對，發現劉劭的人材思想多源自古人，也有其獨自的創見不吐不快者。

　　本論文的第五章，旨在探討《人物志》的人材思想。包括《人物志》論人物的形上根據、論知人的途徑、論用人的原則、論知人失誤的原因及論材不可轉等五節。如此，《人物志》的人材理論體系之開闊，一目瞭然。由於《人物志》的文字號稱古奧難讀，因此，在引述《人物志》的文字時，不忘參考李子熏先生著的《中國識人學》──《人物志全譯》，將其白話解釋附之於後，並將各論點的文字敘述儘量製成表格，俾利理解。

　　本論文的第六章，旨在探討《人物志》的歷史評價。分成理論體系及人材思想的評價兩節，將歷來有關《人物志》的評價，儘量蒐集完備，並擇要略作按語，以斷其是非。

## 三、研究成果檢討

　　民國以來，《人物志》的研究逐漸受到學術界的重視，不止海峽兩岸學者研究它，連西方國家都重視它。如一九三七年，美國學者西里歐克以《人力研究》為題，介紹《人物志》的重要內容，刊載於美國新港市美國東洋協會刊物。並將其原文翻譯為英文。茲將《人物志》的重要論著列舉如下：

### （一）、單篇論文

1. 湯用彤〈讀人物志〉，見賀昌群、容肇祖等著（《魏晉思想》甲編五種，臺北：里仁書局，中華民國 73 年）

2. 〈略述劉劭人物志〉，見錢穆著（《中國學術思想史論叢（三）》，臺北：東大圖書公司，中華民國 66 年）

3. 〈人物志之系統的解析〉，見牟宗三著（《才性與玄理》，臺北：臺灣學生書

局，中華民國 67 年 10 月修訂四版（台再版））

4. 〈劉劭爲任使眾材，而即形徵性，論才性之品與逐步客觀化之觀人術〉見唐君毅著（《中國哲學原論原性篇》，臺北：臺灣學生書局，中華民國 67 年三月修訂四版（台初版））

5. 〈人物志講義〉，見程兆熊著（《人學與人物》，台北：明文書局，中華民國 76 年）

6. 〈魏晉玄學〉，見勞思光著（《中國哲學史》，香港：香港中文大學崇基學院，1980 年 11 月三版）

7. 〈魏晉之際關於名實、才性的辯論〉，馮友蘭著（《中國哲學史》，1983 年第 4 期）

8. 〈人物志舉正〉，孫人和著（《國立北平圖書館月刊》第三卷第一號）

9. 〈人物志論性之哲學根據與論性傳統〉，高柏園著（《鵝湖月刊》第二四卷第八期總號第二八四）

10. 〈一部彌足珍貴的人才學專著──劉劭《人物志》初探〉，徐光太、張和敬著（《安徽師大學報》（哲學社會科學報），1988 年第 3 期）

11. 〈《人物志》政治思想分析〉，吳丕著（《北京大學學報》（哲學社會科學版），1989 年第 3 期）

12. 〈轉型時期的才性理論──劉劭《人物志》研究〉，李建中著（《蘇州大學學報》（哲學社會科學版），1996 年第 3 期）

湯用彤先生著的〈讀人物志〉旨在探討《人物志》對於漢魏之際學術變化之影響；錢穆先生著的〈略述劉劭人物志〉旨在強調《人物志》將兩漢學術思想開闢到另一新方向；牟宗三先生著的〈人物志之系統的解析〉旨在強調《人物志》的系統雖不能開出超越的理性領域，而卻能從品鑒立場開出美學領域與藝術的境界，此在全幅人性之學上亦有其積極的價值；唐君毅先生著的〈劉劭爲任使眾材，而即形徵性，論才性之品與逐步客觀化之觀人術〉旨在就此書之序言與各章之次第，以說其論性之觀點與思路；程兆熊先生著的〈人物志講義〉旨在對全書文句分別作解釋；馮友蘭先生著的〈魏晉之際關於名實、才性的辯論〉旨在強調《人物志》討論的問題是怎樣認識人物，什麼人物適合做什麼官，能發生什麼作用。《人物志》所討論的問題又涉及一個更根本的問題，就是人物的不同究竟是由什麼決定。對於劉劭將它歸之於由人的天賦本質決定的，馮友蘭先生期期以爲不然，而另主張人物的不同，主要是由經驗和實踐決定的；孫人和先生著的〈人物志舉正〉旨在經由《長短經》徵引《人物志》的情形以考證《人物志》的版本；高柏園先生著的〈人物志論性之

哲學根據與論性傳統〉旨在強調《人物志》在中國論性傳統中開啓了才性之路，展開才性之品鑑傳統與美學判斷；徐光太、張和敬二位先生合著的〈一部彌足珍貴的人才學專著──劉卲《人物志》初探〉旨在強調《人物志》是我國歷史上第一部系統的人才心理學專著；吳丕先生著的〈《人物志》政治思想分析〉旨在強調《人物志》是一部很有特色的政治思想論著，文中，吳丕先生從性格分類法、專業分類法、能力分類法三個角度以解析劉卲對人材的分類相當精闢深入；李建中先生著的〈轉型時期的才性理論──劉卲《人物志》研究〉旨在強調漢魏時期思想界對人的關注，其理論重心逐漸由倫理轉向心理，由對正統儒家整體性道德規範的恪守，轉向對各種氣質、性情、才藝、智能的崇尚。在這一轉型過程中，劉卲《人物志》具有經典意義及豐碩價值。

## （二）、專　書

1. 《漢末人倫鑒識之總理則──劉卲人物志研究》，江建俊著（臺北：文史哲出版社，中華民國 72 年）
2. 《人物志及注校證》，郭模著（臺北：文史哲出版社，中華民國 72 年）
3. 〈知人善任的奧秘──劉卲《人物志》研究譯注〉，鄭玉光著（太原：山西人民出版社，1992 年）
4. 《中國古代人才鑒識術──人物志譯注與研究》，王曉毅著（長春：吉林文史出版社，1994 年）
5. 《識人學》，郭泰著（臺北：遠流出版社股份有限公司，1669 年 11 月 1 日初版九刷）
6. 《人物志》，王玫評注（北京：紅旗出版社，1996 年）
7. 〈中國識人學──《人物志》全譯〉，李子濤著（石家庄：河北人民出版社，1995 年 6 月）
8. 《人物志今註今譯》，陳喬楚（臺北：臺灣學生書局，1996 年）
9. 《新編人物志》，蔡崇名（臺北：臺灣古籍出版社，2000 年）

江建俊先生著的《漢末人倫鑒識之總理則──劉卲人物志研究》旨在「併繁理而撮其要，類眾說而明其統；用彰沉墜，補綴絕學。」郭模先生著的《人物志及注校證》旨在校正《人物志》及劉注本的疏誤；鄭玉光先生著的《知人善任的奧秘──劉卲《人物志》研究譯注》旨在對《人物志》思想作了系統的研究，同時對其文字做了詳細的注釋和今譯；王曉毅先生著的《中國古代人才鑒識術──人物志譯注與研究》旨在滿足不同文化程度讀者研究或瞭解我國優秀文化遺產，因此，從研究

部分、校注今譯部分及附錄部分整理《人物志》；郭泰先生著的《識人學》旨在對於《人物志》加以注釋與解說，以便使讀者易懂、好讀，並對劉注加以標點；王玫先生著的評注《人物志》除了保留劉注，另作新注外，同時加以今譯，附上每一篇的簡析；李子燾先生著的《中國識人學——《人物志》全譯》旨在給《人物志》作注釋和今譯，以期引起人們更多的重視，發揮《人物志》一書的積極作用；陳喬楚先生著的《人物志今註今譯》旨在據各種善本詳加考證、註譯，並附《人物志》作者劉邵本傳及相關資料，以便讀者參考；蔡崇名教授著的《新編人物志》旨在為《人物志》作校注及今譯，用字力求簡明流暢，以便利一般民眾閱讀。

上述對《人物志》的研究，不論單篇論文或專書，不論從事版本校證或作文字之注釋今譯，不論以西洋哲學觀點闡述其思想，或採傳統治學的方法加以疏證，對於《人物志》的研究都有深遠的影響。

## 四、研究方法

由於離開學術界長達十三年之久，深怕自己的學術水準遙落人後，因此，在正式撰寫本論文之前，我努力的拜讀林慶彰先生著的《學術論文寫作指引》，希望從中汲取論文寫作的要領，以彌補在資料蒐集、論文格式、寫作方法等各方面之不足。然後，我從嚴靈峰先生著的《周秦漢魏諸子知見書目》及楊家駱先生的《叢書子目類編》切入，瞭解《人物志》版本的存佚狀況，並據江建俊先生著的《漢末人倫鑒識之總理則——劉邵人物志研究》、郭模先生著的《人物志及注校證》、王曉毅先生著的《中國人才鑒識術——人物志譯注與研究》、陳喬楚先生寫的《人物志今註今譯》所引用的參考書目，按圖索驥，由高雄師範大學圖書館出發，經成功大學圖書館，到政治大學社會資料研究中心、國家圖書館、故宮博物院，並趁友人江永川先生遠赴大陸參加學術會議之便，請其代為蒐集李子燾先生著的《中國識人學——《人物志》全譯》。此外，我還上網點取《中華民國期刊論文索引》，以掌握最近的學術動態。期間，業師黃錦鋐教授幫我影印《人物志》明程榮漢魏叢書本，蔡崇名教授把他蒐集的《人物志》明葉刊評點本、鄭玉光先生著的《知人善任的奧秘——劉邵人物志研究譯注》借我影印，譚澎蘭同學幫我蒐集到高柏園先生著的〈《人物志》論性之哲學根據與論性傳統〉。至此，《人物志》的重要參考資料已大致蒐集齊全。

接著，我開始閱讀資料。在詳閱人對《人物志》的研究論著之後，發現尚有一些課題值得再深入探討或補充。例如，劉邵的大名，究竟該作從卩召聲？或是從力召聲？或是從邑召聲？劉邵的生平事蹟除了據《三國志》〈本傳〉模糊而扼要的記載外，是否可以經由文獻的補足而理出更清晰的輪廓？《人物志》的版本源流各家的

說法存有分歧，究竟孰是孰非？又《人物志》的版本以那一個本子最佳？可以取之作為分析論述《人物志》思想的依據。劉劭為什麼要撰寫《人物志》？除了外在環境的背景，劉劭本身豐沛的人材思想是否必須加以考慮？另外，劉劭的人材思想有無承襲自古人的智慧結晶？其中的承襲情況與開展度又如何？《人物志》的思想體系如何？歷代對於《人物志》的評價如何？等等，一連串的課題一直縈繞在我腦海中。於是，我乃構思整理，初擬綱要，北上向業師黃錦鋐教授請益。在聽完我的報告後，黃教授鼓勵我朝著上述所提的諸多課題逐一詳加研究，並指示我，在前賢業已打下深厚的研究基礎上，要多下工夫才能顯出本論文的研究價值。還說，如果要到中央研究院蒐集資料，可以請其服務於中研院「胡適紀念館」的女婿趙潤海先生代勞。業師的諄諄教誨及無盡的關懷，我永遠銘記五內。

民國八十七年起，我開始將蒐集的十八個《人物志》的版本，逐字比對，並參考孫人和先生著的〈人物志舉正〉，郭模先生著的《人物志及注校證》，模仿《國家圖書館善本書志初稿》的體例，對於十八種《人物志》的版本之版本款識一一加以分析，同時，也理出它們之間在文字方面的異同，及彼此的承啓關係。此一工作共花了二年多的時間，直到民國八十九年四月才完稿。接著，我參考晉·陳壽先生著的《三國志》〈本傳〉、江建俊先生著的《漢末人倫鑒識之總理則——劉劭人物志研究》及王曉毅先生著的《中國人才鑒識術——人物志譯注與研究》關於劉劭生平的考證，採取編年體例，輔以小學及相關文獻的論證，對劉劭的名字，仕宦過程及生卒年加以詳細的考證，此章在民國八十九年六月完成。接著，我參考鄭玉光先生著的《知人善任的奧秘——劉劭人物志研究譯注》關於《人物志》思想淵源的論證，將其中論及《人物志》人材思想淵源的資料蒐集起來，並擷取一般人對《人物志》撰述的原因，將它歸之於客觀環境的影響之說法，著手撰寫劉劭撰寫《人物志》的緣由，民國八十九年八月此章完成。《人物志》在我國學術界的地位，主要建立在它是華夏首部專門的人材學論著，因此，歷代學者對此已多所著墨，尤其是近人，更有引進西方的哲學觀點以解析《人物志》之人材思想者，面對此一研究的輝煌成果，如何從中理出一條可行的研究途徑，煞費心思。在詳閱各家的論述方法及觀點後，我決定以最笨拙的方法，先仔細閱讀《人物志》各篇，掌握其旨意，再打破其原有的篇章思路，分門別類的歸納其人材思想的體系。由《人物志》論人物的形上根據論起，而延伸至《人物志》論知人的途徑，《人物志》論用人的原則，《人物志》論知人失誤的原因，最後以「材不可轉」收煞，呼應《人物志》強調材能稟之於天賦的一貫主張。由於《人物志》文字古奧難讀，加上劉注只疏通其大意，為了方便讀者理解，於是我乃在各個引文之後，參考李子熏先生著的〈中國識人學——《人物

志》全譯），予以白話翻譯，並製作簡要的圖表，以供參考。此章完成於民國八十九年十月。接著，我從理論架構及人材思想兩個角度，分析歷來人物對《人物志》的評價，並作按語以論斷《人物志》的歷史地位。民國八十九年十二月此章完稿。

## 五、局限與謝忱

《人物志》研究的局限在於劉卲的史料太少，如果劉卲的家鄉能夠發掘一些更為豐富的史料，諸如業已亡佚的《人物志》之版本及相關著作，那麼，就可以單列課題，進行《劉卲研究》。這對政治學、人材學、文學、漢魏之際學術發展的研究均有較高的價值。

另外，本論文的完成，首先要感謝業師黃錦鋐教授的細心指導。在論文題目的擬訂，綱要的架構，資料的蒐集，文字的潤飾，書目的排列等各方面，都提供給我許多寶貴的意見和協助。黃教授是我就讀東吳大學中國文學研究所碩士班畢業論文的指導教授。現在，承蒙不棄，繼續指導我完成博士論文，浩蕩師恩，永矢弗諼。其次，我要感謝蔡崇名教授因為地利之便，時時給我針砭，以匡不逮。尤其令我最感動的是，民國八十九年底，老師因病住院開刀，猶念念不忘我的論文撰寫進度，私衷銘感，何可言宣。接著，我要感謝拙荊劉碧月女士無怨無悔的支持，陪著我到處蒐集文章，幫我裝訂資料，照顧孩子，讓我可以毫無後顧之憂的專心寫作。此外，江永川兄、吉廣興兄、譚澎蘭、姬秀珠、陳丁立等同學友的不吝提供資料，也一併致謝。

# 第二章　劉卲生平考

　　《人物志》的作者，據晉・陳壽的說法是「劉卲」。陳壽以近一千字的篇幅介紹其生平，內容包括：名字、籍貫、仕宦、著述、子嗣和友人。其中對於仕宦及著述兩項著墨較深，其餘則大都點到為止。現在，就據《三國志》〈劉卲傳〉為主，旁及《三國志》諸傳記、歷代文獻、及近人的著述，將其事蹟考述如下。

## 第一節　名字考

　　歷來關於《人物志》作者的大名，爭議頗巨。據〈本傳〉的說法為廣平邯鄲（今河北省邯鄲市）人「劉劭」（從力召聲）。但是，《隋書・經籍志》卻改稱之為「劉邵」（從邑召聲）〔註1〕，爾後，《舊唐書》及《新唐書》也都採用《隋書》的說法。〔註2〕直到宋仁宗天聖年間，進士宋庠始對《人物志》的作者之大名作校勘，他認為作「劭」及「邵」都不能符應「孔才之義」，應當作「卲」（從卩召聲）才是。他說：

　　　　據今官書魏志作勉劭之劭，從力。他本或從邑者，晉邑之名。案字書，
　　此二訓外別無他釋，然俱不協孔才之義。說文則為卲，音同上，但召旁從
　　卩耳，訓高也。高美又與孔才義符。揚子法言曰：「周公之才之卲是也。」
　　所辨精核，今從之。〔註3〕

---

〔註1〕楊家駱，《新校本隋書附索引》（志二十九經籍三）記載：「（《人物志》三卷，劉邵撰。）」（臺北：鼎文書局，中華民國68年2月2版），頁1004。

〔註2〕《舊唐書》卷四十七〈志第二十七・經籍下〉：「人物志三卷，劉邵撰。」見楊家駱，《中國學術類編新校本舊唐書附索引》（臺北：鼎文書局，中華民國68年2月2版），頁2031。又，《唐書》卷五十九〈志第四十九・藝文三〉：「劉邵人物志三卷。」見楊家駱，《中國學術類編新校本舊唐書附索引》（臺北：鼎文書局，中華民國68年2月2版），頁1532。

〔註3〕清・永瑢、紀昀等，《欽定四庫全書・人物志提要》（臺北：臺灣商務印書館景印文

截至目前為止，有關《人物志》作者的大名之主張，大致而言，有上述三種說法。由於文獻闕如，因此，孰是孰非尚難論斷。現在，且從我國古代取名的原則試作解析，希望有助於問題的釐清。

古人的名和字各有意義和用途。《離騷》王逸《注》：

> 名所以正形體、定心意也；字者所以崇仁義、序長幼也。夫人非名不榮，非字不彰，故子生，父母善應而名字之，以表其德、觀其志也。〔註4〕

《顏氏家訓‧風操第六》：

> 名以正體，字以表德。〔註5〕

意思是說，名是一個人的稱謂符號，是用來辨正名分，適合實體的。而字的意義，古人是用以表明志向德操，或說明長幼序列。古人認為，人生而無名就不能享受榮華富貴，無字就不能彰顯志向德操或區別長幼，因此，為人父母者在孩子出生後，便根據孩子的特徵為他們取名字。名與字兩者一般都有意義上的聯繫，字往往是名的解釋或補充，與名互為表裏，因此，字又叫「表字」。《白虎通義》：

> 聞其名即知其字，聞字即知其名。〔註6〕

正因為名與字有著這樣密切的關聯，因此，古人取字，主要是從名與字的相互文義聯繫著眼，選取相應的字。王充《論衡‧詰術篇》在考察先秦的名字制度後指出：

> 其立字也，展名取同義。〔註7〕

他並舉例說：

> 名賜字子貢，名予字子我。〔註8〕

可見，「義相比附」正是古人取字的一條基本原則。《人物志》的作者字「孔才」。《老子》：

> 孔德之容，惟道是從。

魏源《老子本義》：

> 孔，大也。〔註9〕

---

淵閣四庫全書第848冊，1996年），頁760。

〔註4〕宋‧洪興祖，《楚辭補注‧離騷經章句第一》（三重：長安出版社，1991年），頁4。

〔註5〕清‧趙曦明註，《抱經堂顏氏家訓注》（臺北縣：漢京文化事業有限公司，中華民國70年），頁92。

〔註6〕清‧陳立疏證《白虎通疏證》卷九〈姓名〉。清光緒元年淮南書局刊本（臺北：中國子學集成編印基金會，中華民國69年），頁489。

〔註7〕漢‧王充，《論衡》卷第二十五〈詰術篇〉。明萬曆間新安程榮刊漢魏叢書本（臺北：中國子學集成編印基金會，中華民國69年），頁1065。

〔註8〕漢‧王充，《論衡》卷第二十五〈詰術篇〉。明萬曆間新安程榮刊漢魏叢書本（臺北：中國子學集成編印基金會，中華民國69年），頁1065。

班固《漢書・西域傳》記載：

> 婼羌國王號去胡來王，去陽關千八百里，去長安六千三百里，辟在西南，不當孔道。〔註10〕

王先謙《漢書補注》：

> 孔道猶言大道，謂其國僻在西南，不當大道也。〔註11〕

據魏源及王先謙的說法，「孔」字具有「大」的意思，因此，「孔才」意指大才。如果據古人取字應與其名「義相符應」的原則看來，那麼，《人物志》的作者之大名必須要與「孔才」有所關聯。現在，先將「劭」、「邵」、「卲」三者的字義說明如下，再行討論：

## 一、劭字考

《說文》：「勉也。從力召聲。」〔註12〕《爾雅》：「劭，勔勉也。」〔註13〕郭《注》引《方言》：「周鄭之間相勸勉為勔。」〔註14〕《漢書・成帝紀》：「先帝劭農。」蘇林說：「劭音翹，精異之意也。」晉灼曰：「劭，勸勉也。」師古曰：「晉說是也，其字從力，音時召反。」〔註15〕可見，「劭」字在漢時的字義為勸勉。劭字具有「大」、「美」的字義，始於何時，由於資料不足，殊難論定。可以確信的是，最遲到晉時，學者作家已經開始以假借的方式，賦與「劭」字具「大」、「美」的字義。例如，西晉・潘安仁撰〈河陽縣作〉：「誰謂邑宰輕，令名患不劭。」〔註16〕唐・李善《注》：「小雅，劭，美也。」〔註17〕再如，陳壽撰〈劉劭傳〉：「劉劭，字孔才。」又如，《晉書》〈志第四・地理上〉：「虞舜登庸，厥功彌劭。」〔註18〕爾後，「年高德劭」也有人作「年高德劭」的。如宋・楊萬里〈太宜人蕭氏墓誌銘〉：「吉州以夫人年高德邵，應舊封太孺人，再封太安人。」也作「年高德劭」。〔註19〕

〔註 9〕清・魏源撰《老子本義》上篇第十八章（臺北：臺灣商務印書館，民國61年4月臺3版），頁22。

〔註10〕清・王先謙《漢書補注・西域傳》（臺北：藝文印書館），頁1640。

〔註11〕清・王先謙《漢書補注・西域傳》（臺北：藝文印書館），頁1640。

〔註12〕清・段玉裁《說文解字注》（臺北：藝文印書館，中華民國68年6月5版），頁706。

〔註13〕晉・郭璞注，《爾雅》卷上（北京：中華書局出版，1985年），頁6。

〔註14〕晉・郭璞注，《爾雅》卷上（北京：中華書局出版，1985年），頁6。

〔註15〕唐・顏師古注《漢書・成帝紀》（臺北：洪氏出版社，中華民國64年9月1日3版），頁314。

〔註16〕梁・昭明太子，《昭明文選》卷二十六（臺北：文化圖書公司，民國64年），頁362。

〔註17〕梁・昭明太子，《昭明文選》卷二十六（臺北：文化圖書公司，民國64年），頁362。

〔註18〕楊家駱，《新校本晉書》卷十四〈志第四・地理上〉（臺北：鼎文書局，中華民國68年2月2版），頁405。

〔註19〕唐樞，《成語熟語辭海》（臺北：五南圖書出版公司，中華民國89年），頁627。

## 二、邵字考

《說文》：「邵，晉邑也，從邑召聲。」〔註20〕《小爾雅‧廣詁一》：「邵，美也。」〔註21〕《孔叢子‧嘉言第一》：「由是言之，仮徒患德之不邵美也。」〔註22〕《法言‧修身篇》：「公子儀、董仲舒之才之邵也。」宋咸《注》：「邵，高也。」〔註23〕《法言‧重黎篇》：「或問子胥、種蠡孰賢？曰：胥也俾吳作亂，破楚入郢，鞭屍藉館，皆不由德，謀越諫齊不式，不能去，卒眼之。種蠡不強諫而山棲，俾其君詘社稷之靈而童僕，又終弊吳賢，皆不足邵也。」宋咸《注》：「二子之從師，無名焉，若以賢者議之，俱不足高也。」〔註24〕《廣雅‧釋詁》：「邵，高也。」〔註25〕可見，在漢魏之際，「邵」除有晉邑之義外，尚有「高」、「美」的意思。

## 三、邵字考

《說文》：「邵，高也，從卩召聲。」〔註26〕高田忠周說：「邵，高也，從卩召聲，蓋謂人有材超凡，有節拔眾也。」〔註27〕可見，「邵」的字義為「高」，指一個人有超凡的材能，拔眾的節操。

從以上的析論看來，「劭」的本義為「勉勵」，最遲到魏晉時已有學者作家賦與「美」的假借義；「邵」字除有「晉邑」的字義外，也有「高」、「美」的意思；「邵」的本義為「高」。如果據中國古人取字的原則為標準，那麼，《人物志》的作者之大名，作「劭」、「邵」及「邵」都說得通，惟若以文字的本義而言，則當作邵（從卩召聲）最為合理。

# 第二節　仕宦考

## 一、初入仕途

---

〔註20〕引自清‧段玉裁，《說文解字注》（臺北：藝文印書館，中華民國68年6月5版），頁706。

〔註21〕漢‧孔鮒，《小爾雅‧廣詁一》（北京：中華書局出版，1985年），頁1。

〔註22〕漢‧孔鮒，《孔叢子》卷上〈嘉言第一〉（北京：中華書局出版，1985年），頁41。

〔註23〕漢‧揚雄，《法言》卷二〈修身篇〉（北京：中華書局出版，1985年），頁7。

〔註24〕漢‧揚雄，《法言》卷七〈重黎篇〉（北京：中華書局出版，1985年），頁29。

〔註25〕魏‧張揖，《廣雅》卷一〈釋詁〉（臺北：臺灣商務印書館景印文淵閣《欽定四庫全書》第221冊（臺北：中華民國75年），頁442。

〔註26〕引自清‧段玉裁，《說文解字注》（臺北：藝文印書館，中華民國68年6月5版），頁435。

〔註27〕周法高、張日昇、徐芷儀、林潔明編纂，《金文詁林》（香港：香港中文大學，1975年），頁5594。

　　大概在東漢獻帝建安十七年（212）以前，劉劭初入宦途，嶄露頭角，〈本傳〉
記載：

　　　　建安中，為計吏，詣許。太史上言：「正旦當日蝕。」劭時在尚書令
　　　　荀彧所，坐者數十人，或云當廢朝，或云宜卻會。劭曰：「梓慎、裨竈，
　　　　古之良史，猶占水火，錯失天時。禮記曰諸侯旅見天子，及門不得終禮者
　　　　四、日蝕在一。然則聖人垂制，不為變『異』豫廢朝禮者，或災消異伏，
　　　　或推術謬誤也。」或善其言。敕朝會如舊，日亦不蝕。

這是劉劭第一次面對數十位官吏，以「正旦這天會日蝕」，應當廢除朝見，或最好停
止聚會為題而展開一場辯論。在這場辯論中，其他官吏的論點，〈本傳〉並未記載，
因此，不得其詳。至於劉劭的議論，則引經據典，不尚空言，足見他的學養深厚。
劉劭先舉魯國的大夫梓慎、鄭國的大夫裨竈，都是古代的優良史官，他們占卜水火
時，有時難免錯失天時的史實，再據《禮記》諸侯去朝見天子，進了朝門後如果發
生了「大廟火、日食、后之喪、雨霑服失容」等四種情況則廢除朝見。〔註28〕日食
屬於其中一項的規定，說明古聖先賢留下的禮制，告訴大家並不因為有甚麼變異的
跡象而事先廢棄朝廷的典禮，有時候這些災難變異會自然消平，也有可能是史官的
推論謬誤啊！荀彧很嘉賞劉劭這番話。下令朝會如期舉行，到了那天也沒出現日食。
按〈本傳〉的說法，這件事發生在荀彧任尚書令時，能言善辯的劉劭以計吏〔註29〕
的身分詣許（今河南許昌縣）。《三國志‧荀彧傳》記載：

　　　　建安元年……天子拜太祖大將軍，進彧為漢侍中，守尚書令。建安十
　　　　七年，董昭等謂太祖宜進爵國公，九錫備物，〔註30〕以彰殊勳，密以咨彧。

---

〔註28〕《禮記月令第七》：「曾子問曰：『諸侯旅見天子，入門不得終禮者有幾？』孔子曰：
　　　　『四。』『請問之。』曰：『大廟火、日食、后之喪、雨霑服失容則廢。』」見唐‧孔
　　　　穎達等正義，《十三經注疏5禮記》（臺北縣：藝文印書館，1979年7版），頁369。
〔註29〕邱創煥說：「上計就是郡國向中央上計簿之謂。計簿是一種簿冊，記載戶口、墾田、
　　　　錢穀入出、盜賊多少等事項。此上計簿須每年呈上一次，以便檢查當年的行政成果
　　　　而第優略。上計簿通常由掾史攜帶詣中央，郡守相不能親自帶進京。因為上計簿由
　　　　上計掾史攜帶，而此掾史（稱計吏）到中央後須備咨詢應對，以說明各該郡的行政
　　　　實績，所以各郡都選能言善辯，且熟悉計簿者為上計掾史。」見邱創煥，《文官制度
　　　　叢書》（臺北：上海印刷廠，1993年），頁145～146。據邱創煥的說法，計吏為郡國
　　　　的上計掾史，他的職責在於將自己郡內的行政實績，包括戶口、墾田、錢穀入出、
　　　　盜賊多少等事項，逐年向中央呈報，作為評第優略的依據。任其職務的，一般而言，
　　　　多為能言善辯之士，當時，劉劭就是以計吏的身分詣許上計。
〔註30〕「九錫」意指古天子賜諸侯有功者衣物等凡九事。應劭說：「一曰車馬，二曰衣服，
　　　　三曰樂器，四曰朱戶，五曰納陛，六曰虎賁百人，七曰鈇鉞，八曰弓矢，九曰秬鬯，
　　　　此天子之制度也。」見盧弼，《二十五史7三國志集解》卷一〈魏書‧武紀〉（臺北
　　　　縣：藝文印書館），頁67。

或以爲太祖本興義兵以匡朝寧國，秉忠貞之誠，守退讓之實；君子愛人以

德，不宜如此。太祖由是心不能平。會征孫權，表請或勞軍於譙，因輒留

或，以侍中光祿大夫，持節，參丞相軍事。太祖軍至濡須，或留壽春，以

憂薨，時年五十。諡曰敬侯。〔註31〕

可見，荀或任尚書令始於建安元年（196）、迄於建安十七年（212）。因此，劉劭至遲當在建安十七年以前，已開始他的仕宦生涯。

〈本傳〉又說：「御史大夫郗慮辟劭，會慮免，拜太子舍人，遷秘書郎。」可見，郗慮曾經徵辟劉劭爲他的僚屬，〔註32〕而在郗慮遭免職之後，劉劭改任太子舍人，〔註33〕然後遷秘書郎〔註34〕。至於劉劭在何時被郗慮徵辟爲其僚屬？又在何時被任命爲太子舍人？何時再遷秘書郎？〈本傳〉並未明言。《三國志·魏書·武帝紀》說：

建安十三年春，漢罷三公官，置丞相、御史大夫。〔註35〕

又說：

建安二十二年六月，以軍師華歆爲御史大夫。冬，十月，以五官中郎將丕爲魏太子。〔註36〕

《後漢書》〈孝獻帝紀〉：

建安十三年八月丁未，光祿勳郗慮爲御史大夫。二十二年夏六月，丞

---

〔註31〕晉·陳壽，《三國志·魏書》卷十〈荀或傳〉（臺北：洪氏出版社出版，中華民國64年9月1日3版），頁310～317。

〔註32〕楊志玖說：「司空，公一人，光武即位以王梁爲大司空，建武二十七年改大司馬爲司空。掌水土城防建築之事，年終考課四方水土建築情況，奏其殿最，定其刑罰。國有大事，則與大尉、司徒共同商議。司空主地，分領宗正、少府、司農三卿。獻帝建安十三年，改司空爲御史大夫，以郗慮爲御史大夫，職如司空，不領侍御史。屬吏有長史一人，掾、屬二十九人，令史及御屬四十二人。」見楊志玖，《中國古代官制講座》（臺北：萬卷樓圖書有限公司，1997年），頁131。據楊志玖的說法，御使大夫的僚屬計有：長史一人，掾、屬二十九人，令史及御屬四十二人，那麼，劉劭當爲上述的僚屬之一。

〔註33〕孫文良說：「太子太傅一人，職爲輔導太子，禮如師，不領官屬。太子少傅，也以輔導爲職，但是悉主太子官屬。其中包括：太子舍人，無定員，更直宿衛，如三屬郎中。」見孫文良，《中國官制史》（臺北：文津出版社，1993年），頁89。

〔註34〕楊志玖說：「秘書監，第三品。魏王曹操置秘書，掌圖書秘記，並典尚書奏事。文帝置監，掌藝文圖籍，初屬少府，後獨立。下有秘書丞，第六品，文帝欲以何禎爲丞，遂增設右丞。又有秘書郎，第六品。」楊志玖，《中國古代官制講座》（臺北：萬卷樓圖書有限公司，1997年初版），頁163。

〔註35〕晉·陳壽，《三國志》卷一〈魏書·武帝紀〉（臺北：洪氏出版社，中華民國64年），頁30。

〔註36〕晉·陳壽，《三國志》卷一〈魏書·武帝紀〉（臺北：洪氏出版社，中華民國64年），頁49。

相軍師華歆爲御史大夫。〔註37〕

《三國志》〈魏書・華歆傳〉：

魏國既建，爲御史大夫。〔註38〕

據上述資料來看，郗慮任御史大夫在建安十三年（208）、至於他的卸任時間，則爲建安二十二年（217）夏六月，華歆繼任其職位爲止。據此推論，郗慮徵召劉劭作爲他的僚屬，當在郗慮任御史大夫的最後一年，即建安二十二年（217）。而劉劭任太子舍人的時間當在曹丕被立爲太子之後，換句話說，最快也不得早於建安二十二年（217）多十月。至於說再拜爲秘書郎的時間，當爲建安二十二年（217）多十月之後。

## 二、官位漸升

〈本傳〉又說他在「黃初中，爲尙書郎、散騎侍郎。受詔集五經群書，以類相從，作《皇覽》。」劉劭任尙書郎〔註39〕的確切時間已不可考，但他任散騎侍郎〔註40〕，則可能在漢獻帝延康元年（220）二月壬戌。《三國志・魏書・武帝紀》說：

改建安二十五年爲延康元年。元年二月壬戌，置散騎常侍、侍郎各四人。

至於說他「受詔集五經群書，以類相從，作《皇覽》」的詳情又如何呢？司馬貞《史記索隱》：

記先代冢墓之處，宜皇王之省覽，故曰《皇覽》。是魏人王象、謬襲等所撰也。〔註41〕

《三國志・魏書・武帝紀》：

初，帝好文學，以著述爲務，自所勒成垂百篇。又使諸儒撰集經傳，隨類相從，凡千餘篇，號曰《皇覽》。〔註42〕

從文帝「使諸儒撰集經傳」這一句話得知，編纂《皇覽》的，當不止劉劭一個人而

---

〔註37〕宋・范曄，《後漢書》（臺北：鼎文書局，1975年），頁385～389。

〔註38〕晉・陳壽，《三國志》卷十三〈魏書・華歆傳〉（臺北：洪氏出版社，中華民國64年），頁40。

〔註39〕楊志玖說：「尚書左右丞，第六品。列曹尚書之下，有尚書郎，第六品。青龍二年，有軍事，尚書令奏置都官，騎兵，合二十五曹。每一郎缺，以孝廉能主文案者補之。諸曹郎或叫郎中，或叫侍郎，或叫某曹郎，或但稱尚書郎。」楊志玖，《中國古代官制講座》（臺北：萬卷樓圖書有限公司，1997年），頁131。

〔註40〕楊志玖說：「散騎侍郎四人，第五品。」楊志玖，《中國古代官制講座》（臺北：萬卷樓圖書有限公司，1997年），頁160。

〔註41〕漢・司馬遷，《史記》卷一〈五帝本紀〉（臺北：鼎文書局印，1975年），頁5。

〔註42〕晉・陳壽，《三國志》卷二〈魏書〉〈文帝紀〉（臺北：洪氏出版社，中華民國64年），頁88。

已。據司馬貞《史記索隱》的考證，包括王象、謬襲等。另外，《魏略》記載：

> 桓範字元則，世爲冠族。建安末，入丞相府。延康中，爲羽林左監。
> 以有文學，與王象典集《皇覽》。〔註43〕

又說：

> 王象，字義伯。魏有天下，拜象爲散騎侍郎，遷爲常侍，封列侯。受
> 詔撰《皇覽》，使象領秘書監。象從元康元年始撰集，數歲成，藏於秘府，
> 合四十餘部，部有數十篇，通合八百餘萬字。〔註44〕

《三國典略》：

> 祖埏等上言，昔魏文帝命韋誕諸人撰著《皇覽》，包括群言，區分義
> 例。〔註45〕

據上述所引資料來看，參與《皇覽》的編纂者，除了劉邵以外，還有王象、桓範、韋誕、謬襲等飽學之士，主其事者爲王象。劉邵的編纂時間，始於元康元年（220）、直到黃初中（約226）、歷數載始成，內容包括經傳群言，以類相從，合四十餘部，通合八百餘萬字。而它所以名爲《皇覽》，大概取義於「宜皇王之省覽」。它是我國現存的第一部類書，而這也是劉邵生平第一次與人共同編纂類書，對於劉邵日後撰寫《人物志》區分人材流品及受詔著《都官考課法》，作《新律》，有莫大的助益。

〈本傳〉又說：「明帝即位，出爲陳留太守，敦崇教化，百姓稱之。」據《三國志》〈魏書・明帝紀〉的記載：

> 明皇帝諱叡，字元仲，文帝太子也。黃初七年夏五月，帝病篤，乃立
> 爲皇太子。丁巳，即皇帝位，大赦。〔註46〕

可見，劉邵遭外放爲陳留郡太守〔註47〕的時間，當在黃初七年（226）。至於說爲何遭外放，〈本傳〉則未說明。

---

〔註43〕晉・陳壽，《三國志》卷九〈魏書・曹爽傳〉（臺北：洪氏出版社，中華民國64年），頁290。

〔註44〕晉・陳壽，《三國志》卷二十三〈魏書・楊俊傳〉（臺北：洪氏出版社，中華民國64年），頁664。

〔註45〕見宋・李昉等編，《太平御覽》。臺灣商務印書館影印靜嘉堂文庫藏宋刊本（臺北：1980年臺4版。

〔註46〕晉・陳壽，《三國志》卷三〈魏書・明帝紀〉（臺北：洪氏出版社，中華民國64年），頁91。

〔註47〕楊志玫說：「魏於各郡置太守，第五品。」見楊志玫，《中國古代官制講座》（臺北：萬卷樓圖書有限公司，1997年），頁169。孫文良說：「郡太守，掌治其郡，其屬有丞及中正，諸曹椽史、主簿、督郵、書佐、小吏。」見孫文良，《中國官制史》（臺北：文津出版社，1993年），頁118。

## 三、政治高峰

　　魏明帝太和三年（229）、冬十月，劉劭奉詔編撰《魏法》。《晉書》〈志二十‧刑法〉說：

> 及魏國建，陳紀子群時為御史中丞，魏武帝下令又欲復之，使群申其父論。群深陳其便。時鍾繇為相國，亦贊成之，而奉常王修不同其議。魏武帝亦難以蕃國改漢朝之制，遂寢不行。魏文帝受禪，又議肉刑。詳議未定，會有軍事，復寢。魏明帝時，太傅鍾繇又上書求復肉刑，詔下其奏，司徒王朗議又不同。時議者百餘人，與郎同者多。帝以吳蜀未平，又寢。〔註48〕

魏自建國以來，從武帝起，歷文帝，迄明帝，雖然屢議恢復肉刑，但因為反對勢力頗大，加上外有吳蜀未平的軍事威脅，遂使肉刑的存廢，一直無法作出明確的定論。然而，由於明帝重視獄政，加上尚書魏覬的上奏，及漢朝各家律注過於龐雜，窒礙難行，因而促使明帝不得不下詔派員編寫《魏法》。《三國志‧明帝紀》：

> 太和三年，冬十月，改平望觀曰聽訟觀。帝常言：「獄者，天下之性命也。」每斷大獄，常幸觀臨聽之。〔註49〕

《三國志‧魏覬傳》：

> 覬奏曰：「九律之章〔註50〕，自古所傳，斷定刑罪，其意微妙。百里長吏，皆宜知律。刑罰者，國家之所貴重，而私議之所輕賤；獄吏者，百姓之所縣命，而選用者之所卑下。王政之弊，未必不由此也。請置博律士，轉相傳授。」事遂施行。〔註51〕

《資治通鑑‧魏紀》：

> 初，魏文侯師李悝著《法經》六篇，商君受之以相秦。蕭何定《漢律》，益為九篇，後稍增至六十篇。又有《令》三百餘篇，《決事比》九百六卷，世有增損，錯糅無常，後人更為章句，馬、鄭諸儒十有餘家，以至於魏，所當用者合二萬六千二百七十二條，七百三十餘萬言，覽者益難。帝乃詔

〔註48〕楊家駱，《新校本晉書並附編六種》第二冊（臺北：鼎文書局，中華民國68年）。
〔註49〕晉‧陳壽，《三國志》卷三〈魏書‧明帝紀〉（臺北：洪氏出版社，中華民國64年），頁96。
〔註50〕沈家本《律目考》說：「李悝法解六篇：一盜法，二賊法，三囚法，四補法，五雜法，六具法。唐律疏議云：一盜法，今盜賊律是也。二賊法，今詐偽律是也。三囚法，今斷獄律是也。……五雜法，今雜律是也。六具法，今名例律是也。」唐《律疏議序》云：「漢蕭何更加悝所造戶、興、廄三篇，謂之九章之律。」見盧弼，《二十五史7三國志集解》卷二十一〈魏覬傳〉（臺北縣：藝文印書館），頁547。
〔註51〕晉‧陳壽，《三國志》卷二十一〈魏書‧明帝紀〉（臺北：洪氏出版社，中華民國64年），頁611。

但用鄭氏章句。〔註52〕

劉劭就是在這種背景下奉詔編撰《魏法》的。因此,〈本傳〉說:「徵拜騎都尉〔註53〕,與議郎庾嶷、荀詵等定科令,作《新律》十八篇,著《律略論》。」不過,〈本傳〉並未交代劉劭等人編撰《魏法》的時間,而《資治通鑑》則將此事繫於魏明帝太和三年(229)10月之下〔註54〕。另外,《晉書》〈志二十‧刑法〉又說:

> 其後,天子又下詔改定刑制,命司空陳群、散騎常侍劉劭、給事黃門
> 侍郎韓遜、議郎庾嶷、中郎黃休、荀詵等刪約舊科,傍採《漢律》,定爲
> 《魏法》,制《新律》十篇,《州郡令》四十五篇,《尚書官令》、《軍中令》,
> 合百八十餘篇。〔註55〕

可見,參與《魏法》的編撰者,除劉劭、庾嶷、荀詵之外,尚有陳群、韓遜、黃休等人。從《魏法》的編撰來看,劉劭對於曹魏的刑法、法律的訂定實有著相當重要的貢獻,他依據漢代的舊律,除去不適用於魏的法規,並另外加上曹魏當時環境之所需,而爲曹魏定了《魏法》。王曉毅說:

> 他將《漢律》中關於量刑原則的《具律》改爲「刑名」,放在魏律首
> 位,這並不是形式上的變化。刑名篇的作用類似近代刑法的總則。刑名篇
> 的出現,是我國古代刑事立法史上具有劃時代意義的突破,它標誌著古代
> 刑法總則從分則中劃分出來。從此,歷代刑法都貫徹了這一分類原則。據
> 《晉書‧刑法志》記載,魏法分「新律十八篇,州郡令四十五篇,尚書官
> 令、軍中令百八十餘篇。」上述法規統稱魏法,共243篇,其中刑律的比
> 重只占7.4%。州郡令和尚書官令則是行政法規。從數量上看,魏法中的
> 非刑事立法大大超過了刑事立法。再者,從現有的資料推測,上述諸「令」
> 很可能是對皇帝詔令的分類匯編,即半法典化文獻。魏法對「令」的處理
> 方式,對《晉令》的出現起了直接作用,對《唐六典》的形成,也產生深

---

〔註52〕宋‧司馬光,《資治通鑑》卷七十二〈魏紀三〉(臺北:啓業書局,中華民國66年),頁2257～2258。

〔註53〕孫文良說:「以文爲光祿勳屬的官有:奉車都尉,掌御乘輿車。駙馬都尉,掌駙馬。騎都尉,監羽林騎,皆無定員。」見孫文良,《中國官制史》(臺北:文津出版社,1993年),頁82。

〔註54〕宋‧司馬光,《資治通鑑》卷七十一〈魏紀三〉「明帝太和三年(229)下記載:「詔司空陳群,散騎常侍劉劭等刪約漢法,制《新律》十八篇,《州郡令》四十五篇,《尚書官令》、《軍中令》合百八十餘篇。」見司馬光,《資治通鑑》(臺北:啓業書局,中華民國66年),頁2258。

〔註55〕楊家駱,《新校本晉書並附編六種》第二冊(臺北:鼎文書局,中華民國68年),頁923。

遠的影響。〔註56〕

據王曉毅的分析，劉卲將《漢律》中關於量刑原則的《具律》改爲刑名篇，它的作用類似近代刑法的總則。刑名篇的出現，是我國古代刑事立法史上具有劃時代意義的突破。從此，歷代刑法都貫徹了這一分類的原則。另外，243 篇《魏法》中，刑律的比重只占 7．4％。州郡令和尚書官令則是行政法規。從數量上看，魏法中的非刑事法大大超過了刑事立法。而上述諸令很可能是對皇上詔令的分類匯編，它對《晉令》的出現起了直接作用，對《唐六典》的形成，也產生深遠的影響。由於劉卲精通法令，因此，當魏明帝下詔博求眾賢，夏侯惠在推薦他的時候說：「法理之士，明其分類精比；制度之士，貴其化略較要。」意思是說，精於法理的人明白他在算數方面的獨到工夫，考究典章制度的人很重視他對制度的演化簡略和比較精要的能力。

當劉卲升任散騎常侍〔註57〕時，公孫淵接受孫權燕王的封號，他勸魏明帝以寬容的心看待此事。〈本傳〉記載：

> 遷散騎常侍。時聞公孫淵接受燕王之號，議者欲留淵計吏，遣兵討之。卲以爲「昔袁尚兄弟歸父康，康斬送其首，是淵先世之效忠也。又所聞虛實，未可審知。古者要荒未服脩德而不征，重勞民也。宜加寬貸，使有以自新。」後淵果斬送權使張彌等首。

在面對公孫淵接受孫權燕王封號的事件，劉卲從淵的先世能效忠魏朝，以及所聞虛實未可審知的態度，建議魏明帝應該加以寬恕包容，讓他有自新的機會。後來，公孫淵果然斬送孫權的使者張彌等人的首級，以表輸誠。可見，劉卲的明智果斷。至於說劉卲何時升遷散騎常侍？〈本傳〉並未明言。然而，這可以由公孫淵殺吳國使者的史事旁證之。《三國志》〈魏書・明帝紀〉：

> 青龍元年十二月，公孫淵斬送孫權所遣使張彌、許晏首，以淵爲大司馬樂浪公。〔註58〕

《三國志》〈魏書・公孫淵傳〉：

> 淵遣使南通孫權，往來賄賂。權遣使張彌、許晏等，齎金玉珠寶，立

〔註56〕王曉毅，《中國古代人才鑒識術——人物志譯注與研究》（長春市：吉林文史出版社，1994 年），頁 9～10。

〔註57〕楊志玖說：「皇帝登殿，侍中與散騎常侍左右扶持，以備顧問。」散騎常侍第三品，後漢省散騎而用宦者爲中常侍。魏黃初合散騎與中常侍爲一官，以士人爲之，叫作散騎常侍。凡四員，年資深的當祭酒。又以爲加官，掌規諫。大駕出，則騎從車輿。魏散騎常侍、侍郎、侍中、黃門侍郎皆平議尚書奏章。」見楊志玖，《中國古代官制講座》（臺北：萬卷樓圖書有限公司，1997 年），頁 159～160。

〔註58〕晉・陳壽，《三國志》卷三〈魏書・明帝紀〉（臺北：洪氏出版社，中華民國 64 年），頁 101～102。

　　　　淵爲燕王。淵亦恐權遠不可恃，且貪貨物，誘致其使，悉斬送彌、晏等首，
　　　　明帝於是拜淵大司馬，封樂浪公，持節、領郡如故。〔註59〕

《三國志》〈吳書・吳主傳〉：

　　　　嘉禾元年冬十月，魏遼東太守公孫淵遣校尉宿舒、閬中令孫綜稱藩於
　　　　權，并獻貂馬。權大悅，加淵爵位。三年三月，遣舒、綜還，使太常張彌、
　　　　執金吾許晏、將軍賀達等將兵萬人，金寶珍貨，九錫備物，乘海授淵。舉
　　　　朝大臣，自丞相雍以下皆諫，以爲淵未可信，而寵賜太厚，但可遣吏兵數
　　　　百護送舒綜，權終不聽。淵果斬彌等，送其首於魏，沒其兵資。〔註60〕

據上述史料看來，公孫淵接受孫權燕王封號的時間在吳大帝嘉禾元年，也就是魏明
帝太和六年（232）。〈本傳〉說劉劭「遷散騎常侍，時聞公孫淵受燕王之號」，由此
推論，那麼劉劭升遷散騎常侍的時間，當在魏明帝太和六年（232）。

　　魏明帝青龍二年（234）、吳圍合肥，劉劭獻策退敵。《三國志》〈魏書・滿寵傳〉：

　　　　明年（魏明帝青龍二年）、權自將號十萬，至合肥新城。〔註61〕

《三國志》〈魏書，明帝紀〉：

　　　　青龍二年五月，太白晝見。孫權入居巢湖口，向合肥新城。〔註62〕

發生於青龍二年（234）五月的吳圍合肥新城事件，在三國戰爭史上，屬規模較大的
一次。面對吳國的軍事包圍行動，魏征東將軍滿寵曾上表要求召集兗、豫兩州各地
的軍隊，並召回輪休將士，想給孫權的部隊一個迎頭痛擊。劉劭卻認爲賊人部隊新
到，一定心專氣銳。滿寵只消帶少數人馬去作戰，方便的話就乘勝進擊，否則，不
必一定要制服對方。滿寵請求預備部隊，並沒有錯。劉劭以爲可以先遣步兵五千，
精騎三千，在軍隊出動前出發，浩浩蕩蕩行軍，極力顯耀魏軍壯大的軍勢。騎兵一
到合肥，便疏散開來，特別增多旌旗和戰鼓，在城下耀武揚威，把賊兵引出後，即
刻度察他們的歸路，將對方的糧道要脅住。賊人一聽大軍壓境，加上騎兵截斷後路，
必定震怖遁走，不必作戰就可以擊敗賊兵了。由於他對於敵我情勢分析透徹，而且
布陣得體，因此，深得明帝的信任，而孫權果然被嚇得率軍抽退，未作進一步的攻

---

〔註59〕晉・陳壽，《三國志》卷八〈魏書・公孫淵傳〉（臺北：洪氏出版社，中華民國64年），
　　　　頁253。

〔註60〕晉・陳壽，《三國志》卷四十七〈吳書・吳主傳〉（臺北：洪氏出版社，中華民國64
　　　　年），頁136～138。

〔註61〕晉・陳壽，《三國志》卷二十六〈魏書・滿寵傳〉（臺北：洪氏出版社，中華民國64
　　　　年），頁725。

〔註62〕晉・陳壽，《三國志》卷三〈魏書・明帝紀〉（臺北：洪氏出版社，中華民國64年），
　　　　頁101～103。

擊。可見，劉卲也精於運籌幃幄，擅長兵法。宜乎夏侯惠稱讚他說：「策謀之士，贊其明思通微。」

　　劉卲的辭賦，頗有名氣。他創作的〈趙都賦〉深受魏明帝的讚賞，從現存〈趙都賦〉的部分文字來看〔註63〕，該文屬於古賦，文字華麗，意境優美，言簡意賅，思想深睿。在 436 個字的篇幅內，通過選取典型，細緻刻畫，虛實結合，寓意於景的手法，將趙都一帶的山川名勝，風土人情，奇花異鳥和文化風彩都描寫得淋漓盡致，栩栩如生。〔註64〕難怪魏明帝大加讚賞，並命劉卲作〈許都賦〉和〈洛都賦〉。據〈本傳〉的記載，劉卲作〈許都賦〉和〈洛都賦〉不是用來歌頌該二都的壯觀美勝，而是諷刺魏明帝不當「外興軍旅，內營宮室」。「外興軍旅」指青龍二年（234）夏四月，諸葛亮出斜谷與司馬懿戰於渭南，以及五月，孫權圍合肥等事。這兩次戰爭，雖然未對魏國造成傷害，但天下分合不定，統一大業未成，卻足以讓魏國君臣上下忐忑不安。「內營宮室」指青龍三年（235）、明帝大治洛陽宮，起昭陽、太極殿，築總章觀等而言。可見，劉卲作〈許都賦〉和〈洛都賦〉，當在青龍二、三年之間（234～235）。

　　大概在青龍四年（236）、夏侯惠向魏明帝推薦劉卲。明帝自繼位以來，曾多次發詔書求賢才。《三國志》〈魏書・明帝紀〉：

　　　　太和三年六月，詔曰：「尊儒貴學，王教之本也。自頃儒官或非其人，將何以宣明聖道？其高選博士，才任侍中常侍者。申敕郡國，貢士以經學為先。冬十月，詔公卿近臣舉良將各一人。太和四年春二月壬午，詔曰：「世之資文，隨教而變。兵亂以來，經學廢絕，後生進趣，不由典謨。豈訓導未洽，將進用者不以德顯乎？其郎史學通一經，才任牧民，博士課試，擢其高第者，亟用；其浮華不用道本者，皆罷退之。十二月，丙寅，詔公卿舉賢良篤行之士各一人。〔註65〕

綜觀上述從太和二年（228）至青龍元年（233）之間，前後共五次的求賢詔書，其徵召的對象，有的是經學博士，有的是賢良篤行之士，有的是良將，總之，皆是一曲之士，非全能之才。魏明帝下詔書廣求全才之士，當遲至青龍四年（236）。據《三

---

〔註63〕〈趙都賦〉見存於清・嚴可均，《全三國文》卷三十二。惟《文心雕龍・事類篇第三十八》引劉卲〈趙都賦〉：「公子之客，叱勁楚令歃盟；管庫隸臣，呵強秦使擊缶。」嚴可均所輯卻獨缺此條。

〔註64〕參考鄭玉光，《知人善任的奧秘——劉卲人物志研究譯注》（太原：山西人民出版社，1982 年），頁 10。

〔註65〕晉・陳壽，《三國志》卷三〈魏書・明帝紀〉（臺北：洪氏出版社，中華民國 64 年），頁 94～99。

國志》〈魏書，王昶傳〉的記載：

> 青龍四年，詔：「欲得有才智文章，謀慮淵深，料遠若近，視昧而察，籌不虛運，策弗徒發，端一小心，清脩密靜，乾乾不解，志尚在公者，無限年齒，勿拘貴賤，卿校以上各舉一人。」〔註66〕

詔書一下，太尉司馬懿以王昶應選，散騎侍郎夏侯惠則推薦劉卲說：

> 伏見常侍劉卲，深忠篤思，體周於數，凡所錯綜，源流弘遠，是以群才大小，咸取所同而斟酌焉。故性實之士服其平和良正，清靜之人慕其玄虛退讓，文學之士嘉其推步詳密，法理之士明其分數精比，意思之士知其深沉篤固，文章之士愛其著論屬辭，制度之士貴其化略較要，策謀之士贊其明思通微，凡此諸論，皆取適己所長而舉其支流也。臣數聽清談，覽其篤論，漸漬歷年，服膺彌久，實為朝廷奇其器重。以為若此人者，宣輔翼機事，納謀幃幄，當與國道俱隆，非世俗所常有也。

意思是說，臣下見散騎常侍劉卲忠心耿耿，思慮深厚，精通數理，舉凡他所綜合的學術，莫不源遠流長，所以不論大小賢士，都願意斟酌採納他的意見。性情忠實的人敬服他平和良正，清靜恬淡的人欽慕他謙虛退讓，嘉言善行的人喜歡他詳密推論，精於法理的人明白他在算數方面的獨到工夫，明智敏捷的人知道他思辨深沉厚實，喜好文章的人都愛他的說辭立論，考究典章制度的人很重視他對制度的演化簡略和比較精要的能力，長於策謀的人贊賞他思慮明達微細。凡此種種，大家不外選取自己所專長的來論述，而這些也不過是劉卲材幹的支流而已！臣下好幾回聆聽他的清談，親覽他深厚的論著，幾年下來漸受影響，內心萬分欽佩，實在替我們的朝廷為他的器量深感驚異。我以為像這樣的人材，應當使他輔佐機密大事，參與軍政的謀畫，一定會使國家的運數日漸隆盛，他這等人材不是一般世俗常有的。夏侯惠是夏侯淵之子，字稚權。在曹魏時期，曾任散騎黃門侍郎，與鐘毓數有辯駁，事多見從。遷燕相、樂安太守。年三十七卒。青龍年間，夏侯惠是劉卲的屬官，兩人接觸較多，思想交流也頗為廣泛。因此，評價也較可靠。由〈薦劉卲〉一文看來，夏侯惠推薦劉卲的評價主要有三個要點：一是品質非常淳厚；二是材能非常豐富；三是善於用人所長。夏侯惠認為正是由於這些優點，劉卲才能得到「性實之士」、「清靜之人」、「制度之士」、「意思之士」、「文章之士」、「法理之士」、「策術之士」等八種人材的共同擁戴。夏侯惠推薦劉卲的話，或許不免有溢美之辭，可是，揆諸他於尚書令荀彧的處所力辯數十人，參與《皇覽》的編纂，整理《魏法》，斷定公孫淵仍心向魏朝

---

〔註66〕晉・陳壽，《三國志》卷二十七〈魏書・王昶傳〉（臺北：洪氏出版社，中華民國64年），頁748。

不至於向吳投誠，作〈趙都賦〉、〈許都賦〉、〈洛都賦〉，獻策以退孫權圍合肥，寫下我國有史以來的首部人材學著作─《人物志》等傑出的表現，足見劉劭固一時的俊秀。可惜，劉劭並未因此而獲得升遷。

　　《都官考課》是對於當時的官吏進行考核的辦法，同時具有拔舉適任官職之官員的目的。曹睿為消除對於當時官員之選舉、考核的混亂不公平的現象，因此，命令劉劭作《都官考課》，以明人才之考核、舉用的法則、標準。據〈本傳〉說：「景初中，受詔作《都官考課》。」不過，《三國志》〈魏書‧傅嘏傳〉卻說：

　　　　嘏弱冠知名，司空陳群辟為掾。時散騎常侍劉劭作《考課法》，事下
　　三府。嘏難劭論曰：「案劭考課論，雖欲尋前代黜陟之文，然其制度略以
　　闕亡。」〔註67〕

據〈傅嘏傳〉的說法，曾經擔任司空陳群之掾的傅嘏，在陳群尚存的時候，即對劉劭作《都官考課》給予論難。而陳群去世的時間，據《三國志》〈魏書‧明帝紀〉的記載：

　　　　青龍四年，十二月癸巳，司空陳群薨。〔註68〕

如此看來，劉劭作《都官考課》的時間，當提前到青龍四年（236）才合理。另外，《資治通鑑》則將劉劭作《都官考課》的時間繫於景初元年（西元237年）。〔註69〕那麼，劉劭究竟在何時撰寫《都官考課》呢？江建俊對此問題作了如下的解釋：

　　　　竊以為都官考課之議，在青龍四年已發起，因其作始終帙，非一時之
　　事，故記事稍有岐異耳。〔註70〕

江建俊以為《都官考課》之議，「因其作始終帙，非一時之事，所以各家的記載稍有岐異」。那麼，劉劭作《都官考課》的時間，當起於青龍四年（236）、完稿於景初元年（237）。為瞭解內外官吏對實行《都官考課》的反應，明帝曾「詔下百官議」〔註71〕，豈料杜恕、傅嘏、崔林等人，紛紛上疏予以駁難。〔註72〕司隸校尉崔林說：

---

〔註67〕晉‧陳壽，《三國志》卷二十一〈魏書‧傅嘏傳〉（臺北：洪氏出版社，中華民國64年），頁622。

〔註68〕晉‧陳壽，《三國志》卷三〈魏書‧明帝紀〉（臺北：洪氏出版社，中華民國64年），頁108。

〔註69〕司馬光說：「詔散騎常侍劉劭作『考課法』。」見宋‧司馬光，《資治通鑑》卷七十三〈魏紀五〉「明帝景初元年（237）」（臺北：啟業書局，中華民國66年），頁2327。

〔註70〕江建俊，《漢末人倫鑒識之總理則──劉劭人物志研究》（臺北：文史哲出版社，1983年），頁22。

〔註71〕司馬光說：「劭作《都官考課法》七十二條，又作說略一篇，詔下百官議。」見司馬光，《資治通鑑》卷七十三〈魏紀五〉「明帝景初元年（237）」（臺北：啟業書局，中華民國66年），頁2327。

〔註72〕江建俊說：「其時司馬氏之勢已成，足與曹氏相抗衡，朝臣或擁曹氏，或擁司馬氏，分別之跡漸明。因政治立場之異，自然影響其思想言論。今考其所持反對之意見，

> 按《周官》考課，其文備矣。自康王以下，遂以陸夷，此即考課之法
> 存乎其人也。及漢之季，其失豈在乎佐史之職不密哉？方今軍旅或猥或
> 卒，增減無常，固難一矣。且萬目不張，舉其綱；眾毛不整，振其領。皋
> 陶仕虞，伊尹臣殷，不仁者遠。若大臣能任其職，式是百辟，則孰可敢不
> 肅，烏在考課哉？〔註73〕

崔林認為，方今軍旅之中，或堆積或倉猝，科分條文，增減沒有常法，很難做到整
齊劃一的。皋陶替虞舜作官，伊尹作商朝的大臣，不仁者都自動離去。如果朝廷能
任用像仲山甫那樣的重臣，就是再徵召一百個，誰又敢不敬事呢？可見，考察都課
的方法在於人為。黃門侍郎杜恕說：

> 明試以功，三載考績，誠帝王之盛制也。然歷六代而考績之法不著，
> 關七聖而課試之文不垂，臣誠以為其法可粗依，其詳難備舉故也。語曰：「世
> 有亂人而無亂法」，若使法可專任，則唐、虞不須稷、契之佐，殷、周無貴
> 伊、呂之輔矣。今奏考功者，陳周、漢之云為，綴京房之本旨，可謂明考
> 課之要矣。於以崇揖讓之風，興濟濟之治，臣以為未盡善也。〔註74〕

杜恕認為，如果法律可以專門派人來負責擔任，那麼，唐堯、虞舜就可以不需要稷、
契的輔助了，商朝、周朝也不會看重伊尹、呂尚的輔佐了。考功課吏法的本旨，可
以說對考核功蹟的要義非常明白了。但是在崇尚遜讓的風氣，和興起濟濟莊敬的治
道上，尚未達到至善的地步。司空椽北地傅嘏說：

> 夫建官均職，清理民物，所以立本也。循名責實，糾勵成規，所以治
> 末也。本綱未舉而造制未呈，國略不崇而考課是先，懼不足以料賢愚之分，
> 精幽明之理也。〔註75〕

傅嘏認為，建立官制分配職責，以及清理民物，當然是一項立本的工作；至於依著

---

實可窺此端倪。按崔林為清河望族，而司馬氏原本河內大族，其政權之取得，實賴
豪門世族之擁戴。則崔林之言議，多與司馬氏相合，亦不足怪矣。又嘏為司馬氏之
黨，本傳載之甚明，其於當時名士，凡有忠於魏者，悉有貶辭；而於依附司馬氏者，
則以明智交之，裴松之注稱其『以愛憎為厚薄』其持論自與司馬氏大同。至於杜恕，
以其子杜預為司馬昭妹婿，亦與司馬氏有因緣也。此三人皆強調人治，隱斥劭議為
崇法術之論。」見江建俊，《漢末人倫鑒識之總理則——劉劭人物志研究》（臺北：
文史哲出版社，中華民國72年），頁26。

〔註73〕宋·司馬光，《資治通鑑》卷七十三〈魏紀五〉「明帝景初元年（237）」（臺北：啟業
　　　　書局，中華民國66年），頁2327。
〔註74〕宋·司馬光，《資治通鑑》卷七十三〈魏紀五〉「明帝景初元年（237）」（臺北：啟業
　　　　書局，中華民國66年），頁2327～2328。
〔註75〕宋·司馬光，《資治通鑑》卷七十三〈魏紀五〉「明帝景初元年（237）」（臺北：啟業
　　　　書局，中華民國66年），頁2328～2329。

名分考校實績，糾正獎勵百宮，使合於既有的規定，那就是治理的末節了。如今，根本的綱要尚且沒有訂立，改造制度的藍圖又未呈上，經國的要略且不注重，就要斤斤計較於考核審查百官的職責，這辦法恐怕不足以判別真正的賢愚，精通幽暗顯明的界線。面對土族的抵抗，一向以「沉毅斷識，任心而行」〔註76〕的魏明帝，也只能不了了之。不久，曹睿壽終正寢，《都官考課》也就付諸流水了。

　　《都官考課》與劉卲的另一著作《人物志》實有其異曲同工之妙處，它們二者都是以政治上的實用為其主要考量，都是對「人材」的拔躍進用問題試圖制定一套解決之道，以求能達到「人盡其材」、「知人善任」的目標。〔註77〕《人物志》成書於何時？〈本傳〉對此沒有明確的記載。陳壽在記敘劉卲一生重大活動之後，帶了一筆：「凡所撰述《法論》、《人物志》之類百餘篇」，就再無交代了。這就使這部著作的成書時間，成為一個歷史的懸疑。湯用彤在〈讀人物志〉指出：

　　　　漢末晉初，學術前後不同。此可就《人物志》推論之。〔註78〕

接著，它分析了正始（魏齊王芳年號）前後學風的變化，即正始前經學占主導地位，正始後玄學占主導地位，並以劉卲的《人物志》與王弼的《老子注》為代表，從思想傾向和談論風格等方面作了比較，由此斷定，《人物志》為正始前學風之代表作品，而《老子注》為正始後學風之代表作品。這就是說，湯用彤認為，《人物志》的成書在正始（240）之前。馮友蘭在〈魏晉之際關於于名實、才性的辯論〉指出：

　　　　據我的推測，《劉卲傳》所說的《法論》，可能就是《律略論》。這個
　　　著作，附于《新律》，就叫《律略論》。《人物志》如果不就是《都官考課》
　　　所附的《說略》，也是同《都官考課》有關係的著作。〔註79〕

由於劉卲受詔作《都官考課》，《三國志》明確記載是景初年間的事情。因此，馮友蘭的推測，具體說來，就是《人物志》成書於西元237年至239年之間。江建俊認為：

　　　　《人物志》之作或即在《都官考課法》不獲實施之後，故〈本傳〉於
　　　歷述卲作《律略論》，〈許都〉、〈洛都賦〉、《都官考課法》之後，始總計卲

〔註76〕晉·陳壽，《三國志》卷三（魏書·明帝紀）：「評曰：『明帝沉毅斷識，任心而行。』」（臺北：洪氏出版社，中華民國64年），頁115。
〔註77〕參考李幸錦，〈人物志其人、其書之探究〉（《鶴湖月刊》第二四卷第三期總號第279），頁29。
〔註78〕見李子熹，《中國識人學》一《人物志》全譯（河北：河北人民出版社，1995年），頁202。
〔註79〕馮友蘭〈魏晉之際關于名實、才性的辯論〉（中國哲學史研究，1983年第4期），頁5。

之撰述，言「凡所撰述《法論》、《人物志》之類百餘篇」，則疑《人物志》

之成書，當不得過早也。〔註80〕

江建俊認爲，《人物志》之作或即在《都官考課法》不獲實施之後，時間不得過早。

陳喬楚認爲：

《人物志》著成時間，約在魏景初三年（239）。〔註81〕

上述各家的推論一致主張《人物志》的成書時間不得早於《都官考課法》，即西元

237 年之前。不過，王曉毅則主張《人物志》的成書，不可能晚於青龍四年（236）、

理由如下：

第一、夏侯惠推荐劉劭的上奏中所反映的人材思想、與《人物志》的人材思想

很相似。夏侯惠將人材劃分爲偏材和全材，他例舉的偏材有性實之士、清靜之士、

法理之士、文章之士、策謀之士等，這些人的特徵與《人物志》中的朴露之人、沉

靜之人、法家之材、文章之材、術家之材分別形成對照，大同小異。夏侯惠認爲全

材人物特點是「體周於數」，對偏材表現爲「咸取所同而斟酌焉」，「皆取適己所長而

舉其支流者也。」而這一思想在《人物志》中反復出現，如〈材理篇〉：「通材之人，

既兼八材，行之以道，與通人言則同解而心喻，與眾人言則察色而順性。」夏侯惠

明確宣稱，他的思想受到劉劭影響很深，「漸漬歷年，服膺彌久。」他又說：「臣數

聽其清談，覽其篤論……」所謂「篤論」，很可能是指《人物志》。第二、在夏侯惠

上書的第二年一景初元年，魏明帝就詔劉劭撰寫《都官考課》。如果當時劉劭不是公

認的人材學家，魏明帝則不可能委此任於他。而在劉劭的著述中，人物批評方面的

著作只有《人物志》，我推測，很可能由於這本書的成功奠定了他人材學的地位，因

此受詔而起草《都官考課》。〔註82〕

王曉毅從夏侯惠推荐劉劭中的八種人材稱謂與《人物志》中的八種人材概念，及

全材、偏材之分都大同小異，而論斷《人物志》的成書，在《都官考課法》之前。其

實，夏侯惠與劉劭的八種人材概念雖有相通之處，但也存在不少不同的地方。如夏侯

惠的八種人材稱謂是「性實之士」、「清靜之士」、「文學之士」、「法理之士」、「意思之

士」、「文章之士」、「制度之士」、「策謀之士」，而劉劭的八種人材概念是：「清潔之人」、

「法制之人」、「術謀之人」、「器能之人」、「智意之人」、「技倆之人」、「臧否之人」、「言

---

〔註80〕江建俊，《漢末人倫鑒識之總理則——劉劭人物志研究》（臺北：文史哲出版社，1983
　　　　年），頁 11。

〔註81〕陳喬楚，《人物志今註今譯》〈前言〉（臺北：臺灣商務印書館，1996 年），頁 8。

〔註82〕王曉毅，《中國古代人材鑒識術——人物志譯注與研究》（長春市：吉林文史出版社，
　　　　1994 年），頁 12～13。

語之人」(《人物志‧接識第七》)。對比之下，可以清楚的看出：劉邵的概念準確清晰，而夏侯惠的概念則模糊不清。如「法理之士」與「制度之士」；「文學之士」與「文章之士」之間，就有很多相互交錯，劃不清楚的內容。可見，兩者的明顯差別，是一個精確，一個粗疏。而爲甚麼夏侯惠的粗疏呢？據夏侯惠在推荐劉邵中所說的：「臣數聽其清談，覽其篤論，漸漬歷年，服膺彌久。」意思是說，我好幾回聆聽劉邵的清談，親覽他深厚的論著，「幾年下來」漸受影響，內心萬分佩服。可見，《人物志》的成書必定經由劉邵長期的蘊釀而後完稿，而非匆匆完成。鄭玉光說：

> 在青龍年間，《人物志》是處於蘊釀和初稿（或腹稿）之中。因爲粗稿粗疏一些，都在情理之中，也可以說是必然情況。正由於劉邵此時對八種人才概念的粗疏，夏侯惠所聽或所覽當然也就粗疏。換句話說，夏侯之粗疏來源於當時劉邵之初步考慮，正說明《人物志》尚在蘊釀或修改之中，而非已脫稿問世。其次，從邏輯推導來看，像《人物志》這樣一部思想豐富，理論精深的綜合性學術論著，一個人在短時間內是不可能完成的。深入研究《人物志》，我們就會明顯地感受到，其文字雖然只有二萬，但理論和思想容量卻很大。它凝結了劉邵的半生心血，很像一個大部頭理論著作的濃縮，從蘊釀到成書，必然有一個由粗到精、逐步成熟的較長過程。因而，劉邵早就積累材料，用心思考，在青龍年間已成腹稿或寫成初稿，到景初時期受詔作《都官考課》，而得到進一步充實和完善，隨後即脫稿成書。這才是順理成章的事情。〔註83〕

鄭玉光從史實和邏輯兩個角度切入，剖析劉邵撰著《人物志》一定經由長期的蘊釀深思而後定稿。他認爲，夏侯惠在推荐劉邵時所提的八種人材之所以粗疏而不夠精確，關鍵不在於夏侯惠的粗疏，因爲史稱夏侯惠：「幼以才學見稱，善屬奏議。」〔註84〕換句話說，夏侯惠的粗疏，來自於劉邵的人材思想在青龍年間尚未成熟。同時，作爲一部理論和思想容量很大的人材巨著，他蘊釀到成熟一定有一個由粗到精，逐步發展的過程。因此，劉邵必須早就累積材料，用心思考，在青龍年間已成腹稿或寫出初稿，到景初時期受詔作《都官考課》，而得到進一步充實和完善，隨後即脫稿成書。

景初二年（238）、劉邵參加對「六宗」祭祀的討論。《全三國文》記載：

---

〔註83〕鄭玉光，《知人善任的奧秘——劉邵人物志研究譯注》(太原：山西人民出版社，1982年)，頁17～18。

〔註84〕《文章敘錄》曰：「惠字稚權，幼以才學著稱，善屬奏議。」見晉‧陳壽，《三國志》卷九〈夏侯淵傳〉(臺北：洪氏出版社，中華民國64年)，頁273。

萬物負陰而抱陽，沖氣以爲和。六宗者，太極沖和之氣，爲六氣之宗

者也。〔註85〕

「六宗」一詞，語出《尙書》：「禋於六宗。」〔註86〕漢代學者對它的解釋各不相同。
孔氏《傳》以爲：「宗，尊也。所尊祭者，其祀有六：謂四時也，寒暑也，日也，月
也，星也，水旱也。」孔光、劉歆以乾坤六子水、火、雷、風、山、澤爲六宗。馬
融以天地四時爲六宗。鄭玄以星、辰、司中、司命、風師、雨師爲六宗〔註87〕。劉
劭以太極沖和之氣爲六宗。

劉劭在完成《都官考課》後，以爲徒恃賞罰尙不足以治天下，因此，又接著撰
寫《樂論》十四篇。〈本傳〉說：

又以爲宜制禮作樂以移風易俗，著《樂論》十四篇，事成未上。會明

帝崩，不施行。

據〈本傳〉的說法，劉劭完成《樂論》十四篇時，剛好明帝崩殂，因此，只要能確
定明帝崩殂的時間，即可以推出劉劭何時撰寫《樂論》十四篇。《三國志》〈魏書・
明帝紀〉：

景初三年，春正月丁亥，太尉宣王還至河內，帝驛馬召到，引入臥內，

執其手謂曰：「吾疾甚，以後事屬君，君其與爽輔少子。吾得見君，無所

恨！」宣王頓首流涕。即日，帝崩於嘉福殿，時年三十六。〔註88〕

根據〈明帝紀〉的記載，劉劭當於景初三年（239）、春正月丁亥明帝崩殂前完成《樂
論》十四篇。

## 四、淡出政治

明帝崩殂後，劉劭的政治活動力衰弱了。因此，〈本傳〉對劉劭在正始年間的政

---

〔註85〕清・嚴可均，《全三國文》卷三十二（北京：中華書局，1995 年），頁 1232。

〔註86〕《十三經注疏》1《尙書・舜典第二虞書》（臺北：藝文印書館，1997 年），頁 36。

〔註87〕按：上述孔光、劉歆、賈逵、馬融、鄭玄關於「六宗」的解釋，引自《辭海》「八部」
（臺北：臺灣中華書局，中華民國 66 年 6 月大字修訂本臺 17 版），頁 336。又，孔
光生於西漢宣帝元康元年丙辰（前 65），卒於西漢平帝元始五年乙丑（5）。劉歆生於
西漢甘露初，卒於淮陽王更始元年癸未（23）。賈逵生於東漢光武帝建武六年庚寅
（30），卒於東漢和帝永元一三辛丑年（101）。馬融生於東漢章帝起初四年己卯年
（76），勒令東漢桓帝延熹九年丙戌（166）。鄭玄生於東漢順帝永建二年丁卯（127），
卒於東漢獻帝建安五年庚辰（200）。按：上述孔光、劉歆、賈逵、馬融、鄭玄的生
卒年，參考梁廷燦，《歷代名人生卒年表》（臺北：臺灣商務印書館，中華民國 68 年），
頁 40。

〔註88〕晉・陳壽，《三國志》卷三〈魏書・明帝紀〉（臺北：洪氏出版社，中華民國 64 年），
頁 114。

治活動已少有著墨，唯一的記載是：

> 正始中，執經講學，賜爵關內侯。〔註89〕

劉卲一生的經歷與曹魏政權有著極密切的關係，他先後任官於魏王曹操、魏文帝曹丕、魏明帝曹睿，以及魏齊王芳之曹氏四世。劉卲一生的宦海浮沉大約經歷了四個階段：

第一個階段為漢獻帝建安時期，此時曹操自為丞相，漢代已名存實亡，劉卲大概於建安十七年（212）以前，出任計吏一職，並曾於當時的尚書令荀彧的處所，面對數十位官吏，對於日蝕這一天是否應舉行朝會，或最好停止聚會一事發表了獨到的看法，他先舉魯國的大夫梓慎、鄭國的大夫裨灶，都是古代的優良史官，他們占卜水火時，有時難免錯失天時的史實，再據《禮記》諸侯去朝見天子，進了朝門後如果發生了「大廟火、日食、后之喪、雨霑服失容」等四種情況，則廢除朝見。日食屬於其中的一項的規定，說明古聖先賢留下的禮制，並不因為有甚麼變異的跡象而事先廢棄朝廷的典禮，有時候這些災難變異會自然消平，也有可能史官的推論有誤。因此，得到了荀彧的賞識，史稱：「卲由此著名」。建安二十二年（217）、郗慮徵召他為其僚屬。同年，冬十月之後，曹丕立為太子，劉卲任太子舍人，掌理輔導太子的相關事宜。之後，再拜秘書郎，掌理圖書秘記，並典尚書奏事。此時期的劉卲處於初入仕途，漸露才華之際。

第二個階段在曹丕稱帝後，劉卲之官位漸升。在魏文帝黃初年中，曾官至尚書郎。大概在漢獻帝延康元年（220）二月壬戌，劉卲任散騎侍郎，以掌理侍從規諫等事務。同年，更受詔與王象、桓範、韋誕、繆襲等飽學之士，一同編纂中國第一部類書——《皇覽》直到黃初中（約226）、歷時數年始完稿。這對劉卲日後撰寫《人物志》區分人材流品及受詔著《都官考課》，做《新律》都有莫大的助益。

第三個階段於曹睿時期，劉卲的政治鋒芒充分的發揮顯露，他擔任了許多重要的職位，參與了許多制度的訂立，並有良好的政績及傑出的表現。黃初七年（226）、劉卲出為陳留太守，任內敦崇教化，受到百姓的稱頌。魏明帝太和三年（229）、奉詔編撰《魏法》，從《魏法》的編纂來看，劉卲對於曹魏的刑法、法律的訂定實有著相當重要的貢獻。他依據漢代的舊律，除去不適於魏的法規，並另外加上曹魏當時

---

〔註89〕楊志玖說：「黃初三年定制，分封諸侯王、公、侯、伯、子、男六等；縣侯、鄉侯（都鄉侯）、亭侯（都亭侯）、關內侯凡九等。建國前，曹操就置有名號侯十八級，關內侯十七級，皆金印紫綬；關外侯十六級，銅印龜紐墨綬；五大夫十五級，銅印環紐墨綬。自關內侯以下，皆不食租稅。自此有虛封侯制度。」見楊志玖，《中國古代官制講座》（臺北：萬卷樓圖書有限公司，1997年），頁170。

環境之所需，而爲曹魏定了《魏法》。太和六年（233）、劉劭升任散騎常侍，以掌理規諫，備顧問，隨侍明帝左右。當時公孫淵受孫權燕王的封號，劉劭勸魏明帝以寬容的心看待此事，讓公孫淵有自新的機會。後來，公孫淵果然斬送孫權的使者張彌等人的首級，以表輸誠。可見，劉劭的深謀遠慮。魏明帝青龍二年（234）、吳圍合肥，劉劭獻策退敵，宜乎夏侯惠讚美他：「策謀之士，贊其明思通微。」青龍二、三年（234～235）之間，劉劭奉詔撰寫〈許都賦〉及〈洛都賦〉，以諷刺魏明帝「外興軍旅，內營宮室」。大概在青龍四年（236）、夏侯惠向魏明帝推荐劉劭，說他的材幹非世俗常有。可惜，劉劭並未因此高升。青龍四年（236）、至景初元年（237）之間，爲考核官吏的政績，訂定拔舉人材的標準而受詔作《都官考課》，豈料司馬氏集團的阻擾而不了了之。大概在青龍年間，劉劭開始蒐集資料，醞釀思想，寫成《人物志》的初稿或腹稿，到景初時期受詔作《都官考課》後，而得到進一步充實和完善，隨後即脫稿完成。景初二年（238）、參與「六宗」的討論，可見劉劭對禮制瞭解極深。〈都官考課〉完成後，至景初三年（239）、春正月丁亥明帝崩殂之前，劉劭爲移風易俗而撰《樂論》十四篇。

　　第四個階段爲魏齊王芳正始時期，劉劭「執經講學」，淡出政治。綜其一生，不論在軍事方面，或是在思想、制度、文學創作方面，劉劭都有傑出的表現。茲將劉劭的仕宦經歷製表如下，以供參考：

| 劉劭仕宦經歷表 | | | |
|---|---|---|---|
| 階　段 | 時　間 | 經　歷 | 備　註 |
| 建安時期 | 大概在建安十七年（212） | 出任計吏於荀彧處面對數十位官員對於日蝕這一天是否應舉行朝會或最好停止聚會展開辯論深獲荀彧賞識 | 初入仕途 |
| | 建安二十二年（217） | 郗慮徵劉劭爲其僚屬 | |
| | 建安二十二年（217）冬十月 | 曹丕立爲太子劉劭任太子舍人掌理輔導太子相關事宜 | |
| | 大概在建安二十二年（217）冬十月之後 | 再拜秘書郎掌圖書秘記並典尙書奏事 | |
| 曹丕時期 | 大概在漢獻帝延康元年（220）二月壬戌 | 劉劭任散騎侍郎以掌理侍從規諫等事務 | 官位漸升 |
| | 大概在漢獻帝延康元年（220）二月壬戌至魏文帝黃中（約226）之間 | 受詔與王象桓範韋誕謬襲一同編纂《皇覽》對劉劭日後撰寫《都官考課》《人物志》《新律》都有莫大助益 | |

| 曹睿時期 | 黃初七年（226）丁巳後 | 出爲陳留太守敦崇教化百姓稱之 | 政治高峰 |
|---|---|---|---|
| | 太和三年（229）冬十月 | 奉詔編撰《魏法》 | |
| | 太和六年（232） | 升任散騎常侍以掌理規諫備顧問當時公孫淵受孫權燕王的封號劉邵勸魏明帝以寬容的心看待此事讓公孫淵有自新機會後來公孫淵果然斬送孫權使者張彌等人首級以表輸誠 | |
| | 青龍二年（234） | 吳圍合肥劉邵獻策退敵 | |
| | 青龍二、三年（234～235）之間 | 奉詔撰寫〈許都賦〉〈洛都賦〉以諷刺魏明帝內營宮室外興軍旅 | |
| | 大概在青龍四年（236） | 夏侯惠向明帝推荐劉邵 | |
| | 青龍四年（236）～景初元年（237）之間 | 奉詔作《都官考課》因爲遭到杜恕崔林傅嘏等擁護司馬懿士族反對而不了了之 | |
| | 大概在青龍年間到景初年間 | 撰寫中國第一部人材學巨著《人物志》 | |
| | 景初二年（238） | 參與六宗辯論 | |
| | 景初元年（237）至景初二年（239）春正月丁亥之前 | 撰寫《樂論》十四篇 | |
| 齊王芳時期 | | 執經講學 | 淡出政治 |

# 第三節　生卒考

　　劉邵的生卒年，未詳。〈本傳〉只在傳末提及：「邵同時東海謬襲亦有才學。」因此，學者對此課題大都持保留的態度，如王曉毅說：

　　　　劉邵生卒年不可考。〔註90〕

郭有遹說：

　　　　劉邵的生卒年月，已不可考。〔註91〕

馮承基說：

　　　　孔才生卒難盡詳，大約與熙伯相當也。〔註92〕

---

〔註90〕王曉毅，《中國古代人材鑒識術——人物志譯注與研究》（長春市：吉林文史出版社，1994年），頁8。
〔註91〕郭有遹，〈評劉邵的人物志〉。《書和人》第506期，頁總3901。
〔註92〕馮承基，〈三國志魏志劉邵傳滯義疏略〉。《書目季刊》第九卷第二期，頁17。

王玫說：

大約生於漢靈帝初年，卒於曹魏正始年間。〔註93〕

李軍說：

據《三國志》推算，他大約生於東漢靈帝建寧（168～172）年間，卒於曹魏正始（240～249）年間。〔註94〕

鄭玉光說：

其生卒年代雖無具體記載，但據有關資料推斷，他生於東漢熹平時期即公元 172 年左右，卒於魏的正始末或嘉平時期即公元 250 年左右，享年近 70 歲。〔註95〕

錢國盈說：

生於東漢靈帝光和五年（182）前後，卒於魏齊王正始六年（245）前後。〔註96〕

江建俊說：

計其於建安十九年，出爲計吏，至正始中卒，共三十年間，爲其活躍期，若以其始出爲官在三十歲左右，則其生卒年約爲西元 185 年前後，至 245 年前後，至其正確年代則無可考。〔註97〕

蔡崇名說：

約生於東漢靈帝光和五年，卒於魏廢帝正始六年，享年約六十四歲。

〔註98〕

陳喬楚說：

據〈傳〉文後記：「邵同時，東海謬襲亦有才學，多所述敍，官至尚書光祿勳。」裴注引〈文章志〉曰：「襲字熙伯，辟御史大夫府，歷事魏

〔註93〕王玫，《評注人物志》〈前言〉（北京：紅旗出版社，1996 年），頁 1。
〔註94〕李軍，〈論三世紀世界傳統教育理論的一朵奇葩──劉邵《人物志》教育思想初探───〉。《哲學與文化》第二十卷第 2 期，頁 220。
〔註95〕鄭玉光，《知人善任的奧秘──劉邵人物志研究譯注》（太原：山西人民出版社，1982 年），頁 3。
〔註96〕錢國盈，〈劉邵的人性論〉。《國立臺灣師範大學國研所集刊》第 36 號，頁 15。
〔註97〕江健俊《劉邵人物志研究》（《國立政治大學中國文學研究所碩士論文》，中華民國 64 年），頁 19。
〔註98〕蔡崇名，《新校人物志》〈導論〉（臺北：臺灣古籍出版有限公司，2000 年），頁 1。按：齊王芳的年號有二個：一爲正始，一爲嘉平。正始於西元 240 年，終於 246 年）。嘉平始於西元 249 年，終於 252 年）。魏廢帝的年號爲建興，始於西元 252 年，終於 253 年）。據〈本傳〉的記載：「正始中，執經講學，賜爵關內侯。卒，追贈光祿勳。」可見，本文中的「魏廢帝」疑爲「齊王芳」的誤植，當正之。

四世。正始六年，年六十、卒。」其經歷與邵相若。而邵傳紀事亦止於正
始中。由此推測，邵之卒年亦在正始六年（245）前後。從而溯其生年，
如以建安十六年（211）邵爲計吏推算，邵當生於東漢靈帝中平六年（189）
或其前後。〔註99〕

由以上各家的說法來看，除了江建俊及陳喬楚二人在推論劉邵的生卒年時略加分析
其原因以外，其它各家則或語多保留，或只指出可能的生卒年。個人認爲，在文獻
不足論斷的情況下，〈本傳〉和裴松之的《注》是可以作爲推論的重要依據。〈本傳〉
說：「邵同時，東海繆襲亦有才學，多所述敍，官至尚書光祿勳。」宋・裴松之〈注〉
引《文章志》說：「襲字熙伯，辟御史大夫府，歷事魏四世。正始六年，年六十、卒。」
繆襲的經歷既然與劉邵相若，而〈本傳〉紀事也止於正始中。可見，劉邵的享壽也
可能是六十歲。以此推論，他約生於東漢靈帝中平三年（186）、卒於魏齊王芳正始
六年（245）。茲綜列人對劉邵生卒年之意見如下，以見其大略：

| 劉　邵　生　卒　年　異　說　表 | | | |
|---|---|---|---|
| 主張者 | 生　　　年 | 卒　　　年 | 所見書刊 |
| 王曉毅 | 不可考 | 不可考 | 《中國古代人材鑑識術——人物志譯注與研究》 |
| 郭有遹 | 不可考 | 不可考 | 《書和人》第506期 |
| 馮承基 | 大約與繆襲相當 | 大約與繆襲相當 | 《書目季刊》第九卷第二期 |
| 王玫 | 大約生於漢靈帝初年 | 卒於曹魏正始年間 | 《評注人物志》 |
| 李軍 | 大約生於漢靈帝建寧（168～182）年間 | 卒於曹魏正始（240～249）年間 | 《哲學與文化》二十卷第二期 |
| 鄭玉光 | 生於東漢熹平時期即公元172年左右 | 卒於曹魏正始末或嘉平時期即公元250年左右 | 《知人善任的奧秘——劉邵人物志研究譯注》 |
| 錢國盈 | 生於東漢靈帝光和五年（182）前後 | 卒於魏齊王正始六年（245）前後 | 《國立臺灣師範大學國研所集刊》第三十六號 |
| 江建俊 | 約生於西元185年前後 | 卒於西元245年前後 | 《劉邵人物志研究》 |
| 蔡崇名 | 約生於漢靈帝光和五年（182） | 卒於魏廢帝正始六年（按：「廢帝」疑爲「齊正芳」之誤植，當正之。）（245） | 《新校人物志》 |
| 陳喬楚 | 生於東漢靈帝中平六年（189）或其前後 | 卒於正始六年（245）前後 | 《人物志今註今譯》 |

〔註99〕陳喬楚，《人物志今註今譯》〈附錄〉（臺北：臺灣商務印書館，1996年），頁337～338。

　　劉邵卒後，由他的兒子劉琳繼承其光祿勳的爵位。陳壽對劉邵的評價是：「該覽學籍，文質周洽。」意思是說，學識廣博，修養和品質達到了完美的統一。這樣的評價，使我們能夠從高層次的角度認識劉邵的偉大成就。

# 第三章　《人物志》版本源流考

　　《人物志》成書以後，除了《三國志·劉卲傳》有記載之外，兩晉史料未有提及的。其書至十六國時，西涼劉昞始作注解。《隋書，經籍志》、《唐書·經籍志》也都曾著錄該書。唐·劉知幾《史通·自序》和李德裕〈人物志論〉都有論及。趙蕤《長短經》〈大體〉、〈任長〉、〈品目〉、〈量才〉、〈知人〉等篇則引用較多的《人物志》內容和劉昞的《注》。此為該書在唐代流傳的概況。

　　降至北宋仁宗天聖五年（1027）、進士阮逸〔註1〕以該書「博而暢，辨而不肆，非眾說之流也。王者得之，為知人之龜鑑；士君子得之，為治性修身之檠栝，其效不為小矣。」〔註2〕乃序而傳之。如則，《人物志》之版刻成書，當自此始，惟此本未見藏書家的著錄。後來，文寬夫〔註3〕因「世所傳本多謬誤」，乃「合官私書校之，去其複重附益之文為定本」，並為該書作校勘〔註4〕。據清孫星衍《廉石居藏書記》

---

〔註1〕《福建通志》云：「阮逸，字天隱，福建建陽人。天聖五年進士。」見楊家駱，《中國學術類編新校本宋史並附編三種·宋史翼》卷二十三〈列傳第二十三─儒林一〉（臺北：鼎文書局，中華民國64年）。

〔註2〕王雲五，《四部叢刊本人物志》附阮逸〈序〉（臺北：臺灣商務印書館，中華民國68年）。

〔註3〕《宋史》卷三百一十三〈文彥博傳〉云：「文彥博，字寬夫，汾州介休人。……彥博逮事四朝（按：指宋仁宗、英宗、神宗、哲宗而言。）任將相五十年，名聞四夷。」見楊家駱，《中國學術類編新校本宋史並附編三種·宋史翼》卷二十三〈列傳第二十三─儒林一〉（臺北：鼎文書局，中華民69年）。

〔註4〕文寬夫云：「右《人物志》三卷十二篇，魏劉卲撰。案：隋、唐《經籍志》篇第皆與今同，列於名。十六國時，燉煌劉昞重其書，始作注解；然世所傳本多謬誤。今合官私書校之，去其複重附益之文為定本，內或疑字無書可證者，今據眾本皆相承傳疑難輒意改云。卲之敘五行曰：「簡暢而明砭，火之德也。」遍檢書傳，無明砭之證。案：字書，砭者，以石刺病，此外，更無他訓。然自魏晉以後，轉相傳寫，豕亥之變，莫能究知；不爾，則卲當別有異聞，今則亡矣。愚謂：明砭都無意義，自東晉諸公草書啓字為然，疑為簡暢而明啓耳。」見《四部叢刊本人物志》附文寬夫〈題〉。

說：「嘗見有乾隆九年中州彭家屏刊在南州本，敘稱於塗君延年處借得宋帙，重爲翻本。然文字多脫落。」〔註5〕然則，文寬夫校定本至清初猶可見。

惟今所得見的，如「上海涵芬樓影印明正德刊本」、「明顧定芳刊本」、「明刊本」、「明藍格鈔本」、「明梁夢龍刊本」、「明李氏思益軒刊本」、「明胡氏兩京遺編本」、「明胡氏兩京遺編殘本」、「明程榮漢魏叢書本」、「明說海彙編本」、「明何允中廣漢魏叢書本」、「明葉刊評點本」、「清四庫全書本」、「清王謨增訂漢魏叢書本」、「清張海鵬墨海金壺本」、「清王氏畿輔叢書本」、「民國鄭國勳龍谿精舍本」、「民國四部備要本」，都是明以後的刊本。

茲從版本的特色及用校勘的方法，就目前蒐集到的《人物志》十八個版本：一、「四部叢刊影印明正德刊本」。二、「明顧定芳刊本」。三、「明刊本」。四、「明藍格鈔本」。五、「明梁夢龍刊本」。六、「明李氏思益軒刊本」。七、「明胡氏兩京遺編本」。八、「明胡氏兩京遺編殘本」。九、「明程榮漢魏叢書本」。十、「明說海彙編本」。十一、「明何允中廣漢魏叢書本」。十二、「明葉刊評點本」。十三、「清四庫全書本」。十四、「清王謨增訂漢魏叢書本」。十五、「清張海鵬墨海金壺本」。十六、「清王氏畿輔叢書本」。十七、「民國鄭國勳龍谿精舍本」。十八、「民國四部備要本」。依序分別予以介紹各版本的特色，進而探溯它們彼此的關係。至於像宋本、靜嘉堂文庫本、紅杏山房重刊本、守山閣叢書本、玲瓏山館叢書本、彭家屏刊本……尚未蒐集到的版本，則俟異日再行補述。

## 第一節　四部叢刊影印明正德刊本考

上海涵芬樓景印的明正德刊本（收於大本原式精印四部叢刊正編，臺灣商務印書館出版）、原書版匡高營造尺六寸一分，寬四寸，四周雙邊。每半頁八行，行十六字。注文小字雙行，字數同。版心白口，單黑魚尾，中間記書名、卷第（如：「人物志上」）葉次，最下方記刻工名。刻工名：譚秀、吉、平、夏、汝、張、義、秀、云、長、厚、深。卷首有阮逸撰〈人物志序〉，劉卲撰〈人物志有序〉。序後有目錄，凡三卷，十二篇。首卷首行頂格題「人物志卷上」，次行至第三行各低四格題「魏散騎常侍劉卲撰」、「涼儒林祭酒劉昞注」。卷末有尾題。書後有文寬夫題〈人物志記〉、《三國志・劉卲傳》、宋庠記〈劉昞傳〉、王三省〈識〉、鄭旻〈跋〉。

經由考證，四部叢刊景印明正德刊本存有下列八種現象：一、衍文併倒植。二、

〔註5〕孫星衍撰、陳宗彝編，《廉石居藏書記內外編》（中華書局據式訓堂叢書本排印）。

衍文併誤植。三、錯亂。四、避諱。五、倒植。六、脫文。七、衍文。八、誤植。
茲舉列分述如下：

## 一、衍文併倒植

如：〈八觀第九〉劉注云：「愛則不施，何『於』仁之『爲能』？」

按：孫人和云：「當作『愛則不施，何仁之能爲。』『於』字涉上諸注而衍，『能爲』
　　又倒作『爲能』，故不可解。下注云：『畏懦不果，何恤之能行；』又云：『情存
　　利慾，何剛之能成，』注例並同。」〔註6〕據孫人和的考證，本注文句中的「於」
　　字，疑爲衍文；句末的「爲能」二字，疑爲「能爲」的倒植，皆當正之。又，
　　考葉刊評點本正作「愛則不施，何仁之『能爲』。」

## 二、衍文併誤植

如〈八觀第九〉正文云：「是所謂以惡犯姻則妬『惡生』『矣』。」

按：考其上正文云：「是所謂抒其所欲則喜也。」又云：「是所謂自伐歷之則惡也。」
　　又云：「是所謂以謙下之則悅也。」又云：「是所謂駮其所乏則姻也。」上引諸
　　正文，句法結構相似，如則，本正文當正之爲：「是所謂以惡犯姻則妬也。」換
　　言之，本正文句中的「惡生」二字，疑爲衍文；句末的「矣」字，疑爲「也」
　　的誤植，皆當正之。

## 三、錯　亂

如：〈材理第四〉劉注云：「意在杓（按：『杓』字爲『狗』的誤植。）馬，
　　彼俟他日。」

按：本注文文義不通。考四庫全書本作「彼意在狗，馬俟他日」。意指倘若不能當下
　　說動對方，就不勉強說服。又，考其下劉注云：「彼意在狗，而說以馬，彼意大
　　同而說以小異。」正可與四庫全書本義相呼應。故本注文當據四庫全書本，正
　　之爲「彼意在狗，馬俟他日」。

又如：〈利害第六〉正文云：「蓋人業之流。」

按：孫人和云：「『人業之流』當作『人流之業。』〈流業篇〉：『蓋人流之業，十有二
　　焉』是其證。」〔註7〕據孫人和的考證，則本正文當正之爲：「蓋人流之業。」

又如：〈八觀第九〉正文云：「若『至』勝『違』則惡情奪正，若然而不然。」

按：考其上正文云：「夫質有至有遠。」劉注云：「剛直無欲，所以爲至；貪情或勝，

---

〔註6〕孫人和，〈人物志舉正〉（《國立北平圖書館月刊》，第三卷第一號），頁17。
〔註7〕孫人和，〈人物志舉正〉（《國立北平圖書館月刊》第三卷第一號），頁15。

所以爲遠。」據劉注而言,「至」指「剛直無欲」,「違」則指「貪情或勝」,如則,本正文文義不明。故近人李子燾〔註 8〕、劉君祖〔註 9〕、郭泰〔註 10〕等引述本正文時,皆正之爲「若『違』勝『至』則惡情奪正,若然若不然。」換言之,「若『至』勝『違』」,疑爲「若『遠』勝『至』」的亂植,當正之。

## 四、避　諱

如:〈九徵第一〉正文云:「五質恒性。」

按:本正文句中的「恒」字,疑以缺筆方式避北宋眞宗趙恆的名諱。考說海彙編本、廣漢魏叢書本、增訂漢魏叢書本、四庫全書本、畿輔叢書本、龍谿精舍本、四部備要本,皆作「五質『恒』性。」

又如〈體別第二〉劉注云:「『人』無得而稱焉。」

按:本注文句中的「人」字,疑以改字的方武避唐太宗李世「民」的名諱。考《論語・泰伯篇》云:「子曰:『泰伯其可謂至德也矣,三以天下讓,民無得而稱焉。』」〔註 11〕當爲本注之所出。

## 五、倒　植

如:〈流業第三〉正文云:「法家之流,不能創思『遠圖』。」

按:孫人和云:「《長短經》引遠圖作『圖遠』。」〔註 12〕考《長短經・品目篇》引本文作:「法家之流,不能創思『圖遠』。」〔註 13〕據孫人和的考證及《長短經》的引文而言,如則,本正文句末的「遠圖」二字,疑爲「圖遠」的倒植,當正之。

又如:〈利害第六〉正文云:「夫『節清』之業,著於儀容,發於德行。」

按:孫人和云:「節清當作清節。〈流業篇〉云:『有清節家;』又云:『若夫德行高妙,容料可法,是謂清節之家;』又云:『清節之流,不能弘恕;』又云:『清節之德,師氏之任也。』〈材能篇〉云:『是故自任之能,清節之材也;』〈接識

---

〔註 8〕李子燾,《人物志全譯・八觀第九》,引本文作「若違勝至,則惡情奪正,若然而不然」(河北:河北人民出版社,1995 年),頁 110。

〔註 9〕劉君祖,《人物志・八觀第九》引本文作「若違勝至,則惡情奪正,若然而不然」(臺北:金楓出版有限公司,中華民國 75 年),頁 94。

〔註 10〕郭泰,《識人學・第九章識人之八種方法》引本文作「若違勝至,則惡情奪正,若然而不然」(臺北:遠流出版事業股份有公司,中華民國 85 年),頁 211。

〔註 11〕《十三經注疏 8 論語》(臺北:藝文印書館,中華民國 68 年),頁 70。

〔註 12〕孫人和〈人物志舉正〉(《國立北平圖書館月刊》,第三卷第一號),頁 13。

〔註 13〕唐趙蕤,《長短經》卷一〈品目三〉。見臺灣商務印書館景印,清・永瑢、紀昀編纂:文淵閣《四庫全書》第八四九冊(臺北:中華民國 75 年)。

篇〉云：『夫清節之人，以正直爲度；』並其證。」〔註14〕據孫人和的考證，
如則，本文當正之爲：「夫『清節』之業，著於儀容，發於德行。」換言之，「節
清」兩字疑爲「清節」的倒植，當正之。又，考李氏思益軒刊本、墨海金壺本、
畿輔叢書本、龍谿精舍本、四部備要本，皆正作「夫『清節』之業，著於儀容，
發於德行。」

又如：〈八觀第九〉劉注云：「或救『過濟』其分。」

按：考其上正文「救『濟過』厚，雖取人不貪也」，如則，本注文當正之爲「或救『濟
過』其分」，文義洒通。換言之，本注文句中的「過濟」二字，疑爲「濟過」的
倒植，當正之。又，考龍谿精舍本正作「或救『濟過』其分。」

又如：〈七謬第十〉正文云：「故詩詠文王小心翼翼，不大聲以色，『小心』也。」

按：孫人和云：「小心也本作心小也。下云：王赫斯怒，以對於天下，志大也；與此
對文。又上文云：「志大所以戡物任也，心小所以慎咎悔也；」下文云：「心小志
大者，聖賢之倫也；」並其證。《長短經·知人篇》引正作心小。」〔註15〕據孫
人和的考證，如則，本正文句末的「小心」二字，疑爲「心小」的倒植，當正之。

## 六、脫　文

如：〈九徵第一〉正文云：「質素平澹。」

按：孫人和云：「《長短經》引質上有『若』字，疑今本誤脫。」〔註16〕考《長短經》
卷一〈知人五〉引本文作：「『若』質素平澹。」〔註17〕如則，本正文句首「質」
字上，疑漏植一「若」字，當補正。

又如：〈九徵第一〉劉注云：「育物而不爲仁，齊眾形而不爲德。」

按：考《莊子·大宗師》云：「齏『萬』物而不爲義，澤及萬世而不爲仁，長於上古
而不爲老，覆載天地彫刻眾形而不爲巧。」〔註18〕，考《莊子·天道篇》云：
「齏『萬』物而不爲戾，澤及萬世而不爲仁，長於上古而不爲壽，覆載天地彫
刻累形而不爲巧。」〔註19〕上引諸例證，皆「萬物」二字連言，如則，本注文
「物」字上，疑漏植一「萬」字，當補正。又，考墨海金壺本、畿輔叢書本、

〔註14〕孫人和，〈人物志舉正〉（《國立北平圖書館月刊》，第三卷第一號），頁 15。
〔註15〕孫人和，〈人物志舉正〉（《國立北平圖書館月刊》，第三卷第一號），頁 18。
〔註16〕孫人和，〈人物志舉正〉（《國立北平圖書館月刊》，第三卷第一號），頁 11。
〔註17〕唐·趙蕤，《長短經》。見臺灣商務印書館景印清·永瑢、紀昀編纂：文淵閣《四庫全
　　　書》第八四九冊（臺北：中華民國 75 年）。
〔註18〕清·郭慶藩，《莊子集釋》（臺北：河洛圖書出版社，中華民國 63 年），頁 281。
〔註19〕清·郭慶藩，《莊子集釋》（臺北：河洛圖書出版社，中華民國 63 年），頁 462。

龍谿精舍本、四部備要本，皆正作「育『萬』物而不爲仁，齊眾形而不爲德。」

又如：〈材理第四〉正文云：「蓋理多品而人異也。」

按：陳喬楚說：「『蓋理多品而人異也』的『人』字下面漏植一『材』字，應予補正，俾與下文『夫理多品則難通，人材異則情詭』的語意銜接。〔註20〕」據陳喬楚的考證，如則，本正文句中的「人」字下，疑漏植一「材」字，當補正。

又如：〈材能第五〉劉注云：「明能治大郡，則能治小郡。」

按：孫人和云：「『則』下疑脫『亦』字。下正文云：故能治大郡，則亦能治小郡矣；劉昞所據。」〔註21〕據孫人和的考證，如則，本注文句中的「則」字下，疑漏植「亦」字，當補正。

又如〈材能第五〉劉注云：「以國彊民，以使。」

按：考其上正文云：「伎倆之政，宜於治富。」如則，本注文文義不明。郭模說：「本注文義不完，句末必有脫文。考四庫全書本『以使』下，有『富饒』二字，當據之以補本注之缺。」〔註22〕據郭模的考證，如則，本注文句末當補上「富饒」二字，迺可與其上正文義相呼應。

又如：〈接識第七〉正文云：「其為人也，務以流數，抒人之所長，而為之名目，如是兼也。」

按：考其下正文云：「如陳己美，欲人稱之，不欲知人之所有，如是者偏也。」「如是者偏也」與「如是者兼也」，相對成文。如則，本正文句末「是」字下，疑漏植一「者」字，當補正。

又如：〈接識第七〉劉注云：「是以李兌塞●，而不能聽蘇秦之說。」

按：本注文文義不明。考顧定芳刊本、明刊本、葉刊評點本、藍格鈔本、四庫全書本、墨海金壺本、畿輔叢書本、龍谿精舍本、四部備要本，「塞」字下皆有一「耳」字，文義迺明。易言之，本注文「塞」字下，疑漏植一「耳」字，當補正。

又如：〈接識第七〉正文云：「抗為高談，則為不遜。」

按：本正文句中的「則」字下，疑漏植一「以」字，當補正。考其上正文云：「是故多陳處直，則以爲見美。」又云：「靜聽不言，則以爲虛空。」又考其下正文云：「遜讓不盡，則以爲淺陋。」又云：「言稱一善，則以爲不博。」又云：「歷發

---

〔註20〕陳喬楚，《人物志今註今譯・材理第四》（臺北：臺灣商務印書館，中華民國85年），頁89～90。

〔註21〕孫人和〈人物志舉正〉（《國立北平圖書館月刊》第三卷第一號），頁14。

〔註22〕郭模，《人物志及注校證》（臺北：文史哲出版社，中華民國76年），頁132。

眾奇，則以為多端。」又云：「先意而言，則以為分美。」又云：「說以對反，則以為較己。」又云：「博以異雜，則以為無要。」如則，本正文當正之為：「抗為高談，則以為不遜。」如此，句法迺可一律。又，考葉刊評點本正作「抗為高談，則以為不遜。」

又如：〈英雄第八〉正文云：「然後可以為英，張良是也。」

按：孫人和云：「《長短經》引可上有『乃』字。」〔註23〕考《長短經》卷一〈量才四〉引本正文作「然後『乃』可以為英」。〔註24〕如則，本正文「後」字下，疑漏植一「乃」字，當補正。

又如：〈英雄第八〉正文云：「乃可以為雄，韓信是也。」

按：孫人和云：「《長短經》引乃上有『然後』二字。」〔註25〕考《長短經》卷一〈量才四〉引本正文作「『然後』乃可以為雄，韓信是也」。〔註26〕如則，本正文句首當補上「然後」二字，文義迺明。

又如：〈八觀第九〉正文云：「愛惠分篤，雖傲狎不離。」

按：考其下正文云：「助善著明，雖疾惡無害也。」又云：「救濟過厚，雖取人不貪也。」上引兩句正文句末都有一「也」字，如則，「愛惠分篤，雖傲狎不離」的句末，當補上一「也」字，句法迺可一律。又，考葉刊評點本正作「愛惠分篤，雖傲狎不離『也』。」

又如：〈八觀第九〉正文云：「是故觀其感變，而常度之情可知。」

按：考其上正文云：「是故觀其奪救，而間雜之情可知也。」又，考其下注文云：「是故觀其所至之多少，而異名之所生可知也。」又云：「是故觀其所依，而似類之質可知也。」又云：「是故觀其愛敬之誠，而通塞之理可得而知也。」又云：「是故觀其情機，而賢鄙之志可得而知也。」又云：「是故觀其聰明，而所達之材可知也。」如則，本正文句末當補上一「也」字，句法迺可一律。又，考葉刊評點本正作「是故觀其感變，而常度之情可知『也』。」

又如：〈七謬第十〉正文云：「此又同體之變也。」

按：郭模云：「《長短經》卷一〈知人篇〉引『變』字下有『不可不察』四字。下文

〔註23〕孫人和，〈人物志舉正〉（《國立北平圖書館月刊》，第三卷第一號），頁16。
〔註24〕見臺灣商務印書館景印清・永瑢、紀昀編纂：文淵閣《四庫全書》，第八四九冊（臺北：中華民國75年）。
〔註25〕孫人和，〈人物志舉正〉（《國立北平圖書館月刊》，第三卷第一號），頁16。
〔註26〕孫人和，〈人物志舉正〉（《國立北平圖書館月刊》，第三卷第一號），頁16。

云：『而眾人之察，不辨其律理，是嫌於體同也』義正相承。今本脫。」〔註27〕據郭模的考證，如則，本正文「變」字下，當補上「不可不察」四字，文義迺明。

## 七、衍　文

如〈九徵第一〉劉注云：「土必吐生，為信之基『也』。」

按：孫人和云：「《長短經》引無也字。按此涉正文也字而衍。上注云：『為仁之質；』又云：「為禮之本；』下注云：『為義之決；』又云：「為智之原；』語例正同。」〔註28〕據孫人和的考證，本注文句末的「也」字疑為衍文，當去之。

又如：〈利害第六〉正文云：「為眾人之所容『矣』。」

按：考其上正文云：「為眾人之所進。」又云：「為上下之所敬。」又云：「為世之所貴。」又云：「為是人之所忌。」又云：「為上下之所憚。」又云：「為群枉之所讎。」又云：「為眾人之所不識。」又云：「為明主之所珍。」又，考其下正文云：「為寵愛之所嘉。」又云：「為是人之所識。」又云：「為眾人之所稱。」又云：「為眾人之所異。」又云：「為官司之所任。」上引諸例證，句末都無「矣」字，如則，本正文句末的「矣」字疑為衍文，當去之。又，考李氏思益軒刊本、墨海金壺本、畿輔叢書本、龍谿精舍本、四部備要本，皆正作「為眾人之所容。」

又如：〈接識第七〉正文云：「故能識『較』方直之量。」

按：考其下正文云：「故能成策略之奇。」又云：「故能識方略之規。」又云：「故能識韜諝之權。」又云：「故能識進趣之功。」又云：「故能識訶砭之明。」又云：「故能識捷給之惠。」如則，本正文句中的「較」字，疑為衍文，當去之，迺可與其下各句正文的句法一律。

又如：〈英雄第八〉正文云：「若聰能謀始，而明不見機，『乃』可以坐論，而不可以處事。」

按：孫人和云：「此文不當有『乃』字，蓋涉上文『然後能各濟其所長』而衍。」下云：『聰能謀始，明能見機，可以循常而不可以慮變；』與此相對，《長短經·量才篇》引亦無乃字。」〔註29〕據孫人和的考證，如則，本正文句中的「乃」字，疑為衍文，當去之。

又如：〈八觀第九〉正文云：「是故觀其奪救，而『明』間雜之情可得知也。」

---

〔註27〕郭模，《人物志及注校證》（臺北：文史哲出版社，中華民國76年），頁185。
〔註28〕孫人和，〈人物志舉正〉（《國立北平圖書館月刊》，第三卷第一號），頁11。
〔註29〕孫人和，〈人物志舉正〉（《國立北平圖書館月刊》，第三卷第一號），頁16。

按：本正文文義不通，句中的「明」字疑涉上正文：「何謂觀其奪救，以明間雜？」而衍，當去之。「間雜」，意指矛盾錯雜的心理。劉注云：「或慈欲濟恤，而吝奪其人；或救濟廣厚，而乞醯爲患。」「間雜」的矛盾衝突，由此可見。

又如〈八觀第九〉正文云：「德行不訓，則正人哀『哀』。」

按：本正文句末「哀哀」連字，疑多著一「哀」字，當去之。考李氏思益軒刊本、說海彙編本、廣漢魏叢書本、漢魏叢書本、增訂漢魏叢書本、葉刊評點本、四庫全書本、墨海金壺本、畿輔叢書本、龍谿精舍本、四部備要本，皆正作「德行不訓，則正人哀。」

又如：〈八觀第九〉正文云：「政亂不治，則能者歎『歎』。」

按：本正文句末「歎歎」連言，疑多著一「歎」字，當去之。考李氏思益軒刊本、說海彙編本、廣漢魏叢書本、漢魏叢書本、增訂漢魏叢書本、葉刊評點本、四庫全書本、墨海金壺本、畿輔叢書本、龍谿精舍本、四部備要本，皆正作「政亂不治，則能者歎。」

又如：〈八觀第九〉正文云：「敵能未弭，則術人思『思』。」

按：本正文句末「思思」連言，疑多著一「思」字，當去之。考李氏思益軒刊本、說海彙編本、廣漢魏叢書本、漢魏叢書本、增訂漢魏叢書本、葉刊評點本、四庫全書本、墨海金壺本、畿輔叢書本、龍谿精舍本、四部備要本，皆正作「敵能未弭，則術人思。」

又如：〈八觀第九〉正文云：「貨財不積，則貪者憂『憂』。」

按：本正文句末「憂憂」連言，疑多著一「憂」字，當去之。考李氏思益軒刊本、說海彙編本、廣漢魏叢書本、漢魏叢書本、增訂漢魏叢書本、葉刊評點本、四庫全書本、墨海金壺本、畿輔叢書本、龍谿精舍本、四部備要本，皆正作「貨財不積，則貪者憂。」

又如：〈七謬第十〉劉注云：「幼給口者，長必辯論『也』。」

按：考其上劉注云：「幼辭繁者，長必文麗。」又，考其下劉注云：「幼慈恤者，長必矜人。」又云：「幼過與者，長必好施。」又云：「幼多畏者，長必謹慎。」又云：「幼不妄取，長必清廉。」上引諸例證，句末皆無「也」字，如則，本注文句末的「也」字，疑爲衍文，當去之。

又如：〈七謬第十〉正文云：「出尤之人能知聖人之教，不能究『之』入室之奧也。」

按：考其上正文云：「故累人之明能知輩士之數，而不能知第目之度也。」又云：「輩

士之明能知第目之度，而不能識出尤之良也。」如則，本正文當作「出尤之人能知聖人之教，不能究入室之奧也。」句法迺可一律。換言之，本正文「究」字下的「之」字，疑爲衍文，當去之。又，考孫人和〈人物志舉正〉「不能究之入室之奧也。」條亦云：「『之』字衍。」〔註30〕

又如：〈釋爭第十二〉正文云：「『大』無功而自矜，一等。」

按：孫人和云：「『大』字疑涉下文『功大而不伐』而衍。知功而自矜爲下等，有功而伐之中等，功大而不伐爲上等，此文不當有大字。且注云：「空虛自矜，故爲下等也；』不釋大字，其爲衍文無疑。」〔註31〕據孫人和的考證，本正文句首的「大」字，疑爲衍文，當去之。

又如：〈釋爭第十二〉劉注云：「空虛自矜，故爲下等『也』。」

按：考其下劉注云：「自伐其能，故爲中等。」又云：「推功於物，故爲上等。」引上諸例證，句末都無「也」字，如則，本注文句末的「也」字，疑爲衍文，當去之。

## 八、誤　植

如：《人物志・有序》劉注云：「一『則』仲父，齊桓所以成九合。」

按：考《史記・管仲列傳》云：「管夷吾者，潁上人也。少時嘗與鮑叔牙游，鮑叔知其賢。管仲貧困，常欺鮑叔，鮑叔終善遇之，不以爲言。已而鮑叔事齊公子小白，管仲事公子糾。及小白立爲桓公，公子糾死，管仲囚焉。鮑叔遂進管仲。管仲既用，任政於齊，齊桓公以霸，九合諸侯，一匡天下，管仲之謀也。……管仲既任政相齊，以區區之齊在海濱，通貨境財，富國強兵，與俗同好惡。」〔註32〕據《史記》的記載，齊桓公因拜管仲爲相，故能「九合諸侯，一匡天下。」如則，本注文句中的「則」字，疑爲「相」的誤植，當正之。又，考四庫全書本正作「一『相』仲父，齊桓所以成九合。」

又如：〈體別第二〉劉注云：「謂之醎耶，無鹹可容，公『成百』，函也，與鹹同。」

按：「公成百」三字，文義不明。考四庫全書本作「公漸切」，爲「醎」字的反切，文義迺明。如則，「公成百」的「成百」二字，疑爲「漸切」的誤植，當正之。

〔註30〕孫人和，〈人物志舉正〉（《國立北平圖書館月刊》，第三卷第一號），頁19。
〔註31〕孫人和，〈人物志舉正〉（《國立北平圖書館月刊》，第三卷第一號），頁20。
〔註32〕漢・司馬遷，《史記》卷六十二〈管晏列傳第二〉（臺北：鼎文書局，中華民國64年），頁2131～2132。

又如〈體別第二〉正文云：「是故厲直剛毅，材在矯正，失在『激』訐。」

按：孫人和云：「『激』當作『徼』，字之誤也。《論語・陽貨篇》：『惡激以爲知者，惡不遜以爲勇者，惡訐以爲直者。』《集解》：「孔曰：徼，抄也，抄人之意以爲己有。包曰：訐，謂攻發人之隱私。』《釋文》：『徼，鄭本作絞』。馮氏登府《異文考證》：『《禮記隱義》云：齊以相絞訐爲掉磬；《論語》言絞以爲知；又云訐以爲直；絞訐連文，正齊魯之方言。』劉恭冕又申孔包之誼云：『《說文》徼，循也。循，順行也。《漢書》言中尉徼循京師，引申爲遮取之義，故注訓妙。《說文》又，取也；無抄字。《一切經音義》二引《字書》抄，掠也。又引《通俗文》遮取謂之抄掠。《音義》又云：古文抄剿二形。案《曲禮》毋剿說注：剿猶攣也；謂取人之說以爲己說，與此注意同。《釋文》引《說文》云：訐面相斥，是訐爲攻發也。陰私人所諱言，而面相攻發，以爲己直也。」〔註 33〕據孫人和的考證，如則，本正文句中的「激」字，疑爲「徼」的誤植，當正之。

又如：〈體別第二〉正文云：「柔順安恕，『每』在寬容，失在少決。」

按：考《長短經・德表第十》引本正文作「柔順安恕，『美』在寬容，失在少決。」〔註 34〕又，考《古今圖書集成理學彙編學行典第二卷學行總部》引本正文亦作「柔順安恕，『美』在寬容，失在少決」〔註 35〕又，考李氏思益軒刊本、墨海金壺本、畿輔叢書本、龍谿精舍本、四部備要本，亦皆作「柔順安恕，『美』在寬容，失在少決」。上引諸例證，皆作「『美』在寬容」。本段文義旨在說明「厲直剛毅」、「柔順安恕」、「雄悍傑健」、「精良畏愼」、「彊楷堅勁」、「論辨理繹」、「普博周給」、「清介廉潔」、「休動磊落」、「沉靜機密」、「樸露徑盡」、「多智韜情」等十二種偏才的優缺點，然則，本正文作「『每』在寬恕，失在少決」，文義不通，「每」字疑爲「美」的誤植，當正之。

又如：〈體別第二〉正文云：「猶晉楚帶劍，『遞』相詭反也。」

按：考〈篇海〉云：遞，土兮切，音梯。匾遞，薄也。」〔註 36〕，考《篇海類編》云：「遞，七兮切，音梯。匾遞，薄也。」〔註 37〕據《篇海》及《篇海類編》

---

〔註 33〕孫人和，〈人物志舉正〉（《國立北平圖書館月刊》，第三卷第一號），頁 12。

〔註 34〕唐・趙蕤，《長短經》卷二〈德表第十一〉。見臺灣商務印書館景印清，永瑢、紀昀等纂修：文淵閣《四庫全書》第八四九冊（臺北：中華民國 75 年）。

〔註 35〕陳夢雷集成原編，楊家駱類編主編：中國學術類編整理本鼎文版《古今圖書集成》第五九七冊（臺北：鼎文書局，中華民國 74 年），頁 8。

〔註 36〕明・張忻重刊訂正《篇海》卷之四辵第三十八。明崇禎甲戌七年（1634）、北海張氏刊本），頁 5。

〔註 37〕明・宋濂，《篇海類編》卷之十八人事類辵部第十七、日本寬文九年（1669）刊本），

對「遞」的解釋，遞，薄也。不具相互交替之義。考《說文》云：「遞，更易也。從辵虒聲。」〔註38〕據《說文》對「遞」的解釋，「遞」義爲相互更替。如則，本正文句中遞字，疑爲「遞」的誤植，當正之。又，考說海彙編本、漢魏叢書本、廣漢魏叢書本、增訂漢魏叢書本、四庫全書本、墨海金壺本、畿輔叢書本、龍谿精舍本、四部備要本，皆正作「遞」。

又如：〈體別第二〉正文云：「柔順之人，緩心『寬』斷。」

按：考本正文語出《韓非子·亡徵篇》云：「緩心而無成，柔茹而寡斷。」〔註39〕又，考其下劉注云：「緩心『寡』斷，何疑事之能權。」又，考《長短經·德表第十一》引本正文亦作「柔順之人，緩心『寡』斷」。〔註40〕上引諸例證，皆作「緩心寡斷」。如則，本注文句中的「寬」字，疑爲「寡」的誤植，當正之。

又如：〈流業第三〉正文云：「有『伎』倆。」

按：考〈六書統〉云：「伎，网甫切，籀文侮字，從人從支，戲以擊人也。」〔註41〕又，考《正字通》云：「『伎』，奇寄切，音器，伎倆。《史記·馮驩傳》無他伎能。陸機《文賦》程工效伎。又婆侯伎。《酉陽雜俎》周時，西域貢幻伎能，興雲噴火，或爲獅象龍蛇之狀，中國效之，其本國名扶婁，語爲婆侯。」〔註42〕據《六書統》對「伎」的解釋，「伎」義爲戲以擊人。又，據《正字通》對「伎」的解釋，「伎」，義爲伎倆。如則，本正文「有伎倆」的伎，疑爲「伎」字的誤植，當正之。又，考藍格鈔本、李氏思益軒刊本、說海彙編本、漢魏叢書本、廣漢魏叢書本、增訂漢魏叢書本、葉刊評點本、四庫全書本、墨海金壺本、畿輔叢書本、龍谿精舍本、四部備要本，皆正作「伎」。此外，四部叢刊本將「伎」字誤作「伎」字者，尚有以下三例：(一)、〈材能第五〉正文云：「權奇之能，『伎』倆之材也。」(二)〈利害第六〉正文云：「『伎』倆之業，本于事能。」(三)〈八觀第九〉正文云：「是故不仁之質勝，則『伎』力爲害器。」皆當正之。

---

頁5。

〔註38〕清·段玉裁，《說文解字注》附索引（臺北：藝文印書館，中華民國68年），頁72。

〔註39〕清·王先慎，《韓非子集解》卷五〈亡徵篇〉（臺北：世界書局，中華民國68年），頁78。

〔註40〕唐·趙蕤，《長短經》卷二〈德表第十一〉。見臺灣商務印書館景印清·永瑢、紀昀等纂修：文淵閣《四庫全書》第八四九冊（臺北：中華民國75年）。

〔註41〕元·楊桓，《六書統》卷第五轉注二、人體之注入之屬二文相從，頁4。元至大元年（1308）江浙行省刊。元順帝時，余謙修補本。國立中央圖書館藏書。

〔註42〕明·張自烈，《正字通》子集中人部十三。清康熙十年（1671）張氏弘文書院刊本。故宮博物院藏。

又如：〈流業第三〉正文云：「故雖波流分別，皆為『輕』事之材也。」

按：孫人和云：「『輕』當作經。〈八觀篇〉云：『智能經事。』」〔註43〕據孫人和的考證，如則，本正文句中的「輕」字，疑爲「經」的誤植，當正之。又，考龍谿精舍本正作「經」。

又如：〈流業第三〉劉注云：「耳目殊『管』，其用同功；群材雖異，成務一致。」

按：考四庫全書本、墨海金壺本、畿輔叢書本、龍谿精舍本、四部備要本，皆作「耳目殊『官』，其用同功；群材雖異，成務一致。」「耳目殊『官』」，意指耳目爲不同的器官。如則，本注文句中的「管」字，疑爲：「官」的誤植，當正之。

又如〈流業第三〉正文云：「儒學之材，『安民』之任也。」

按：考《長短經·量才四》引本正文作「儒學之材，『保氏』之任也」。〔註44〕如則，本正文句中的「安民」二字，疑爲「保氏」的誤植，當正之。茲說明其原因如下：（一）考其上正文云：「清潔之德，師氏之任也。法家之材，司寇之任也。術家之材，三孤之任也。三材存備，三公之任也。三材而微，冢宰之任也。臧否之材，師氏之佐也。智意之材，冢宰之佐也。伎倆之材，司寇之任也。」又，考其下正文云：「文章之材，國史之任也。辯給之材，行人之任也。」綜論以上例證的「師氏」、「司寇」、「三孤」、「三公」、「冢宰」、「司空」、「國史」、「行人」，皆指官職而言，如則，「安民」一詞，亦當爲一官名，文義迺通。（二）、考〈流業篇〉正文云：「有儒學。」又云：「能傳聖人之業，而不能幹事施政，是謂儒學。」據〈流業篇〉而言，「儒學」此一偏材的特質，在於「能傳聖人之業」。即劉注所說的：「道藝深明」、「掌以德藝」。又，考《周禮·地官·保氏》云：「保氏掌諫王惡，而養國子以道，乃教之六藝。」〔註45〕據《周禮》的解釋，「保氏」職在「養國子以道」、「教之六藝」，正可與劉注義相呼應。可見，本正文句中的「安民」二字，疑爲「保氏」的誤植，當正之。

又如：〈流業第三〉劉注云：「掌以德『毅』。」

按：考《顏氏家訓名實篇第十》云：「德『藝』周厚。」〔註46〕又，考四庫全書本、墨海金壺本、畿輔叢書本、龍谿精舍本、四部備要本，皆正作「掌以德『藝』」。上引諸例證，皆作「德藝」。如則，本注文句末中的「毅」字，疑爲「藝」的誤

---

〔註43〕孫人和〈人物志舉正〉（《國立北平圖書館月刊》，第三卷第一號），頁13。

〔註44〕唐·趙蕤，《長短經》卷一〈量才四〉。見臺灣商務書館景印清·永瑢、紀昀等纂修：文淵閣《四庫全書》第八四九冊（臺北：中華民國75年）。

〔註45〕《十三經注疏3周禮》（臺北縣：藝文印書館，中華民國68年），頁212。

〔註46〕清·趙曦明，《顏氏家訓注》（臺北縣：漢京文化事業有限公司，中華民國70年）。

植，當正之。

又如：〈流業第三〉劉注云：「雖『目』運規矩，無由成矣。」

按：本注文文義不明。考顧定芳刊本、藍格鈔本、葉刊評點本、四庫全書本，皆作「雖
『日』運規矩，無由成矣」。旨在比喻領導者的才幹爲天賦異稟，非經由後天培
養訓練可堪成就。如則，本注主文句中的「目」字，疑爲「日」的誤植，當正之。

又如：〈材理第四〉正文云：「辯其得失，義『禮』之家也。」

按：考葉刊評點本、龍谿精舍本，皆作「辯其得失，義『理』之家也」。據葉刊評點
本及龍谿精舍本而言，如則，本正文句中的「禮」字，疑爲「理」的誤植，當
正之。茲說明其原因如下：（一）考其上正文云：「夫理有四部。」劉注云：「道
義事情，各有部也。」可見，理分四部，當指「道理」、「義理」、「事理」和「情
理」而言。（二）又，考本篇正文中的「道之理也」、「事之理也」、「義之理也」
和「情之理也」，皆作「理」。（三）又，考本篇正文中的「道理之家也」、「事理
之家也」、「義理之家也」和「情理之家也」，亦皆作「理」。

又如：〈材理第四〉劉注云：「以義爲『禮』。」

按：考葉刊評點本作「以義爲『理』」。又，考其上正文云：「以道爲『理』，故能通
自然也。」又云：「以事爲『理』故審於理煩也。」又考其下正文云：「以情爲
『理』，故能極物之變也。」上引諸例證，皆作「理」，如則，本注文句末的「禮」
字，疑爲「理」的誤植，當正之。

又如：〈材理第四〉正文云：「以『性』犯明，各有得失。」

按：孫人和云：「『性』當作『情』。劉注云：『明出於眞，情動於性；』乃總論情與
明也。又云：『情勝明則蔽；』正解以情犯明之語。又上文『情有九偏；』注云：
『以情犯明，得失有九；』即本於此，尤其切證。」〔註47〕據孫人和的考證，
如則，本正文句中的「性」字，疑爲「情」的誤植，當正之。又，考葉刊評點
本正作「以『情』犯明，各有得失。」

又如：〈材理第四〉劉注云：「性浮則志『微』。」

按：考其上正文云：「序疏數則豁達而傲博。」又，考其下劉注云：「志『傲』則理
疏。」據其上下正文及劉注推論，如則，本注文句末的「微」字，疑爲「傲」
的誤植，當正之。

又如：〈材理第四〉正文云：「此所謂『性』有九偏。」

---

〔註47〕孫人和〈人物志舉正〉。〈國立北平圖書館月刊〉，第三卷第一號），頁13。

按：郭模云：「『性』乃『情』之誤。上文『情有九偏』『九偏之情』咸其證。」〔註48〕陳喬楚亦云：「『此所謂性有九偏』的『性』字，是『情』字的誤植。按，前文揭示『情有九偏』，本文續曰：『四家之明既異，而有九偏之情。』基於首尾一致，語氣貫串，可以推知作爲本段尾語的『此所謂性有九偏』的『性』字，當爲『情』字。」〔註49〕據郭模和陳喬楚二人的考證，如則，本正文句中的「性」字，疑爲「情」的誤植，當正之。又，考葉刊評點本作「此所謂『情』有九偏。」

又如：〈材理第四〉正文云：「有漫談陳說，似『有』流行者。」

按：孫人和云：「下『有』字當作若，涉上而誤。劉注云：『似若可行；』知正文不當作似有也。下文云：『有理少多端似若博意者，有迴說合意似若讚解者，有避難不應似若有餘而實不知者；』語例並同。編者案明正德間刻本人物志正作若。」〔註50〕據孫人和的考證，如則，本正文句中的「有」字，疑爲「若」的誤植，當正之。

又如：〈材理第四〉正文云：「跌則捇『躓』。」

按：考曹植〈與楊德祖書〉云：「詆訶文章，捇『躓』利病。」〔註51〕，考鐘嶸《詩品》云：「辨彰清濁，捇『躓』病利。」〔註52〕又，考韓愈〈石鼓歌〉云：「孔子西行不到秦，捇『躓』星宿遺羲娥。」〔註53〕上引諸例證，皆作「捇摭」，意指「摘取」。如則，本正文句末的「躓」字，疑爲「摭」的誤植，當正之。

又如：〈材理第四〉劉注云：「意在『杓』馬。」

按：本注文文義不明。考葉刊評點本、四庫全書本、墨海金壺本、畿輔叢書本、龍谿精舍本、四部備要本，皆作「意在『狗』，馬。」又，考其下劉注云：「彼意在『狗』，而說以馬。」「狗」、「馬」相對而言，正可與本注義相呼應。如則，本注文句中的「杓」字，疑爲「狗」的誤植，當正之。

又如：〈材理第四〉正文云：「欲人之聽『巳』。」

按：考《爾雅‧釋天》云：「大歲在『巳』曰大荒落。」〔註54〕據《爾雅》的解釋，「巳」字，意指十二支的第六位。如則，「欲人之聽『巳』」，文義不通。「巳」字

---

〔註48〕郭模，《人物志及注校證》（臺北：文史哲出版社，中華民國76年），頁108。

〔註49〕陳喬楚，《人物志今註今譯》（臺北：臺灣商務印書館，中華民國85年），頁97～98。

〔註50〕孫人和，〈人物志舉正〉（《國立北平圖書館月刊》，第三卷第一號），頁14。

〔註51〕梁‧昭明太子，《昭明文選》卷四十二（臺北：文化圖書公司，中華民國64年），頁592。

〔註52〕《叢書集成新編》第七八冊（臺北：新文豐出版社，中華民國75年）。

〔註53〕臺北，世界書局景印摛藻堂《四庫全書薈要》第八八冊《御定全唐詩》卷三四〇。

〔註54〕《十三經注疏8爾雅》（臺北縣：藝文印書館，中華民國68年），頁95。

疑爲「己」的誤植，當正之。又，考《說文》云：「『己』，中宮也。」段〈注〉云：「引伸之爲人己。言己以別於人者，己在中，人在外，可記識也。《論語》：克己復禮爲仁，克己言自勝也。」〔註55〕據段《注》對「己」的解釋，「己」有「自己」之義，正可與本文「欲人之聽己」義相呼應。又，考龍谿精舍本作「欲人之聽『己』」。

又如；〈材理第四〉劉注云：「常懷退後，故在物『上』。」

按：考顧定芳刊本、明刊本、藍格鈔本、葉刊評點本、四庫全書本，皆作「常懷退後，故在物『先』」。本注文所以解釋其上正文「聰叡資給，不以『先』人」，如則，句末的「上」字，當正之爲「先」，文義迺順。

又如：《材理第四〉正文云：「期於得道而『巳』矣。」

按：〈讀書作文譜‧父師善誘法〉云：「歇語辭，而『已』矣，收轉到此，文與義已盡之辭。如：《論語‧里仁》云：『夫子之道，忠恕而已矣。』」〔註56〕據《讀書作文譜》的說明，「而已矣」三字爲一歇語辭，表示語義已盡。如則，本正文句中的「巳」字，疑爲「已」字的誤植，當正之。又，考胡氏兩京遺編本、胡氏兩京遺編殘本、四庫全書本、龍谿精舍本、四部備要本，皆作「期於得道而『已』矣」。

又如：〈材能第五〉劉注云：「總『禦』百官。」

按：考《小爾雅‧廣言》云：「抗『禦』也。」〔註57〕又，考《爾雅‧釋天》云：「『禦』，禁也。」〔註58〕據《小爾雅》和《爾雅》對「禦」的解釋，「禦」，意指對抗或禁止。如則，本注文「總『禦』百官」，文義不通。又，考《洪武正韻》云：「『御』，魚據切，統也。」〔註59〕據《洪武正韻》對「御」的解釋，「御」，意指統領。又，考〈流業第三〉正文云：「冢宰之任也。」劉注云：「天官之卿，總『御』百宮」，皆作「御」。又，考四庫全書本、墨海金壺本、畿輔叢書本、龍谿精舍本、四部備要本，亦皆作「御」。如則，本注文句中的「禦」字，疑爲「御」的誤植，當正之。

又如：〈材能第五〉正文云：「行事之能，譴讓之材也。故在朝也，則司寇之

〔註55〕清‧段玉裁，《說文解字注》附索引（臺北縣：藝文印書館，中華民國68年），頁748。

〔註56〕清‧唐彪，《讀書作文譜》卷之七〈文中用字法〉（臺北：偉文圖書出版社，中華民國65年），頁93。

〔註57〕漢‧孔鮒，《小爾雅》一卷。見《叢書集成新編》第三八冊（臺北：新文豐出版社，中華民國75年）。

〔註58〕《十三經注疏8爾雅》（臺北縣：藝文印書館，中華民國68年）。

〔註59〕明‧樂韶鳳等，《洪武正韻》卷第十一、四御。國家圖書館藏。

　　　『任』。」

按：「司寇之任」的「任」字，疑爲「佐」的誤植，當正之。茲分析其理由如下：（一）
　　考其上正文云：「立法之能，法家之材也。故在朝也，則司寇之任。」「法家之
　　材」既已適合「司寇之任」，如則，「譴讓之材」不宜又任同一職務。（二）又考
　　其上劉注「法家之材」云：「法無私，故掌秋官而詰姦暴。」劉注「譴讓之材」
　　云：「辦衆事，故佐秋官而督傲慢。」可見，「譴讓之材」當爲「法家之材」的
　　輔佐。（三）又，考四庫全書本、墨海金壺本、畿輔叢書本、龍谿精舍本、四部
　　備要本，皆正作「司寇之『佐』。」

又如：〈材能第五〉正文云：「是故自任之能，『清節』之材也。故在朝也，則
　　　冢宰之任也。」

按：考〈流業第三〉正文云：「有器能。」劉注云：「三材而微。」又云：「三材而微，
　　冢宰之任也。」劉注云：「天官之卿，總御百授。」上引諸例證，說明適合「冢
　　宰之任」的，須具「器能之材」，如則，本正文句中的「清節」二字，疑爲「器
　　能」的誤植，當正之。

又如：〈材能第五〉正文云：「立法之能，『治』家之材也。」

按：考〈流業第三〉正文云：「有法家。」劉注云：「立憲垂制。」〈流業第三〉正文
　　又云：「建法立制，彊國富人，是謂法家。管仲、商鞅是也。」〈利害第六〉正
　　文云：「法家之業，本于制度。」上引諸例證，說明「法家之材」具「立法之能」。
　　如則，本正文句中的「治」字，疑爲「法」的誤植，當正之。

又如：〈材能第五〉劉注云：「譬梓『里』治材，土官治墻，則廈屋成。」

按：考其上劉注云：「鹽人調鹽，醢人調醢。」據《周禮》的說明，「鹽人」和「醢
　　人」皆爲天官之屬。如則，與其相對成文的「梓里」，亦當爲官名，方可彼此文
　　義貫通。惟考《書言故事大全・都邑類》云：「稱鄉里曰梓里。」〔註60〕可見，
　　「梓里」未具官名義，疑有誤植。又，考《儀禮大射》云：「工人與梓人升自北
　　階。」《注》：「工人士、梓人，皆司空之屬，能正方圓者。」〔註61〕據《儀禮
　　大射》的解釋，「梓人」爲從事建築的工人，正可應「譬梓人治材」之義。故本
　　注文句中「梓里」的「里」字，疑爲「人」的誤植，當正之。

又如：〈利害第六〉劉注云：「清而『混』雜。」

〔註60〕宋・胡繼宗撰，明・陳玩直注，《書言故事大全》卷十一。明萬曆己丑十七年（1589）、
　　　　吳伯仁刊本。
〔註61〕《十三經注疏4儀禮》（臺北縣：藝文印書館，中華民國68），頁201。

按：「清而混雜」所以注釋其上正文「臧否之業，本乎是非，其道廉而且貶」的「廉」字。考《說文》云：「廉，仄也。从广兼聲。」段《注》云：「引伸之爲清也。」〔註62〕據段《注》對「廉」的解釋，「廉」的引伸義爲「清」。如則，本注文作「清而混雜」，文義不明。當正之爲「清而『不』雜」。換言之，「混」字當爲「不」的誤植。又，考四庫全書本正作「清而『不』雜。」

又如：〈利害第六〉劉注云：「上『不』端而下困。」

按：考《淮南子·詮言訓》云：「賈多端則貧。」〔註63〕又，考《史記·平準書》云：「吏道雜而多端，則官職耗廢。」〔註64〕又，考何晏〈景福殿賦〉云：「惟工匠之多端。」〔註65〕上引諸例證，皆「多端」連言，意指事業多頭緒。如則，本注文句中的「不」字，疑爲「多」的誤植，當正之。又，考顧定芳刊本、明刊本、藍格鈔本，皆正作「上『多』端而下困。」

又如：〈接識第七〉劉注云：「謂法分足以濟『業』。」

按：考《左氏·成公六年傳》云：「聖人與眾同欲，是以濟『事』。」〔註66〕《老子》云：「開其兌，濟其『事』。」〔註67〕《世說新語·識鑒》云：「于時朝議遣玄北討，人間頗有異同之論。唯超曰：是必濟『事』。」〔註68〕上引諸例證，皆作「濟事」，意指成就事業。如則，本注文句末的「業」字，疑爲「事」的誤植，當正之。

又如：〈接識第七〉正文云：「術謀之人，以思謀爲度，故能『成』策略之奇。」

按：孫人和云：「《長短經》引『成』作『識』（按，指《長短經·知人篇》）與上下文誼正同。」〔註69〕據孫人和的考證，本正文句中的「成」字，疑爲「識」的誤植，當正之。

又如〈接識第七〉正文云：「取同體也，則接『論』而相得。」

---

〔註62〕清·段玉裁，《說文解字注》附索引（臺北縣：藝文印書館，中華民國68年），頁449。

〔註63〕楊家駱主編，世界文庫四部刊要《淮南子》（臺北：世界書局，中華民國65年），頁245。

〔註64〕漢·司馬遷，《史記》卷三十〈平準書第八〉（臺北：鼎文書局，中華民國64年），頁1423。

〔註65〕清·嚴可均校輯，《全三國文》卷三十九（北京：中華書局，1958年），頁1273。

〔註66〕《十三經注疏6左傳》（臺北縣：藝文印書館發行，中華民國68年），頁442。

〔註67〕王弼，《老子註》（臺北縣：藝文印書館，中華民國64年），頁107。

〔註68〕宋·劉義慶撰《世說新語》卷中之上（臺北：臺灣中華書局，中華民國81年），頁33。

〔註69〕孫人和，〈人物志舉正〉（《國立北平圖書館月刊》，第三卷第一號），頁16。

按：考李氏思益軒刊本、漢魏叢書本、廣漢魏叢書本、增訂漢魏叢書本、四庫全書
　　本、墨海金壺本、四部備要本和《古今圖書集成學行典》引，皆作「取同體也，
　　則接『詥』而相得。」〔註70〕又，考《說文》云：「『詥』，諧也。」〔註71〕又，
　　考《說文通訓定聲》云：「『詥』，諧也。從言合聲。凡和協字，經傳皆以合以洽
　　為之。」〔註72〕據《說文》和《說文通訓定聲》對「詥」字的解析，「詥」，意
　　指「和諧」，「接詥」指接觸和諧，正可與「取同體也，則接『詥』而相得」，義
　　相呼應。如則，本正文句中的「論」字，疑為「詥」的誤植，當正之。

又如：〈接識第七〉正文云：「如陳『以』美，欲人稱之。」

按：考其下劉注云：「己之有善，因事自說，又欲令人言常稱己。」據劉注的解釋，
　　如則，本注文句中的「以」字，當正之為「己」，文義迺明。又，考葉刊評點本、
　　四庫全書本、龍谿精舍本，皆正作「如陳『己』美，欲人稱之。」

又如：〈英雄第八〉劉注云：「智以制宜，『巧』乃可成。」

按：考其上正文云：「雄以其力服眾，以其勇排難，待英之智成之。」旨在強調「雄」
　　憑借「力」、「勇」和「智」，以成就一切事功。如則，本注文句中的「巧」字，
　　疑為「功」的誤植，當正之。又，考顧定芳刊本、明刊本、藍格鈔本，皆正作
　　「智以制宜，『功』乃可成。」

又如：〈英雄第八〉劉注云：「無『名』以接之，智者何由往？」

按：考其上正文云：「是故英以聰謀始，以其『明』見機。」劉注云：「智以謀事之
　　始，『明』以見事之機。」據劉注的解析，「智」的作用在謀始，「明」的作用在
　　見機，「明」、「智」相輔相成，不可或缺。如則，本注文句中的「名」字，疑為
　　「明」的誤植，當正之。又，考四庫全書本正作「無『明』以接之，智者何由
　　往？」

又如：〈八觀第九〉劉注云：「或慈欲濟恤，而恡奪『某人』。」

按：考其下正文云：「然則慈而不仁者，則恡奪之也。」如則，本注文當正之為「或
　　慈欲濟恤，而恡奪『其仁』」，文義迺順。換言之，本注文句中的「某人」二字，
　　疑為「其仁」的誤植，當正之。又，考四庫全書本要本正作「或慈欲濟恤，而
　　恡奪『其仁』。」

〔註70〕楊家駱：中國學術類編整理本《鼎文版古今圖書集成‧理學彙編學行典第一百二十八
　　　卷觀人部》第六〇七冊（臺北：鼎文書局，中華民國74年），頁48。
〔註71〕清‧段玉裁，《說文解字注》附索引（臺北縣：藝文印書館，中華民國68年），頁94。
〔註72〕清‧朱駿聲撰索引本《說文通訓定聲》臨部第三（臺北：宏業書局，中華民國63年），
　　　頁77。

又如：〈八觀第九〉正文云：「觀其『志』質，以知其名。」

按：考其下正文云：「何謂觀其『至』質以知其名？」又云：「則至質相發而令名生矣。」又云：「是故觀其所『至』之多少，而異名之所生可知也。」上引諸例證，皆旨在闡述「至質」的意義，而無一語涉及「志質」者。如則，本正文句中的「志」字，疑爲「至」的誤植，當正之。

又如：〈八觀第九〉正文云：「疾疢之色，亂而垢『雜』。」

按：孫人和云：「《長短經‧知人篇》引雜作理是也。注云：『黃黑色雜，理多塵垢；』是其証。此作雜者，即涉注文而誤。」〔註73〕據孫人和的考證，如則，正本注文句末的「雜」字，疑爲「理」的誤植，當正之。

又如〈八觀第九〉劉注云：「以直之訐，『計』及良善。」

按：本注文文義不明。考顧定芳刊本、明刊本、藍格鈔本、四庫全書本、墨海金壺本、畿輔叢書本、龍谿精舍本、四部備要本，皆作「以直之訐，『訐』及良善」。意指純訐之人揭人陰私不能公正，他看起來似乎正直，其實是以直之訐揭發人之陰私。可見，本注文當正之爲「以直之訐，『訐』及良善」，文義迺通。換言之，「計」字疑爲「訐」的誤植。

又如：〈八觀第九〉劉注云：「純訐『為』訐，訐善刺是。」

按：本注文句中的「爲」字，疑爲「之」的誤植，當正之，如則，本注文迺可與其上劉注「直人之訐，訐惡憚非」的句法一律。又，考四庫全書本正作「純訐『之』訐，訐善刺是。」

又如：〈八觀第九〉劉云：「不顧材能『曰』謂能辦。」

按：本注文語意不明。考顧定芳刊本、明刊本、藍格鈔本、葉刊評點本、四庫全書本、墨海金壺本、畿輔叢書本、龍谿精舍本、四部備要本，皆作「不顧材能，『自』謂能辦」意指不考慮本身的材能，自認爲有能力處理事情。如則，本注文句中的「曰」字，疑爲「自」的誤植，當正之。

又如：〈八觀第九〉劉注云：「雖其不盡得其實，然察其所依似，『身』其體氣粗可幾矣。」

按：考其上正文云：「是故觀其所依，而似類之質可知也。」如則，本注文句中的「身」字，當正之爲「則」，文氣迺通。又，考四庫全書本正作「雖其不盡得其實，然察其所依似，『則』其體氣粗可幾矣。」

〔註73〕孫人和〈人物志舉正〉（《國立北平圖書館月刊》，第三卷第一號），頁17。

又如：〈八觀第九〉劉注云：「煦渝篤密，感物深『感』。」

按：本注文語意不明，句末的「感」字，疑為「矣」的誤植，當正之。考，顧定芳刊本、明刊本、藍格鈔本，皆正作「煦渝篤密，感物深『矣』。」

又如：〈八觀第九〉正文云：「此人『性』之六機也。」

按：考其上正文云：「夫人之情有六機。」又，考其下正文云：「夫人情莫不欲遂其志。」又云：「人情莫不欲處前。」又云：「人情皆欲求勝。」又云：「人情皆欲掩其所短。」又云：「人情陵上者也。」又云：「是故觀其情機而賢鄙之志可得之也。」上引諸例證，皆就「人情」以立論。如則，本正文句中的「性」字，疑為「情」的誤植，當正之。又，考葉刊評點本、墨海金壺本、畿輔叢書本、龍谿精舍本、四部備要本，皆正作「此人『情』之六機也。」

又如：〈八觀第九〉劉注云：「所『怨』不抒，其能悅也。」

按：考其上正文云：「若不抒其所能，則不獲其志，不獲其志則戚。」又云：「是所謂不抒其能則怨也。」上引諸例證，皆旨在強調因才能的不得發抒，故而心中有所不悅。如則，本注文句中的「怨」字，當正之為「能」，文義迺順。又，考四庫全書本正作「所『能』不抒，其能悅也。」

又如：〈八觀第九〉正文云：「聖之為稱，明智之極『明』也。」

按：考其上正文云：「等德而齊達者稱聖」。如則，本正本文當作「聖之為稱，明智之極『名』也」，語意迺通。換言之，本正文句末的「明」字，疑為「名」的誤植。又，考李氏思益軒刊本、說海彙編本、漢魏叢書本、廣漢魏叢書本、增訂漢魏叢書本、四庫全書本、墨海金壺本、畿輔叢書本、龍谿精舍本、四部備要本，皆正作「聖之為稱，明智之極『名』也。」

又如：〈七謬第十〉正文云：「然其在童『髦』。」

按：孫人和云：「《長短經》引髦作齔。」〔註74〕據孫人和的考證，「髦」字疑為「齔」的誤植。考《後漢書·皇后紀》云：「顯、景諸子皆童齔，並為黃門侍郎。」〔註75〕《注》云：「《大戴禮》曰：『男八歲而齔，女七歲而齔。』齔，毀齒也，音初刃反。」〔註76〕《魏書·辛毗傳》云：「彊壯未老，童齔勝戰。」〔註77〕上

〔註74〕孫人和，〈人物志舉正〉（《國立北平圖書館月刊》，第三卷第一號），頁18。

〔註75〕宋·范曄，《後漢書》卷十下（皇后紀第十下）（臺北：鼎文書局，中華民國64年），頁435。

〔註76〕宋·范曄，《後漢書》卷十下（皇后紀第十下）（臺北：鼎文書局，中華民國64年），頁435。

〔註77〕晉·陳壽，《三國志》卷二十五〈辛毗傳〉（臺北：洪氏出版社，中華民國64年），

引諸例證，皆指「齓」的字義爲幼童。

又如：〈七謬第十〉劉注云：「仲尼戲『言』俎豆。」

按：考《史記‧孔子世家》云：「孔子爲兒嬉戲，常陳俎豆，設禮容。」〔註78〕據
《史記‧孔子世家》的記載，如則，本注文句中的「言」字，疑爲「陳」的誤
植，當正之。又，考四庫全書本正作「仲尼戲『陳』俎豆。」

又如：〈七謬第十〉劉注云：「『初』辭繁者，長必文麗。」

按：考其下劉注云：「幼給口者，長必辯論也（按：「也」字爲衍文，當去之）。」又
云：「幼慈恤者，長必矜人。」又云：「幼過與者，長必好施。」又云：「幼多畏
者，長必謹愼。」又云：「幼不妄取，長必清廉。」上引諸例證的句首，皆作「幼」
字。如則，本注文句首的「初」字，疑爲「幼」的誤植，當正之，句法迺可一
律。又，考葉刊評點本、墨海金壺本、畿輔叢書本、龍谿精舍本、四部備要本，
皆正作「『幼』辭繁者，長必文麗。」

又如：〈七謬第十〉劉注云：「故於品質，常有『妙』失也。」

按：考其上正文云：「而眾人之察，不慮其變，是疑於早晚者也。」旨在說明識人者
因未留意成功有遲速之別，智慧有早晚之異，故每每造成判斷的謬失。如則，
本注文句中的「妙」字，疑爲「謬」的誤植，當正之。又，考葉刊評點本正作
「故於品質，常有『謬』失也。」

又如：〈七謬第十〉劉注云：「或以甘羅爲早成，而用之於早歲或『訣』，復欲
順次也。」

按：考其上正文云：「是以早拔多誤，不如順次。」如則，本注文當正之爲「或以甘
羅爲早成，而用之於早歲或『誤』，復欲順次也」，語意迺通。換言之，本注文
句中的「訣」字，疑爲「誤」的誤植，當正之。又，考四庫全書本、墨海金壺
本、畿輔叢書本、龍谿精舍本、四部備要本，皆正作「或以甘羅爲早成，而用
之於早歲或『誤』，復欲順次也。」

又如：〈七謬第十〉劉注云：「是以伊『召』管齊，應運乃出。」

按：「伊召」的「召」字，疑爲「呂」的誤植，當正之。「伊」指「伊尹」，「呂」
指「呂望」。考《人物志‧流業第三》正文云：「兼有三材，三材皆備，其德足
以厲風俗，其法足以正天下，其術足以謀廟勝，是謂國體，伊尹、呂望是也。」

---

頁 697。

〔註78〕漢‧司馬遷，《史記》卷四十七〈孔子世家第十七〉（臺北：鼎文書局，中華民國 64
年），頁 1906。

即「伊」、「呂」連言。又，考四庫全書本正作「是以伊『呂』管齊，應運乃出。」

又如：〈效難第十一〉正文云：「或『揆』其終始。」

按：陳喬楚說：「『或揆其終始』的『揆』字有誤。按，其上文爲『或相其形容，或候其動作』，其下文爲『或揆其儗象，或推其細微，或恐其過誤，或循其所言，或稽其行事』各句第二字互異，而『或揆其終始』與『或揆其儗象』的『揆』相同，兩個『揆』字必有一個非爲原文。按，〈說文〉云：『揆，度也。』儗象，需用揆度。但終始屬於史實，自無揆度之必要。故明《人物志》藍格鈔本寫作『扲』，未終筆，是鈔者有疑。今就文意揣摩，可以推知當爲『按』字。查《漢書・賈誼傳》：『驗之往古，按之當今之務。』《字彙》：『按，驗也。』是故，對於終始的史事，自以用按驗爲宜。所以，肯定其應用『按』。爰予校正爲『或按其終始』」。〔註79〕據陳喬楚的考証，如則，本正文句中的「揆」字，疑爲「按」的誤植，當正之。

又如：〈效難第十一〉劉注云：「以發『正』取人。」

按：考其上正文云：「或揆其終始。」如則，本注文句中的「正」字，當正之爲「止」，文義迺可一貫。又，考葉刊評點本、四庫全書本皆正作「以發『止』取人。」

又如：〈效難第十一〉正文云：「故曰名『猶』口進，而實從事退。」

按：考其下正文云：「故名從眾退，而實從事章。」與本正文相對成文，旨在探討「名」與「口」；「實」和「事」彼此的關係，如則，本正文句中的「猶」字，當正之爲「由」，文義迺通。又，考四庫全書本正作「故曰名『由』口進，而實從事退。」

又如：〈釋爭第十二〉劉注云：「或宗『移』族滅。」

按：考其下正文云：「彭寵以朱浮之隙，終有覆亡之禍。」劉注云：「恨督責之小故，違終始之大計，是以宗夷而族覆也。」如則，本注文句中的「移」字，當正之爲「夷」，文義迺通。又，考四庫全書本、墨海金壺本、畿輔叢書本、龍谿精舍本、四部備要本，皆正作「或宗『夷』族滅。」

又如：〈釋爭第十二〉劉注云：「更相蹈『籍』。」

按：考《後漢書・董卓傳》云：「步騎驅蹙，更相蹈藉。」〔註80〕，考《吳志・孫

〔註79〕陳喬楚，〈人物志今註今譯〉（臺北：臺灣商務印書館，中華民國85年），頁281～282。
〔註80〕宋・范曄，《後漢書》卷七十二〈董卓列傳第六十二〉（臺北：鼎文書局，中華民國64年），頁2327。

堅傳》云：「恐兵相蹈藉，諸君不得入耳。」〔註81〕上引諸例證，皆作「蹈藉」，表「踐踏」之義。如則，本注文句末的「籍」字，疑爲「藉」的誤植，當正之。

又如：〈釋爭第十二〉正文云：「以『躡』等為異傑。」

按：考〈說文〉云：「躡，蹈也。」〔註82〕「躡等」，文義不明。又，考《禮記‧學記》云：「幼者聽而弗問，學不躐等也。」〔註83〕「躐等」，意指越級跳過，不按次序。如則，本正文句中的「躡」字，疑爲「躐」的誤植，當正之。

又如：〈釋爭第十二〉正文云：「三變而後得之，故人莫能『遠』也。」

按：考其劉注云：「小人安其下等，何由能及哉？」如則，本正文句中的「遠」字當正之爲「逮」，文義迺通。考《說文》云：「逮，唐逮，及也，從辵隶聲。」〔註84〕可見，「逮」的字義爲「及」，正可使本句的正文和劉注意相連貫。又，考李氏思益軒刊本、墨海金壺本、畿輔叢書本、四部備要本，皆正作「三變而後得之，故人莫能『逮』也。」

# 第二節　明顧定芳刊本考

明嘉靖己丑八年（1529）上海顧定芳刊本（國立中央圖書館藏善本）、四周單邊。每半葉八行，行十六字。註文小字雙行，字數同。版心白口，中間記書名卷第（如「人物志上」）下方記葉次。卷首有阮逸撰〈人物志序〉、劉邵撰〈人物志有序〉。序後有目錄，凡三卷，十二篇。首卷首行頂格題「人物志卷上」，次行至第三行低四格題「魏散騎常侍劉邵撰」、「涼儒林祭酒劉昞注」。卷末有尾題。書後有文寬夫題〈人物志記〉、《三國志‧劉邵本傳》、宋庠記〈劉昞傳〉、嘉靖己丑顧定芳〈跋〉。舊封面上方墨筆題書名「人物志三卷」，右方題「光緒丙午去疾題」，並附印記。書中鈐有「國立中央圖／書館收藏」長方印、「陸印／樹聲」方印、「歸安陸／樹聲藏／書之印」方印、「麐見／亭讀／一過」方印、「歸安陸／樹聲叔／桐之印」方印、「鄭印／炳熙」方印、「一字／同父」方印。

經由考證，顧定芳刊本存有下列九種現象：一、避諱。二、衍文併誤植。三、

---

〔註81〕晉‧陳壽，《三國志》卷四十六〈吳書‧孫破虜討逆傳第一〉（臺北：洪氏出版社，中華民國 64 年），頁 1096。

〔註82〕清‧段玉裁，《說文解字注》附索引（臺北縣：藝文印書館，中華民國 68 年），頁 82。

〔註83〕《十三經注疏 5 禮記》〈學記第十八〉（臺北縣：藝文印書館，中華民國 68 年），頁 650。

〔註84〕清‧段玉裁《說文解字注》附索引（臺北縣：藝文印書館，中華民國 68 年），頁 73。

空格刊刻。四、錯亂。五、倒植。六、縮刊正文。七、衍文。八、脫文。九、誤植。
茲舉例分述之如下：

## 一、避　諱

如：〈九徵第一〉正文云：「五質『恆』性。」「恆」字疑以缺筆方式避北宋眞宗
　　趙恆的名諱。又如：〈體別第二〉劉注云：「『人』無得而稱焉。」「人」
　　字疑以易字方式避唐太宗的名諱。

按：以上兩條避諱實例之考證，參閱本章第一節四、避諱），頁 38。

## 二、衍文併誤植

如：〈八觀第九〉正文云：「是所謂以惡犯姻則姤『惡生』『矣』。」「惡生」二
　　字疑爲衍文；「矣」字疑爲「也」字的誤植，當正之。

按：考證參閱本章第一節二、衍文併誤植，頁 37。

## 三、空格刊刻

如：〈體別第二〉劉注云：「以拘介為狷●戾。」

按：考四部叢刊景印明正德刊本、藍格鈔本、梁夢龍刊本、李氏思益軒刊本、胡氏
　　兩京遺編本、胡氏兩京遺編殘本、漢魏叢書本、葉刊評點本、四庫全書本、墨
　　海金壺本、畿輔叢書本、龍谿精舍本、四部備要本，皆正作「以拘介爲狷戾」，
　　而顧本於「狷」、「戾」二字之間空一格刊刻，疑爲刻工疏忽所致，當正之。

## 四、錯　亂

如：〈材理第四〉劉注云：「意在杓（按：『杓』字疑爲『狗』的誤植，當正之。）
　　馬，彼俟他日。」本注文文義不明，當正之爲「彼意在狗，馬俟他日」，文義
　　迺明。又如：〈八觀第九〉正文云：「若至勝違，則惡情奪正，若然若不
　　然。」
　　本正文句首作「若至勝違」，文義不通，當正之爲「若違勝至」，文義迺明。

按：以上兩條實例之考證，參閱本章第一節三、錯亂，頁 37。

又如：〈七謬第十〉正文云：「夫『奇惡豈』而好疑哉？」

按：本正文文義不明。考四部叢刊景印明正德刊本、梁夢龍刊本、李氏思益軒刊本、
　　胡氏兩京遺編本、胡氏兩京遺編殘本、說海彙編本、漢魏叢書本、廣漢魏叢書
　　本、增訂漢魏叢書本、葉刊評點本、四庫全書本、墨海金壺本、畿輔叢書本、
　　龍谿精舍本、四部備要本，皆作「夫豈惡奇而好疑哉？」文義迺明。如則，本
　　正文句中的「奇惡豈」三字，疑爲「豈惡奇」的亂植，當正之。

## 五、倒　植

如：〈利害第六〉正文云：「夫『節清』之業，著於儀容，發於德行。」「節清」
二字疑為「清節」的倒植，當正之。又如：〈八觀第九〉劉注云：「或救『過
濟』其分。」「過濟」二字，疑為「濟過」的倒值，當正之。又如：〈七謬第
十〉正文云：「故詩詠文王小心翼翼，不大聲以色『小心』也。」本正文
句末的「小心」二字，疑為「心小」的倒植，當正之。

按：以上三條倒植實例之考證，參閱本章第一節五、倒植，頁38～39。

又如：〈七謬第十〉劉注云：「人直過於己直，則非毀之『生心』。」

按：本注文文義不明。考其上劉注云：「恐彼勝己，則妒善之心生。」又，考其下劉
注云：「人明過於己明，則妒害之心動。」據其上下注文推論，如則，本注文當
正之為「人直過於己直，則非毀之『心生』，句法迺可一律。換言之，本注文句
末的「生心」二字，疑為「心生」的倒植。又，考四部叢刊景印明正德刊本、
明刊本、梁夢龍刊本、李氏思益軒刊本、胡氏兩京遺編本、胡氏兩京遺編殘本、
漢魏叢書本、葉刊評點本、四庫全書本、墨海金壺本、畿輔叢書本、龍谿精舍
本、四部備要本，皆正作「人直過於己直，則非毀之『心生』。」

## 六、縮刊正文

如：〈九徵第一〉正文云：「剛塞而弘毅，金（之德）也。」又如：〈九徵第一〉
正文云：「愿恭而理敬，水（之德）也。」又如：〈體別第二〉正文云：「休
動之人，志慕超越，（不戒其意）之大猥。」又如：〈材理第四〉正文云：
「有漫談陳說似有（按：「有」字疑為『若』字的誤植，當正之。）（流
行）者。」又如：〈利害第六〉正文云：「智意之業，本于原度，其道順
（而不）忤。」又如：〈利害第六〉正文云：「戚否之業，本乎（是非）。」
又如：〈接識第七〉正文云：「而不（通道）德之化。」又如：〈接識第七〉
正文云：「博以異雜，則以（為無）要。」又如：〈英雄第八〉正文云：「而
不（可以）處事。」又如：〈八觀第九〉正文云：「人情皆欲求勝，故（悅
人）之謙。」又如：〈八觀第九〉正文云：「是所謂駁其（所乏）則錮。」
又如：〈八觀第九〉正文云：「介者不拘，無以守其介，（既悅其介，不可
非其）拘。」又如：〈八觀第九〉正文云：「以明將義，則（無不）勝。」

按：顧定芳刊本誤將上引諸句正文縮小刊刻類注文，當正之。

## 七、衍　文

如：〈九徵第一〉劉注云：「土必吐生，為信之基『也』。」「也」字疑為衍文，當去之。又如：〈利害第六〉正文云：「為眾人之所容『矣』。」「矣」字疑為衍文，當去之。又如：〈接識第七〉正文云：「故能識『較』方直之量。」「較」字疑為衍文，當去之。又如：〈英雄第八〉正文云：「若聰能謀始，而明不見機，『乃』可以坐論，而不可以處事。」「乃」字疑為衍文，當去之。

按：以上四條衍文實例之考證，參閱本章第一節七，衍文，頁 42。

又如：〈八觀第九〉劉注云：「愛則不施，何於仁之能為？」

按：考其下劉注云：「畏懦不果，何恤之能行？」又云：「情存利欲，何剛之能成？」如則，本注文當正之為「愛則不施，何仁之能為？」迺可與其下注文句法一律。換言之，本注文句中的「於」字疑為衍文，當去之。又，考葉刊評點本正作「愛則不施，何仁之能為？」

又如：〈八觀第九〉正文云：「是故觀其奪救，而『明』間雜之情可得知也。」「明」字，疑為衍文，當去之。又如：〈八觀第九〉正文云：「德行不訓，則正人哀『哀』。」本正文句末「哀哀」連言，疑多著一「哀」字，當去之。又如：〈八觀第九〉正文云：「政亂不治，則能者歎『歎』。」本正文句末「歎歎」連言，疑多著一「歎」字，當去之。又如：〈八觀第九〉正文云：「敵能未弭，則術人思『思』。」本正文句末「思思」連言，疑多著一「思」字，當去之。又如：〈八觀第九〉正文云：「貨財不積，則貪者憂『憂』。」本正文句末「憂憂」連言，疑多著一「憂」字，當去之。又如：〈七謬第十〉劉注云：「幼給口者，長必辯論『也』。」本注文句末的「也」字疑為衍文，當去之。又如：〈釋爭第十二〉劉注云：「空虛自矜，故為下『等』也。」本注文句末的「也」字疑為衍文，當去之。

按：以上七條衍文實例之考證，參閱本章第一節七，衍文，頁 42～43。

又如：〈七謬第十〉劉注云：「故『韋』主父偃辭麗，一歲四遷。」

按：考《史記・主父傳》云：「於是上乃拜主父偃、徐樂、嚴安為郎中。〔偃〕數見，上疏言事，詔拜偃為謁者，遷（樂）為中大夫。一歲中四遷偃。」〔註85〕，考《漢書・主父偃傳》云：「乃拜偃、樂、安皆為郎中。偃數上疏言事，遷謁者，

〔註85〕漢・司馬遷，《史記》卷一百一十二〈平津侯主父列傳第五十二〉（臺北：鼎文書局，中華民國 64 年），頁 2906。

中郎，中大夫。歲中四遷。」〔註86〕據《史記‧主父傳》和《漢書‧主父偃傳》的記載，一歲四遷的是「主父偃」。如則，「韋主父偃」的「韋」字，疑爲衍文，當去之。又，考四部叢刊景印明正德刊本、梁夢龍刊本、李氏思益軒刊本、胡氏兩京遺編本、胡氏兩京遺編殘本、漢魏叢書本、葉刊評點本、四庫全書本、墨海金壺本、畿輔叢書本、龍谿精舍本、四部備要本，皆正作「故主父偃辭麗，一歲四遷。」

## 八、脫　文

如：〈九徵第一〉正文云：「質素平澹。」本正文句首疑漏植一「若」字，當補正。又如：〈九徵第一〉劉注云：「育物而不爲仁，齊衆形而不爲德。本注文句中的「物」字上，疑漏植一「萬」字，當補正。

按：以上兩條脫文實例之考證，參閱本章第一節六，脫文，頁39。

又如：〈體別第二〉正文云：「不戒其情固護。」

按：考其上正文云：「不戒其彊之搪突。」又云：「不戒其事之不攝。」又云：「不戒其勇之毀跌。」又，考其下正文云：「不戒其辭之汎濫。」又云：「不戒其交之溷雜。」又云：「不戒其道之隘狹。」又云：「不戒其靜之遲後。」又云：「不戒其實之野直。」又云：「不戒其術之離正。」如則，本正文句中的「情」字下，當補上一「之」字，迺可與其上下正文句法一律。又，考四部叢刊景印明正德刊本、梁夢龍刊本、李氏思益軒刊本、胡氏兩京遺編本、胡氏兩京遺編殘本、說海彙編本、漢魏叢書本、廣漢魏叢書本、增訂漢魏叢書本、葉刊評點本、四庫全書本、墨海金壺本、畿輔叢書本、龍谿精舍本、四部備要本，皆正作「不戒其情『之』固護。」

又如：〈材理第四〉正文云：「蓋理多品而人異也。」本正文句中的「人」字下，疑漏植一「材」字，當補正。又如：〈材能第五〉劉注云：「明能治大郡，則能治小郡。」本注文句中的「則」字下，疑漏植一「亦」字，當補正。又如：〈材能第五〉劉注云：「以國彊民，以使。」本注文句末「以使」二字下，疑漏植「富饒」二字，當補正。

按：以上三條脫文實例之考證，參閱本章第一節六，脫文，頁40。

又如：〈接識第七〉劉注云：「謂法分足以濟業，何以術謀爲？」

按：考其上劉注云：「謂守正足以致治，何以法術爲也？」又，考其下劉注云：「謂

〔註86〕東漢‧班固，《漢書》卷六十四上〈主父傳〉（臺北：洪氏出版社，中華民國64年），頁2802。

思謀足以化民，何以法制爲也？」又云：「謂方計足以立功，何以制度爲也？」
又云：「謂原意足以爲正，何以法理爲也？」又云：「謂伎能足以成事，何以道
德爲也？」又云：「謂辨論乃事理，何以含章爲也？」上引諸例證，句末皆以「也」
字作結。如則，本注文句末疑漏植一「也」字，當補正。又，考四部叢刊景印
明正德刊本、梁夢龍刊本、李氏思益軒刊本、胡氏兩京遺編本、胡氏兩京遺編
殘本、漢魏叢書本、葉刊評點本、四庫全書本、墨海金壺本、畿輔叢書本、龍
谿精舍本、四部備要本，皆正作「謂法分足以濟業，何以術謀爲『也』？」

又如：〈接識第七〉正文云：「其爲人也，務以流數，抒人之所長，而爲之名
　　目，如是兼也。」本正文句中「是」字下，疑漏植一「者」字，當補正。
　　又如：〈接識第七〉正文云：「抗爲高談，則爲不遜。」本正文句中「則」
　　字下，疑漏植一「以」字，當補正。又如：〈英雄第八〉正文云：「然後可
　　以爲英，張良是也。」本正文句首「可」字上，疑漏植一「乃」字，當補
　　正。又如：〈英雄第八〉正文云：「乃可以爲雄，韓信是也。」本正文「乃」
　　字上，疑漏植「然後」二字，當補正。

按：以上四條脫文實例之考證，參閱本章第一節六，脫文，頁40～41。

又如：〈八觀第九〉劉注云：「爲仁必濟恤。」

按：本注文「仁」字下，疑漏植一「者」字，當補正，如此，才能與其下劉注「爲
　　恤者必赴危」的句法一律。又，考四部叢刊景印明正德刊本、梁夢龍刊本、李
　　氏思益軒刊本、胡氏兩京遺編本、漢魏叢書本、葉刊評點本、四庫全書本、墨
　　海金壺本、畿輔叢書本、龍谿精舍本、四部備要本，皆正作「爲仁『者』必濟
　　恤。」

又如：〈八觀第九〉劉注云：「爲剛必無欲。」

按：本注文「剛」字下，疑漏植一「者」字，當補正，如此，才能與其上劉注「爲
　　恤者必赴危」的句法一律。又，考四部叢刊景印明正德刊本、梁夢龍刊本、李
　　氏思益軒刊本、胡氏兩京遺編本、漢魏叢書本、葉刊評點本、四庫全書本、墨
　　海金壺本、畿輔叢書本、龍谿精舍本、四部備要本，皆正作「爲剛『者』必無
　　欲。」

又如：〈八觀第九〉正文云：「愛惠分篤，雖傲狎不離。」本正文句末「離」字
　　下，疑漏植一「也」字，當補正。又如：〈八觀第九〉正文云：「是故觀
　　其感變，而常度之情可知。」本正文句末「知」字下，疑漏植一「也」字，
　　當補正。又如：〈七謬第十〉正文云：「此又同體之變也。」本正文「變」

字下疑漏植「不可不察」四字，當補正。

按：以上三條脫文實例之考證，參閱本章第一節六，脫文，頁 41～42。

又如：〈七謬第十〉正文云：「懿重所以崇德宇。」

按：考其上正文云：「精微所以入神妙也。」又，考其下正文云：「志大所以勘物任也。」又云：「心小所以愼咎悔也。」如則，本正文句末「宇」字下，疑漏植一「也」字，當補正，迺可與其上下正文句法一律。又，考四部叢刊景印明正德刊本、梁夢龍刊本、李氏思益軒刊本、胡氏兩京遺編本、胡氏兩京遺編殘本、說海彙編本、漢魏叢書本、廣漢魏叢書本、增訂漢魏叢書本、葉刊評點本、四庫全書本、墨海金壺本、畿輔叢書本、龍谿精舍本、四部備要本，皆正作「懿重所以崇德宇『也』。」

## 九、誤　植

如：《人物志・有序》劉注云：「一『則』仲父，齊桓所以成九合。」「則」字疑爲「相」的誤植，當正之。又如：〈體別第二〉劉注云：「謂之醶也，無鹹可容，公成百，鹵也，與鹹同。」「公成百」的「成百」二字，疑爲「漸切」的誤植，當正之。

按：以上兩條誤植實例之考證，參閱本章第一節八，誤植，頁 44。

又如：〈九徵第一〉劉注云：「故『表』動則容態，正動則容度。」

按：本注文上句中的「表」字，應與下句中的「正」字，相對成文，文義迺順。如則，「表」字疑爲「衺」的誤植，當正之。考《集韻》云：「衺，謂不正或作邪，通作斜。」[註87]，考四部叢刊景印明正德刊本、梁夢龍刊本、李氏思益軒刊本、胡氏兩京遺編本、胡氏兩京遺編殘本、漢魏叢書本、葉刊評點本、墨海金壺本、畿輔叢書本、龍谿精舍本、四備要本，皆正作「衺」。

又如：〈體別第二〉正文云：「柔順安恕『每』在寬容，失在少決。」「每」字疑爲「美」的誤植，當正之。又如：〈體別第二〉正文云：「猶晉楚帶劍，『遞』相詭反也。」「遞」字疑爲「遞」的誤植，當正之。又如：〈體別第二〉正文云：「柔順之人，緩心『寬』斷。」「寬」字疑爲「寡」的誤植，當正之。又如：〈流業第三〉正文云：「有伎倆。」「伎」字疑爲「伎」的誤植，當正之。

按：以上四條誤植實例之考證，參閱本章第一節八，誤植，頁 45～46。

---

[註87] 清・康熙四十五年（1706）、揚州使院重刊宋丁度撰《集韻》卷之三平聲麻韻第九。國立中央圖書館藏。

又如：〈流業第三〉劉注云：「『技』流條分，各有志業。」

按：「技流」二字文義不通，疑爲「枝流」的誤植，當正之。「枝流」即「支流」。考〈阮籍・詠懷〉云：「臨淵羨洪波，同始異支流。」〔註88〕又，考《新唐書・南蠻下・驃國傳》云：「驃……海行五月，至佛代國，有江，支流三百六十。」〔註89〕據《阮籍・詠懷》和《新唐書・南蠻下・驃國傳》的解釋，「支流」義指河流的分支。又，考四部叢刊景印明正德本、梁夢龍刊本、李氏思益軒刊本、胡氏兩京遺編本、胡氏兩京遺編殘本、漢魏叢書本、葉刊評點本、四庫全書本、墨海金壺本、畿輔叢書本、龍谿精舍本、四部備要本，皆正作「『枝』流條分，各有志業。」

又如：〈流業第三〉正文云：「建法立制，彊國富人，是謂法家，管仲、商鞅是也。」

按：考《集韻》云：「商，本也。」〔註90〕據〈集韻〉對商字的解釋，「商」義爲「根本」。而法家代表人物之一的商鞅，則名公孫鞅，因封於商，故稱商鞅。又，考《說文》云：「商，從冏章省聲。」〔註91〕據《說文》對「商」字的解析，「商」，從冏章省聲。如則，本正文句末的「商」字，疑爲「商」的誤植，當正之。又，考四部叢刊影印明正德刊本、梁夢龍刊本、李氏思益軒刊本、胡氏兩京遺編本、胡氏兩京遺編殘本、說海彙編本、漢魏叢書本、廣漢魏叢書本、增訂漢魏叢書本、葉刊評點本、四庫全書本、墨海金壺本、畿輔叢書本、龍谿精舍本、四部備要本，皆正作「商」。

又如：〈流業第三〉正文云：「故雖波流分別，皆爲『輕』事之材也。」「輕」字疑爲「經」的誤植，當正之。又如：〈流業第三〉劉注云：「耳目殊『管』，其用同功；群材雖異，成務一致。」「管」字疑爲「官」的誤植，當正之。又如：〈流業第三〉正文云：「儒學之材『安民』之任也。」「安民」二字疑爲「保氏」的誤植，當正之。又如：〈流業第三〉劉注云：「掌以德『毅』。」「毅」字疑爲「藝」的誤植，當正之。又如：〈材理第四〉正文

〔註88〕〈阮籍・詠懷八十五之七十七〉。引自明・張溥，《漢魏百三家集》卷三十四、見世界書局景印摛藻堂《四庫全書薈要》集部第一二三冊（臺北：中華民國77年）。
〔註89〕宋祈，《新唐書・南蠻列傳》第一百四十七下。見楊家駱：中國學術類編新校本《新唐書》附索引八（臺北：鼎文書局，中華民國65年），頁6307。
〔註90〕清・康熙四十五年（1709）揚州使院重刊宋丁度撰《集韻》入聲下錫韻第二十三。國立中央圖書館藏。
〔註91〕清・段玉裁，《說文解字注》附索引（臺北縣：藝文印書館發行，中華民國68年），頁88。

云：「辯其得失，義『禮』之家也。」「禮」字疑爲「理」的誤植，當正之。又如：〈材理第四〉劉注云：「以義爲『禮』。」「禮」字疑爲「理」的誤植，當正之。又如：〈材理第四〉正文云：「以『性』犯明，各有得失。」「性」字疑爲「情」的誤植，當正之。又如：〈材理第四〉劉注云：「性浮則志『微』。」「微」字疑爲「傲」的誤植，當正之。又如：〈材理第四〉正文云：「此所謂『性』有九偏。」「性」字疑爲「情」的誤植，當正之。又如：〈材理第四〉正文云：「有漫談陳說，似『有』流行者。」「似有」的「有」字，疑爲「若」的誤植，當正之。又如：〈材理第四〉正文云：「跌則掎『蹠』。」「蹠」字疑爲「摭」的誤植，當正之。又如：〈材理第四〉劉注云：「意在『杓』馬。」「杓」字疑爲「狗」的誤植，當正之。又如：〈材理第四〉正文云：「期於得道而『巳』矣。」「巳」字疑爲「已」的誤植，當正之。又如：〈材能第五〉劉注云：「總『禦』百宮。」「禦」字疑爲「御」的誤植，當正之。又如：〈材能第五〉正文云：「是故自任之能『清節』之材也。故在朝也，則家宰之任也。」「清節」二字疑爲「器能」的誤植，當正之。又如：〈材能第五〉正文云：「行事之能，譴讓之材也。故在朝也，則司寇之『任』。」「任」字疑爲「佐」的誤植，當正之。又如：〈材能第五〉正文云：「立法之能，治家之材也。」「治」字疑爲「法」的誤植，當正之。又如：〈材能第五〉劉注云：「譬梓『里』治材，土官治墙，則廈屋成。」「里」字疑爲「人」字的誤植，當正之。

按：以上諸條誤植實例之考證，參閱本章第一節八，誤植，頁46～51。

又如：〈材能第五〉劉注云：「伎能巧，故『仕』冬官而成藝事。」

按：考其上正文云：「權奇之能，伎倆之材也。故在朝也，則司空之任，爲國則藝事之政。」如則，本注文當正之爲「伎能巧，故任冬官而成藝事」，文義迺順。換言之，本注文句中的「仕」字，疑爲「任」的誤植，當正之。又，考四部叢刊景印明正德刊本、梁夢龍刊本、藍格鈔本、李氏思益軒刊本、胡氏兩京遺編本、漢魏叢書本、葉刊評點本、四庫全書本、墨海金壼本、畿輔叢書本、龍谿精舍本、四部備要本，皆正作「伎能巧，故『任』冬官而成藝事。」

又如：〈利害第六〉劉注云：「理清道潔，是非不『辭』。」

按：考本注文所以解釋「戚否之業」足以明察是非得失，因此，當正之爲「理清道潔，是非不亂」，文義迺通。如則，本注文句末的「辭」字，疑爲「亂」的誤植，當正之。又，考四部叢刊景印明正德刊本、梁夢龍刊本、李氏思益軒刊本、胡

氏兩京遺編本、漢魏叢書本、葉刊評點本、四庫全書本、墨海金壺本、畿輔叢書本、龍谿精舍本、四部備要本，皆正作「理清道潔，是非不『亂』。」

又如：〈利害第六〉劉注云：「清而『混』雜。」「混」字疑爲「不」的誤植，當正之。又如：〈接識第七〉劉注云：「謂法分足以濟『業』。」「業」字疑爲「事」的誤植，當正之。又如：〈接識第七〉正文云：「術謀之人，以思謀爲度，故能『成』策略之奇。」「成」字疑爲「識」的誤植，當正之。又如：〈接識第七〉正文云：「取同體也，則接『論』而相得。」「論」字疑爲「詒」的誤植，當正之。

按：以上四條誤植實例之考證，參閱本章第一節八，誤植，頁51～53。

又如：〈接識第七〉劉注云：「在上者兼明八材，然後能盡其所進，用而無疑『失』。」

按：本注文句末的「失」字，疑爲「矣」的誤植。「矣」爲一語末助辭，表語義之堅確，「用而無疑矣」，指既已重用，就不必懷疑。又，考四部叢刊景印明正德刊本、梁夢龍刊本、李氏思益軒刊本、胡氏兩京遺編本、漢魏叢書本、葉刊評點本、四庫全書本、墨海金壺本、畿輔叢書本、龍谿精舍本、四部備要本，皆正作「在上者兼明八材，然後乃能盡其所進，用而無疑『矣』。」

又如：〈接識第七〉正文云：「如陳『以』美，欲人稱之。」「以」字疑爲「己」的誤植，當正之。又如：〈英雄第八〉劉注云：「無『名』以接之，智者何由往？」「名」字疑爲「明」的誤植，當正之。又如：〈八觀第九〉劉注云：「或慈欲濟恤，而悋奪『某人』。」「某人」二字疑爲「其仁」的誤植，當正之。又如：〈八觀第九〉正文云：「觀其『志』質，以知其名。」「志」字疑爲「至」的誤植，當正之。又如：〈八觀第九〉正文云：「疾疢之色，亂而垢『雜』。」「雜」字疑爲「理」的誤植，當正之。

按：以上五條誤植實例之考證，參閱本章第一節八，誤植，頁53。

又如：〈八觀第九〉劉注云：「未言而色『冒』已作。」

按：考其上正文云：「言未發而怒色先見。」如則，本注文當正之爲「未言而色『貌』已作」，文義迺通。換言之，「冒」字疑爲「貌」的誤植，當正之。又，考四部叢刊景印明正德刊本、梁夢龍刊本、李氏思益軒刊本、胡氏兩京遺編本、漢魏叢書本、葉刊評點本、四庫全書本、墨海金壺本、畿輔叢書本、龍谿精舍本、四部備要本，皆正作「未言而色『貌』已作。」

又如：〈八觀第九〉劉注云：「純訐『爲』訐，訐善刺是。」「爲」字疑爲「之」

的誤植，當正之。又如：〈八觀第九〉正文云：「此人『性』之六機也。」「性」字疑爲「情」的誤植，當正之。又如：〈八觀第九〉劉注云：「所『怨』不抒，其能悅也。」「怨」字疑爲「能」的誤植，當正之。又如：〈八觀第九〉正文云：「聖之爲稱，明智之極『明』也。」「明」字疑爲「名」的誤植，當正之。又如：〈七謬第十〉正文云：「然其在童『髦』。」「髦」字疑爲「齔」的誤植，當正之。又如：〈七謬第十〉劉注云：「仲尼戲『言』俎豆。」「言」字疑爲「陳」的誤植，當正之。又如：〈七謬第十〉劉注云：「『初』辭繁者，長必文麗。」「初」字疑爲「幼」的誤植，當正之。又如：〈七謬第十〉劉注云：「故於品質，常有『妙』失也。」「妙」字疑爲「謬」的誤植，當正之。

按：以上諸條誤植實例之考證，參閱本章第一節八，誤植，頁54～56。

又如：〈七謬第十〉劉注云：「有慈心而無以『極』，識奇材而無以援。」

按：考其上正文云：「處貧賤則欲施而無財，欲援而無勢。」如則，本注文當正之爲「有慈心而無以拯，識奇材而無以援」，文義迺通。易言之，本注文句中的「極」字，疑爲「拯」的誤植。又，考四部叢刊景印明正德刊本、梁夢龍刊本、藍格鈔本、漢魏叢書本、葉刊評點本、四庫全書本、畿輔叢書本、龍谿精舍本，皆正作「有慈心而無以『拯』，識奇材而無以援。」

又如：〈七謬第十〉劉注云：「或以甘羅爲早成，而用之於早歲或『訣』，復欲順次也。」「訣」字疑爲「誤」的誤植，當正之。又如：〈七謬第十〉劉注云：「是以伊『召』管齊，應運乃出。」「伊召」的「召」字，疑爲「呂」的誤植，當正之。又如：〈效難第十一〉正文云：「或『揆』其終始。」「揆」字疑爲「按」的誤植，當正之。又如：〈效難第十一〉劉注云：「以發『正』取人。」「正」字疑爲「止」的誤植，當正之。又如：〈效難第十一〉正文云：「故曰名『猶』口進，而實從事退。」「猶」字疑爲「由」的誤植，當正之。又如：〈釋爭第十二〉劉注云：「或宗『移』族滅。」「移」字疑爲「夷」的誤植，當正之。又如：〈釋爭第十二〉劉注云：「更相蹈『籍』。」「籍」字疑爲「藉」的誤植，當正之。

按：以上諸條誤植實例之考證，參閱本章第一節八，誤植，頁56～57。

又如：〈釋爭第十二〉劉注云：「故行坐汲汲，不暇『指』車。」

按：考《詩·小雅·何人斯》云：「爾之安行，亦不遑舍；爾之亟行，遑脂爾車。」

〔註 92〕，考《韓詩外傳》云：「子路與巫馬期薪於韞丘之下，陳之富人有處師氏者，脂車百乘。」〔註 93〕上引例證，皆作「脂車」。如則，本注文句中的「指」字，疑爲「脂」的誤植，當正之。又，考四部叢刊景印明正德刊本、梁夢龍刊本、李氏思益軒刊本、胡氏兩京遺編本、胡氏兩京遺編殘本、漢魏叢書本、葉刊評點本、四庫全書本、墨海金壺本、畿輔叢書本、龍谿精舍本、四部備要本，皆正作「故行坐汲汲，不暇『脂』車。」

又如：〈釋爭第十二〉正文云：「**以『蹋』等為異傑。**」「蹋」字疑爲「臘」的誤植，當正之。又如：〈釋爭第十二〉正文云：「**三變而後得之，故人莫能『遠』也。**」「遠」字疑爲「逮」的誤植，當正之。

按：以上兩條誤植實例之考證，參閱本章第一節八，誤植，頁 57。

## 第三節　明刊本考

明刊本（國立中央圖書館藏善本）四周單邊。每半葉八行，十六字。註文小字雙行，字數同。版心白口，中間記書名卷第（如「人物志上」）下方記葉次。卷首有阮逸撰〈人物志序〉、劉卲撰〈人物志有序〉。序後有目錄，凡三卷，十二篇。首卷首行頂格題「人物志卷上」，次行至第三行各低四格題「魏散騎常侍劉卲撰」、「凉儒林祭酒劉昞注」。卷末有尾題。書後有文寬夫題〈人物志記〉、《三國志・劉卲本傳》、宋庠記〈劉昞傳〉、王三省〈識〉。書中鈐有「國立中／央圖書／館考藏」方印、「積學齋徐乃昌藏書」長印、「古鹽／張氏」方印、「宗櫹／之印」方印、「國立北／平圖書／館收藏」方印。

經由考證，明刊本存在下列九種現象：一、避諱。二、衍文併誤植。三、空格刊刻。四、錯亂。五、倒植。六、縮刊正文。七、衍文。八、脫文。九、誤植。尤其值得重視者，明刊本與顧定芳刊本在文字方面，除了極其少數不一樣之外，其餘，幾無二致。如：顧定芳刊本〈七謬第十〉劉注：「**人直過於己直，則非毀之『生心』。**」明刊本則作「**人直過於己直，則非毀之『心生』。**」又如：顧定芳刊本〈七謬第十〉劉注：「**事無『巨』細，要在得正。**」明刊本則作「**事無『目』細，要在得正。**」（按：考《史記・田儋傳》云：「政無巨細，皆斷於相。」〔註 94〕又，考《後漢書・陳忠

〔註 92〕《十三經注疏 2 詩經》（臺北縣：藝文印書館發行，中華民國 68 年），頁 426。

〔註 93〕韓嬰，《韓詩外傳》卷二。見《叢書集成新編》第一八冊（臺北：新文豐出版社，中華民國 75 年）。

〔註 94〕漢・司馬遷，《史記》卷九十四〈田儋傳〉（臺北：鼎文書局，中華民國 64 年），頁

傳》云：「職事巨細，皆任賢能。」〔註95〕據《史記‧田儋傳》和《後漢書‧陳忠傳》的說法，指大小之義者當為「巨細」。如則，本注文作「目細」的「目」字，疑為「巨」的誤植，當正之。又，考四部叢刊景印明正德刊本、顧定芳刊本、梁夢龍刊本、李氏思益軒刊本、胡氏兩京遺編本、漢魏叢書本、葉刊評點本、四庫全書本、墨海金壺本、畿輔叢書本、龍谿精舍本、四部備要本，皆正作「事無『巨』細，要在得正。」）因此，有關明刊本的版本現象之舉例，請參閱本章第二節，不再贅述。

# 第四節　明藍格鈔本考

　　明藍格鈔本（國立中央圖書館藏善本）四周單邊。版心白口，單白魚尾。每半葉九行，行二十字。注文小字雙行，字數同。卷首有阮逸撰〈人物志序〉、劉卲〈人物志有序〉。序後有目錄，凡三卷，十二篇。首卷首行頂格題「人物志卷上」，次行至第三行各低五格題「魏散騎常侍劉卲撰」、「涼儒林祭酒劉昞注」。卷末有尾題。書後有文寬夫題〈人物志記〉、《三國志‧劉卲本傳》。書中鈐有「北平劉氏」長方印、「秀水卜氏／書室之記」長方印、「國立北／平圖書／館收藏」方印、「沈廷／芳印」方印、「椒／園」方印、「移盫藏書」長方印、「仁和／徐氏」方印、「劉氏」長方印、「劍／白」方印、「北平劉氏」長方印、「移盫／珍尚」方印。

　　經由考證，藍格鈔本存在下列七種現象：一、避諱。二、錯亂。三、倒植。四、衍文。五、衍文併倒植。六、脫文。七、誤植。茲分述之如下：

## 一、避　諱

如：〈九徵第一〉本文云：「五質『●』性。」「●」字疑以缺筆方式避北宋真宗趙恆的名諱。又如：〈體別第二〉劉注云：「『人』無得而稱焉。」「人」字疑以易字方式避唐太宗李世民的名諱。

按：以上兩條避諱實例之考證，參閱本章第一節四、避諱，頁38。

## 二、錯　亂

如：〈材理第四〉劉注云：「意在杓（按：『杓』字疑為『狗』的誤植，當正之。）馬，彼俟他日。」本注文當正之為「彼意在狗，馬俟他日」，文義洒明。又如：〈八觀第九〉正文云：「若『至』勝『違』則惡情奪正，若然

---

26～46。

〔註95〕宋‧范曄，《後漢書》卷四十六〈陳忠傳〉（臺北：鼎文書局，中華民國64年），頁1563。

若不然。」本正文句首作「若『至』勝『違』」，文義不通，當正之爲「若『違』
勝『至』」。

按：以上兩條錯亂實例之考證，參閱本章第一節三、錯亂，頁 37～38。

又如：〈七謬第十〉正文云：「夫『奇惡豈』而好疑哉？」本正文句中的「奇惡
豈」三字，疑爲「豈惡奇」的亂植，當正之。

按：本條錯亂實例之考證，參閱本章第二節四、錯亂，頁 59。

## 三、倒　植

如：〈利害第六〉正文云：「夫『節清』之業，著於儀容，發於德行。」「節清」
二字疑爲「清節」的倒植，當正之。又如：〈八觀第九〉劉注云：「或救『過
濟』其分。」「過濟」二字疑爲「濟過」的倒植，當正之。又如：〈七謬第
十〉正文云：「故詩詠文王小心翼翼，不大聲以色，『小心』也。」本
正文句末的「小心」二字，疑爲「心小」的倒植，當正之。

按：以上三條倒植實例之考證，參閱本章第一節五、倒植，頁 38～39。

## 四、衍　文

如：《人物志・有序》劉注云：「上下忠愛，謗毀從何『而』生哉？」

按：郭模云：「『何由生哉！』義亦明矣，不庸多贅『而』字。」〔註96〕據郭模的說
法，如則，本注文句中的「而」字，疑爲衍文，當去之。又，考四部叢刊景印
明正德刊本、顧定芳刊本、明刊本、梁夢龍刊本、李氏思益軒刊本、胡氏兩京
遺編本、胡氏兩京遺編殘本、漢魏叢書本、葉刊評點本、四庫全書本、墨海金
壼本、畿輔叢書本、龍谿精舍本，皆正作「上下忠愛，謗毀從何生哉？」

又如：〈九徵第一〉劉注云：「土必吐生，爲信之基『也』。」「也」字疑爲衍
文，當去之。又如：〈利害第六〉正文云：「爲眾人之所容『矣』。」「矣」
字疑爲衍文，當去之。又如：〈接識第七〉正文云：「故能識『較』方直
之量。」「較」字疑爲衍文，當去之。

按：以上三條衍文實例之考證，參閱本章第一節七，衍文，頁 42。

又如：〈接識第七〉正文云：「盡有諸流，則亦兼達眾『眾』材。」

按：本正文句中「眾眾」連言，文義不通，疑多著一「眾」字，當去之。又，考四
部叢刊景印明正德刊本、顧定芳刊本、明刊本、梁夢龍刊本、李氏思益軒刊本、
胡氏兩京遺編本、胡氏兩京遺編殘本、說海彙編本、漢魏叢書本、廣漢魏叢書

〔註96〕郭模，《人物志及注校正》（臺北：文史哲出版社，中華民國76年），頁45。

本、增訂漢魏叢書本、葉刊評點本、四庫全書本、墨海金壺本、畿輔叢書本、龍谿精舍本、四部備要本，皆正作「盡有諸流，則亦兼達眾材。」

又如：〈英雄第八〉正文云：「若聰能謀始，而明不見機，『乃』可以坐論，而不可以久處事。」「乃」字疑為衍文，當去之。

按：本條衍文實例之考證，參閱本章第一節七，衍文，頁42。

又如：〈八觀第九〉劉注云：「愛則不施，何『於』仁之能為？」「於」字疑為衍文，當去之。

按：本條衍文實例之考證，參閱本章第二節七，衍文，頁60。

又如：〈八觀第九〉正文云：「是故觀其奪救，而『明』間雜之情可得知也。」「明」字疑為衍文，當去之。又如：〈八觀第九〉正文云：「德行不訓，則正人哀『哀』。」本正文句末「哀哀」連言，疑多著一「哀」字，當去之。又如：〈八觀第九〉正文云：「政亂不治，則能者歎『歎』。」本正文句末「歎歎」連言，疑多著一「歎」字，當去之。又如：〈八觀第九〉正文云：「敵能未弭，則術人思『思』。」本正文句末「思思」連言，疑多著一「思」字，當去之。又如：〈八觀第九〉正文云：「貨財不積，則貪者憂『憂』。」本正文句末「憂憂」連言，疑多著一「憂」字，當去之。又如：〈七謬第十〉劉注云：「幼給口者，長必辯論『也』。」「也」字疑為衍文，當去之。又如：〈釋爭第十二〉劉注云：「空虛自矜，故為下等『也』。」「也」字疑為衍文，當去之。

按：以上諸條衍文實例之考證，參閱本章第一節七，衍文，頁43～44。

又如：〈七謬第十〉劉注云：「故『韋』主父偃辭麗，一歲四遷。」「韋」字疑為衍文，當去之。

按：本條衍文實例之考證，參閱本章第二節七，衍文，頁61。

## 五、衍文併倒植

如：〈八觀第九〉正文云：「是所謂以惡犯姻則妬『惡生矣』。」「惡生」二字疑為衍文，當去之。「矣」字疑為「也」的誤植，當正之。

按：本條衍文併誤植實例之考證，參閱本章第一節二、衍文併誤植，頁37。

## 六、脫　文

如：〈九徵第一〉正文云：「質素平澹。」本正文句首疑漏植一「若」字，當補正。又如：〈九徵第一〉劉注云：「育物而不為仁，齊眾形而不為德。」「物」

字上疑漏植一「萬」字，當補正。

按：以上兩條脫文實例之考證，參閱本章第一節六，脫文，頁 39。

又如：〈體別第二〉正文云：「不戒其情固護。」「情」字下疑漏植一「之」字，
當正之。

按：本條脫文實例之考證，參閱本章第二節八，脫文，頁 61～62。

又如：〈材理第四〉正文云：「蓋理多品而人異也。」「人」字下疑漏植一「材」
字，當補正。又如：〈材能第五〉劉注云：「明能治大郡，則能治小郡。」
「則」字下疑漏植一「亦」字，當補正。又如：〈材能第五〉劉注云：「以
國彊民，以使。」「以使」二字下疑漏植「富饒」二字，當補正。又如：〈接
識第七〉正文云：「其為人也，務以流數，抒人之所長，而為之名目，
如是兼也。」「是」字下疑漏植一「者」字，當補正。又如：〈接識第七〉
正文云：「抗為高談，則為不遜。」「則」字下疑漏植一「以」字，當補正。
又如：〈英雄第八〉正文云：「然後可以為英，張良是也。」「然後」二
字下疑漏植一「乃」字，當補正。又如：〈英雄第八〉正文云：「乃可以
為雄，韓信是也。」「乃」字上疑漏植「然後」二字，當補正。

按：以上諸條脫文實例之考證，參閱本章第一節六，脫文，頁 40～41。

又如：〈八觀第九〉劉注云：「為仁必濟恤。」「仁」字下疑漏植一「者」字，當
補正。又如：〈八觀第九〉劉注云：「為剛必無欲。」「剛」字下疑漏植一
「者」字，當補正。

按：以上兩條脫文實例之考證，參閱本章第二節八，脫文，頁 62～63。

又如：〈八觀第九〉正文云：「愛惠分篤，雖傲狎不離。」「離」字下疑漏植一
「也」字，當補正。又如：〈八觀第九〉正文云：「是故觀其感變，而常
度之情可知。」「知」字下疑漏植一「也」字，當補正。

按：以上兩條脫文實例之考證，參閱本章第一節六，脫文，頁 41。

又如：〈八觀第九〉劉注云：「圭●有質，瑩則成文。」

按：本注文義不明。考四部叢刊景印明正德刊本、顧定芳刊本、明刊本、梁夢龍刊
本、李氏思益軒刊本、胡氏兩京遺編本、漢魏叢書本、葉刊評點本、四庫全書
本、墨海金壺本、畿輔叢書本、龍谿精舍本、四部備要本，皆作「圭玉有質，
瑩則成文」，文義洒明。如則，本注文「圭」字下，疑漏植一「玉」字，當補正。

又如：〈八觀第九〉劉注云：「然必愛敬相須，不可●時而無。」

按：本注文義不明。考四部叢刊景印明正德刊本、顧定芳刊本、明刊本、梁夢龍刊

本、李氏思益軒刊本、胡氏兩京遺編本、漢魏叢書本、葉刊評點本、四庫全書本、墨海金壺本、畿輔叢書本、龍谿精舍本、四部備要本，本注文皆作「然必愛敬相須，不可一時而無」。文義迺明。如則，本注文「可」字下，疑漏植一「一」字，當補正。

又如：〈八觀第九〉劉注云：「是以君子終●謙謙。」

按：本注文義不明。考四部叢刊景印明正德刊本、顧定芳刊本、明刊本、梁夢龍刊本、李氏思益軒刊本、胡氏兩京遺編本、漢魏叢書本、葉刊評點本、四庫全書本、墨海金壺本、畿輔叢書本、龍谿精舍本、四部備要本，本注文皆作「是以君子終日謙謙」。如則，本注文「終」字下，疑漏植一「日」字，當補正。

又如：〈七謬第十〉正文云：「懿重所以崇德宇。」「宇」字下疑漏植一「也」字，當補正。

按：本條脫文實例之考證參閱本章第二節八，脫文，頁63。

又如：〈七謬第十〉劉注云：「人直過於己直，則非毀之●●。」

按：本注文義不明。考四部叢刊景印明正德刊本、明刊本、梁夢龍刊本、李氏思益軒刊本、胡氏兩京遺編本、胡氏兩京遺編殘本、漢魏叢書本、葉刊評點本、四庫全書本、墨海金壺本、畿輔叢書本、龍谿精舍本、四部備要本，皆作「人直過於己直，則非毀之『心生』」。如則，本注文「之」字下，疑漏植「心生」二字，當補正。

又如：〈七謬第十〉正文云：「故尤妙之含精於內，外不飾姿。」

按：本文文義不明。考四部叢刊景印明正德刊本、顧定芳刊本、明刊本、梁夢龍刊本、李氏思益軒刊本、胡氏兩京遺編本、胡氏兩京遺編殘本、說海彙編本、漢魏叢書本、廣漢魏叢書本、增訂漢魏叢書本、葉刊評點本、四庫全書本、墨海金壺本、畿輔叢書本、龍谿精舍本、四部備要本，皆作「故尤妙之『人』含精於內，外不飾姿」。如則，本正文「之」字下，疑漏植一「人」字，當補正。

又如：〈七謬第十〉正文云：「此又同體之變也。」「變」字下疑漏植「不可不察」四字，當補正。

按：本條脫文實例之考證，參閱本章第一節六，脫文，頁41～42。

## 七、誤 植

如：《人物志‧有序》劉注云：「一『則』仲父，齊桓所以成九合。」「則」字疑為「相」的誤植，當正之。

按：本條誤植實例之考證，參閱本章第一節八，誤植，頁44。

又如：〈九徵第一〉劉注云：「故『衺』動則容態，正動則容度。」「衺」字疑為「衰」的誤植，當正之。

按：本條誤植實例之考證，參閱本章第二節九，誤植，頁63～64。

又如：〈體別第二〉劉注云：「謂之醶也，無鱗可容，公『成百』，鹵也，與鹹同。」「公成百」的「成百」二字，疑為「漸切」的誤植，當正之。又如：〈體別第二〉正文云：「柔順安恕，『每』在寬容，失在少決。」「每」字疑為「美」的誤植，當正之。又如：〈體別第二〉正文云：「猶如晉楚帶劍，『●』相詭反也。」「●」字疑為「遞」的誤植，當正之。又如：〈體別第二〉正文云：「柔順之人，緩心『寬』斷。」「寬」字疑為「寡」的誤植，當正之。

按：以上諸條誤植實例之考證，參閱本章第一節八，誤植，頁44～45。

又如：〈體別第二〉劉注云：「『思』患多忌，何節義之能立？」

按：考其上正文云：「懼慎之人『畏』患多忌」。如則，本注文句首的「思」字，當正之為「畏」字，文義迺通。又，考四部叢刊景印明正德刊本、顧定芳刊本、明刊本、胡氏兩京遺編本、胡氏兩京遺編殘本、漢魏叢書本、葉刊評點本、四庫全書本、墨海金壺本、畿輔叢書本、龍谿精舍本、四部備要本，皆正作「『畏』惡多忌，何節義之能立？」

又如：〈流業第三〉正文云：「建法立制，彊國富人，是謂法家，管仲、『商』軼是也。」「商」字疑為「商」的誤植，當正之。

按：本條誤植實例之考證，參閱本章第二節九，誤植，頁64～65。

又如：〈流業第三〉正文云：「故雖波流分別，皆為『輕』事之材也。」「輕」字疑為「經」的誤植，當正之。又如：〈流業第三〉正文云：「耳目殊『管』，其用同功，群材雖異，成務一致。」「管」字疑為「官」的誤植，當正之。又如：〈流業第三〉正文云：「儒學之材『安民』之任也。」「安民」二字疑為「保氏」的誤植，當正之。又如：〈流業第三〉劉注云：「掌以德『毅』。」「毅」字疑為「藝」的誤植，當正之。又如：〈材理第四〉正文云：「辯其得失，義『禮』之家也。」「禮」字疑為「理」字的誤植，當正之。又如：〈材理第四〉劉注云：「以義為禮。」「禮」字疑為「理」的誤植，當正之。又如：〈材理第四〉正文云：「以『性』犯明，各有得失。」「性」字疑為「情」的誤植，當正之。又如：〈材理第四〉劉注云：「性浮

則志『微』。」「微」字疑為「傲」的誤植，當正之。又如：〈材理第四〉正文云：「此所謂『性』有九偏。」「性」字疑為「情」的誤植，當正之。又如：〈材理第四〉正文云：「有漫談陳說，似『有』流行者。」「似有」的「有」字疑為「若」的誤植，當正之。又如：〈材理第四〉正文云：「跌則搚『蹠』。」「蹠」字疑為「摅」的誤植，當正之。又如：〈材理第四〉劉注云：「意在『杓』馬。」「杓」字疑為「狗」的誤植，當正之。又如：〈材理第四〉正文云：「期於得道而『巳』矣。」「巳」字疑為「已」的誤植，當正之。又如：〈材能第五〉劉注云：「總『禦』百官。」「禦」字疑為「御」的誤植，當正之。又如：〈材能第五〉正文云：「行事之能，譴讓之材也。故在朝也，則司寇之『任』。」「任」字疑為「佐」的誤植，當正之。又如：〈材能第五〉正文云：「是故自任之能，『清節』之材也。故在朝也，則冢宰之任。」「清節」二字疑為「器能」的誤植，當正之。又如：〈材能第五〉正文云：「立法之能，『治』家之材也。」「治」字疑為「法」的誤植，當正之。又如：〈材能第五〉劉注云：「譬梓『里』治材，土官治墻，則廈屋成。」「里」字疑為「人」的誤植，當正之。又如：〈利害第六〉劉注云：「清而『混』雜。」「混」字疑為「不」的誤植，當正之。

按：以上諸條誤植實例之考證，參閱本章第一節八，誤植，頁46～51。

又如：〈利害第六〉劉注云：「理清道潔，是非不『辭』。」「辭」字疑為「亂」的誤植，當正之。

按：本條誤植實例之考證，參閱本章第二節九，誤植，頁66。

又如：〈接識第七〉劉注云：「謂法分足以濟『業』。」「業」字疑為「事」的誤植，當正之。又如：〈接識第七〉正文云：「術謀之人，以思謀為度，故能『成』策略之奇。」「成」字疑為「識」的誤植，當正之。又如：〈接識第七〉正文云：「取同體也，則接『論』而相得。」「論」字疑為「諂」的誤植，當正之。

按：以上三條誤植實例之考證，參閱本章第一節八，誤植，頁52～53。

又如：〈接識第七〉劉注云：「在上者兼明八材，然後乃能盡其所進，用而無疑『失』。」「失」字疑為「矣」的誤植，當正之。

按：本條誤植實例之考證，參閱本章第二節九，誤植，頁66。

又如：〈接識第七〉正文云：「如陳『以』美，欲人稱之。」「以」字疑為「己」

的誤植，當正之。又如：〈英雄第八〉劉注云：「無『名』以接之，智者何由往？」「名」字疑爲「明」的誤植，當正之。又如：〈八觀第九〉劉注云：「或慈欲濟恤，而恌奪『某人』。」「某人」二字疑爲「其仁」的誤植，當正之。又如：〈八觀第九〉正文云：「觀其『志』質，以知其名。」「志」字疑爲「至」的誤植，當正之。又如：〈八觀第九〉正文云：「疾疢之色，亂而垢『雜』。」「雜」字疑爲「理」的誤植，當正之。又如：〈八觀第九〉劉注云：「純訐『爲』訐，訐善刺是。」「爲」字疑爲「之」的誤植，當正之。

按：以上諸條誤植實例之考證，參閱本章第一節八，誤植，頁 53～54。

又如：〈八觀第九〉劉注云：「未言而色『冒』已作。」「冒」字疑爲「貌」的誤植，當正之。

按：本條誤植實例之考證，參閱本章第二節九，誤植，頁 91。

又如：〈八觀第九〉劉注云：「揚明『反』陋。」

按：考《漢書・循吏傳序》云：「及孝宣帝，繇仄陋而登至尊。」師古曰：「仄，古側字。仄陋，言非正統，而身經微賤也。」〔註97〕，考《後漢書・竇融傳》云：「夫二三子得之不過房幄之閒，非復搜揚仄陋，選舉而登也。」〔註98〕上引諸例證，皆作「仄陋」。如則，本注文句中的「反」字，疑爲「仄」的誤植，當正之。又，考四部叢刊景印明正德刊本、顧定芳刊本、明刊本、梁夢龍刊本、葉刊評點本、墨海金壺本、畿輔叢書本、龍谿精舍本、四部備要本，皆正作「揚明『仄』陋。」

又如：〈八觀第九〉正文云：「此人『性』之六機也。」「性」字疑爲「情」的誤植，當正之。又如：〈八觀第九〉劉注云：「所『怨』不抒，其能悅也。」「怨」字疑爲「能」的誤植，當正之。

按：以上兩條誤植實例之考證，參閱本章第一節八，誤植，頁 54。

又如：〈八觀第九〉正文云：「理義辨給，未『心』及智。」

按：考其上正文去：「是故守業勤學，未必及材。」又云：「材藝精巧，未必及理。」又，考其下正文云：「智能經事，未必及道。」如則，本正文句中的「心」字，當正之爲「必」，文義迺通。又，考四部叢刊景印明正德刊本、顧定芳刊本、明

---

〔註97〕東漢・班固，《漢書》卷八十九〈循吏傳〉（臺北：洪氏出版社，中華民國 64 年），頁 3624。

〔註98〕宋・范曄：新校本四史《後漢書》卷二十三〈竇融傳〉（臺北：鼎文書局，中華民國 64 年），頁 821。

刊本、梁夢龍刊本、李氏思益軒刊本、胡氏兩京遺編本、漢魏叢書本、葉刊評點本、四庫全書本、墨海金壺本、畿輔叢書本、龍谿精舍本、四部備要本，皆正作「理義辨給，未『必』及智。」

又如：〈八觀第九〉正文云：「聖之為稱，明智之極『明』也。」「明」字疑為「名」的誤植，當正之。

按：本條誤植實例之考證，參閱本章第一節八，誤植，頁55。

又如：〈七謬第十〉劉注云：「事無『目』細，要在得正。」「目」字疑為「巨」的誤植，當正之。

按：本條誤植實例之考證，參閱本章第三節，頁69。

又如：〈七謬第十〉正文云：「然其在童『髦』。」「髦」字疑為「齔」的誤植，當正之。又如：〈七謬第十〉劉注云：「仲尼戲『言』俎豆。」「言」字疑為「陳」的誤植，當正之。又如：〈七謬第十〉劉注云：「『初』辭繁者，長必文麗。」「初」字疑為「幼」的誤植，當正之。又如：〈七謬第十〉劉注云：「故於品質，常有『妙』失也。」「妙」字疑為「謬」的誤植，當正之。又如：〈七謬第十〉劉注云：「或以甘羅為早成，而用之於早歲或『訣』，復欲順次也。」「訣」字疑為「誤」的誤植，當正之。又如：〈七謬第十〉劉注云：「是以伊『召』管齊，應運乃出。」「召」字疑為「呂」的誤植，當正之。又如：〈效難第十一〉劉注云：「以發『正』取人。」「正」字疑為「止」的誤植，當正之。又如：〈效難第十一〉正文云：「故曰名『猶』口進，而實從事退。」「猶」字疑為「由」的誤植，當正之。

按：以上諸條誤植實例之考證，參閱本章第一節八，誤植，頁55～57。

又如：〈效難第十一〉正文云：「此又居『上』之所失也。」

按：考其上正文云：「又有居止變化之謬。」又云：「必待居止而後識之。」上引諸例證，皆「居止」連言。如則，本正文句中的「上」字，疑為「止」的誤植，當正之。又，考四部叢刊景印明正德刊本、顧定芳刊本、明刊本、梁夢龍刊本、李氏思益軒刊本、胡氏兩京遺編本、胡氏兩京遺編殘本、說海彙編本、漢魏叢書本、廣漢魏叢書本、增訂漢魏叢書本、四庫全書本、墨海金壺本、畿輔叢書本、龍谿精舍本、四部備要本，皆正作「此又居『止』之所失也。」

又如：〈釋爭第十二〉劉注云：「或宗『移』族滅。」「移」字疑為「夷」的誤植，當正之。又如：〈釋爭第十二〉劉注云：「更相蹈『籍』。」「籍」字疑為「藉」的誤植，當正之。又如：〈釋爭第十二〉劉注云：「以『躡』

等為異傑。」「蹋」字疑爲「蹠」的誤植，當正之。又如：〈釋爭第十二〉
正文云：「三變而後得之，故人莫能『遠』也。」「遠」字疑爲「逮」的
誤植，當正之。

按：以上四條誤植實例之考證，參閱本章第一節八，誤植，頁57。

又如：〈釋爭第十二〉劉注云：「故行坐汲汲，不暇『指』車。」「指」字疑爲
「脂」的誤植，當正之。

按：本條誤植實例之考證，參閱本章第二節九，誤植，頁68。

## 第五節　明梁夢龍刊本考

明隆慶六年（1572）眞定梁夢龍刊本（國立中央圖書館藏善本）、四周雙邊。版
心白口，中間記書名卷第（如：「人物志上」）、葉次，最下方記刻工名，如：吉、張、
平、夏、汝、義、秀……。卷首有阮逸撰〈人物志序〉、劉邵〈人物志有序〉。序後
有目錄，凡三卷，十二篇。首卷首行頂格題「人物志卷上」，次行至第三行各低四格
題「魏散騎常侍劉邵撰」「凉儒林祭酒劉昞注」。卷末有尾題。書後有文寬夫題〈人
物志記〉、〈三國志・劉邵本傳〉、宋庠記〈劉昞傳〉、王三省〈識〉、鄭旻〈跋〉。書
中鈐有：「積學齋徐乃昌藏書」長方印、「南陵徐氏」方印、「南昌徐乃昌校勘經籍記」
長方印、「司空尙書郎」方印、「國立北＼平圖書＼館收藏」方印。

經由考證，明梁夢龍刊及四部叢刊景印明正德刊本在版本方面的各種現象完全
一致，茲不贅述。

## 第六節　明李氏思益軒刊本考

明萬曆丁丑五年（1577）海岱李氏思益軒刊本（國立中央圖書館藏善本）四周
雙邊。每半葉八行，行十六字，注文小字雙行。版心白口，單白魚尾，魚尾下方記
書名卷第（如：「人物志上」）、葉次，最下方記刻工名，如：世……。卷首有阮逸撰
〈人物志序〉、劉邵撰〈人物志有序〉、李荷〈識〉。序後有目錄，凡三卷，十二篇。
首卷首行頂格題「人物志卷上」，次行至第三行各低四格題「魏散騎常侍劉邵撰」、「凉
儒林祭酒劉昞注」。卷上後有劉用霖〈再刻人物志附題〉，卷末有尾題。書後有文寬
夫題〈人物志記〉、〈三國志・劉邵本傳〉、宋庠記〈劉昞傳〉、王三省〈識〉、鄭旻〈跋〉。
書中鈐有：「國立北＼平圖書＼館收藏」方印……。

經由考證，明李氏思益軒刊本存有下列九種現象：一、衍文併倒植。二、衍文

併誤植。三、錯亂。四、避諱。五、倒植。六、脫文。七、衍文。八、誤植。九、字跡模糊。仔細比較李氏思益軒刊本與四部叢刊景印正德刊本，除了部分內容不同之外，其餘則幾乎完全一致。另外，李氏思益軒刊本有一例與藍格鈔本相同。茲將李氏思益軒刊本與四部叢刊景印正德刊本及藍格鈔本的異同情形舉例說明如下：

## 一、李氏思益軒刊本及藍格鈔本相同的實例舉證

如：〈八觀第九〉劉注，李氏思益軒刊本與藍格鈔本皆誤作「揚明『反』陋」。按：「反」字疑為「仄」的誤植，當正之。考證參閱本章第四節八，誤植，頁76。

## 二、李氏思益軒刊本及四部叢刊景印明正德刊本不同的實例舉證

### （一）四部叢刊景印明正德刊本誤植的情形

如：〈體別第二〉正文，四部叢刊景印明正德刊本誤植為：「柔順安恕，『每』在寬容，失在少決。」李氏思益軒刊本正之為：「柔順安恕，『美』在寬容，失在少決。」

又如：〈流業第三〉正文，四部叢刊景印明正德刊本誤植為：「有『伎』倆。」李氏思益軒刊本正之為：「有『佼』倆。」

又如：〈接識第七〉正文，四部叢刊景印明正德刊本誤植為：「取同體也，則接『論』而相得。」李氏思益軒刊正之為：「取同體也，則接『諭』而相得。」

又如：〈釋爭第十二〉正文，四部叢刊景印明正德刊本誤植為：「三變而後得之，故人莫能『遠』也。」李氏思益軒刊本正之為：「三變而後得之，故人莫能『逮』也。」

### （二）四部叢刊景印明正德刊本衍文的情形

如：〈利害第六〉正文，四部叢刊景印明正德刊本衍文為：「為眾人之所容『矣』。」李氏思益軒刊本正之為：「為眾人之所容。」

又如：〈八觀第九〉正文，四部叢刊景印明正德刊本衍文為：「德行不訓，則正人哀『哀』。」李氏思益軒刊本正之為：「德行不訓，則正人哀。」

又如：〈八觀第九〉正文，四部叢刊景印明正德刊本衍文為：「政亂不治，則能者歎『歎』。」李氏思益軒刊本正之為：「政亂不治，則能者歎。」

又如：〈八觀第九〉正文，四部叢刊景印明正德刊本衍文為：「敵能未弭，則術人思『思』。」李氏思益軒刊本正之為：「敵能未弭，則術人思。」

又如：〈八觀第九〉正文，四部叢刊景印明正德刊本衍文為：「貨財不積，則貪者憂『憂』。」李氏思益軒刊本正之為：「貨財不積，則貪者憂。」

## （三）四部叢刊景印明正德刊本倒植的情形

如：〈利害第六〉正文，四部叢刊景印明正德刊本倒植為：「夫『節清』之業，著於儀容，發於德行。」李氏思益軒刊本正之為：「夫『清節』之業，著於儀容，發於德行。」

## （四）李氏思益軒刊本誤植的情形

如：〈七謬第十〉劉注云：「隗囂（按：『囂』字當為『囂』字的形誤，當正之。）心存於漢，而為王『兔』所誤。」

按：考《後漢書·隗囂傳》云：「囂將王元、王捷常以為天下成敗未可知，不願專心內事。元遂說囂曰：『昔更始西都，四方響應，天下喁喁，謂之太平。一旦敗壞，大王幾無所厝。今南有子陽，北有文伯，江湖海岱，王公十數，而欲牽儒生之說，棄千乘之基，羈旅危國，以求萬全，此循覆車之軌，計之不可者也。今天水完富，士馬最強，北收西河、上郡，東收三輔之地，案秦舊跡，表裏河山。元請以一丸泥為大王東封函谷關，此萬世一時也。若計不及此，且畜養士馬，據隘自守，曠日持久，以待四方之變，圖王不成，其弊猶足以霸。要之，魚不可脫於淵，神龍失埶，即還與蚯蚓同。』囂心然元計，雖遣子入質，猶負其險阨，欲專方面，於是游士長者，稍稍去之。」〔註99〕據《後漢書·隗囂傳》的說法，替隗囂獻計者為「王元」。如則，本注文作「王兔」的「兔」字，疑為「元」的誤植，當正之。四部叢刊本正作「隗囂心存於漢，而為王『元』所誤。」

又如：〈效難第十一〉劉注云：「情『愛』如此，誰能定之？」

按：考其上正文云：「且天下之人，不可皆與遊處，或志趣變異，隨物而化，或未至而懸在夫，或已至而易顧，或窮約而力行，或得志而從欲，此又居止之所失也。」旨在說明居止變化對於人的行為表現之影響，因此，本注文當正之為「情變如此，誰能定之？」迺可與其上正文義相呼應。換言之，本注文句中的「愛」字，疑為「變」的誤植，當正之。考四部叢刊景印明正德刊本正作「情『變』如此，誰能定之？」

---

〔註99〕宋·范曄，《後漢書》卷十三〈隗囂傳〉（臺北：鼎文書局，中華民國64年），頁524。

## 第七節　明胡氏兩京遺編本考

　　明萬曆十年（1582）勾餘胡氏刊本（國立中央圖書館藏善本）、朱筆點校。舊封面左上方題「人物志序」。板框20.7×13.8，四周雙邊，每葉九行，行十七字，注文小字雙行，字數同。版心白口，雙黑魚尾（魚尾相向）、中間記書名卷第（如：「人物志上」）、葉次，最下方記刻工名。刻工名：菊、劉菊、石、臣、見、居、王、善、己、日、安、芳、三、明。卷首有阮逸撰〈人物志序〉、劉邵撰〈人物志・原序〉。序後有目錄，凡三卷，十二篇。首卷頂格題「人物志卷上」，次行至第三行各低四格題「魏散騎常侍劉邵撰」、「涼儒林祭酒劉昞注」。卷末有尾題。書後有文寬夫題〈人物志記〉、《三國志・劉邵本傳》、宋庠記《劉昞傳》、王三省〈識〉。書中鈐有：「國立中央圖／書館收藏」長方印。

　　經由考證，明胡氏兩京遺編本存有下列八種現象：一、衍文併倒值。二、衍文併誤植。三、錯亂。四、避諱。五、倒植。六、脫文。七、衍文。八、誤植。仔細比較兩京遺編本和四部叢刊景印明正德刊本的異同，除了在脫文方面，兩京遺編本較嚴重，誤植的情形也較多以外，其它，則大致相同。茲舉例說明如下：

### 一、脫　文

如：〈七謬第十〉正文云：「人以為非，則意轉而化●。」四部叢刊景印明正德刊本作「人以為非，則意轉而化『之』」。

又如：〈七謬第十〉正文云：「雖無所●，意若不疑。」四部叢刊景印明正德刊本作「雖無所『嫌』，意若不疑」。

又如：〈七謬第十〉正文云：「且人察物，亦●有誤。」四部叢刊景印明正德刊本作「且人察物，亦『自』有誤」。

又如：〈七謬第十〉正文云：「而眾人之察，不●●。」四部叢刊景印明正德刊本作「而眾人之察，不『辨其律理』」。

又如：〈七謬第十〉正文云：「是●於體同也。」四部叢刊景印明正德刊本作「是『嫌』於體同也」。

又如：〈七謬第十〉正文云：「夫人之所●異●，勢有申壓，富貴遂達，勢之申也。」四部叢刊景印明正德刊本作「夫人之所『處』異『勢』，勢有申壓，富貴遂達，勢之申也」。

又如：〈七謬第十〉正文云：「●能行人所不能行。」四部叢刊景印明正德刊本作「『上材之人』能行人所不能行」。

又如：〈七謬第十〉正文云：「●有勞謙之稱，窮有著明之節。」四部叢刊景印明正德刊本作「『是故達』有勞謙之稱，窮有著明之節。」

又如：〈七謬第十〉正文云：「中材之人，則隨世●。」四部叢刊景印明正德刊本作「中材之人，則隨世『損益』」。

又如：〈七謬第十〉劉注云：「貲財有餘，恣●周濟。」四部叢刊景印明正德刊本作「貲財有餘，恣『意』周濟」。

又如：〈七謬第十〉正文云：「見●者求可稱而譽之。」四部叢刊景印明正德刊本作「見『贍』者求可稱而譽之」。

又如：〈七謬第十〉劉注云：「感其引援將●其美，是以曹丘●援，為季●揚名。」四部叢刊景印明正德刊本作「感其引援將『順』其美，是以曹丘『見』援，為季『布』揚名」。

又如：〈七謬第十〉劉注云：「識●材而●能援。」四部叢刊景印明正德刊本作「識『奇』材而『不』能援」。

又如：〈七謬第十〉正文云：「親戚●，朋友不見濟。」四部叢刊景印明正德刊本作「親戚『不能恤』，朋友不見濟」。

又如：〈效難第十一〉劉注云：「禽息●百里奚，首足皆碎。」四部叢刊景印明正德刊本作「禽息『舉』百里奚，首足皆碎」。

又如：〈效難第十一〉劉注云：「●后方好黃老，儒者何由進？」四部叢刊景印明正德刊本作「『竇』后方好黃老，儒者何由進？」

又如：〈效難第十一〉正文云：「或明足識真，有所妨奪，不欲●薦。」四部叢刊景印明正德刊本作「或明足識真，有所妨奪，不欲『貢』薦」。

又如：〈效難第十一〉正文云：「或好貢薦而不能●真。」四部叢刊景印明正德刊本作「或好貢薦而不能『識』真」。

又如：〈效難第十一〉劉注云：「故用與不●，同於眾總，●然淆亂。」四部叢刊景印明正德刊本作「故用與不『用』，同去於眾總，紛然淆亂」。

又如：〈效難第十一〉劉注云：「身無位次，●達。」四部叢刊景印明正德刊本作「身無位次『無由效』達」。

又如：〈效難第十一〉正文云：「所●無由得效之難。」四部叢刊景印明正德刊本作「所『謂』無由得效之難」。

## 二、誤　植

如：〈九徵第一〉正文云：「『三』者之義，蓋陰陽之別也。」

按：考其下劉注云：「陽動陰靜，乃天地之性。」據劉注的解釋，如則，本正文作「三者之義」的「三」字，疑為「二」的誤植（按：一陰一陽為『兩』儀。）、當正之。四部叢刊景印明正德刊本作「『二』者之義，蓋陰陽之別也。」

又如：〈材理第四〉正文云：「能適其變，『性』理之家也。」

按：考其下劉注云：「以情為理，故能極物之變。」又，考其上正文云：「夫理有四部。」又，考其下劉注云：「道義事情，各有部也。」又，考其上正文云：「人情樞機，情之理也。」上引諸例證，皆「情」、「理」相應立論。如則，本正文句中的「性」字，疑為「情」的誤植，當正之。四部叢刊景印明正德刊本作「能適其變，『情』理之家也。」

又如：〈利害第六〉劉注云：「謀在功前，眾『合』由識？」

按：考其上正文云：「其未達也，為眾人所不識。」如則，本注文當正之為「謀在功前，眾何由識？」文義洒通。換言之，本注文句中的「合」字，疑為「何」的誤植。四部叢刊景印明正德刊本作「謀在功前，眾『何』由識？」

又如：〈接識第七〉劉注云：「弟兄忿肆，為陳管蔡之事，則欣『惕』而和悅。」

按：「欣惕而和悅」，文義不明。考《北史‧李元護傳》云：「元護為齊州，經拜舊墓，巡省故宅，饗賜村老，莫不欣暢。」〔註100〕據《北史‧李元護傳》的說法，表欣喜歡暢之義者，為「欣暢」。如則，本注文句中的「惕」字，疑為「暢」的誤植，當正之。四部叢刊景印明正德刊本作「弟兄忿肆，為陳管蔡之事，則欣『暢』而和悅。」

又如：〈七謬第十〉劉注云：「人明過於己明，則『無』害之心動。」

按：本注文文義不通。四部叢刊景印明正德刊本作「人明過於己明，則『妬』害之心動」，文義洒明。意指別人的明智勝過自己，則嫉妒陷害別人的心念蠢動。

又如：〈效難第十一〉劉注云：「『下』和非因匠，所以抱璞泣。」

按：考《韓非子‧和氏第十三》云：「楚人和氏得玉璞楚山中，奉而獻之厲王。厲王使玉人相之，玉人曰：「石也。」王以和為誑，而刖其左足。及厲王薨，武王即位。和又奉其璞而獻之武王，武王使玉人相之，又曰：「石也。」王又以和為誑，而刖其右足。武王薨，文王即位。和乃抱其璞，而哭於楚山之下，三日三夜，

---

〔註100〕唐‧李延壽，《北史》卷四十五〈李元護傳〉。見楊家駱：中國學術類編新校本《北史》并附編三種七（臺北：鼎文書局，中華民國65年），頁1657。

泣盡而繼之以血。王聞之，使人問其故。曰：「天下之刖者多矣，子奚哭之悲也？」和曰：「吾非悲刖也，悲夫寶玉而題之以石，貞士而名之以誑，此〔註101〕吾所以悲也。」王乃使玉人理其璞，而得寶焉。遂命曰：「和氏之璧」。此當為本注文之所出。又，王先慎曰：「《藝文類聚》七、《白孔六帖》五、《事類賦》九引和氏作卞和。」〔註102〕據王先慎的考證，「和氏」又作「卞氏」。如則，本注文作句中的「下」字，疑為「卞」的誤植，當正之。四部叢刊景印明正德刊本作「卞和非因匠，所以抱璞泣。」

又如：〈效難第十一〉劉注云：「知己雖遇，『常』值明主。」

按：考其上劉注云：「材能雖良，當遇明主。」又，考其下劉注云：「三者之遇，萬不一會。」上引諸例證，皆旨在強調機遇的可遇不可求。如則，本注文當正之為「知己雖遇，『當』值明主」，文義迺明。換言之，本注文句中的「常」字，疑為「當」的誤植，當正之。四部叢刊景印正德刊本作「知己雖遇，『當』值明主。」

又如：〈效難第十一〉劉注云：「『者』達復須宜。」

按：本注文文義不明。四部叢刊景印明正德刊本作「『智』達復須宜」，正可與其上正文「以位勢值可薦致之宜，十不一合也」，義相呼應。

又如：〈效難第十一〉劉注云：「或好賢而不識，或知賢而心『炤召』。」

按：本注文文義不明。四部叢刊景印明正德刊本作「或好賢而不識，或知賢而心『妬』」，上下文義迺能相應。

又如：〈效難第十一〉劉注云：「旁求俊『又』。」

按：考《尚書‧皋陶謨》云：「俊乂在宮。」孔《傳》曰：「俊德治能之士并在宮。」馬曰：「千人曰俊，百人曰乂。」〔註103〕又，考《尚書‧說命下》云：「旁招俊乂。」〔註104〕據《尚書》〈皋陶謨〉和〈說命下〉的說法，「俊乂」意指賢材。如則，本注文句中的「又」字，疑為「乂」的誤植，當正之。四部叢刊景印正德刊本作「旁求俊『乂』。」

〔註101〕清‧王先慎，《韓非子集解》卷四〈和氏第十三〉（臺北：世界書局，中華民國 68年），頁 66。

〔註102〕清‧王先慎，《韓非子集解》卷四〈和氏第十三〉（臺北：世界書局，中華民國 68年），頁 66。

〔註103〕《十三經注疏 1 尚書‧虞書‧皋陶謨第四》（臺北縣：藝文印書館，中華民國 68 年），頁 59。

〔註104〕《十三經注疏 1 尚書‧商書‧說命下第十四》（臺北縣：藝艾印書館，中華民國 68年），頁 142。

## 第八節　明胡氏兩京遺編殘本考

　　明萬曆十年（西元 1582 年）勾吳胡維新兩京遺編殘本（國立中央圖書館藏善本）、存二卷二冊，四周雙邊。每葉九行，行十七字。注文小字雙行，字數同。版心白口，雙黑魚尾（魚尾相向）、中間記書名卷第（如：「人物志上」）、葉次，最下方記刻工名。刻工名：菊、劉菊、石、臣、見、居、王、善、己、日、安、芳、三、明。原三卷，今缺卷中一卷。卷首有阮逸撰〈人物志序〉、劉劭撰〈人物志原序〉。首卷首行頂格題「人物志卷上」，次行至第三行各低四格題「魏散騎常侍劉劭撰」、「涼儒林祭酒劉昞注」。卷末有尾題。書後有文寬夫題〈人物志記〉、《三國志・劉劭本傳》、宋庠記〈劉昞傳〉、王三省〈識〉。書中鈐有：「國立中／央圖書／館考藏」方印、「教經／堂錢／氏章」方印、「雲門第／八峰周／氏藏書」、方印、「錢桂／森辛／白甫」方印、「犀／盦／藏本」方印、「不薄今／人愛古人」長方印、「教經堂」橢圓印。

　　經由考證，明胡氏兩京遺編殘本除了缺乏中卷（〈材能第五〉、〈利害第六〉、〈接識第七〉、〈英雄第八〉、〈八觀第九〉）五篇以外，其它，則與明胡氏兩京還編本完全一樣。因此，不再贅述。

## 第九節　明程榮漢魏叢書本考

　　明程榮漢魏叢書本（新興書局發行）、左右雙邊。每半葉九行，行二十字，注文小字雙行，字數同。版心花口，單白魚尾。中間記卷第（如：「卷上」），葉次，最下方記刻工名。刻工名：元、俊、仇俊、太。卷首有阮逸撰〈人物志序〉、劉劭撰〈人物志序〉，序後有目錄，凡三卷，十二篇。首卷首行頂格題「人物志卷上」，次行至第四行各低十格題「魏廣平劉劭著」、「涼州燉煌劉昞注」、「明／新安程榮校」。卷末有尾題。書後有文寬夫題〈人物志記〉、《三國志・劉劭本傳》、宋庠記〈劉昞傳〉、王三省〈識〉、鄭旻〈跋〉、劉元霖〈人物志附題〉。書中鈐有「高雄師／範學院／藏書」方印、「台灣省立／高雄師範學院／圖書館」橢圓印。

　　經由考證，明程榮漢魏叢書本存有下列八種現象：一、衍文併倒值。二、衍文併誤植。三、錯亂。四、避諱。五、倒植。六、脫文。七、衍文。八、誤植。大致而言，漢魏叢書本深受四部叢刊景印明正德刊本的影響，除了極少數的異同以外，幾乎完全一致。另外，漢魏叢書本也受到藍格鈔本、李氏思益軒刊本及胡氏兩京遺編本的影響，此外，也有其自己的發展。茲舉例說明如下：

### 一、漢魏叢書本與四部叢刊影印明正德刊本的異同舉證

## （一）脫　文

如：〈九徵第一〉正文漢魏叢書本：「●，●；兼德之人，更為美號。」四部
　　叢刊景印明正德刊本在「兼德之人，更為美號」上，有「兼材之人，以
　　德為目」八字。又，正文下另有劉注「仁義禮智，得其一目」八字，可
　　見，漢魏叢書本於此共漏植十六字，當補正，文義迺足。

又如：〈七謬第十〉正文云：「以巧飾為真實。」

按：考其上正文云：「或以貌少爲不足。」又云：「或以瑰姿爲巨偉。」又云：「或以
　　直露爲虛華。」上引諸例證，皆以「或」字開啓下文。如則，本正文句首疑當
　　補上一「或」字，句法迺可一律。四部叢刊景印明正德刊本作「『或』以巧飾爲
　　其實。」

　　其它的脫文現象，漢魏叢書本與四部叢刊景印明正德刊本完全一致，不再贅述。

## （二）衍　文

如：〈八觀第九〉正文，四部叢刊景印明正德刊本：「德行不訓，則正人哀
　　『哀』。」漢魏叢書本正之為：「德行不訓，則正人哀。」

又如：〈八觀第九〉正文，四部叢刊景印明正德刊本：「政亂不治，則能者歎
　　『歎』。」漢魏叢書本正之為：「政亂不治，則能者歎。」

又如：〈八觀第九〉正文，四部叢刊景印明正德刊本：「敵能未弭，則術人思
　　『思』。」漢魏叢書本正之為：「敵能未弭，則術人思。」

又如：〈八觀第九〉正文，四部叢刊景印明正德刊本：「貨財不積，則貪者憂
　　『憂』。」漢魏叢書本正之為：「貨財不積，則貪者憂。」

　　其它的衍文現象，漢魏叢書本與四部叢刊景印明正德刊本完全一致，不再贅述。

## （三）誤　植

### 1. 四部叢刊景印明正德刊本誤植的情形

如：〈流業第三〉正文，四部叢刊景印明正德刊本：「有『伎』倆。」漢魏叢
　　書本正之為：「有『伎』倆。」

又如：〈接識第七〉正文，四部叢刊景印明正德刊本：「取同體也，則接『論』
　　而相得。」漢魏叢書本正之為：「取同體也，則接『詺』而相得。」

### 2. 漢魏叢書本誤植的情形

如：〈材能第五〉正文云：「伎倆之政，宜於治富；以之治貧，則勞而『不』
　　困。」

按：本正文文義不明。考〈利害第六〉正文云：「伎倆之業，本于事能，其道辨而且速。其未達也，為眾人之所異；已達也，為官司之所任。其功足以理煩糾邪；其敝也，民勞而下困。」據〈利害第六〉的分析，伎倆之人的優點，在於「足以理煩糾邪」，而其缺失則在於「民勞而下困」。如則，本正文句末作「勞而不困」，文義不通，當正之為「勞而下困」，文義迺順。換言之，「不」字疑為「下」的誤植。四部叢刊景印明正德刊本作「伎倆之政，宜於治富；以之治貧，則勞而『下』困。」

又如：〈接識第七〉劉注云：「謂『司』謨足以化民，何以法制為也。」

按：考其上正文云：「術謀之人，以思謀為度。」又，考其下劉注云：「度在思謀。」上引諸例證，皆作「思、謀」。如則，本注文作「司謨」的「司」字，疑為「思」的誤植，當正之。四部叢刊景印明正德刊本作「謂『思』謨足以化民，何以法制為也。」

又如：〈八觀第九〉劉注云：「臨『雖』畏怯，不能殉命。」

按：本注文文義不通。考四部叢刊景印明正德刊本作「臨『難』畏怯，不能殉命」，文義迺明。如則，本注文句中的「雖」字，疑為「難」的誤植，當正之。

又如：〈八觀第九〉劉注云：「純訐之人，未能正『真』。」

按：考《尚書·洪範》云：「王道正直。」〔註105〕又，考《詩·小雅·小明》云：「靖共爾位，好是正直。」〔註106〕又，考《左氏·莊公三十二年傳》云：「神聰明正直而壹者也。」〔註107〕又，考《韓非子·姦劫弒臣》云：「夫君臣非有骨肉之親，正直之道可以得利，則臣盡力以事主；正直之道不可以得安，則臣行私以干上。」〔註108〕又，考《管子·弟子職》云：「志毋虛邪，征必正直。」〔註109〕又，考《楚辭·卜居》云：「寧廉節正直，以自清乎？」〔註110〕上引諸

---

〔註105〕《十三經注疏1尚書·周書·洪範第六》（臺北縣：藝文印書館，中華民國68年），頁173。

〔註106〕《十三經注疏2詩經·小雅·小明》（臺北縣：藝文印書館，中華民國68年），頁447。

〔註107〕《十三經注疏6左傳·莊公三十二年傳》（臺北縣：藝文印書館，中華民國68年），頁181。

〔註108〕《韓非子集解》卷四〈姦劫獄臣〉第十四（臺北：世界書局，中華民國68年），頁70。

〔註109〕〈管子〉卷十九〈弟子職〉第五十九。舊題管仲撰，唐房玄齡注。見世界書局景印摛藻堂《四庫全書薈要》（臺北：中華民國77年）。

〔註110〕梁·昭明太子，《昭明文選》卷三十三（臺北：文化圖書公司，中華民國64年），頁466。

例證，皆作「正直」。如則，本注文作「正眞」的「眞」字，疑爲「直」的誤植，當正之。四部叢刊景印明正德刊本作「純評之人，未能正『直』。」

又如：〈效難第十一〉劉注云：「南箕不可以簸揚，『比』斗不可以挹酒漿。」

按：考《詩經・小雅・大東》云：「維南有箕，不可以簸揚；維北有斗，不可以挹酒漿。」〔註111〕又，考〈九歌・少命〉云：「操余弧兮反淪降，援北斗兮酌酒漿。」〔註112〕又，考〈後漢書・李固傳〉云：「今陛下之有尙書，猶天之有北斗也。」〔註113〕又，考〈梁簡文帝・烏棲曲〉云：「芙蓉作船絲作絆，北斗橫江月將落。」〔註114〕又，考〈沈約・夜夜曲〉云：「河漢縱且橫，北斗橫且直。」〔註115〕又云：「北斗欄干去，夜夜心獨傷。」〔註116〕又，考〈杜審言・蓬萊三殿侍宴奉敕詠終南山應制詩〉云：「北斗桂成邊，南山倚殿前。」〔註117〕又，考〈陸游・將進酒〉云：「我欲挽住北斗杓，常指蒼龍無動搖。」〔註118〕上引諸例證，皆作「北斗」。如則，本注文句中的的「比」字，疑爲「北」的誤植，當正之。四部叢刊景印明正德刊本作「南箕不可以簸揚，『北』斗不可以挹酒漿。」其它的誤植現象，漢魏叢書本與四部叢刊景印明正德刊本完全一致，不再贅述。

## 二、漢魏叢書本受藍格鈔本影響的實例舉證

如：〈八觀第九〉劉注：「揚明『反』陋。」漢魏叢書本及藍格鈔本皆將「仄」字誤植爲「反」，當正之。

## 三、漢魏叢書本受李氏思益軒刊本影響的實例舉證

〔註111〕《十三經注疏 2 詩經・小雅・大東》（臺北縣：藝文印書館，中華民國 68 年），頁441。

〔註112〕宋・洪興祖，《楚辭補注》〈九歌章句第二少司命〉（三重：長安出版社，中華民國80年》，頁 75～76。

〔註113〕宋・范曄，《後漢書》卷六十三〈李固傳〉（臺北：鼎文書局，中華民國 64 年），頁2076。

〔註114〕明・張溥，《漢魏六朝百三家集》卷八十三。見世界書局景印摛藻堂《四庫全書薈要》集部第一三四冊（臺北：中華民國 77 年）。

〔註115〕明・張溥，《漢魏六朝百三家集》卷八十八。見世界書局景印摛藻堂《四庫全書薈要》集部第一二四冊（臺北：中華民國 77 年初版）。

〔註116〕明・張溥，《漢魏六朝百三家集》卷八十八。見世界書局景印摛藻堂《四庫全書薈要》集部第一二四冊（臺北：中華民國 77 年）。

〔註117〕《御定全唐詩》卷六十二。清・康熙四十六年（1707）聖祖仁皇帝御定。見世界書局景印摛藻堂《四庫全書薈要》（臺北：中華民國 77 年）。

〔註118〕《御選宋詩》卷七。見世界書局景印摛藻堂《四庫全書薈要》集部第九五冊（臺北：中華民國 77 年）。

如：〈七謬第十〉劉注云：「隗『囂』（按：『囂』字疑爲『囂』的形誤，當正之。）心存於漢，而為王『兔』所誤。」漢魏叢書本及李氏思益軒刊本皆將「元」字誤植爲「兔」，當正之。

又如：〈效難第十一〉劉注云：「情『愛』如此，誰能定之？」漢魏叢書本和李氏思益軒刊本皆將「變」字誤植爲「愛」，當正之。

## 四、漢魏叢書本受胡氏兩京遺編本影響的實例舉證

如：〈效難第十一〉劉注云：「旁求俊『又』。」漢魏叢書本和胡氏兩京遺編本皆將「乂」字誤植爲「又」當正之。

# 第十節　明說海彙編本考

說海彙編本（即稱海版重編本，國立中央圖書館藏書）、左右雙邊。每半葉九行，行二十字。各篇篇名下有十六字小注，正文旁附刻句讀，而無主文。版心花口，單魚尾。中間記卷第（如：「卷上」）、葉次。卷首有阮逸撰〈人物志序〉，序後有目錄，凡三卷，十二篇。首卷首行頂格題「人物志卷上」，次行低五格題「魏廣平劉劭著」「劉昞釋篇」。卷末有尾題。書中鈐有「劉承榦／字貞一／號翰怡」方印、「吳興劉氏／嘉業堂／藏書印」方印、「國立中／央圖書／館收藏」方印。

經由考證，說海彙編本存有下列六種現象：一、衍文併誤植。二、錯亂。三、倒植。四、脫文。五、衍文。六、誤植。大致而言，說海彙編本深受漢魏叢書本的影響極深，除了無注文、無衍文併倒植、無避諱，及在誤植方面略有異同之外，其它則完全一致。茲舉例說明如下：

## 一、說海彙編本誤植而漢魏叢書本正確的情形舉證

如：〈接識第七〉正文云：「是以互相非駁，莫肯相『視』。」

按：考其下劉注云：「人皆以爲是，誰肯道人之是。」如則，本正文當正之爲「是以互相非駁，莫肯相是」，文義洒通。換言之，「視」字疑爲「是」的誤植，當正之。漢魏叢書本作「是以互相非駁，莫肯相「是」。」

又如：〈八觀第九〉正文云：「何謂觀其聰『則』以知所達？」

按：本正文文義不明。考其上正文云：「觀其聰明，以知所達。」又，考其下正文云：「然則苟無聰明，無以能遂。」又云：「是以觀其聰明，而所達之材可知也。」上引諸例證，皆作「聰明」。如則，本正文句中的「則」字，疑爲「明」的誤植，

當正之。漢魏叢書本作「何謂觀其聰『明』以知所達？」

又如：〈七謬第十〉正文云：「夫順次，『長』度也。」

按：本正文文義不明。考《史記‧屈原傳》云：「刓方以爲圜兮，常度未替。」〔註119〕又，考〈東方朔‧答客難〉云：「天有常度，地有常形。」〔註120〕諸例證，皆作「常度」。如則，本正文作「長度」的「長」字，疑爲「常」的誤植，當正之。漢魏叢書本作「夫順次『常』度也。」

又如：〈釋爭第十二〉正文云：「皆『有』內恕不足，外望不已。」

按：考其下劉注云：「所以爭者，由內不能恕己自責，而外望於人不已也。」如則，本正文當正之爲：「皆由內恕不足，外望不已」，文義洒通。換言之，「有」字疑爲「由」的誤植，當正之。漢魏叢書本作「皆『由』內恕不足，外望不已。」

## 二、漢魏叢書本誤植而說海彙編本正確的情形舉證

如：〈體別第二〉正文漢魏叢書本誤植為：「猶晉楚帶劍，『遞』相詭反也。」說海彙編本正之為：「猶晉楚帶劍，『遞』相詭反也。」

其它的誤植現象，說海彙編本與漢魏叢書本完全一致，不再贅述。

# 第十一節　何允中廣漢魏叢書本考

萬曆二十年（1592）、明何允中重編武林何氏刊本配補清刊本漢魏叢書本（國立中央圖藏）、左右雙邊。每半葉九行，行二十字。各篇篇名下有十六字注文，正文下則無注。版心白口，單白魚尾。中間記卷第（如：「卷上」）、葉次。卷首有阮逸撰〈人物志序〉，序後有目錄，凡三卷，十二篇。卷首首行頂格題「人物志卷上」，次行低五格題「魏廣平劉邵著」「劉昞釋篇」。卷末有尾題。

經由考證，廣漢魏叢書本存有下列七種現象：一、衍文併誤植。二、錯亂。三、避諱。四、倒植。五、脫文。六、衍文。七、誤植。大致而言，廣漢魏叢書本受說海彙編本的影響極深，除了避諱和少數誤植現象不同以外，其它則幾乎完全一致。茲舉例說明如下：

## 一、避　諱

如：〈九徵第一〉正文，廣漢魏叢書本：「剛塞而『弘』毅。」

〔註119〕漢‧司馬遷撰《史記》卷八十四〈屈原傳〉（臺北：鼎文書局，中華民國64年），頁2487。

〔註120〕清‧嚴可均，《全漢文》卷三十五（北京：中華書局，1995年），頁266。

按：本正文句中的「弘」字，疑以缺筆方式避清高宗愛新覺羅弘曆的名諱。說海彙編本作「剛塞而『弘』毅。」

## 二、誤　植

如：〈材理第四〉正文，廣漢魏叢書本：「故善難者，徵之『化』還。」

按：本正文文義不明。說海彙編本作「故善難者，徵之『使』還」，意指善於辯論的人，廣徵博引使對方不致沿著錯誤的方向走下去，而返回本題。文義迺明。如則，本正文句中的「化」字，疑為「使」的誤植，當正之。

又如：〈材能第五〉正文，廣漢魏叢書本：「權奇之能，伎倆之材也。故在朝也，則司寇之任，為國則『王』事之政。」

按：考其下劉注云：「伎能巧，故任多官而成藝事。」如則，本正文句末作「為國則『王』事之政」，疑為「為國則『藝』事之政」之誤。換言之，「王事」的「王」字，疑為「藝」的誤植，當正之。說海彙編本作「權奇之能，伎倆之材也。故在朝也，則司寇之任，為國則『藝』事之政。」

又如：〈八觀第九〉正文，廣漢魏叢書本：「故曰凡事『中』度，必有其故。」

按：考其下劉注去：「色貌失實，必有憂喜之故。」如則，本正文當正之為「故曰凡事『不』度，必有其故」，文義迺通。換言之，本正文句中的「中」字，疑為「不」的誤植，當正之。說海彙編本作「故曰凡事『不』度，必有其故。」

又如：〈八觀第九〉正文，廣漢魏叢書本：「愛『心』於敬，則雖廉節者不悅，而愛接者死之。」

按：本段文義旨在分別「愛」、「敬」多少所產生的不同效應。考其上正文云：「然愛不可少於敬，少於敬，則廉節者歸之，而眾人不與。」如則，本正文當正之為「愛『多』於敬，則雖廉節者不悅，而愛接者死之」，文義迺通。換言之，本正文句中的「心」字，疑為「多」的誤植，當正之。說海彙編本作「愛『多』於敬，則雖廉節者不悅，而愛接者死之。」

又如：〈八觀第九〉正文，廣漢魏叢書本：「是『汝』功力不建，則烈士奮。」

按：本正文文義不明。「汝」字疑為「故」的誤植，當正之。意指因此功力不能建樹，那麼，烈士就會憤慨不已。說海彙編本作「是『故』功力不建，則烈士奮。」

又如：〈八觀第九〉正文，廣漢魏叢書本：「『未』人所處異勢，勢有申壓，富貴遂達，勢之申也。」

按：本正文文義不明。「未」字疑為「夫」的誤植，當正之。「夫」，發語辭。說海彙

編本作「『夫』人所處異勢，勢有申壓，富貴遂遠，勢之申也。」

又如：〈釋爭第十二〉正文，廣漢魏叢書本：「夫豈詭『之人』求之哉？」

按：本正文文義不明。說海彙編本作「夫豈詭『遇以』求之哉？」意指這那是靠非
分獵取可以得到的呢？文義逎明。如則，本正文句中的「之人」二字，疑爲「遇
以」的誤植，當正之。

又如：〈釋爭第十二〉正文，廣漢魏叢書本：「讓『故』者勝之也。」

按：本正文文義不明。考其下劉注云：「退讓而敵服。」如則，本正文句中的「故」
字，疑爲「敵」的誤植，當正之，文義逎明。說海彙編本作「讓『敵』者勝之
也。」

其它的誤植現象，廣漢魏叢書本與說海彙編本完全一致，不再贅述。


# 第十二節　明葉刊評點本考

明末葉刊評點本（中國子學名著集成編印基金會印行，國立中央圖書館藏）、
四周單邊。每半葉九行，行二十字。注文小字雙行，字數同。版心花口，單白魚
尾。魚尾上方記書名卷第（如：「人物志卷上」）、下方記篇目（如：「九徵第一」）、
葉次。卷首有劉邵撰〈人物志序〉、《三國志・劉邵本傳》、宋庠記〈劉昞傳〉。序
後有目錄，凡三卷，十二篇。首卷首行頂格題「人物志卷上」，次行至第三行各低
十一格題「魏散騎常侍劉邵撰」、「涼儒林祭酒劉昞注」。卷末有尾題。書末有文寬
夫題〈人物志記〉，書眉、正文旁附刻評點，書中鈐有：「國立中央圖／書館收藏」
長方印、「澤存／書庫」方印。

經由考證，明末葉刊評點本存有下列七種現象：一、衍文併誤植。二、錯亂。
三、避諱。四、倒植。五、脫文。六、衍文。七、誤植。大致而言，除了無衍文併
倒植，及衍文、脫文現象較少，誤植現象略多之外，葉刊評點本與四部叢刊景印明
正德刊本幾乎完全一致。茲舉例說明如下：

## 一、脫　文

### （一）、葉刊評點本脫文的情形舉證

如：〈體別第二〉劉注云：「謂之『醎』耶，無『鹻』可容。」

按：本注文疑有脫文。考四庫全書本，本注文作「謂之『醎』耶，無『鹻』可容，
公漸切，鹵也，與鹹同。」如則，本注文「容」字下，疑漏植「公漸切，鹵也，
與鹹同」八字，當補正，文義逎明。四部叢刊景印明正德刊本作「謂之『醎』

耶，無『鱗』可容。公成百，鹵也。與鹹同。」

### （二）、四部叢刊景印明正德刊本脫文的情形舉證

如：〈材能第五〉劉注，四部叢刊景印明正德刊本：「以國彊民，以使『●』。」
葉刊評點本作：「以國彊民，以使『民易』。」

又如：〈接識第七〉劉注，四部叢刊景印明正德刊本：「是以李兌塞『●』，而
不能聽蘇秦之說。」葉刊評點本作：「是以李兌塞「耳」，而不能聽蘇
秦之說。」

又如：〈八觀第九〉正文，四部叢刊景印明正德刊本：「愛惠分篤，雖傲狎不
離『●』。」葉刊評點本作：「愛惠分篤，雖傲狎不離『也』。」

又如：〈八觀第九〉正文，四部叢刊景印明正德刊本：「是故觀其感變，而常
度之情可知『●』。」葉刊評點本作：「是故觀其感變，而常度之情可
知『也』。」

其它的脫文現象，葉刊評點本與四部叢刊景印明正德刊本完全一致，不再贅述。

## 二、衍　文

如：〈八觀第九〉正文，四部叢刊景印明正德刊本：「德行不訓，則正人哀
『哀』。」葉刊評點本作：「德行不訓，則正人哀。」

又如：〈八觀第九〉正文，四部叢刊景印明正德刊本：「政亂不治，則能者歎
『歎』。」葉刊評點本作：「政亂不治，則能者歎。」

又如：〈八觀第九〉正文，四部叢刊景印明正德刊本：「敵能未弭，則術人思
『思』」葉刊評點本作：「敵能未弭，則術人思。」

又如：〈八觀第九〉正文，四部叢刊景印明正德刊本：「貨財不積，則貪者憂
『憂』。」葉刊評點本作：「貨財不積，則貪者憂。」

其它的衍文現象，葉刊評點本與四部叢刊景印明正德刊本完全一致，不再贅述。

## 三、誤　植

如：〈九徵第一〉劉注云：「官材『受』方。」

按：考《左傳‧閔公三年》云：「授方任能。」孔《疏》：「授方，授民以事皆有方
也。」〔註121〕據孔《疏》的說法，「授方」意指「授民以事皆有方也」。如則，
本注文句中的「受」字，疑爲「授」的誤植，當正之。四部叢刊景印明正德刊

〔註121〕《十三經注疏6左傳》（臺北縣：藝文印書館，中華民國68年），頁194。

本作「官材『授』方。」

又如：〈流業第三〉劉注云：「三材『絕術』。」

按：考其下正文云：「兼有三材，三材皆備。」劉注云：「德與法術，皆純備也。」正文又云：「三材純備，三公之任也。」據其下正文及劉注有關「三公之任」的說法，「三材」指「德」、「法」、「術」而言。「三材純備，三公之任也。」如則，本注文句中的「絕術」二字，疑爲「純備」的誤植，當正之，文義迺明。四部叢刊景印明正德刊本作「三材『純備』。」

又如：〈七謬第十〉正文云：「見贍者求可稱而『舉』之。」

按：本正文文義不明。四部叢刊景印明正德刊本作「見贍者求可稱而『譽』之」，意指接受施捨的人，必然會尋求施捨的人可稱許的事情而大加稱譽。如則，本正文句中的「舉」字，疑爲「譽」的誤植，當正之。

又如：〈釋爭第十二〉正文云：「柙兕而『櫻』虎，其可乎？」

按：考《正字通》云：「攖，伊卿切，音英，觸也，迫近也。」〔註122〕又，考《孟子・盡心下》云：「虎負嵎，莫之敢攖。」趙氏《注》云：「攖，迫也。」〔註123〕據《正字通》及趙氏《注》對「攖」字的解析，「攖」意指接觸、迫近。如則，「柙兕」適可與「攖虎」義相呼應。可見，本正文句中的「櫻」字（意指落葉喬木，高一丈多。春天開淡紅花，色彩豔麗。）疑爲「攖」的誤植，當正之。四部叢刊景印明正德刊本作「柙兕而『攖』虎，其可乎？」

其它的誤植現象，葉刊評點本與四部叢刊景印明正德刊本完全一致，不再贅述。

# 第十三節　清四庫全書本考

清乾隆四十一年（1776）文淵閣四庫全書本（臺灣商務印書館景印）、四周雙邊。每半葉八行，行二十字，注文小字雙行，字數同。版心花口，單黑魚尾，中間記書名、卷次（如：「人物志卷上」）、葉次。卷首有目錄，凡三卷，十二篇。目錄後爲紀昀等撰〈人物志提要〉、劉劭撰〈人物志原序〉。首卷第一行頂格題「欽定四庫全書『次行低一格題「人物志卷上」、「劉劭撰」，第十三行低十三格題「涼劉昞注」。卷末有尾題。書後有王三省〈跋語〉，文寬夫題〈人物志記〉。書中鈐有：「文淵閣寶」

---

〔註122〕明・張自烈，《正字通》卯集中平部八十八。清康熙十年（1671）、張氏弘文書院刊本。故宮博物院藏。

〔註123〕《十三經注疏8孟子》（臺北縣：藝文印書館，中華民國68年），頁253。

方印、「乾隆＼御覽＼之寶」方印、「高雄師＼範學院＼藏書」方印。

　　經由考證，清四庫全書本存有七種現象：一、衍文併誤植。二、錯亂。三、避諱。四、倒植。五、脫文。六、衍文。七、誤植。大致而言，除了沒有衍文併倒植，避諱、脫文、衍文、誤植的情形較嚴重以外，四庫全書本與四部叢刊景印明正德刊本的異同不大。茲舉例說明如下：

## 一、避　　諱

### （一）、四庫全書本的避諱情形舉證

如：〈九徵第一〉正文云：「故明白之士，達動之機，而暗於『玄』慮。」

按：「玄」字疑以缺筆方式避清聖祖愛新覺羅『玄』燁的名諱。四部叢刊景印明正德刊本作「故明白之士，達動之機，而暗於『玄』慮。」

又如：〈九徵第一〉正文云：「剛塞而『弘』毅。」

按：「弘」字疑以缺筆方式避清高宗愛新覺羅弘曆的名諱。（可見四庫全書本也受到廣漢魏叢書本的影響）。四部叢刊景印明正德刊本作「剛塞而『弘』毅。」

又如：〈九徵第一〉正文云：「勇膽之精，『煜』然以彊。」

按：「煜」字疑以易字方氏避清聖祖愛新覺羅玄『燁』的名諱。四部叢刊景印明正德刊本作「勇膽之精，『燁』然以彊。」

### （二）、四部叢刊景印明正德刊本避諱的情形舉證

如：〈九徵第一〉正文：「五質『恒』性。」

按：「恒」字疑以缺筆方式避北宋眞宗趙「恆」的名諱。四庫全書本作「五質『恆』性。」

　　其它的避諱情形，四庫全書本與四部叢刊景印明正德刊本完全一致，不再贅述。

## 二、倒　　植

又如：〈八觀第九〉正文云：「敵『未能』弭，則術人思。」

按：考其上正文云：「德行不訓，則正人哀。」又云：「政亂不治，則能者歎。」又，考其下正文云：「貨財不積，則貪者憂。」又云：「權勢不大，則幸者悲。」如則，本正文當正之爲「敵能未弭，則術人思」，句法迺可一律。換言之，本正文句中的「未能」二字，疑爲「能未」的倒植。四部叢刊景印明正德刊本作「敵『能未』弭，則術人思『思』。」（按：句末的「思」字疑爲衍文，當去之。）

　　其它的倒植情形，四庫全書本與四部叢刊景印明正德刊本完全一致，不再贅述。

## 三、脫　文

### （一）四庫全書本的脫文情形舉證

如：〈九徵第一〉正文云：「兼德之人，更為美號。」

按：本正文「兼德之人，更為美號」上，疑漏植正文「兼材之人，以德為目」八字。又，本正文「兼德之人，更為美號」下，疑漏植劉注「仁義禮智，得其一目」八字，皆當補正。（可見四庫全書本也受到漢魏叢書本的影響）。四部叢刊景印明正德刊本作「兼材之人，以德為目；兼德之人，更為美號。」

又如：〈流業第三〉正文云：「主德者，聰明平淡，達眾材而不以事自任者也。」

按：本注文文義不明。四部叢刊景印明正德刊本作「主德者，聰明平淡，『總』達眾材而不以事自任者也」，意指君主的德操，聰明平淡，總攝統領眾材，而不是自己去操作。如則，本正文句中的「達」字上，疑漏植一「總」字，當補正。

又如：〈八觀第九〉正文云：「貪之性勝，則彊猛為禍梯。」

按：本注文文義不明。考其上正文云：「不仁之質勝，則伎力為害器。」四部叢刊景印明正德刊本作「貪悖之性勝，則彊猛為禍梯。」意指貪多背理的性質過多，蠻橫和兇暴就會成為肇禍的起因。如則，本正文句首的「貪」字下，疑漏植一「悖」字，當補正，句法迺可一律。

### （二）四部叢刊景印明正德刊本脫文的情形舉證

如：〈材能第五〉劉注，四部叢刊景印明正德刊本：「以國彊民，以使。」

四庫全書本作：「以國彊民，以使『民富』。」

其它脫文的現象，四庫全書本與四部叢刊景印明正德刊本完全一致，不再贅述。

## 四、衍　文

如：〈八觀第九〉劉注云：「愛而不施『予』，何仁之能為？」

按：考其下劉注云：「畏懦不果，何恤之能行？」如則，本注文當正之為「愛而不施，何仁之能為？」句法迺可一律。換言之，本注文句中的「予」字，疑為衍文，當去之。四部叢刊景印明正德刊本作「愛而不施，何仁之能為？」

其它衍文的情形，四庫全書本與四部叢刊景印明正德刊本完全一致，不再贅述。

## 五、誤　植

如：〈材能第五〉劉注云：「銚能烹雞，『不』能烹犢。」

按：考《說文》云：「銚，溫器也，從金兆聲。」〔註124〕段《注》云：「人煮物瓦器謂之銚子。」〔註125〕據《說文》及段《注》對銚的解釋，銚，意指溫的瓦器，其所煮之物，並無大小的限制。又，考〈材能第五〉正文云：「豈有能大不能小乎？凡所謂能大不能小，其語出於性有寬急，性有寬急，故宜有大小。寬弘之人，宜為郡國，使下得施其功而總其事；急小之人，宜理百里，使事辦於己。」又云：「以實理寬急論辯之，則當言大小異宜，不當言能大不能小也。若夫雞之與牛，亦異體之小大也。故鼎亦宜有大小，故以烹犢，則豈不能烹雞乎？故能治大郡，則亦能治小郡矣。推此論之，人材各有所宜，非獨大小之謂也。」分析上引〈材能第五〉正文的主要意思，在於論述人材的能力當言大小異宜，不當言能大不能小。因為人材豈有能大不能小者？以此推論，鼎亦大小異宜，故以烹犢，豈不能烹雞乎？如則，本注文作「銚能烹雞，不能烹犢」，文義不通，「不」字疑為「亦」的誤植，當正之。四部叢刊景印明正德刊本作「銚能烹雞，亦能烹犢。」

又如：〈接識第七〉正文云：「器能之人，以辨護為度，故能『職』方略之規。」

按：考其上正文云：「法制之人……故能識方直之量。」又，考其下正文云：「智意之人……故能識韜諝之權。」又云：「伎俩之人……故能識進趣之功。」又云：「臧否之人……故能識訶砭之明。」又云：「言語之人……故能識捷給之惠。」如則，本正文當正之為「器能之人，以辨護為度，故能「識」方略之規。」句法迺可一律。換言之，本正文句中的「職」字，疑為「識」的誤植，當正之。四部叢刊景印明正德刊本作「器能之人，以辨護為度，故能『識』方略之規。」

又如：〈效難第十一〉劉注云：「情『愛』如此，誰能定之？」

按：「愛」字疑為「變」的誤植，當正之。（可見四庫全書本也受到李氏思益軒刊本的影響）。四部叢刊景印明正德刊本作「情『變』如此，誰能定之？」

又如：〈釋爭第十二〉劉注云：「恨督責之小故，違終始之大計，是以宗移而族『滅』也。」

按：考其上正文云：「彭寵以朱浮之郤，終有『覆』亡之禍。」如則，本注文當正之為「恨督責之小故，違終始之大計，是以宗移而族覆也」，文義迺明。換言之，本注文句中的「滅」字，疑為「覆」的誤植，當正之。正德刊本作「恨督責之小故，違終始之大計，是以宗移而族『覆』也。」

---

〔註124〕清·段玉裁《說文解字注》附索引（臺北縣：藝文印書館，中華民國68年），頁711。
〔註125〕清·段玉裁《說文解字注》附索引（臺北縣：藝文印書館，中華民國68年），頁711。

其它誤植的現象，四庫全書本與四部叢刊景印明正德刊本完全一致，不再贅述。

# 第十四節　清王謨增訂漢魏叢書本考

　　清乾隆五十六年（1791）王謨增訂漢魏叢書本，大化書局景清乾隆五十六（1791）金谿王氏刻八十六種本，左右雙邊。每半葉九行，行二十字。各篇篇名下有十六字注文，正文下無注。正文旁附刻句讀。版心花口，單白魚尾。中間記卷第（如：「卷上」）、葉次。卷首有阮逸撰〈人物志序〉，〈序〉後有目錄，凡三卷，十二篇。卷末有尾題。首卷首行頂格題「人物志卷上」，次行低五格題「魏＼廣平劉劭著」「奉新羅蘭玉校」。書中鈐有：「國立中＼央圖書＼館藏書」方印、「國立中央圖書館」橢圓印。

　　經由考證，增訂漢魏叢書本存有下列七種現象：一、衍文併誤植。二、錯亂。三、避諱。四，倒植。五、脫文。六、衍文。七、誤植。大抵而言，除了1.〈九徵第一〉正文：「情性之理，甚微而『元』」。「元」字疑以易字方式避清聖祖愛新覺羅『玄』燁的名諱。考《經籍纂詁》云：「玄，元，敬避，廟諱。」〔註126〕說海彙編本作「情性之理，甚微而『玄』」2.〈體別第二〉正文，增訂漢魏叢書本：「『晉』博周給。」說海彙編本作「『普』博周給」。上引兩條資料略有異同之外，其它則完全一致。

# 第十五節　清張海鵬墨海金壺本考

　　清嘉慶十四年（1809）張海鵬纂輯墨海金壺本，民國十年博古齋刊本影印清張海鵬纂輯墨海金壺，文友書店印行，左右雙邊。每半葉十一行，行二十字，注文小字雙行，字數同。版心大黑口，中間記書名卷第（如：「人物志卷上」）、葉次。卷首有阮逸撰〈人物志原序〉、劉劭撰〈人物志自序〉，「序」後有目錄，凡三卷，十二篇。目錄後有〈人物志提要〉。首卷首行頂格題「人物志卷上」，下方題「墨海金壺＼子部」，次行及第三行各低十格題「魏劉劭撰」、「涼劉昞注」。卷末有尾題。書後有《三國志・劉劭本傳》、宋庠記〈劉昞傳〉、王三省〈識〉、文寬夫〈跋〉。書中鈐有：「國立中＼央圖書＼館藏書」方印。

　　經由考證，清張海鵬墨海金壺本存有下列的八種現象：一、衍文併倒植。二、衍文併誤植。三、錯亂。四、避諱。五、倒植。六、脫文。七、衍文。八、誤植。

---

〔註126〕清・阮元等撰《經籍纂詁》卷十六（臺北：宏業書局，中華民國66年），頁227。

大致而言，墨海金壺本受四部叢刊景印明正德刊本、李氏思益軒刊本、說海彙刊本、增訂漢魏叢書本的影響。由於它在脫文及誤植方面情形相當嚴重，因此，版本價值不高。茲舉例說明如下：

## 一、墨海金壺本受增訂漢魏叢書本影響之實例舉證

如：〈九徵第一〉正文：「情性之理，甚微而『元』。」

按：墨海金壺本及增訂漢魏叢書本疑皆以易字方式，將「玄」字刊成「元」，以避清聖祖愛新覺羅「玄」燁的名諱。

## 二、墨海金壺本不當的刊刻之實例舉證

### （一）脫　文

如：〈九徵第一〉劉注云：「稟性多●，則偏性生也。」

按：本注文文義不明。四部叢刊景印明正德刊本作「稟性多『者』，則偏性生也」，文義迺明。如則，本注文「多」字下疑漏植一「者」字，當補正。

又如：〈體別第二〉劉注云：「謂之醶也，無鰜可●。」

按：本注文文義不明。四部叢刊景印明正德刊本作「謂之醶也，無謙可『容』」，文義迺明。如則，本注文「可」字下疑漏植一「容」字，當補正。

又如：〈流業第三〉劉注云：「立●制。」

按：本注文文義不明。四部叢刊景印明正德刊本作「立『憲垂』制」，文義迺明。如則，本注文「立」字下疑漏植「憲垂」二字，當補正。

又如：〈流業第三〉劉注云：「●求功。」

按：本注文文義不明。四部叢刊景印明正德刊本作「『以術』求功」，文義迺明。如則，本注「求」字上疑漏植「以術」二字，當補正。

又如：〈材理第四〉劉注云：「容不躁●，其●。」

按：本注文文義不明。四部叢刊景印明正德刊本作「容不躁『擾』，其『心詳密』」，文義迺明。如則，本注文「躁」字下疑漏植一「擾」字，「其」字下疑漏植「心詳密」三字，皆當補正。

又如：〈材理第四〉正文云：「有理●多端似若博意者。」

按：本正文文義不明。四部叢刊景印明正德刊本作「有理『少』多端似若博意者」，文義迺明。如則，本正文「理」字下疑漏植一「少」字，當補正。

又如：〈材理第四〉劉注云：「外似●，內實不知。」

按：本注文文義不明。四部叢刊景印明正德刊本作「外似『稱善』內實不知」，文義
　　洒明。如則，本注文「似」字下疑漏植「稱善」二字，當補正。

又如：〈材理第四〉劉注云：「妄言非訾，縱橫●」

按：本注文文義不明。四部叢刊景印明正德刊本作「妄言非訾，縱橫『恣口』」，文
　　義洒明。如則，本注文「橫」字下疑漏植「恣口」二字，當補正。

又如：〈材理第四〉劉注云：「下●，●短。」

按：本注文文義不明。四部叢刊景印明正德刊本作「下『有盛色』『避其所』短」，
　　文義洒明。如則，本注文「下」字下疑漏植「有盛色」三字，「短」字上疑漏植
　　「避其所」三字，皆當補正。

又如：〈利害第六〉劉注云：「清亮為時所稱，理●為眾所憚。」

按：本注文文義不明。四部叢刊景印明正德刊本作「清亮爲時所稱，理『峭』爲眾
　　所憚，文義洒明。如則，本注文「理」字下，疑漏植一「峭」字，當補正。

又如：〈利害第六〉劉注文：「遂事成●，政之所●。」

按：本注文文義不明。四部叢刊景印明正德刊本作「遂事成『功』，政之所『務』」。
　　如則，本注文「成」字下疑漏植一「功」字，「所」字下疑漏植一「務」字，皆
　　當補正。

又如：〈接識第七〉劉注云：「曲直不●他，便謂人不識物也。」

按：本注文文義不明。四部叢刊景印明正德刊本作「曲直不『同於』他，便謂人不
　　識物也」，文義洒明。如則，本注文「不」字下，疑漏植「同於」二字，當補正。

又如：〈接識第七〉劉注云：「性●，則●之士。」

按：本注文文義不明。四部叢刊景印明正德刊本作「性『長思謀』，則『善策略』之
　　士」，文義洒明。如則，本注文「性」字下疑漏植「長思謀」三字，「則」字下
　　疑漏植「善策謀」三字，皆當補正。

又如：〈接識第七〉劉注云：「度在正直，故●有恆之人。」

按：本注文文義不明。四部叢刊景印明正德刊本作「度在正直，故『悅』有恆之人」，
　　文義洒明。如則，本注文「故」字下疑漏植一「悅」字，當補正。

又如：〈接識第七〉劉注云：「性能苟同，則雖胡越接響而●通。」

按：本注文文義不明。四部叢刊景印明正德刊本作「則雖胡越接響而『情』通」，文
　　義洒明。如則，本注文「而」字下疑漏植一「情」字，當補正。

又如：〈接識第七〉劉注云：「性能苟異，則雖比肩歷●而速疏矣。」

按：本注文文義不明。四部叢刊景印明正德刊本作「性能苟異，則雖比肩歷『年』而速疏矣」，文義迺明。如則，本注文「歷」字下疑漏植一「年」字，當補正。

又如：〈八觀第九〉劉注云：「此●厚之人，非大害也。」

按：本注文文義不明。四部叢刊景印明正德刊本作「此『稠』厚之人，非大害也」，文義迺明。如則，本注文「厚」字上疑漏植一「稠」字，當補正。

又如：〈八觀第九〉劉注云：「矗白矗赤，●憤在面。」

按：本注文文義不明。四部叢刊景印明正德刊本作「麗白麗赤，『憤』憤在面」，文義迺明。如則，本注文「憤」字上疑漏植一「憤」字，當補正。

又如：〈八觀第九〉劉注云：「質同通直，或偏●。」

按：本注文文義不明。四部叢刊景印明正德刊本作「質同通直，或偏『或依』」，文義迺明。如則，本注文「偏」字下疑漏植「或依」二字，當補正。

又如：〈八觀第九〉劉注云：「權勢之尤，則倖者竊其●。」

按：本注文文義不明。四部叢刊景印明正德刊本作「權勢之尤，則倖者竊其『柄』」，文義迺明。如則，本注文「其」字下疑漏植一「柄」字，當補正。

又如：〈七謬第十〉劉注云：「材智雖鈞，貴賤殊途，申壓●，●乎貧富。」

按：本注文文義不明。四部叢刊景印明正德刊本作「材智雖鈞，貴賤殊途，申壓『之變，在』乎貧富」，文義迺明。如則，本注文「壓」字下疑漏植「之變在」三字，當補正。

又如：〈七謬第十〉劉注云：「●外著，故●之。」

按：本注文文義不明。四部叢刊景印明正德刊本作「『形色』外著，故『可得而察』之」，文義迺明。如則，本注文「外」字上疑漏植「形色」二字，「故」字下疑漏植「可得而察」四字，皆當補正。

又如：〈釋爭第十二〉劉注文：「譬兔殛犬●而田父收其功。」

按：本注文文義不明。四部叢刊景印明正德刊本作「譬兔殛犬『疲』而田父收其功」，文義迺明。如則，本注文「犬」字下疑漏植一「疲」字，當補正。

又如：〈釋爭第十二〉劉注云：「兩虎共鬥，小者●，●傷。」

按：本注文文義不明。四部叢刊景印明正德刊本作「兩虎共鬥，小者『死』，『大者』傷」，文義迺明。如則，本注文「者」字下疑漏植「死大者」三字，當補正。

又如：〈釋爭第十二〉劉注云：「●，故君子慎其小。」

按：本注文文義不明。四部叢刊景印明正德刊本作「『大訟起於纖芥』，故君子慎其

小，文義迺明。如則，本注文「故」字上疑漏植「大訟起於纖芥」六字，當補
正。

其它脫文的現象，墨海金壺本與四部叢刊景印明正德刊本完全一致，不再贅述。

## （二）誤　植

如：〈九徵第一〉劉注云：「溫而不直則懦，『慢』而不毅則剽。」

按：考其上正文云：「溫直而『擾』毅。」如則，本注文當正之爲：「溫而不直則
懦，『擾』而不毅則剽」，文義迺順。換言之，「慢」字疑爲「擾」的誤植。四
部叢刊景印明正德刊本作「溫而不直則懦，『擾』而不毅則剽。」

又如：〈體別第二〉正文云：「懼愼之人，畏患多忌，不戒其懦於爲『我』，而
以勇爲狎，增其疑，是故可以保全，難與立節。」

按：本正文文義不明。考其下劉注云：「畏患多忌，何節義之能立？」又，四部叢刊
景印明正德刊本作「懼愼之人畏患多忌，不戒其懦於爲義，而以勇爲狎，增其
疑，是故可以保全，難與立節」，文義迺明。如則，本正文句中「不戒其懦於爲
『我』」的「我」字，疑爲「義」的誤植，當正之。

又如：〈體別第二〉劉注文：「材不能兼，教之愈失，是以宰萬物者，用人之
仁，去其貪；用人之智，去其詐，然後群材畢御，而道周萬物『而已』。」

按：本注文句末的「而已」二字，疑爲「也矣」的誤植，當正之。「而已」意指「罷
了」，爲表示制限或讓步的助詞，置於本注文句末，文義不通。而「也矣」爲一
表示語義結束的語詞，置於本注文句末，正可結束其上文。四部叢刊景印明正
德刊本作「材不能兼，教之愈失，是以宰萬物者，用人之仁，去其貪；用人之
智，去其詐，然後群材畢御，而道周萬物『也矣』。」

又如：〈流業第三〉劉注云：「譬大匠善規，惟『見』之用。」

按：本注文文義不明。四部叢刊景印明正德刊本作「譬大匠善規，惟『規』之用」，
文義迺明。如則，本注文句中的「見」字，疑爲「規」的誤植，當正之。

又如：〈材理第四〉劉注云：「怨『根』逆結於心。」

按：本注文文義不明。四部叢刊景印明正德刊本作「怨『恨』逆結於心」，文義迺明。
如則，本注文句中的「根」字，疑爲「恨」的誤植，當正之。

又如：〈材理第四〉劉注云：「非徒怨恨，遂生忿『等』。」

按：本注文文義不明。四部叢刊景印明正德刊本作「非徒怨恨，遂生忿『爭』」，文
義迺明。如則，本注文句末的「等」字，疑爲「爭」的誤植，當正之。

又如：〈材理第四〉劉注云：「『制』他人之言，欲使聽己。」

按：考其上正文云：「是故並思俱說，競相制止，欲人之聽己。」如則，本注文當正之為：「『止』他人之言，欲使聽己」，文義迺順。四部叢刊景印明正德刊本作「『止』他人之言，欲使聽己。」

又如：〈材能第五〉劉注云：「弓工『操』材，而有餘力。」

按：「操」字疑為「煣」的誤植，當正之。考《正字通》云：「弓，揉木而弦之，以發矢，六材所成。」〔註127〕又，考《說文》云：「煣，屈申木也。從火柔，柔亦聲。」〔註128〕段〈注〉云：「今〈繫辭傳〉、〈考工記〉皆作揉，蓋非古也。」〔註129〕據《說文》和段〈注〉的說法，「煣」意指以火熨木使曲，今〈繫辭傳〉、〈考工記〉皆作揉。可見「煣」為「揉」的古字。四部叢刊景印明正德刊本作「弓工『揉』材，而有餘力。」

又如：〈材能第五〉正文云：「急小之人宜理百里，使事『辨』於己。」

按：本注文文義不明。四部叢刊景印明正德刊本作「急小之人宜理百里，使事『辦』於己」，文義迺明。如則，本正文句中的「辨」字疑為「辦」的誤植，當正之。

又如：〈利害第六〉劉注云：「韜情『謂』智，非雅正之倫也。」

按：本注文文義不明。考《淮南子‧本經訓》云：「比周朋黨，設詐『諝』，懷機械故之心，而性失矣。」〔註130〕《注》云：「諝，謀也。」〔註131〕據《淮南子》及其《注》的說法，「諝」意指「詐謀」，「韜情『諝』智，非雅正之倫也。」正可以說明「智意之業」的缺失。如則，本注文句中的「謂」字，疑為「諝」的誤植，當正之。四部叢刊景印明正德刊本作「韜情『諝』智，非雅正之倫也。」

又如：〈英雄第八〉正文云：「夫『章』之精秀者為英。」

按：本正文文義不明。四部叢刊景印明正德刊本作「夫『草』之精秀者為英」，文義迺明。如則，本正文句中的「章」字，疑為「草」的誤植，當正之。

又如：〈八觀第九〉劉注云：「不量己力，輕『并』死人。」

按：本注文文義不明。四部叢刊景印明正德刊本作「不量己力，輕『許』死人」，正可與其上正文「是故輕諾似烈而寡信」，義相呼應。如則，本注文句中的「并」

〔註127〕明‧張自烈，《正字通》寅集下弓部三十五、清康熙十年（1971）張氏弘文書院刊本。故宮博物院藏。
〔註128〕清‧段玉裁《說文解字注》附索引（臺北縣：藝文印書館，中華民國68年），頁488。
〔註129〕清‧段玉裁《說文解字注》附索引（臺北縣：藝文印書館，中華民國68年），頁488。
〔註130〕楊家駱：世界文庫四部刊要《淮南子》（臺北：世界書局，中華民國65年），頁115。
〔註131〕楊家駱：世界文庫四部刊要《淮南子》（臺北：世界書局，中華民國65年），頁115。

字，疑爲「許」的誤植，當正之。

又如：〈八觀第九〉劉注云：「爲有力者譽，烏獲其心莫不『折』焉。」

按：本注文文義不明。考《廣韻》云：「欣，喜也。」〔註132〕又云：「忻，上同。」
〔註133〕據《廣韻》的說法，「欣」、「忻」二字同表歡喜之義。又，考其上正文
云：「抒其所欲則喜」。四部叢刊景印明正德刊本作「爲有力者譽，烏獲其心莫
不『忻』焉」。如則，本注文句中的「折」字，疑爲「忻」的誤植，當正之。

又如：〈七謬第十〉劉注云：「奇逸『趨』眾，眾何由識？」

按：考其上正文云：「若有奇逸之材，則非眾所見。」如則，本注文當正之爲「奇逸
『絕』眾，眾何由識？」文義迺明。換言之，本注文句中的「趨」字，疑爲「絕」
的誤植，當正之。四部叢刊景印明正德刊本作「奇逸『絕』眾，眾何由識？」

又如：〈七謬第十〉正文云：「心小所以慎咎『晦』也。」

按：考《蜀書・郤正傳》云：「免咎『悔』於斯世。」〔註134〕又，考《嵇康・幽憤
詩》云：「奉時恭默，咎『悔』不生。」〔註135〕四部叢刊景印明正德刊本作「心
小所以慎咎悔也」。上引諸例證，皆作「咎悔」，如則，本正文句中的「晦」字，
疑爲「悔」的誤植，當正之。

又如：〈七謬第十〉劉注云：「己既『否人』，親戚並困。」

按：本注文文義不明。四部叢刊景印明正德刊本作「己既『不足』，親戚並困」，文
義迺明。如則，本注文句中的「否人」二字，疑爲「不足」的誤植，當正之。

又如：〈七謬第十〉劉注云：「通『違』過於眾奇。」

按：本注文文義不明。四部叢刊景印明正德刊本作「通『達』過於眾奇」，正可與
其上正文「聖人者，眾尤之尤也」，義相呼應。如則，本注文句中的「違」字，
疑爲「達」的誤植，當正之。

又如：〈效難第十一〉劉注云：「各以意之所可爲『惟』，是以雜而無紀。」

按：本注文文義不明。四部叢刊景印明正德刊本作「各以意之所可爲『准』，是以雜

---

〔註132〕民國林尹校訂，《新校正切宋本廣韻》附切韻系韻書反切異文表檢字索引（臺北：黎
　　　　明文化事業股份有限公司，中華民國65年），頁112。
〔註133〕民國林尹校訂，《新校正切宋本廣韻》附切韻系韻書反切異文表檢字索引（臺北：黎
　　　　明文化事業股份有限公司，中華民國65年），頁112。
〔註134〕晉・陳壽，《三國志》卷四十二〈郤正傳〉（臺北：洪氏出版社，中華民國64年），頁
　　　　1038。
〔註135〕明・張溥，《漢魏六朝百三家集》卷三十五。見世界書局景印摛藻堂《四庫全書薈要》
　　　　集部，第一二二冊（臺北：中華民國77年）。

而無紀」，文義迥明。如則，本注文句中的「惟」字，疑爲「准」的誤植，當正之。

又如：〈釋爭第十二〉劉注云：「以己爲賢，專『國』自是。」

按：本注文文義不明。考《顏氏家訓・勉學》云：「音辭鄙陋，風操蚩拙，相與專固，無所堪能。」〔註136〕四部叢刊景印明正德刊本作「以己爲賢，專固自是。」上引諸例證，皆作「專固」，如則，本注文句中的「國」字，疑爲「固」的誤植，當正之。

又如：〈釋爭第十二〉劉注云：「性不「怨」人，故爲下等。」

按：考其上正文云：「何謂三等？緩己急人，一等；急己急人，二等；急己寬人，三等。」本段文義旨在說明，據謙讓程度之深淺而言，人可粗分爲三等：緩己急人，爲下等；急己急人，爲中等；急己寬人，爲上等。而「緩己急人」之所以爲下等，在於恕心不足。如則，本注文句中的「怨」字，疑爲「恕」的誤植，當正之。四部叢刊景印明正德刊本作「性不『恕』人，故爲下等。」

又如：〈釋爭第十二〉劉注云：「乃至直『伐』於中，自與理會也。」

按：本注文文義不明。四部叢刊景印明正德刊本作「乃至直『發』於中，自與理會也。」正可與其上正文「乃純德自然之所合也」，義相呼應。如則，本注文句中的「伐」字，疑爲「發」的誤植，當正之。

其它誤植的現象，墨海金壺本與四部叢刊景印明正德刊本完全一致，不再贅述。

### 三、墨海金壺本受李氏思益軒刊本影響之實例舉證

如：〈效難第十一〉劉注云：「情『愛』如此，誰能定之？」墨海金壺本及李氏思益軒刊本皆將「變」字誤植爲「愛」，當正之。

### 四、墨海金壺本受說海彙編本影響之實例舉證

如：〈效難第十一〉劉注云：「『下』和非因匠，所以抱璞泣。」墨海金壺本及說海彙編本皆將「卞」字誤植爲「下」，當正之。

## 第十六節　清王氏畿輔叢書本考

清光緒五年（1879）定州王氏刊畿輔叢書本（藝文印書館印行）四周單邊。每

---

〔註136〕清・趙曦明註抱經堂本《顏氏家訓註》卷第三〈勉學第八〉（臺北縣：漢京文化事業有限公司，中華民國70年），頁144。

半葉十行，行二十字，注文小字雙行，字數同。版心小黑口，中間記書名、卷第（如：
「人物志上」）、葉次。卷首有劉邵撰〈人物志自序〉、〈人物志提要〉、阮逸撰〈人物志原序〉、王三省〈識〉、文寬夫題〈人物志記〉、《三國志·劉邵本傳》、宋庠記〈劉昞傳〉。首卷首行頂格題「人物志卷上」，下方題「畿輔叢書」，次行低三格題「魏邯鄲劉邵撰」，下方題「涼敦煌劉昞注」。卷末有尾題。書後有王謨〈識〉、鄭旻《書》、陶望齡〈人物志新刻引〉、余嘉錫〈四庫提要辨證〉、胡玉縉〈四庫提要補正〉。書中鈐有：「高雄＼師範學院＼藏書」方印。

　　經由考證，畿輔叢書本存有八種現象：一、衍文併倒植。二、衍文併誤植。三、錯亂。四、避諱。五、倒植。六、脫文。七、衍文。八、誤植。大致而言，除了〈體別第二〉劉注：「謂之質也，理不緩『素』。」畿輔叢書本將「素」字誤植爲「索」〔註137〕，及墨海金壺本的脫文與誤植較爲嚴重以外，其它各方面，畿輔叢書本與墨海金壺本完全一致。茲舉例說明如下：

# 一、脫　文

如：〈九徵第一〉劉注，墨海金壺本：「稟性多●，則偏性生也。」畿輔叢書
　　本正之爲：「稟性多『者』則偏性生也。」

又如：〈體別第二〉劉注，墨海金壺本：「謂之鹹地，無鹹可●。」畿輔叢書
　　　本正之爲：「謂之鹹也，無鹹可『容』。」

又如：〈流業第三〉劉注，墨海金壺本：「立●制。」畿輔叢書本正之爲：
　　　「立『憲垂』制。」

又如：〈流業第三〉劉注，墨海金壺本：「●求功。」說輔叢書本正之爲：
　　　「『以術』求功。」

又如：〈材理第四〉劉注，墨海金壺本：「容不躁●，其●。」畿輔叢書本正
　　　之爲：「容不躁『擾』，其『心詳密』。」

又如：〈材理第四〉正文，墨海金壺本：「有理多端似若博意者。」畿輔叢書
　　　本正之爲：「有理『少』多端似若博意者。」

---

〔註137〕考說文云：「緩，繒無文也。」（清·段玉裁《說文解字注》附索引（臺北縣：藝文印書館，中華民國 68 年），頁 688。）又云：「素，白致繒也。」（清·段玉裁《說文解字注》附索引（臺北縣：藝文印書館，中華民國 68 年），頁 669。又云：「索，草有莖葉可作繩索。」（清·段玉裁《說文解字注》附索引（臺北縣：藝文印書館，中華民國 68 年），頁 276。據《說文》的解析，「繒」及「素」皆指白色無文的絲綢。劉注取之以比喻中庸之質的樸素無華，如則，本注文作「謂之質也，理無繒索。」文義不通。「索」字疑爲「素」的誤植，當正之。

又如：〈材理第四〉劉注，墨海金壺本：「外似●，內實不知。」畿輔叢書本正之為：「外似『稱善』，內實不知。」

又如：〈材理第四〉劉注，墨海金壺本：「訾言非訾，縱橫●。」畿輔叢書本正之為：「妄言非訾，縱橫『恣口』。」

又如：〈材理第四〉劉注，墨海金壺本：「下●，●短。」畿輔叢書本正之為：「下『有盛色』，避『其所短』。」

又如：〈利害第六〉劉注，墨海金壺本：「清亮為時所稱，理●為眾所憚。」畿輔叢書本正之為：「清亮為時所稱，理『峭』為眾所憚。」

又如：〈利害第六〉劉注，墨海金壺本：「遂事成●，政之所●。」畿輔叢書本正之為：「遂事成『功』，政之所『務』。」

又如：〈接識第七〉劉注，墨海金壺本：性●，●則之士。」畿輔叢書本正之為：「性『長思謀』，則『善策謀』之士。」

又如：〈接識第七〉劉注，墨海金壺本：「度在正直，故●有恆之人。」畿輔叢書本正之為：「度在正直，故『悅』有恆之人。」

又如：〈接識第七〉劉注，墨海金壺本：「性能苟同，則雖胡越接響而●通。」畿輔叢書本正之為：「性能苟同，則雖胡越接響而『情』通。」

又如：〈接識第七〉劉注，墨海金壺本：「性能苟異，則雖比肩歷●而速疏矣。」畿輔叢書本正之為：「性能苟異，則雖比肩歷『年』而速疏矣。」

又如：〈八觀第九〉劉注，墨海金壺本：「此●厚之人，非大害也。」畿輔叢書本正之為：「此『稠』厚之人，非大害也。」

又如：〈八觀第九〉劉注，墨海金壺本：「矗白矗童赤，●憤在面。」畿輔叢書本正之為：「矗白矗赤，『憤』憤在面。」

又如：〈八觀第九〉劉注，墨海金壺本：「質同通直，或偏●。」畿輔叢書本正之為：「質同通直，或偏『或依』。」

又如：〈八觀第九〉劉注，墨海金壺本：「權勢之尤，則倖者竊其●。」畿輔叢書本正之為：「權勢之尤，則倖者竊其『柄』。」

又如：〈七謬第十〉劉注，墨海金壺本：「材智雖鈞，貴賤殊途，申壓●，乎貧富。」畿輔叢書本正之為：「材智雖鈞，貴賤殊途，申壓之『變』，『在乎』貧富。」

又如：〈七謬第十〉劉注，墨海金壺本：「●外著，故●之。」畿輔叢書本正之為：「『形色』外著，故『可得而察』之。」

又如：〈釋爭第十二〉劉注，墨海金壺本：「譬兔殛犬●而田父收其功。」畿輔叢書本正之為：「譬兔殛犬『疲』而田父收其功。」

又如：〈釋爭第十二〉劉注，墨海金壺本：「兩虎共鬥，小者●，●傷。」畿輔叢書本正之為：「兩虎共鬥，小者『死』『大者』傷。」

又如：〈釋爭第十二〉劉注，墨海金壺本：「●，故君子慎其小。」畿輔叢書本正之為：「『大訟起於纖芥』，故君子慎其小。」

　　其它脫文的現象，畿輔叢書本與墨海金壺本完全一致，不再贅述。

## 二、誤　植

如：〈九徵第一〉劉注，墨海金壺本：「溫而不直則懦，『慢』而不毅則剉。」畿輔叢書本正之為：「溫而不直則懦，『擾』而不毅則剉。」

又如：〈體別第二〉劉注，墨海金壺本：「材不能兼，教之愈失，是以宰萬物者，用人之仁，去其貪；用人之智，去其詐，然後群材畢御，而道周萬物『而已』。」畿輔叢書本正之為：「材不能兼，教之愈失，是以宰萬物者，用人之仁，去其貪；用人之智，去其詐，然後群材畢御，而道周萬物『也矣』。」

又如：〈流業第三〉劉注，墨海金壺本：「譬大匠善規，惟『見』之用。」畿輔叢書本正之為：「譬大匠善規，惟『規』之用。」

又如：〈材理第四〉劉注，墨海金壺本：「怨『根』逆結於心。」畿輔叢書本正之為：「怨『恨』逆結於心。」

又如：〈材理第四〉劉注，墨海金壺本：「非徒怨恨，遂生忿『等』。」畿輔叢書本正之為：「非徒怨恨，遂生忿『爭』。」

又如：〈材理第四〉劉注，墨海金壺本：「『制』他人之言，欲使聽己。」畿輔叢書本正之為：「『止』他人之言，欲使聽己。」

又如：〈材能第五〉劉注，墨海金壺本：「弓工『操』材，而有餘力。」畿輔叢書本正之為：「弓工『揉』材，而有餘力。」

又如：〈材能第五〉正文，墨海金壺本：「急小之人宜理百里，使事『辨』於己。」畿輔叢書本正之為：「急小之人宜理百里，使事『辦』於己。」

又如：〈利害第六〉劉注，墨海金壺本：「韜情『謂』智，非雅正之倫也。」畿輔叢書本正之為：「韜情『謂』智，非雅正之倫也。」

又如：〈八觀第九〉劉注，墨海金壺本：「不量已力，輕『并』死人。」畿輔叢書本正之為：「不量己力，輕『許』死人。」

又如：〈七謬第十〉劉注，墨海金壺本：「奇逸『趨』眾，眾何由識？」畿輔叢書本正之為：「奇逸『絕』眾，眾何由識？」

又如：〈七謬第十〉劉注，墨海金壺本：「心小所以慎咎『晦』也。」畿輔叢書本正之為：「心小所以慎咎『悔』也。」

又如：〈七謬第十〉劉注，墨海金壺本：「己既『否人』，親戚並因。」畿輔叢書本正之為：「己既『不足』，親戚並因。」

又如：〈七謬第十〉劉注，墨海金壺本：「通『違』過於眾奇。」畿輔叢書本正之為：「通『達』過於眾奇。」

又如：〈效難第十一〉劉注，墨海金壺本：「各以意之所可為『惟』，是以雜而無紀。」畿輔叢書本正之為：「各以意之所可為『准』，是以雜而無紀。」

又如：〈釋爭第十二〉劉注，墨海金壺本：「以己為賢，專『國』自是。」畿輔叢書本正之為：「以己為賢，專『固』自是。」

又如：〈釋爭第十二〉劉注，墨海金壺本：「性不『怨』人，故為下等。」畿輔叢書本正之為：「性不『恕』人，故為下等。」

又如：〈釋爭第十二〉劉注，墨海金壺本：「乃至直伐於中，自與理會也。」畿輔叢書本正之為：「乃至直發於中，自與理會也。」

其它的誤植現象，畿輔叢書本與墨海金壺本完全一致，不再贅述。

## 第十七節　民國鄭國勳龍谿精舍本考

　　民國六年（1971）鄭國勳刊龍谿精舍本（中國書店出版）四周單邊。每半葉十一行，行二十三字，注文小字雙行，字數同。版心花口，中間記卷第（如「卷上」）、葉次，最下方記「龍谿精舍校刊」。卷首有〈人物志提要〉、劉邵〈自序〉、阮逸〈原序〉、《三國志‧劉邵本傳》、宋庠〈劉昞傳〉。後有目錄，凡三卷，十二篇。首卷首行頂格題「人志卷上」，次行至第三行各低十格題「魏散騎常侍劉邵撰」、「涼儒林祭酒劉昞注」。卷末有尾題，並記監刻者及刻工名。監刻者：邱義卿、邱邵周。刻工名：

張旭東。書後有文寬夫〈跋〉。書中鈐有：「丙辰七月＼人物志＼楚園」長方印、「潮陽鄭氏＼用守山閣＼本參中州＼彭氏本刊」長方印。

　　經由考證，龍谿精舍本存有下列八種現象：一、衍文併倒植。二、衍文併誤植。三、錯亂。四、避諱。五、倒植。六、脫文。七、衍文。八、誤植。大致而言，龍谿精舍本主要受到四部叢刊景印明正德刊本的影響，有少部分受到增訂漢魏叢書本、墨海金壺本、畿輔叢書本的影響。茲舉例說明如下：

## 一、龍谿精舍本受增訂漢魏叢書本影響的實例舉證

如：〈九徵第一〉正文：「情性之理，甚微而『玄』。」

按：龍谿精舍本及增訂漢魏叢書本疑皆以易字方式，將「玄」字刊刻為「元」，以避清聖祖愛新覺羅「玄」燁的名諱。

## 二、龍谿精舍本受墨海金壺本影響的實例舉證

如：〈八觀第九〉劉注云：「為有力者譽，烏獲其心莫不『折』焉。」

按：龍谿精舍本與墨海金壺本疑皆將「忻」字誤植為「折」，當正之。

又如：〈七謬第十〉劉注云：「通『違』過於奇。」

按：龍谿精舍本與墨海金壺本疑皆將「達」字誤植為「違」，當正之。

## 三、龍谿精舍本受畿輔叢書本影響的實例舉證

如：〈體別第二〉劉注云：「理不縵『索』。」

按：龍谿精舍本與畿輔叢書本疑皆將「素」字誤植為「索」，當正之。

## 四、龍谿精舍本受四部叢刊景印明正德刊本影響的實例舉證

### （一）避　諱

如：〈體別第二〉劉注：「『人』無得而稱焉。」

按：龍谿精舍本與四部叢刊景印明正德刊本疑皆以易字方式，將「民」字刊為「人」以避唐太宗李世「民」的名諱。

### （二）脫　文

　　除了〈七謬第十〉正文，龍谿精舍本：「有少有令材，為雋器者。」四部叢刊景印明正德刊本作「有少有令材，『遂』為雋器者。」不同以外，其它脫文的現象，龍谿精舍本與四部叢刊景印明正德刊本完全一致，不再贅述。

### （三）誤　植

如：〈九徵第一〉劉注，龍谿精舍本誤植為：「中和者百『姓』之根本。」四部叢刊景印明正德刊本作「中和者百『性』之根本。」

又如：〈九徵第一〉劉注，龍谿精舍本誤植為：「『惠』已自是，陷於愚憨。」四部叢刊景印明正德刊本作「『專』已自是，陷於愚憨。」

又如：〈體別第二〉正文，龍谿精舍本誤植為：「凌楷之人，秉意勁特，不戒其情之固護，而以辨為偽，彊其『事』。」四部叢刊景印明正德刊本作「凌楷之人，秉意勁特，不戒其情之固護，而以辨為偽，彊其『專』。」

又如：〈九徵第一〉劉注，龍谿精舍本誤植為：「觀察『聚』談，讚其所安。」四部叢刊景印明正德刊本作「觀察『眾』談，讚其所安。」

又如：〈八觀第九〉正文，龍谿精舍本誤植為：「自『發』皆欲勝之類也。」四部叢刊景印明正德刊作「自『伐』皆欲勝之類也。」

又如：〈八觀第九〉劉注，龍谿精舍本：「『明』人之剛，恕其屬也。」

按：考其上劉注云：「用人之直，恕其訐也。」又，考其下劉注云：「用人之和，恕其懦也。」又云：「用人之介，恕其拘也。」又云：「欲用其剛，必采之於屬。」上引諸例證，旨皆在強調用人的優點，包容人之缺失。如則，本注當正之為：「用人之剛，恕其屬也」，文義遄可一貫。換言之，本注文句首的「明」字，疑為「用」的誤植，當正之。四部叢刊景印明正德刊本作「『用』人之剛，恕其屬也。」

又如：〈釋爭第十二〉正文，龍谿精舍本：「『洛』其所歸，亦各有半信著於遠近也。

按：本正文文義不明。考四部叢刊景印明正德刊本作「終其所歸，亦各有半信著於遠近也」，正可總結其上正文云：「且人之毀己，皆發怨憾而變生釁也。必依托於事，飾成端末，其於聽者，雖不見信，猶半以然也。」如則，本正文句首的「洛」字，疑為「終」的誤植，當正之。

又如：〈釋爭第十二〉正文，龍谿精舍本：「是以戰『爭』而爭不形。」

按：本正文文義不明。考四部叢刊景印明正德刊本作「是以戰勝而爭不形」，正可與其下劉注「動靜得節，故勝無與爭；爭不以力，故勝功見耳」，義相呼應。如則，本正文句中「戰爭」的「爭」字，疑為「勝」的誤植，當正之。

其它誤植的現象，龍谿精舍本與四部叢刊景印明正德刊本完全一致，不再贅述。

# 第十八節　民國四部備要本考

民國五十五年（1966）中華書局據金臺本校刊四部備要本，四周單邊。每半葉十三行，行二十字。注文小字雙行，字數同。版心花口，單黑魚尾。中間記卷第（如：「卷上」）、葉次。最下方記「中華書局聚＼珍倣宋版印」。卷首有阮逸撰〈原序〉、劉劭撰〈自序〉。〈序〉後有目錄，凡三卷，十二篇。目錄後有〈人物志提要〉。首卷首行頂格題「人物志卷上」，次行至第三行，各低八格題「魏劉劭撰」、「涼劉昞注」。卷末有尾題。書後有《三國志・劉劭本傳》、宋庠記〈劉昞傳〉、王三省〈識〉、文寬夫〈跋〉。

經由考證，四部備要本存有下列八種現象：一、衍文併倒植。二、衍文併誤植。三、錯亂。四、避諱。五、倒植。六、脫文。七、衍文。八、誤植。大致而言，除了〈九徵第一〉正文四部備要本：「故偏至之材以自名。」墨海金壺本作「故偏至之材以『材』自名。」不同以外，其它各方面，四部備要本與墨海金壺本完全一致。

# 第十九節　結　論

茲將本章〈人物志版本源流考〉的研究心得總結二十項，分別敘述如下：

一、北宋天聖五年（1027）進士阮逸以該書「博而暢，辨而不肆，非眾說之流也。王者得之，為知人之龜鑑；士君子得之，為治性修身之檠栝，其效不為小矣。」乃序而傳之。如則，《人物志》之版刻成書，當始於此。惟此本未見藏書家之著錄。

二、四部叢刊景印明正德刊本，臺灣商務印書館發行。扉頁印有「上海涵芬樓景印明正德刊本」。其實乃源自真定梁夢龍刊本。此可由四部叢刊景印明正德刊本的版本款式、刻工名字、文字存有的現象：衍文併倒植、衍文併誤植、錯亂、避諱、倒植、脫文、衍文、誤植。還有阮〈序〉、劉〈序〉、文〈題〉、宋〈記〉、王〈識〉、鄭〈跋〉的秩序，都和明隆慶六年（1572）真定梁夢龍刊本完全一致得到證明。唯一的不同，在於四部叢刊景印明正德刊本將真定梁夢龍刊本鄭〈跋〉中的「邵生六朝」正之為「邵生漢末」而已。可見，四部叢刊景印明正德刊本當非正德刊本。郭模說：「今本四部叢刊本字跡清晰，少有脫誤，斷非正德、年間刊本舊貌。」〔註138〕

三、明嘉靖己丑八年（1529）上海顧定芳刊本，國立中央圖書館藏善本，為目前見

---

〔註138〕郭模，《人物志及注校證》（臺北：文史哲出版社，中華民國 76 年），頁 5。

存最早的版本，顧〈識〉:「定芳獲睹抄本于儼山伯氏，請錄較鏤，以廣脩身知人之意。」可見，顧定芳刊本源自儼山伯抄本。

四、明刊本，國立中央圖書館藏善本，爲顧定芳刊本的覆刻本，刻工較遜，除將顧定芳〈識〉換成王三省〈識〉，還有部分文字內容略有不同外，如〈七謬第十〉劉注，顧定芳刊本作「人直過於己直，則非毀之『生心』」，明刊本則正之為「人直過於己直，則非毀之『心生』」；又如:〈七謬第十〉劉注，顧定芳刊本作「事無『巨』細，要在得正」，明刊本則誤植為「事無『目』細，要在得正」，其它像避諱、衍文併誤植、錯亂、倒植、衍文、脫文、形誤的現象及實例，幾乎完全一致，甚至連縮刊正文暨空格刊刻的現象也都相同。

五、明藍格鈔本，國立中央圖書館藏善本，它與顧定芳刊本、明刊本當同出一源。此可由下列諸例見出其端倪。(一)、如〈七謬第十〉正文，顧定芳刊本、明刊本及藍格鈔本皆作「夫『奇惡豈』而好疑哉？」(按：當正之爲「夫『豈惡奇』而好疑哉？」)(二)、又如:〈七謬第十〉劉注，顧定芳刊本、明刊本及藍格鈔本皆作「故『韋』主父偃辭麗，一歲四遷。」(按:「主」字疑爲衍文，當去之。)(三)、又如〈體別第二〉正文，顧定芳刊本、明刊本及藍格鈔本皆作「不戒其情固護。」(按:「情」字下疑漏植一「之」字。)(四)、又如:〈七謬第十〉正文，顧定芳刊本、明刊本及藍格鈔本皆作「懿重所以崇德宇。」(按:「宇」字下疑誤植一「也」字。)(五)、又如〈九徵第一〉劉注，顧定芳刊本、明刊本及藍格鈔本皆作「故『袠』動則容態。」(按:「袠」字疑爲「衺」字的誤植。)(六)、又如〈流業第三〉正文，顧定芳本、明刊本及藍格鈔本皆作「建法立制，彊國富人，是謂法家，管仲、商鞅是也。」(按:「商」字疑爲「商」的誤植。)(七)、又如:〈釋爭第十二〉劉注，顧定芳刊本、明刊本及藍格鈔本皆作「故行坐汲汲，不暇『指』車。」(按:「指」字疑爲「脂」的誤植。)

六、明隆慶六年(1572)眞定梁夢龍刊本，國立中央圖書館藏善本，爲歸德知府鄭旻於梁夢龍持節鉞拊鎮中州(今河南省)時，所承命重刻的《人物志》版本。其所稱「覓善本，加訂正刻之」的「善本」，疑爲上述的明刊本，因鄭旻刻本僅將明刊本中部分「正文與注文混淆之處」,「空格刊刻」，及少部分的「錯亂現象」如〈七謬第十〉正文，明刊本作「夫『奇惡豈』而好疑哉？」鄭旻刻本則正之為「夫『豈惡奇』而好疑哉？」。「衍文現象」如〈七謬第十〉劉注，明刊本作「故『韋』主父偃辭麗，一歲四遷。」鄭旻刻本則正之為「故主父偃辭麗，一歲四遷。」「脫文現象」如〈體別第二〉正文，明刊本作「不戒其情固護。」鄭旻刻本則正之為「不戒其情『之』固護。」又如:〈七謬第十〉正文，明刊本作

「懿重所以崇德宇。」鄭旻刻本則正之為「懿重所以崇德宇『也』。」「誤植現象」如〈九徵第一〉劉注，明刊本作「故『衺』動則容態。」鄭旻刻本則正之為「故　動則容態。」又如〈流業第三〉正文，明刊本作「建法立制，彊國富人，是謂法家，管仲、商鞅是也。」鄭旻刻本則正之為「建法立制，彊國富人，是謂法家，管仲、商英是也。」又如〈釋爭第十二〉劉注，明刊本作「故行坐汲汲，不暇『指』車。」鄭旻刻本則正之為「故行坐汲汲，不暇『脂』車。」等等缺失予以訂正外，其它則大致相同。甚至連阮〈序〉、文〈題〉、宋〈記〉、王〈識〉之次序也都一致，只是最後增列鄭旻的〈跋〉而已。

七、明萬曆丁丑五年（1577）海岱李氏思益軒刊本，國立中央圖書館藏善本。卷首李〈識〉云：「顧海內乏善本，爰搆一帙，訂而繡諸梓，期與脩德者共，以之取友，以之檢身。」按：李荷雖未明言其搆置的版本為何，但由其書末附有鄭旻的〈跋〉，知其所據的版本當為鄭旻刻本無疑。又，國立中央圖書館藏善本的李氏思益軒刊本，卷上後附有明萬曆十二年（1581）劉元霖〈再刻人物志附題〉云：「志刻於相臺有年，版行既久，木腐字蝕，無當於觀，予從而新之。」按：劉元霖所指的「版行既久，木腐字蝕，無當於觀」，當指重刻於明隆慶六年（1572）的鄭旻刻本而言，加上劉元霖的〈再刻人物志附題〉附於李氏思益軒刊本中，可見，劉元霖刻本當亦有部分本於李氏思益軒刊本者。今李氏思益軒刊本及劉元霖刻本已合而為一、收於國立中央圖書館善本書室。

八、明萬曆十年（1582）胡氏兩京遺編本，國立中央圖書館藏善本，當源自明隆慶六年（1572）鄭旻刻本。因就《人物志》的文字內容而言，胡氏兩京遺編本除在脫文方面較為嚴重，誤植的情形也較多以外，其它則與鄭旻刻本完全相同。

九、明萬曆十年（1582）勾吳胡維新兩京遺編殘本，國立中央圖書館藏善本，它與胡氏兩京遺編本相較，除缺中卷（〈材能第五〉、〈利害第六〉、〈接識第七〉、〈英雄第八〉、〈八觀第九〉）外，其它則完全一致。可見，胡氏兩京遺編殘本，亦當源之於鄭旻刻本。

十、明萬曆二十年（1592）程榮漢魏叢書本，書中附有鄭旻〈跋〉及劉元霖〈再刻人物志附題〉，可見，程榮漢魏叢書本主要當源之於劉元霖本。此外，還受到明藍格鈔本、明胡氏兩京遺編本的影響。如，〈八觀第九〉劉注：藍格鈔本及程榮漢魏叢書本皆作「揚明『反』陋。」又如，〈效難第十一〉劉注：胡氏兩京遺編本及程榮漢魏叢書本皆作「旁求俊『又』。」當然，程榮漢魏叢書本亦有其發展。如，〈九徵第一〉正文：「兼德之人，更為美號」上，漏植正文「兼材之人，以德為自」八字。又，〈九徵第一〉正文：「兼德之人，更為美號」下，漏植劉注

「仁義禮智，得其一目」八字。又如，〈效難第十一〉劉注：「南箕不可以簸揚，『比』斗不可以挹酒漿。」（按：「比」字疑爲「北」的誤植，當正之。）

十一、明說海彙編本即稗海版重編本，國立中央圖書館藏書，爲無注本。說海彙編本當源之於明程榮漢魏叢書本，此可由以下諸例見出其端倪。（一）、說海彙編本與程榮漢魏叢書本皆將序〈人物志〉的「宋阮逸」誤植爲「晉阮逸」。（二）、〈九徵第一〉正文：「兼德之人，更爲美號」上，說海彙編本與程榮漢魏叢書本皆漏植正文「兼材之人，以德爲自」八字。（三）、〈七謬第十〉正文：「以巧飾爲眞實」，說海彙編本與程榮漢魏叢書本皆漏植句首的「或」字。（四）、〈材能第五〉王文：「伎倆之政，宜於治富，以之治貧，則勞而『不』困。」說海彙編本與程榮漢魏叢書本皆將「勞而下困」的「下」字，誤植爲「不」，當正之。

十二、明萬曆二十年（1592）、何允中重編武林何氏刊本配補清刊本漢魏叢書本即廣漢魏叢書本，國立中央圖書館藏。當源之於明說海彙編本，此可由以下諸例見出其端倪。（一）、同屬無注本。（二）、〈接識第七〉正文，廣漢魏叢書本與說海彙編本皆作「是以互相非駁，莫肯相『視』」。（按：「視」字疑爲「是」的誤植。）（三）、〈八觀第九〉正文，廣漢魏叢書本與說海彙編本皆作「何謂觀其聰『則』以知所達？」（按：「則」字疑爲「明」的誤植。）（四）、〈七謬第十〉正文，廣漢魏叢書本與說海彙編本皆作「夫順次，『長』度也。」（按：「長」字疑爲「常」的誤植。）（五）、〈釋爭第十二〉正文，廣漢魏叢書本與說海彙編本皆作「皆『有』內恕不足，外望不已。」（按：「有」字疑，爲「由」的設誤植。）

十三、明末葉刊評點疑亦原之於鄭旻刻本，惟該本另外擷取顧定芳刊本、明刊本、藍格鈔本、李氏思益軒刊本、說海彙編本、漢魏叢書本的精華，加上葉刊評點本校讎精細，故錯誤較少。此可由下列諸例見出其端倪。（一）、如，〈八觀第九〉劉注，鄭旻刻本誤作「愛則不施，何於仁之爲能？」葉刊評點本則正之爲「愛則不施，何仁之能爲？」（二）、又如，〈接識第七〉劉注，鄭旻刻本作「是以李兌塞●，而不能聽蘇秦之說。」「塞」字下疑有漏植。葉刊評點本則與顧定芳刊本、明刊本、藍格鈔本皆將本注文正之爲「是以李兌塞『耳』，而不能聽蘇秦之說。」（三）又如，〈流業第三〉正文，鄭旻刻本作：「有伎倆。」葉刊評點本則與李氏思益軒刊本、漢魏叢書本、說海彙編本皆將本正文正之爲「有『伎』倆。」

十四、清乾隆四十一年（1776）四庫全書本。據〈人物志提要〉云：「此本爲萬曆甲

申河間劉用霖所刊，蓋用隆慶壬申鄭旻舊版。」如則，四庫全書本當源之於明隆慶六年（1572）的鄭旻刻本。其實，四庫全書本除源之於鄭旻刻本外，尚受到李氏思益軒刊本、漢魏叢書本、廣漢魏叢書本的影響。此可由下列諸例見出其端倪。（一）、如〈效難第十一〉劉注，四庫全書本與李氏思益軒刊本皆作「情『愛』如此，誰能定之？」（按：「愛」字疑爲「變」的誤植。）

（二）、又如〈九徵第一〉正文：「兼德之人，更爲美號」上，四庫全書本與漢魏叢書本皆漏植正文「兼材之人，以德爲目」八字。又，〈九徵第一〉正文「兼德之人，更爲美號」下，四庫全書本與漢魏叢書本皆漏植劉注「仁義體智，得其一目」八字。（三）、又如：〈九徵第一〉正文，四庫全書本與廣漢魏叢書本皆作：「剛塞而弘毅。」（按：「弘」字以缺筆方式避清高宗愛新覺羅『弘』曆的名諱。）

十五、清乾隆五十六年（1791）王謨增訂漢魏叢書本當源之於程榮漢魏叢書本，此外，還受到說海彙編本的影響。此可由下列諸例見出其端倪。（一）、〈九徵第一〉正文：「兼德之人，更爲美號」上，增訂漢魏叢書本與漢魏叢書本皆漏植正文「兼材之人，以德爲目」八字。（二）、〈七謬第十〉正文，增訂漢魏叢書本與漢魏叢書本皆作「以巧飾爲眞實。」（按：本句句首疑漏植一「或」字。）

（三）、又如：〈材能第五〉正文，增訂漢魏叢書本與漢魏叢書本皆作「伎倆之政，宜於治富；以之治貧，則勞而『不』困。」（按：「不」字疑爲「下」的誤植。）（四）、又如：〈接識第七〉正文，增訂漢魏叢書本與說海彙編本皆作「是以互相非駁，莫肯相『視』。」（按：「視」字疑爲「是」的誤植。）（五）、又如：〈七謬第十〉正文，增訂漢魏叢書本與說海彙編本皆作「夫順次『長』度也。」（按：「長」字疑爲「常」的誤植。）（六）、又如〈釋爭第十二〉正文，增訂漢魏叢書本與說海彙編本皆作「皆『有』內恕不足，外望不已。」（按：「有」字疑爲「由」的誤植。）

十六、清嘉慶十四年（1809）張海鵬纂輯墨海金壺本目錄後附有〈人物志提要〉，可見墨海金壺本亦當源之於鄭旻刻本，惟該本不論正文或劉注，脫文的現象，頗爲嚴重。此外，墨海金壺本還受到李氏思益軒刊本、增訂漢魏叢書本、說海彙編本的影響。此可由下列諸例見出其端倪。（一）、如〈效難第十一〉劉注，墨海金壺本與李氏思益軒刊本皆作「情『愛』如此，誰能定之？」（按：「愛」字疑爲「變」的樹直。）（二）、又如〈九徵第一〉正文，墨海金壺本與增訂漢魏叢書本與皆作「情性之理，甚微而『元』。」（按：「元」字疑以易字方式避清聖祖愛新覺羅玄燁的名諱。）（三）、又如：〈效難第十一〉劉注，

墨海金壺本與說海彙編本皆作「『下』和非因匠，所以抱璞泣。」（按：「下」字疑爲「卞」的誤植。）

十七、清光緒五年（1879）畿輔叢書本，除了〈體別第二〉劉注：「謂之質也，理不縵『素』。」畿輔叢書本將「素」字誤權爲「索」，墨海金壺本作「謂之質也，理不縵『素』。」另外，墨海金壺本的脫文現象較畿輔叢書本嚴重以外，其它各方面，畿輔叢書本與墨海金壺本則完全一致。

十八、民國鄭國勳龍谿精舍本書中鈐有「用守山閣本參中州彭氏本刊」長方印，可見龍谿精舍本當源之於守山閣本及中州彭氏本。由於未能蒐集到守山閣本及中州彭氏本，因而無法加以評論精舍本與守山閣本及中州彭氏本的關係。惟綜觀龍谿精舍本於版本方面存在的現象及實例，可以推知，龍谿精舍本主要亦當源之於鄭旻刻本，此外，還受到增訂漢魏叢書本、畿輔叢書本、墨海金壺本的影響。此可由下列諸例見出其端倪。（一）、如〈九徵第一〉正文，龍谿精舍本與增訂漢魏叢書本皆作「情性之理，甚微而『元』。」（按：「元」字疑以易字方式避清聖祖愛新覺羅玄燁的名諱。）（二）、又如：〈八觀第九〉劉注，龍谿精舍本與墨海金壺本皆作「爲有力者譽，烏獲其心莫不『折』焉。」（按：「折」字疑爲「忻」的誤植。）（三）、又如：〈體別第二〉劉注，龍谿精舍本及畿輔叢書本皆作「理不縵『索』。」（按：「索」字疑爲「素」的誤植。）

十九、中華書局據金臺本校刊的四部備要本，除了〈九徵第一〉正文，四部備要本：「故偏至之材以自名。」墨海金壺本作「故偏至之材以『材』自名。」不同以外，其它各方面，四部備要本與墨海金壺本則完全一致。

二十、上述十八種版本，其中雖有鈔刻之異，大抵而言，都源自於儼山伯抄本，惟儼山伯抄本已佚。目前存在最早的版本爲顧定芳刊本，其它各本，皆以顧定芳刊本爲底本，而略有變化。其中，說海彙編本、廣漢魏叢書本及增訂漢魏叢書本皆爲無注本，以眞定梁夢龍刊本、葉刊評點本版本較佳。墨海金壺本、四部備要本脫文最爲嚴重。

# 第四章　劉邵撰著《人物志》的緣由

　　《人物志》爲三國時期重要思想家、政治家劉邵對於我國古代文化奉獻的一顆璀璨明珠。全書分三卷十二篇，詳細分析人品稟賦的先天殊異，精闢闡述人的內藏器度及外觀風貌的關聯，對於如何由人的外在表現，認識其內在品德、才智以及適宜的職分等問題，都提出卓越的見解，是我國科舉制度產生前，長期實行察舉制的理論總結，也是華夏文明史上唯一流傳下來的一部鑽研知人、用人的專著。〔註1〕江建俊說：「夫思想之成長，必以環境、歷史爲背景，加以一己的深思熟慮，參會有得，非玄思冥想所能至也。」〔註2〕王曉毅對於劉邵撰寫《人物志》的情形分析說：「它的建立與當時的歷史背景及劉邵的個人條件息息相關。」〔註3〕仔細分析《人物志》的產生有其歷史與現實及劉邵的豐富學養等因素。先秦以來，不少典籍已十分重視對人的道德、性情的認識，《論語》、《孟子》、《莊子》、《老子》、《呂氏春秋》、《大戴禮記》、《論衡》⋯⋯中都有這類的論述。觀察人物的方法途徑，在上述論著中也都有涉及，比如孟子就主張通過觀察人的眼睛瞭解一個人。兩漢的時代，爲察舉選官的實際需要，人物道德性情的修養也就成爲選擇人材的標準。東漢以後，隨著察舉選官的沒落，以及儒家思想的衰微，本來內在的道德修養變成外在的修飾，人物多華而不實。於是由漢末到三國，在人物品評方面，便把材能看重在道德之上，衡量人物的標準，從道德倫理轉爲材能性情。劉邵即在這一背景下撰著《人物志》。他除繼承東漢以來品鑒人物的風氣，以及適應「九品中正制」量材授官的現實需要，總結前人有關考核、鑒定人物的思想理

---

〔註1〕鄭玉光，《知人善任的奧秘——劉邵人物志研究譯注》——《人物志》簡介（太原：山西人民出版社，1982 年）。

〔註2〕江建俊，《漢末人倫鑑識術之總理則——劉邵人物志研究》（臺北：文史哲出版社，中華民國 72 年），頁 30。

〔註3〕王曉毅，《中國古代人才鑒識術——人物志譯注與研究》（長春：吉林文史出版社，1994 年），頁 3。

論和實踐經驗，並吸收當時的研究成果以外，還加上自己的豐富學養，試圖從人物的外表語言、體貌、行爲到內在的材質等方面的特徵，以考察人物的材能、性情。〔註4〕茲將劉邵撰著《人物志》的緣由，詳述如下：

# 第一節　經學地位的沉淪

《漢書・董仲舒傳》：「臣愚以爲諸不在六藝之科，孔子之術者，皆絕其道，勿使並進。邪辟之說滅息，然後統紀可一、而法度可明，民知所從矣。」〔註5〕《漢書・武帝紀》贊說：「孝武初立，卓然罷黜百家，表章六經。」〔註6〕可見，漢自董仲舒向武帝倡議罷黜百家，表章六經，定儒學於一尊後，經學即成爲顯學，地位崇隆，儒術成爲讀書人進身唯一的途徑。錢穆說：

> 在漢代，政府用人必以讀書人爲條件，讀書必以通經爲條件，非讀書
> 通經即不得從政。此在孔孟時期，可謂僅存有此一理想，而到漢代，卻已
> 眞在制度上實現了。政教合一、政治上的人物即是學術上的人物。〔註7〕

在孔孟時期，「學而優則仕」是一種理想，但沒有形成一種制度。到了漢代，政府用人必以讀書人爲條件，讀書必以通經爲條件，非通經不得從政。只是學術一與政治結合，多少會變質。兩漢之際，原始儒學重視禮樂教化，人倫踐履的深層意義日漸消失，而穿鑿附會之說則日愈增多。詳究經學變質的原因，大致而言有下列三個：

## 一、章句之學僵化經學生氣

歷代當權的君主王侯，常因自己的好惡忌諱，或爲便於統治控制，而禁絕特定書籍。史上首次大規模的禁絕書籍，爲秦始皇的焚書。西元前213年，李斯倡議：

> 史宮非秦記皆燒之。非博士官所職，天下敢有藏《詩》、《書》、百家
> 語者，悉詣守、尉雜燒之，有敢偶語《詩》、《書》者棄市，以古非今者族，
> 吏見知不舉者與同罪，令下三十日不燒，黥爲城旦。所不去者，醫藥、卜
> 筮、種樹之書。〔註8〕

秦始皇爲控制百姓的思想，從李斯的建議，除了保留醫藥、卜筮、種樹一些書以

---

〔註4〕王玫，《人物志》評注〈前言〉（北京：紅旗出版社，1996年），頁2～3。
〔註5〕漢・班固，《漢書・董仲舒傳》（臺北：洪氏出版社，中華民國64年），頁2523。
〔註6〕漢・班固，《漢書・武帝紀》（臺北：洪氏出版社，中華民國64年），頁212。
〔註7〕錢穆，《中華學術思想史論叢（三）》〈略述劉邵人物志〉（臺北：東大圖書公司，中華民國66年），頁105。
〔註8〕漢・司馬遷，《史記・秦始皇本紀》（臺北：鼎文書局，中華民國64年），頁255。

外，命令天下，把《詩》、《書》、百家語全部送到守、尉那裡加以燒燬。而當時留集宮中之書，又為項羽入咸陽時所燬，經籍於是化為灰燼。及至漢惠帝四年（西元前 191 年）方除挾書律。成帝建始三年（西元前 26 年）、使謁者陳農求遺書於天下。〔註9〕而此時距秦火之劫，已經有一八七年，經書幾乎滅絕。因此，漢儒皆致力於經書的考據整理，章句分析。此在始皇焚書之後的文化遭難時代，固然有其必要，但若將全部精力投注於分析文字，馳逐章句上面，其結果必定把經學的本來面目弄得支離破碎，了無生氣。因此，劉歆在〈移書讓太常博士〉中，針對這一個弊端提出批評說：

> 往者緻學之士不思廢絕之闕，苟因陋就寡，分析文字，煩言碎辭，學者罷老且不能究其一藝。信口說而背傳記，是末師而非往古。至於國家將有大事，若立辟雍封禪巡授之儀，則幽冥而莫知其源。〔註10〕

班固也批評說：

> 古之學者耕且養，三年而通一藝，存其大體，玩經文而已，是故用日少而蓄德多，三十而五經立也。後世經傳既已乖離，博學者又不思博學闕疑之義，而務碎義逃難，便辭巧說，破壞形體；說五字之文，至於二三萬言，後進彌以馳逐，故幼童而守一藝，白首而後能言；安其所習，毀所不見，終以自蔽。此學者之大患也。〔註11〕

漢儒因陋就寡，分析文字，煩言碎辭，務碎義逃難，使辭巧說，破壞形體，說五字之文，至於二三萬言，因此，罷老且不能究其一藝，安其所習，毀所不見，終以自蔽，此學者之大患也，而經學的生氣也隨著奄奄一息。

## 二、後進彌以馳逐利祿之路

　　漢儒研究經學的方法固然不對，而「後進彌以馳進」的關鍵，則在於獵取官職，追逐「祿利」。《漢書・儒林傳》贊說：

> 自武帝立五經博士，開弟子員，設科射策，勸以官祿，訖於元始，百

---

〔註9〕《漢書・藝文志》說：「昔仲尼沒而微言絕，七十子喪而大義乖。故《春秋》分為五、《詩》分為四、《易》有數家之傳。戰國從橫，真偽分爭，諸子之言紛然散亂。至秦患之，乃燔滅文章，以愚黔首。漢興，改秦之敗，大收篇籍，廣開獻書之路。迄孝武世，書缺簡脫，禮崩樂壞，聖上喟然而稱曰：『朕甚閔焉！』於是建藏書之策，置寫書之官，下及諸子傳說，皆充秘府。至成帝時，以書頗散亡，使謁者陳農求遺書於天下。」（漢・班固，《漢書・藝文志》（臺北：洪氏出版社，中華民國 64 年），頁1701。

〔註10〕漢・班固，《漢書・楚元王傳》（臺北：洪氏出版社，中華民國 64 年），頁 1970。

〔註11〕漢・班固，《漢書・藝文志》（臺北：洪氏出版社，中華民國 64 年），頁 1723。

> 有餘年，傳業者寢盛，支葉蕃滋。一經說至百餘萬言，大師眾至千餘人，
> 蓋祿利之路然也。〔註12〕

漢武帝建元五年（西元前 136 年）置五經博士，立於學官，家法隨之產生。如《易》有施讎、孟喜、梁丘賀、京房四家，而同出於田氏；《書》有歐陽生、大夏侯勝、小夏侯建三家，而同出於伏勝；《詩》有魯申公、齊轅固、韓韓嬰三家；《禮》惟《儀禮》，有大戴德、小戴聖、慶普三家，而皆爲后倉所授，即同出於高堂生；《春秋》有《公羊傳》，《公羊》有嚴彭祖、顏安樂二家，而同出於胡母生、董仲舒。各家家法深嚴，章句不一用以教授弟子，獵取官職。西漢末年，古文經傳出。今古文之爭尤烈，門戶之見更深，各持己說，互相牴排。此種畫地自限的作法，使漢儒的思想更形僵固，只知拘泥於文字的考據，而不求甚解。但「祿利」之所在，漢儒仍趨之若鶩。

## 三、陰陽災異參入六經之中

錢穆說：

> 漢之經學，自申公魯詩穀梁而外；惟高堂生傳禮亦魯學。其他如伏生尚書，如齊韓詩，如公羊春秋，及諸家言易，大抵皆出齊學，莫勿以陰陽災異推論時事，所謂通經致用是也。漢人通經本以致用，所謂以儒述緣飾吏治，而其立論則本於陰陽及春秋。陰陽據天意，春秋本人事，一尊天以爭，一引古以爭。非此不足以折服人主而自伸其說，非此不足以居高位而自安。〔註13〕

「以儒術緣飾吏治」，「以陰陽災異推論時事」，本爲儒學發展中的逆境，也是儒者的無奈。但「非此不足以折服人主而自伸其說」，「非此不足以居高位而自安。」漢儒之中，固有出賣靈魂如「曲世阿學」的公孫弘者〔註14〕，及因「祿利」而馳進的儒生如蔡義、韋賢、玄成、匡衡、張禹、翟方進、孔光、平當、馬宮及平晏者〔註15〕，但也有具理想、懷抱負如董仲舒者，不可一概而論。董仲舒〈賢良對策〉：

---

〔註12〕漢・班固；《漢書・儒林傳》（臺北：洪氏出版社，中華民國 64 年），頁 3620。

〔註13〕錢穆，《兩漢經學今古文平議・兩漢博士家法考》（臺北：東大圖書有限公司，中華民國 72 年），頁 199～200。

〔註14〕《史記・儒林列傳》說：「今上初即位，復以賢良徵固。諸諛儒多疾毀固，曰：『固老。』時固已九十餘矣。固之徵也，薛人公孫弘亦徵，側目而視固。固曰：「公孫子，務正學以言，無曲學以阿世。」自是之後，齊言詩皆本轅固生也。」（漢・司馬遷，《史記・儒林列傳》（臺北：鼎文書局，中華民國 64 年），頁 3123～3124）。

〔註15〕《漢書・匡張孔馬傳》贊說：「自孝武興學，公孫弘以儒相，其後蔡義、韋賢、玄成、匡衡、張禹、翟方進、孔光、平當、馬宮、及當子晏成以儒宗居宰相位，服儒衣冠，傳先王語，其蘊藉可也，然皆持祿保立，被阿諛之譏。」（漢・班固，《漢書・匡張孔馬傳》（臺北：洪氏出版社，中華民國 64 年），頁 3366。

臣謹案《春秋》之中，視前世己行之事，以觀天人相與之際，甚可
畏也。國家將有失道之敗，而天乃先出災害以譴之，不知自省，又出怪
異以警懼之，尚不知變，而傷敗乃至。以此見天心之仁愛仁君而欲止其
亂也。〔註16〕

可見，董仲舒言災異的初衷，係借陰陽五行、天人感應之說以制止君權獨大。但也
因而造成圖讖之說的大興，更甚而反爲有心之士所利用。《漢書‧王莽傳》：

前煇光謝囂奏武功長孟通浚井得白石，上圓下方，有丹書著石，文曰：
「告安漢公莽爲皇帝」。符命之起，自此始矣。〔註17〕

指出王莽利用符命之說以取天下。哀平年間，徵試博士時，以災異對策者，輒得高
第；光武因符錄受命，所以用人行政，每好取決於讖，光武帝中元元年（56）、復宣
布圖讖於天下，於是圖讖之學成爲當世顯學。因此，張衡乃上疏批評圖讖非聖人之
言，他說：

立言於前，有徵於後，故智者貴焉，謂之讖書。讖書始出，蓋知之
者寡。自漢取秦，用兵力戰，功成業遂，可謂大事，當此之時，莫或稱
讖。若夏侯勝、眭孟之徒，以道術立名，其所述者，無讖一言。劉向父
子領校祕書，閱定九流，亦無讖錄。成、哀之後，乃始聞之。《尚書》堯
使鯀理洪水，九載績用不成，鯀則殛死，禹乃嗣興。而《春秋》讖云「共
工理水」。凡讖皆云黃帝伐蚩尤，而《詩》讖獨以爲「蚩尤敗，然後堯受
命」。《春秋元命包》中有公輸般與墨翟，事見戰國，非春秋時也。又言
「別有益州」。益州之置，在於漢世。其名三輔諸陵，世數可知。至於圖
中訖於成帝。一卷之書，互異數事，聖人之言，詎無若是。殆必虛僞之
徒，以要世取資。〔註18〕

可見，讖緯之興，成、哀之後乃始聞之，起於虛僞之徒，以要世取資。《隋書‧經
籍志》：

王莽好符命，光武以圖讖興，遂盛行於世。漢時，又詔東平王蒼，正
五經章句，皆命從讖。俗儒趨時，益爲其學，篇卷第目，轉加增廣。言五
經者皆憑讖爲說。〔註19〕

---

〔註16〕漢‧班固，《漢書‧董仲舒傳》（臺北：洪氏出版社，中華民國64年），頁2498。

〔註17〕漢‧班固，《漢書‧王莽傳》（臺北：洪氏出版社，中華民國64年），頁4078～4079。

〔註18〕宋‧范曄，《後漢書‧張衡傳》（臺北：鼎文書局，中華民國64年），頁1912。

〔註19〕楊家駱，《新校本隋書附索引二‧志第二十七‧經籍一》（臺北：鼎文書局，中華民國
67年），頁941。

由於王莽好符命，光武以圖纖興，遂盛行於世。俗儒趨時，益爲其學。從此，經學籠罩迷信的色彩，原義不存。部分漢末儒者面對經學此種崇尚分析文字，附會神異的風氣日感厭惡。於是漸趨向義理的討論，而開游談之風。《後漢書・儒林列傳》：

> 本初元年，梁太后詔曰：「大將軍下至六百石，悉遣子就學，每歲則於鄉射月一饗會之，以此爲常。」自是游學增盛，至三餘萬生。然章句漸失，而多以浮華相尚，儒者之風蓋衰矣。〔註20〕

所謂「浮華相尚」指流於清談而言。從清談中，個人的意識漸漸覺醒，內在的自我漸漸浮現。這種重視自我的發現，促使思想的解放及精神之自由。劉劭身處經學地位沉淪，「浮華相尚」的學術風尚轉型期，自覺的捨棄僵化附益的經學，而崇尚自由的「清談」〔註21〕，以議論個人特殊之質性與才能，而《人物志》所以「重殊重內」，乃受清談風氣的影響。〔註22〕

# 第二節　漢末政治的敗壞

東漢自和帝以來，皇帝都沖齡踐祚，如和帝十歲即皇帝位〔註23〕，殤帝誕育百餘日即皇帝位〔註24〕，安帝十三歲即皇帝位〔註25〕，順帝十一歲即皇帝位〔註26〕，

---

〔註20〕宋・范曄，《後漢書・儒林列傳》（臺北：鼎文書局，中華民國64年），頁2547。

〔註21〕〈劉劭傳〉說：「時詔書博求眾賢。散騎侍郎夏侯惠薦劭曰：『……臣數聽其清談，覽其篤論。』」（晉・陳壽，《三國志・劉劭傳》（臺北：洪氏出版社，中華民國64年），頁619。

〔註22〕林麗眞說：「劉劭寫作《人物志》，未必只求實用上的滿足，還對內在於人格本身的性情發生了品鑑的興趣。這個『重內』的傾向，發展到正始以後，就逐漸走向純才性名理—鑑賞人物風格情韻，探索人物情、理、才、性一的路子了。……劉劭對各類人格的優略短長敘述得如此詳盡，表示他所注重的，是『人各有長』的特殊才質，而不是『人皆有之』的普遍性情。這種「重殊」的品鑑態度，與《世說新語》的品藻、識鑒、賞養等篇所表現的，實在相當接近。」（林麗眞，《魏晉清談主題之研究》（國立台灣大學中文研究所博士論文，中華民國67年），頁218～220。

〔註23〕《後漢書・孝和帝紀》說：「章和二年二月壬辰，即皇帝位，年十歲。」（宋・范曄，《後漢書・孝和帝紀》，臺北：鼎文書局，中華民國64年），頁165。

〔註24〕《後漢書・孝殤帝紀》說：「孝殤皇帝諱隆，和帝少子也。元興元年十二月辛未夜，即皇帝位，時誕育百餘日。」（宋・范曄，《後漢書・孝和帝紀》，臺北：鼎文書局，中華民國64年），頁195。

〔註25〕《後漢書・孝安帝紀》說：「即皇帝位，年十三。」（宋・范曄，《後漢書・孝和帝紀》，臺北：鼎文書局，中華民國64年），頁204。

〔註26〕《後漢書・孝順帝紀》說：「即皇帝位，年十一。」（宋・范曄，《後漢書・孝和帝紀》，臺北：鼎文書局，中華民國64年），頁249。

沖帝二歲即皇帝位〔註 27〕，質帝八歲即皇帝位〔註 28〕，桓帝年十五歲即皇帝位〔註 29〕，靈帝十二歲即皇帝位〔註 30〕。母后臨朝，外戚宦官竊政，夷狄內侵，天災流行，郡縣貪殘，盜賊四起，無時不然，政局腐敗不堪。李源澄說：

> 以外患而論，前期則西羌之禍，後期則烏桓、鮮卑。以君主而論，前
> 期惟是庸弱，後期則爲暴虐。以外戚宦官而論，前期之惡亦不如後期之甚。
> 其餘如盜賊污吏，皆後加於前，民生之疾苦，亦後加於前，從可知也。黨
> 錮之禍，惟後期有之，前後之分期，以梁冀爲斷，而梁冀之專政，在順帝
> 末年，故以順帝爲前期之終，而梁冀之事則述之於後。〔註31〕

李源澄認爲，東漢政治敗壞的深淺以梁冀爲分界，後期尤惡化於前期。順帝以前的皇帝惟是庸弱，後期則暴虐；以外戚宦官而論，前期之惡亦不如後期之甚；其餘如盜賊污吏，皆後加於前。因此，政局焉有不亂，國祚焉有不斷之理。《後漢書‧和帝紀》：

> 自中興以後，逮于永元，雖頗有馳張，而俱存不擾，是以齊民歲增，
> 闢土世廣。偏師出塞，則漠北地空；都護西指，則通譯四萬。〔註32〕

「偏師出塞，則漠北地空」，指和帝永元元年（89）、竇憲大破北匈奴，勒石燕南山而還。「都護西指，則通譯四萬」，指永元六年（94）、西域都護班超定焉耆，西域五十餘國皆內屬。是時，雖頗有張馳，而俱存不擾，是以齊民歲增，闢土世廣。元興元年（105）、和帝崩，太子隆即位，是爲殤帝。當時，殤帝才誕育百餘日，因此，尊皇后爲皇太后。鄧太后臨朝，以兄騭爲車騎將軍儀同三司，殤帝立一年崩，騭與太后定策立安帝，章帝孫清河王慶之子，時年十三歲。太后臨朝，經安帝永初七年，元初六年，永寧一年，建光元年，而鄧后崩。《後漢書‧鄧皇后紀》

> 自太后臨朝，水旱十載，四夷外侵，盜賊內起。每聞人飢，或達旦不
> 寐，而躬自減徹，以救災厄，故天下復平，歲還豐穰。〔註33〕

---

〔註27〕《後漢書‧孝沖帝紀》說：「即帝位，年二歲。」（宋‧范曄，《後漢書‧孝和帝紀》，
　　　　臺北：鼎文書局，中華民國 64 年），頁 275。

〔註28〕《後漢書‧孝質帝紀》說：「即皇帝位，年八歲。」（宋‧范曄，《後漢書‧孝和帝紀》，
　　　　臺北：鼎文書局，中華民國 64 年），頁 277。

〔註29〕《後漢書‧孝桓帝紀》說：「即皇帝位，時年十五。」（宋‧范曄，《後漢書‧孝和帝
　　　　紀》，臺北：鼎文書局，中華民國 64 年），頁 287。

〔註30〕《後漢書‧孝靈帝紀》說：「即皇帝位，年十二。」（宋‧范曄，《後漢書‧孝和帝紀》，
　　　　臺北：鼎文書局，中華民國 64 年），頁 328。

〔註31〕李源澄，《秦漢史》（臺北：臺灣商務印書館，中華民國 56 年），頁 127。

〔註32〕宋‧范曄，《後漢書‧孝和帝紀》（臺北：鼎文書局，中華民國 64 年），頁 195。

〔註33〕宋‧范曄，《後漢書‧鄧皇后紀》（臺北：鼎文書局，中華民國 64 年），頁 425。

鄧太后臨朝期間，雖遇十載水旱，諸姜復叛，南匈奴反，烏桓鮮卑入寇，日本東夷叛，盜賊四起，然由於太后每聞人飢，或達旦不寐，而躬自減徹，以救災厄，故天下復平，歲還豐穰。延光四年（125）安帝崩，順帝即位，時年十一。順帝以孫程等得立爲帝，而宦者之勢在順帝朝末至猖獗者，以孫程猶能保護善人，抑制同類，而虞詡、左雄輩皆不畏強權，敢抗顏直諫。另外，順帝朝在用人方式上，雖然存在直接依靠權勢和金錢進入仕途之弊，但鯁介之士都能仗義執言。《後漢書·种嵩傳》：

> 時河南尹田歆外錫王諶，名知人。歆謂之曰：「今當舉六孝廉，多得貴戚書命，不宜相遠，欲自用一明士以報國家，爾助我求之。」〔註34〕

河南尹田歆有六孝廉名額待舉，在貴戚的壓力下，其中五名不依正途而走後門。但他的天良未泯，欲自用一明士以報國家，請善知人的王諶爲他推薦。又如《後漢書·陳球傳》：

> 球少涉儒學，善律令。陽嘉中，舉孝廉，稍遷繁陽令。時魏郡太守諷縣求納貨賄，球不與之，太守怒而櫚督郵，欲令逐球。督郵不肯，曰：「魏郡十五城，獨繁陽令有異政，今受命逐之，將致議於天下矣。」太守乃止。〔註35〕

魏郡太守向陳球索納貨賄，球不與之，怒而櫚督郵，欲令逐球。但督郵不肯，因爲魏郡十五城獨繁陽有異政，若受命逐之，將致議於天下，太守乃止。李源澄又說：

> 歷世中主常多使無大故，故得維持少頃之安者，以開國之主多有善制以遺子孫，子孫非大無道不敢擅變祖制，又經訓深入人心，隱然爲上下之楷模，而所與共治者則爲士大夫，非昏亂之世，循規蹈矩可以坐致富貴，亦何必倒行逆施，此庸主庸臣而得維持於一時者也。〔註36〕

東漢歷代中主所以能維持少頃之安的主要原因，在於開國之主多有善制以遺子孫，又經訓深入人心，隱然爲上下的楷模，加上參與共治者爲士大夫而非宦官，因此，雖然只是庸主庸臣，卻能維持國祚於不墜。

東漢政局的動盪不安，開始於順帝重用梁冀以後。順帝以梁冀代父商爲大將軍，冀弟侍中不疑爲河南尹，順帝於建康元年（144）崩，沖帝尚在襁褓，尊梁后爲皇太后。太后臨朝，詔冀與太傅峻、太尉李固參錄尚書事，沖帝立一年（永嘉元年，145）崩。冀與太后定策迎立質帝，質帝少而聰慧，知冀驕橫，嘗朝群臣，目冀說，此跋扈將軍也。冀聞而惡之，遂令左右進鴆而加煮餅，帝即日崩，在位一年（本初元年，

---

〔註34〕宋·范曄，《後漢書·种嵩傳》（臺北：鼎文書局，中華民國64年），頁1826。
〔註35〕宋·范曄，《後漢書·种嵩傳》（臺北：鼎文書局，中華民國64年），頁1831。
〔註36〕李源澄，《秦漢史》（臺北：臺灣商務印書館，中華民國59年），頁127～128。

146）。議立嗣君，李固、杜喬等欲立清河王，曹騰與清河王有隙，乃勸梁冀立蠡吾侯，是為桓帝，而枉害李固及杜喬，海內嗟懼。李源澄又說：

> 李固、杜喬皆當世名德，群士響望，梁冀殺之，所以激動人心者甚大，憤疾之情積於中，而呼號怨讟之聲盈於耳，激濁揚清，發憤快志，則成黨錮之禍，傷天道之未厭亂，慟衰世之不能挽，失望之餘，歸於無為，則成遁世之人。兩者皆有激而然，士大夫之用心如此，而天下不可挽也。〔註37〕

梁冀之惡為西漢開國以來所未有，竇憲之專橫，於袁安、任隗尚不敢害。當冀之收李固下獄時，固的門生勃海王調貫械上書，證固之枉，河內趙承等數十人亦要鈇鑕詣闕上書，太后詔放之。及出獄，京師市里皆稱萬歲。冀大驚，畏固名德終為己害，乃更奏前事，遂誅之，時年五十四。臨命，與胡廣、趙戒書曰，因受國厚恩，是以竭其股肱，不顧死亡，志欲扶持王室，比隆文宣。何圖一朝梁氏迷謬，公等曲從，以吉為凶，成事為敗乎？漢家衰微，從此始矣。公等受主厚祿，顛而不扶，傾覆大事，後之良史，豈有所私？固身已矣，於義得矣，夫復何言！廣、戒得書悲慚，皆長歎流涕。冀暴固、喬屍於城北四衢，令有敢臨者加其罪。固弟子汝南郭亮，年始成童，遊學洛陽，左提章鈇，右秉鈇鑕，詣闕上書，乞收固屍。不許，因往臨哭，陳辭於前，遂守喪不去。夏門亭長呵之說，李、杜二公為大臣，不能安上納忠，而興造無端。卿曹何等腐生，公犯詔書，干試有司乎？亮說，亮含陰陽以生，載乾履坤。義之所動，豈知性命，何以死相懼？亭長歎說，居非命之世，天高不敢不跼，地厚不敢不蹐。耳目適宜視聽，口不可以妄言。太后聞而不誅。南陽董班亦往哭固，而殉屍不肯去。太后憐之，乃聽得遂殯歸葬。二人由此顯名，三公並辟。董班於是隱身，莫知所歸。〔註38〕

元嘉元年（151），桓帝以冀有迎立之功，欲崇殊典，乃大會公卿，共議其禮。於是有司奏冀入朝不趨，劍履上殿，謁讚不名，禮儀比蕭何；悉以定陶、成陽餘戶增封為四縣，比鄧禹；賞賜金錢、奴婢、綵帛、車馬、衣服、甲第，比霍光，以殊元勳。每朝會，與三公絕席。十日一入，平尚書事。宣布天下，為萬世法。冀猶以所奏禮薄，意不悅。專擅威柄，凶恣日積，機事大小，莫不諮決之。宮衛近侍，並所親樹，禁省起居，纖微必知。百官遷召，皆先到冀門牋檄謝恩，然後敢詣尚書。鴆殺吳樹，腰斬侯猛，笞袁著，辱劉常，殺胡武，誅武家，死者六十餘人，冀的殘暴忍忌，由此可見。〔註39〕

〔註37〕李源澄，《秦漢史》（臺北：臺灣商務印書館，中華民國59年），頁139。
〔註38〕梁冀迫害李固、杜喬事蹟參考宋・范曄，《後漢書》〈梁冀傳〉、〈李固傳〉、〈杜喬傳〉（臺北：鼎文書局，中華民國64年）。
〔註39〕桓帝禮遇梁冀及梁冀的陰狠事蹟參考，宋・范曄，《後漢書・梁冀傳》（臺北：鼎文書

　　梁冀既專橫，天子拱己而無所親豫。桓帝心不能平，延熹二年（159）、與中常侍單超、具瑗、唐衡、左悺、徐璜五人謀議誅冀，帝齧超臂出血爲盟。於是詔收冀及宗親黨與悉誅之。悺、衡遷中常侍，封超新豐侯，各萬三千戶，賜錢各千三百萬。五人同日封，故世謂之「五侯」。又封小黃門劉普、趙忠、等八人爲鄉侯。自是權歸宦官，朝廷日亂。單超先卒，其後四侯轉橫，天下爲之語說，左回天，具獨坐，徐臥虎，唐兩墮。四人皆競起第宅，樓觀壯麗，窮極技巧。金銀罽眊，施於犬馬。多娶良人美女以爲姬妾，皆珍飾華侈，擬則宮人。其僕從皆乘牛車而從列騎。又養其疏屬，或乞嗣異姓，或買蒼頭爲子，並以傳國襲封。兄弟姻戚皆宰州臨都，辜較百姓，與盜賊無異。超弟安爲河東太守，弟子匡爲濟陰太守，璜弟盛爲河內太守，悺弟敏爲陳留太守，瑗兄恭爲沛相，皆爲所在蠹害。五侯宗族賓客虐遍天下，民不堪命，起爲寇賊。〔註40〕自梁冀以來，人心已憤憤不平，而宦豎亂政，荼毒海內尤甚於外戚，忠義之士，志清君側，黨錮之禍因此形成。桓帝延熹九年（166）、捕李膺、杜密等黨人二百餘人下獄，黨錮之獄起。梁冀既誅，天下望治，黃瓊首居公位（太尉）、舉奏州郡素行貪汙至死徙者十餘人。尋而五侯擅權，傾動內外，自度力不能匡，乃稱疾不起〔註41〕。另外，太常趙典舉有道。或勸郭林宗仕進者，對曰，吾夜觀乾象，晝察人事，天之所廢，不可支也，遂並不應〔註42〕。漢末時勢之不可爲，識者固已知之。

　　桓帝於永康元年（167）崩，無子，皇太后與父城門校尉竇武定策禁中，立解瀆亭侯，是爲靈帝。拜皇太后父竇武爲大將軍，改元建寧。以前太尉陳蕃爲太傅，與竇武及司徒胡廣參錄尙書事，天下莫不延頸望治。陳蕃深知宦官之害，企除之。建寧元年（168）、陳蕃、竇武謀誅宦官，但事敗見殺。建寧二年（169）、復治鉤黨，殺李膺等百人。范曄論陳蕃說：

　　　　桓、靈之世，若陳蕃之徒，咸能樹立風聲，抗論惛俗。而驅馳險阨之中，與刑人腐夫同朝爭衡，終取滅亡之禍者，彼非不能絜情志，違埃霧也。愍夫世士以離俗爲高，而人倫莫相恤也。以遯世爲非義，故屢退而不去；以仁心爲己任，雖道遠而彌屬。及遭際會，協策竇武，自謂萬世一遇也。懍懍乎伊、望之業矣。功雖不終，然其信義足以攜持民心。漢世亂而不亡者，百餘年間，數公之力也。〔註43〕

　　　　局，中華民國 64 年）。
〔註40〕桓帝與中常侍單超、具瑗、唐衡、左悺、徐璜等五人成謀誅冀及宦者的惡行惡狀參考宋·范曄，《後漢書》〈梁冀傳〉、〈宦者傳〉（臺北：鼎文書局，中華民國 64 年）。
〔註41〕宋·范曄，《後漢書·黃瓊傳》（臺北：鼎文書局，中華民國 64 年）。
〔註42〕宋·范曄，《後漢書·郭太列傳》（臺北：鼎文書局，中華民國 64 年）。
〔註43〕宋·范曄，《後漢書·陳蕃傳》（臺北：鼎文書局，中華民國 64 年），頁 2171。

靈帝不但昏暴，且公開賣宮闈爵，民心焉有不悖？國祚焉能不亡？《後漢書・孝靈帝紀》：

> 是歲（光和元年，178）、初開西邸賣官，自關內侯、虎賁、羽林，入錢各有差。私令左右賣公卿，公千萬，卿五百萬。〔註44〕

另外，《山陽公載記》也說：

> 時賣官，二千二石二千萬，四百石四百萬，其以德次應選者半之，或三分之一、於西園立庫以貯之。〔註45〕

如名士崔烈以半價五百萬買得司徒〔註46〕，宦官曹騰的養子曹嵩家極富饒，買太尉出錢一萬萬，比定價貴十倍〔註47〕。靈帝光和元年（178）置鴻都門學，畫孔子及七十二弟子像。其諸生皆敕州郡三公舉用辟召，或出為刺史、太守，入為尚書、侍中，甚至有封侯賜爵者，士君子皆恥與為列。〔註48〕中平元年（184）、黃巾賊起。六年（189）四月，帝崩。而宦官之害已極，袁紹等起而誅之，於是大權又移到強臣董卓、曹操手中。之後，發展為三國爭雄，逐鹿中原，戰無寧日，天下大亂，朝代更替的局面。對於漢朝所以丟掉江山的原因，錢穆分析說：

> 為何到東漢末年，產生了黃巾、董卓之亂，終於導致三國分裂？不容得當時人覺悟到政治上之失敗，其理由即因於政治上用人之不夠理想。故退一步從人物方面作研究，希望在政治上能用到合理想、合條件之人。此亦可謂是一個反本窮源的想法。劉邵《人物志》即根據此一時代要求而寫出。〔註49〕

錢穆認為，東漢末年所以產生黃巾、董卓之亂，終於導致三國的分裂，它的理由在於政治上用人的不盡理想，因此，如何從對人物的研究，以覓得合理想、合條件的人材出來從政，可謂是一反本窮源的想法。劉邵就是在這樣的背景下撰寫《人物志》。

---

〔註44〕宋・范曄，《後漢書・孝靈帝紀》（臺北：鼎文書局，中華民國64年），頁342。

〔註45〕宋・范曄，《後漢書・孝靈帝紀》引（臺北：鼎文書局，中華民國64年），頁342。

〔註46〕宋・范曄，《後漢書・崔駰傳》說：「靈帝時，開鴻都門榜賣官爵，公卿州郡下至黃綬各有差。其富者則先入錢，貧者到官而後倍輸，或因常侍、阿保別自通達。是時段穎、樊陵、張溫等雖有功勤名譽，然皆先輸財而後登公位。烈時因傅母入錢五百萬，得為司徒。及拜日，天子臨軒，百僚畢會。帝顧謂親倖者曰：「悔不小靳，可至千萬。」（臺北：鼎文書局，中華民國64年），頁1731。

〔註47〕宋・范曄，《後漢書・宦者列傳》說：「嵩，靈帝時貨賂中官及輸西園一億萬，故位至太尉。」（臺北：鼎文書局，中華民國64年），頁2519。

〔註48〕宋・范曄，《後漢書・蔡邕傳》（臺北：鼎文書局，中華民國64年），頁1998。

〔註49〕錢穆，《中華學術思想史論叢（三）》〈略述劉邵人物志〉（臺北：東大圖書公司，中華民國66年），頁106。

## 第三節　控名責實的激盪

漢代自高帝得天下以後，選任官吏主要的是兩種人：第一、功臣；第二、文吏。文景以後，功臣的後裔也常因舊有的資地，致位通顯。一般儒生的進身出路是不如武帝以後容易的。主要的關係是詔舉的一件事只有到武帝以後才常有。景帝以前僅偶一為之，得人的數自然不能和武帝以後相比擬了。漢武帝元光元年（西元前 134 年）十一月，初令郡國舉孝廉各一人。這一次選舉郡國的孝廉，雖然據《漢書》現存的史料看，並沒有了不得的人物。然而就制度的本身說，卻開中國選舉制度數千年堅固的基礎。元光五年（西元前 130 年）、徵吏民有明當世之務，習先聖之術者，縣次續食，令與計偕。意思是說由郡國選出的人都可以受到公家膳宿上的免費待遇。元朔元年（西元前 128 年）、武帝又下詔令二千石必須舉人，不舉者罪。漢代察舉制度的規模，可以說從此大定。以後西漢各朝及東漢各朝雖然有所修正增改，但其中的範圍，大致不能超出武帝的時代。〔註 50〕

然而察舉必賴清議，人物品鑑遂極重要。有名者入青雲，無名者委溝渠。朝廷以名為治，士風也以此相尚〔註 51〕。聲名出於鄉里臧否，因此，民間清議乃穩操士人進退之權。據《後漢書》的記載，符融、李膺、郭泰、許劭等，皆被公認具備識別人材的特定能力，士子一經他們品評肯定之後，立刻魚躍龍門，地位大增，仕宦之門也隨之大開。如，郭泰博通經典，居家傳授，弟子達千人，然而初到京城洛陽時，無人認識。符融為一識人高手，一眼就看出郭泰是位天才，立即將他介紹給八俊之首李膺，兩人論交之後，郭泰隨即名震京師〔註 52〕。又如，郭泰遊學長安時，巧遇孟敏扛甑走過市場，由於行人擁擠，甑遭擠落而摔到地上打碎，孟敏頭也不回，神色自若的向前走去。郭泰問他為何看也不看破甑，孟敏答道：「甑已破矣，而見之何益？」從孟敏的談話與舉動，郭泰認定他有慧根，乃勸他讀書。十年之後，孟敏成為大名士，三公具辟，並不屈就〔註 53〕。又如，許劭是與郭泰齊名的識人專家。他每月更換題目，於月初公開品評汝南地方的讀書人，這就是著名的「月旦評」，此一舉動使他成為全國聞名的識人權威。當時，曹操還是一位小人物，只有太尉橋玄

---

〔註 50〕勞榦，《漢代政治論文集·五、漢代察舉制度考》（臺北縣：藝文印書館，中華民國 65 年），頁 629～634。

〔註 51〕顧炎武說：「漢人以名為治，故人材盛。」（顧炎武，《原抄本日知錄》卷十七〈名教〉。台南，唯一書業中心，中華民國 64 年），頁 385。

〔註 52〕事蹟參考宋·范曄，《後漢書·郭泰傳》（臺北：鼎文書局，中華民國 64 年），頁 225。又，參考宋·范曄，《後漢書·郭泰傳》（臺北：鼎文書局，中華民國 64 年），頁 2232。

〔註 53〕孟敏事蹟參考宋·范曄，《後漢書·郭泰傳》（臺北：鼎文書局，中華民國 64 年），頁 2229。

看出曹操的材幹，橋玄勸曹操去看許劭。於是曹操攜帶厚禮，往見許劭，不料許劭卻瞧不起曹操，拒絕品評他。曹操借機威脅許劭，許劭被迫而評曹操說：「子治世之能臣，亂世之奸雄。」曹操聽後，大笑而去〔註54〕。

當察舉制度初行時，士人特重操行，潔身自好，而名教也可收鼓舞風氣，獎勵名節之效。惟歷時既久，流弊逐生。錢穆說：

> 東漢時，社會極重「名教」，當時選舉孝廉，孝廉固是一種德行，但亦成為一種「名色」。當時人注重道德，教人定要成為這樣名色的人，教人應立身於此名色上而再不動搖，如此則成為「名節」了。惟如此推演，德行轉成從外面講。人之道德，受德目之規定，從「性」成為「行」，漸漸昧失了道德的內在本原〔註55〕。

東漢人受制於「名教」〔註56〕的約束，當時人雖也重視道德，惟其德行為從外面講，因而流於重行為而忽略自覺。人的道德，從「性」講成「行」，漸漸失去道德的內在本原。流弊所及為偽名士的大量出現。既然出名與升官發財密切相聯，於是東漢末年的讀書人充斥求名的熱潮。當時，循規蹈矩已經不能出名，沽名釣譽之徒乃紛紛大修異操，做出不近情理的異行。「好遠時絕俗，為激詭之行。」〔註57〕如，趙咨和戴封皆因被搶劫之后，再將餘財追送強盜而成名士〔註58〕。又如，許荊與胞弟瓜分遺產時，自己獨佔腴田良宅，於是他的弟弟以能謙讓而出名當官。後來，許荊又當眾表白自己多佔財產，背負污名的本意在於讓他的弟弟出名，同時，宣布將財產全部贈與他的弟弟，因此而出大名，當大官〔註59〕。又如，陳蕃擔任樂安太守時，郡中有一個名叫趙宣的人，雙親亡故之後，因為住在墓中服喪守孝二十餘年，所以成為人人皆知的大孝子。有人把趙宣推薦給陳蕃。見面之後，陳蕃問起趙宣的狀況，

---

〔註54〕許劭評曹操事蹟參考宋·范曄，《後漢書·橋玄傳》（臺北：鼎文書局，中華民國64年），頁1697。又，參考宋·范曄，《後漢書·許劭傳》（臺北：鼎文書局，中華民國64年），頁2235。

〔註55〕錢穆，《中華學術思想史論叢（三）》〈略述劉劭人物志〉（臺北：東大圖書公司，中華民國66年），頁107。

〔註56〕王曉毅說：「所謂名教，就是把封建道德規範作為標準，選拔由于遵守這些規範而獲名聲的人物入仕。」王曉毅，《中國古代人才鑒識術》——人物志譯注與研究（長春市：吉林文史出版社士，1994年），頁34。

〔註57〕語出宋·范曄，《後漢書·獨行列傳》（臺北：鼎文書局，中華民國64年），頁2688。

〔註58〕趙咨事蹟參考宋·范曄，《後漢書·趙咨傳》（臺北：鼎文書局，中華民國64年），頁1313。又，戴封事蹟參考宋·范曄，《後漢書·戴封傳》（臺北：鼎文書局，中華民國64年），頁2683。

〔註59〕許荊事蹟參考宋·范曄，《後漢書·許荊傳》（臺北：鼎文書局，中華民國64年），頁2471。

結果發現趙在守喪期間生了五個孩子，於是陳蕃大怒，把這個假孝子關起來治罪〔註60〕。又如，東漢末年，有晉文經、黃子文二人，仗著他們的才智，炫耀上京，聲價已定，徵辟不就，士大夫坐門問疾，猶不得見。隨著他們的臧否，以爲予奪。後來，因爲符融、李膺的非議，而名漸衰，慚歎以逃〔註61〕。像此類怪事醜聞，不勝枚舉。

另外，則爲士人特重交遊，各立門戶，互相揄揚，徒事標榜，輾轉提攜，以獵取名位爲目的。崔實批評說：

> 同類翕集而蟻附，計士頓跡而脅從，黨成于下，君孤于上〔註62〕。

王符也批評說：

> 今多務交遊以結黨助，偷世竊名，以取濟渡。夸末之徒，從而尚之，此逼貞士之節，而眩世俗之心者也〔註63〕。

徐幹也批評說：

> 古之交也，爲求賢；今之交也，爲名利而已矣。……世之衰矣，上無明天子，下無賢諸侯，君不識是非，臣不辨黑白，取士不由於鄉黨，考行不本於閭閻，多助者爲賢才，寡助者爲不肖，序爵聽無證之論，班祿采方國之謠，民見其如此者，知富貴可以從眾爲也，知名譽之可虛譁獲也，乃離其父兄，去其邑里，不修道藝，不治德行，講偶時之語，結比周之黨，汲汲皇皇，無日以處，更相歎揚，迭爲表裏，檮杌生華，憔悴布衣，以欺人主，惑宰相，竊選舉，盜榮寵者，不可勝數也。……非憂國恤民，謀道講德也，徒營己治私，求勢逐利而已。〔註64〕

葛洪也譏評說：

> 漢末俗弊，朋黨分部。〔註65〕

富貴既可以從眾爲，名譽亦可以虛譁獲，那麼道藝可以不修，德行可以不治，但須汲汲皇皇以結比周之黨，更相歎揚，名譽就可獲得，高官就可成就。據察舉制度而言，當時的官吏是靠各地方的行政長官推荐而來，統治者規定許多名號，例如「茂材」、「孝廉」、「方正」等，命各地方的行政官吏，從他們統治的區域內推荐出合乎名號規定的

---

〔註60〕趙宣事蹟參考宋·范曄，《後漢書·陳蕃傳》（臺北：鼎文書局，中華民國64年），頁2159～2160。

〔註61〕晉文經、黃子文事蹟參考宋·范曄，《後漢書·符融傳》（臺北：鼎文書局，中華民國64年），頁2132。

〔註62〕清·嚴可均，《全後漢文》卷四十六（北京：中華書局，1995年），頁727。

〔註63〕漢·王符，〈潛夫論·務本第二〉（臺北：世界書局，中華民國56年），頁7。

〔註64〕漢·徐幹，《中論·譴交第十二》（臺北：世界書局，中華民國56年），頁26～27。

〔註65〕晉·葛洪，《抱朴子外篇卷之四·自敘卷第五十二》。明萬曆甲申吳興慎懋官刊本（臺北：中國子學名著集成編印基金會），頁816。

人，以備皇帝的任用。但實際上由各地方推荐而來的，皆爲該地方的大姓豪族的子弟，他們的道德才能恰與名號相左。因此，王符《潛夫論‧考績篇》批評說：

> 名實不相副，求貢不相稱。〔註66〕

晉朝的葛洪指出，漢末，時人語說：「舉秀才，不知書；察孝行，父別居。寒素清白濁如泥，高第良將怯如雞。」〔註67〕「秀才」本該能夠握筆寫字，但當時舉出的「秀才」竟然不識字。「孝行」本該克盡孝道承歡膝下，但當時舉出的「孝行」竟然將他的父親趕出家門，另外居住。號稱爲「寒素清白」的人，實際上濁如污泥；號稱「良將」的人，實際上比雞還膽小。葛洪批評說，這就是「名不準實，賈不本物，以其通者爲賢，塞者爲愚。」〔註68〕意思是說，「名」一定要同「實」相符，就如買賣東西一樣，一分錢一分貨。針對此一現象，當時的政論家皆主「綜核名實，求名實的相副，綜聚而考竅之。〔註69〕崔實力主綜核名實，稱「且觀世人之相論也，徒以一面之交，定臧否之決。」〔註70〕，因此，賢佞難別，是非倒置。仲長統作《樂志論》，立身行己，服膺老莊。然而，他在《昌言下》指出：「天下之士有三可賤，慕名而不知實，一可賤。」〔註71〕王符以爲「綜核名實」是太平之基。「有號則必稱於典，名理必效於實，則官無廢職，位無非人。」〔註72〕「典」意指「主管」，「號」是指政府中的職位。一個「號」必須與他主管的事相稱，一個「名」必須在實際上有相應的效果，這就是「綜核名實」。徐幹說：

> 名者所以名實也，實立而名從之，非名立而實從之也。故長形立而名之曰長，短形立而名之曰短，非長短之名先立，而長短之形從之也。仲尼之所貴者，名實之名也，貴名乃所以貴實也〔註73〕。

意思是說，「名」是從「實」起的，有它的實方有它的名，而非先有它的名，然後方有它的實。有一長的東西，方稱以一長的名；有一短的東西，方稱以一短的名。並

〔註66〕漢‧王符，《潛夫論‧考績第七》（臺北：世界書局，中華民國56年），頁29。
〔註67〕晉‧葛洪，《抱朴子外篇卷之二‧審舉卷第十五》。明萬曆甲申吳興慎懋官刊本（臺北：中國子學名著集成編印基金會），頁515。
〔註68〕晉‧葛洪，《抱朴子外篇卷之二‧名實卷第二十》。明萬曆甲申吳興慎懋官刊本（臺北：中國子學名著集成編印基金會），頁551。
〔註69〕漢‧班固，《漢書‧宣帝紀》贊說：「孝宣之世，信賞必罰，綜合名實。」（臺北：洪氏出版社，中華民國64年），頁275。又，宋‧范曄《後漢書‧左雄傳》：「降及孝宣，興於仄陋，綜覈名實，知時所病，刺史守相，朝時引見，考察言行，信賞必罰。」（臺北：鼎文書局，中華民國64年），頁2061。
〔註70〕清‧嚴可均，《全後漢文》卷四十六（北京：中華書局，1995年），頁735。
〔註71〕清‧嚴可均，《全後漢文》卷九十八（北京：中華書局，1995年），頁954。
〔註72〕漢‧王符，《潛夫論‧考績第七》（臺北：世界書局，中華民國56年），頁27。
〔註73〕漢‧徐幹，《中論‧考僞第十一》（臺北：世界書局，中華民國56年），頁25。

非先有長短的名，而後方有長短的東西。因此說：「仲尼之所貴者，名實之名也，貴名乃所以貴賓也。」劉廙〈正名〉：

> 夫名不正，則其事錯矣。物無制，則其用淫矣，錯則無以知其實，淫則無以禁其非，故王者必正名以督其實，制物以息其非。名其何以正之哉？曰行不美，則名不得稱，稱必實所以然，效其所以成，故實無不稱于名，名無不當于實〔註74〕。

這也是孔子正名思想的發揮。意思是說，孔子說的正名，是要確定名的意義，用以督察有此一名的實。個人的行為倘若不好，就不可稱以好的名號。若稱以好的名號，就必須實際符會好的名號之內涵，據名號的內涵做出它的成績。實與名必須相應，名與實必須相當。對於漢末魏初的名實課題，馮友蘭分析說：

> 在漢末魏初時代所討論的名實問題，有兩方面的實際意義。一方面是，漢朝立了很多的人的稱號。這些稱號是「名」，這種推選出來的人是「實」。如果這些人的行為真是合乎這種稱號，這就是名實相符；如果不然，這就是名實不符。另外一方面，在政府中，有許多職位。每一個職位也是一個「名」，擔任這種職位的人，如果真能辦理這個職位所要做的事情，這就是名實相符。如果不然，就是名實不相符〔註75〕。

由於社會存在著名實不相符的現象，因此，一些有心之士，觀察、分析人物品評的實際情況，加以概括、總結，上升成為一般的理論。據《隋書，經籍志》名家類的記載，計有《士操》一卷，魏文帝撰。梁有《刑聲論》一卷，亡。《人物志》三卷，劉邵撰。梁有《士緯新書》十卷，姚信撰，又《姚氏新書》二卷，與《士緯》相似；《九州人士論》一卷，魏司空盧毓撰；《通古人論》一卷，亡〔註76〕。

《刑聲論》疑即形聲，言就形聲以甄別人物。其餘諸書，從它們的書名觀之，也不出於識鑑人倫之作。至於像姚信為吳的選部尚書，而從《士緯》現存佚文看，如論人物有清高之士、平議之士，品鑑孟子、延陵季子、楊雄、周勃、霍光、陳仲舉、李元禮，應該也是品題人物之作。《意林》引《士緯》的佚文說：「孔文舉金性太多，木性不足，背陰向陽，雄偉孤立。」〔註77〕可見《士緯》的說法很像《人物

---

〔註74〕清・嚴可均，《全三國文》卷三十四（北京：中華書局，1995年），頁1344。

〔註75〕馮友蘭，〈魏晉之際關于名實、才性的辯論〉（中國哲學史研究，1983年第4期），頁4。

〔註76〕楊家駱，《中國學術類編新校本隋書附索引》（臺北：鼎文書局，中華民國68年），頁1004。

〔註77〕吳・姚信撰〈士緯〉目前殘存於：一、《意林》。收於清代學人，《筆記小說大觀》二十九編，卷四、（臺北：新興書局，中華民國76年），頁172～173。二、唐・歐陽詢，《藝文類聚・品藻卷二十二》（臺北：新興書局，中華民國63年），頁0625～0626。

志‧九徵》所載。而《人物志》凡三卷十二篇，則是上述諸書中，獨存的一部以人物品鑑爲主的專著。湯用彤說：

> 《人物志》者，爲漢代品鑑風氣之結果。其所採觀人之法，所分人物之名目，所論問題，必均有所本。惜今不可詳考。惟其宗旨，要以名實爲歸〔註78〕。

《人物志》既順漢代的品鑑之風與控名責實的思想而來，除注重名實的關聯以外，也強調考績的重要，因此，劉卲也寫了《都官考課法》。

## 第四節　用人制度的回應

我國古代的用人制度，可溯自西周。當時選士的途徑，大致分爲兩種方式：

### 一、鄉里選士

經由學校造就人材，然後量材任用。《禮記‧王制》：

> 命鄉論秀士，升之司徒，曰選士。司徒論選士之秀者而升之學，曰俊士。升於司徒者，不征於鄉；升於學者，不征於司徒，曰造士。樂正崇四術，立四教，順先王詩書禮樂以造士。……大樂正論造士之秀者，以告于王而升諸司馬，曰進士。司馬辨論官材，論進士之賢者，以告于王而定其論，論定然後官之，任官然後爵之，位定然後祿之。〔註79〕

當時，爲上賢以崇德，簡不肖以絀惡，而實施鄉選士的辦法，其選用人才的過程，依序由選士、俊士、造士而進士。然後，論進士之賢者，以告于王而定其論，論定而後官之。

### 二、敬賢舉能

經三年大比，由百姓自舉賢能，而直達於王。《周禮‧地官鄉大夫》：

> 三年則大比，考其德行道藝，而興賢者能者，鄉老及鄉大夫帥其吏與其眾寡，以禮禮賓之。厥明，鄉老及鄉大夫群吏，獻賢能之書于王，王再拜受之，登于天府，內史貳之，退而以鄉射之禮五物詢眾庶：一曰和，二曰容，三曰主皮，四曰和容，五曰興舞。此謂使民興賢，出使長之，使民興能，入使治之。〔註80〕

三、《太平御覽‧人事部八十八‧品藻下》（臺北：臺灣商務印書館，中華民國57年）。

〔註78〕賀昌群、容肇祖等，《魏晉思想甲編五種》（臺北：里仁書局，中華民國73年），頁10。

〔註79〕《十三經注疏 51 禮記》〈王制〉（臺北縣：藝文印書館，中華民國68年），頁256。

〔註80〕《十三經注疏 3 周禮》〈地官鄉大夫〉（臺北縣：藝文印書館，中華民國68年），頁

上述選士之法，無論由學校造就人才，或由百姓自舉賢能，目的都在選拔俊秀與賢能之士，使之治事。所謂「俊秀」，須經詩、書、禮、樂的陶冶；所謂「賢能」，須備德、行、道藝之條件，尤其以興賢舉能，以順民為本，最足稱道。《書》說：「天聰明自我民聰明，天明威自我民明威。」《老子》說：「聖人無常心，以百姓心為心。」如是古今未有遺民而可為治。

惟自周室東遷以後，由於政局板蕩，選士制度隨之動搖，代之而興者為養士之制。所謂「養士」，為宗室豪門或有勢力的政治家，從各階層蒐羅各種人材到自己的門下，供他們食宿，甚至養活他們的家口，而人材則必須以他們的材能為主人服務，幫助主人擴大勢力。「士」於政治上依附於主人，因此，被稱為「門客」或「食客」。而「養士」並非常人所能及，養士的人必定為一政治勢力強大、財力雄厚的宗室貴族。戰國時，養士規模較大的有齊國的孟嘗君田文，趙國的平原君趙勝，魏國的信陵君無忌，楚國的春申君黃歇。以上諸人養士都在數千人之上。另外，還有一些有權勢的政治家養士規模也不小，如秦相呂不韋號稱養士三千。這一種養士的風氣成為當時重要的用人制度。凡重要的官職、外交、軍事人選，大多出自門客之中。士人要想從政，幾乎都要投身到養士者門下，然後，由他們的主人在需要時推薦給君王，或直接委以宮職〔註81〕。及始皇統一六國，由於國祚甚短，且苛待儒生，選士之制，史書無聞。

降及兩漢，選士之制，粲然可觀，士人入仕的途徑多端：有世冑承襲或門蔭入仕的（亦曰任子之法）、有納貲輸財入仕的，有試吏（又曰計吏）入官的，而最為後世稱道的，為經選舉入仕的一途。它的特色為注重被選舉人的品德。「賢良方正」與「孝廉秀才」兩科最足代表〔註82〕。惜乎末流，弊端叢生，士子特重交遊，互相揄揚，以獵取名位為目的。同時，出名既與仕宦密切關聯，因此，士子「好違時絕俗，為激詭之行」。分析流弊發生的原因，在於：一、選拔標準上重德輕材。二、薦舉的權利，基本上把持在三公、九卿、郡國守相手裏；加上當時政局腐敗，察舉中行賄受賄、弄虛作假等不良風氣愈益嚴重，察舉制成了敗壞士風、墮落官吏的腐蝕劑〔註83〕。

東漢因在用人問題上的失誤而導致滅亡，給起而代之的曹魏政權留下深刻的歷

---

180～181。
〔註81〕以上關於「養士」的制度，參閱孔建民，《古代用人方略》〈第二章春秋戰國時期的養士制度〉（北京：中國政法大學出版社，1989年），頁21～25。
〔註82〕參引楊吉仁，〈三國時代用人制度之研究〉。《台北市立女子師範專科學校學報》，總125。
〔註83〕參引徐光太、張和敬，〈一部彌足珍貴的人才心理學專著——劉邵人物志初探〉。《安徽師大學報哲學社會科學報》，1988年第三期），頁77～78。

史記憶。所以曹操、曹丕到曹睿，無一不把用人問題升到政治的中心地位，將它視爲新帝國生死存亡的關鍵，并一直進行不懈的努力加以解決，以免重蹈東漢覆轍。早在建安時期，面對軍閥混亂的局面，曹操深知只有起用有材幹的人，才能在角逐中取勝，加上長期以來過度重道德、名教，忽略能力的培養，道德與能力脫節，因此，「有行之士，未必能進取；進取之士，未必能有行也。」因而本著「治平尙德行，有事賞功能」的原則，下達求賢令〔註84〕。在此實際上具有詔書效力的法令中，曹操公開表示可以忽略傳統以道德品行取士的標準，而「唯才是舉」，要取用「負汙辱之名，見笑之行，或不仁不孝而有治國用兵之術」的人〔註85〕。同時，戰爭環境也易於衡量人材是否具有眞材實學，成敗存亡爲無情的淘汰法則，因此，「不官無功之

〔註84〕晉‧陳壽，《三國志》卷一〈武帝紀第一〉建安八年己酉令，引《魏書》載庚辰令曰：「議者或以軍吏雖有功能，德行不足堪任郡國之選，所謂『可與適道，未可與權』。管仲曰：『使賢者食於能則上尊，鬥士食於功則卒輕於死，二者誠合國則天下治。』未聞無能之人，不鬥之士，並受祿賞，而可以立功興國也。故明君不官無功之臣，不賞不戰之士；治平尙德行，有事賞功能。論者之言，一似管窺虎歟！」（臺北：洪氏出版社，中華民國64年），頁24。又，晉‧陳壽，《三國志》卷一《武帝紀第一》：「建安十五年春，下令曰：『自古受命及中興之君，曷嘗不得賢人君子與之共治天下者乎！及其得賢也，曾不出閭巷，豈幸相遇哉？上之人不求之耳。今天下尙未定，此特求賢之急時也。『孟公綽爲趙、魏老則優，不可以爲勝、薛大夫』。若必廉士而後可用，則齊桓其何以霸世！今天下得無有被褐懷玉而釣於渭濱者乎？又得無盜嫂受金而未遇無知者乎？二三子其佐我明揚仄陋，唯才是舉，吾得而用之。」（臺北：洪氏出版社，中華民國64年』，頁32。又，晉‧陳壽，《三國志》卷一（武帝紀第一）：「建安十九年，乙未，令曰：『夫有行之士未必能進取，進取之士未必能有行也。陳平豈篤行，蘇秦豈守信邪？而陳平定漢業，蘇秦濟弱燕。由此言之，士有偏短，庸可廢乎！有司明乎此義，則士無遺滯，官無廢業矣。』」（臺北：洪氏出版社，中華民國64年），頁44。又，晉‧陳壽《三國志‧武帝紀第一》建安二十二年，引《魏書》說：「昔伊摯、傳說出於賤人，管仲，桓公賊也，皆用之以興。蕭何、曹參，縣吏也，韓信、陳平負汙辱之名，有見笑之恥，卒能成就王業，聲著千載。吳起貪將，殺妻自信，散金求官，母死不歸，然在魏，秦人不敢東向，在楚則三晉不敢南謀，今天下得無有至德之人放在民間，及果敢不顧，臨敵力戰；若文俗之吏，高才異質，或勘爲將守；負汙辱之名，見笑之行，或不仁不孝而有治國用兵之術；其各舉所知，勿有所遺。」（臺北：洪氏出版社，中華民國64年），頁49～50。

〔註85〕李建中說：「中國古代的才性理論，在漢魏之際，有一次大的轉型。建安十五年（210）年春，曹操在業城下求賢令，呼喚『二三子其佐我明揚仄陋，唯才是舉，吾得而用之。』兩年前，曹操有赤壁之敗，『今天下之不定，此特賢之急時也』，不僅欲求『被褐懷玉而釣于渭濱者』，甚至也願接納『盜嫂受金而未遇無知者』。此中所傳達的信息，不僅僅是思賢若渴，更有對傳統之才性觀，對儒家之正統禮教的拋棄與悖逆。曹孟德之才性思想，實乃『一政治社會道德思想之大變革』，使得『周孔道德堡壘無以堅守，而其所以安身立命者，亦全失其據矣』。李建中，〈轉型時期的才性理論──劉邵人物志研究〉《蘇州大學學報哲學社會科學版》，1996年第3期」，頁53。

臣，不賞不戰之士」的政策始可推行〔註86〕。

　　曹操之後的魏國君主也相當重視對人材的選拔，重視對人材理論的研究。建安二十五年（220）、曹丕稱帝之前，尚書陳群以天朝選用，不盡人材，乃立九品官人之法〔註87〕。考九品中正制的起因，大致有下列三個原因：

## 一、配合漢末士族流徙的要求

　　唐・杜佑《通典》：

> 　　魏文帝爲魏王時，三方鼎立，士流播遷，四人錯雜，詳覈無所。延康元年，吏部尚書陳群以天朝選用不盡人才，乃立九品官人之法。
>
> 　　九品之制，初因後漢建安中，天下興兵，衣冠士族多離於本土，欲徵源流，遽難委悉，魏氏革命，州郡俱置大小中正。〔註88〕

另外，《晉書・衛瓘傳》：

> 　　魏氏承顛覆之運，起喪亂之後，人士流移，考詳無地，故立九品之制，粗具爲一時選用之本耳。其始造也，鄉邑清議，不拘爵位，褒貶所嘉，足爲勸勵，猶有鄉論餘風〔註89〕。

由於士流播遷，四人錯雜，詳覈無所，欲徵源流，遽難委悉，因此，魏氏革命，於延康元年（220）、由吏部尚書陳群新立九品官人之法，州郡縣俱置大小中正，品第人才，其始造也，鄉邑清議，不拘爵位，褒貶有加，足爲勸勵，猶有鄉論餘風。

## 二、改善漢末察舉制的缺失

　　魏明帝永平元年（58）、樊鯈指出：

> 　　上言郡國舉孝廉，率取年少能報恩者，耆宿大賢多見廢棄，宣敕郡國選用良俊。〔註90〕

在郡國官吏的把持下，耆宿大賢多見廢棄，少年能報恩者則受錄用，選用人材不以材幹爲考量的標準，而只在乎年紀的老少及是否能報恩。降及後漢和帝之際，流弊益深。漢・王符《潛夫論》：

> 　　以漢之廣博，士民之眾多，朝廷之清明，上下之修治，而官無直吏，

---

〔註86〕以上關於曹操的用人制度之分析，參閱王曉毅，《中國古代人才鑑識術——人物志譯注與研究》（長春市：吉林文史出社，1994年》，頁5。

〔註87〕宋・司馬光，《資治通鑑卷六十六魏紀一》「文帝黃初元年（230）載：「尚書陳群以天朝選用不盡人才，乃立九品官人之法。」（臺北：啓業書局，中華民國66年），頁2178。

〔註88〕唐・杜佑，《通典》卷十四〈選舉二歷代制中〉。見臺灣商務印書館景印《文淵閣四庫全書》六〇三冊（臺北：中華民國75年），頁151。

〔註89〕楊家駱，《新校本晉書并附編六種二》（臺北：鼎文書局，中華民國67年），頁1058。

〔註90〕宋・范曄，《後漢書・樊鯈傳》（臺北：鼎文書局，中華民國64年），頁1122～1123。

位無良臣，此非今世之無賢也，乃賢者廢錮而不得達於聖主之朝爾。夫志
道者少友，逐俗者多儔，是以舉世多（按：「多」，清·汪繼培正之爲「朋」。）
黨而用私競，比質（按：「比質」，清·汪繼培正之爲「背實」。）而行趨
華。貢士者非依其質幹，準其材行也，直虛造空美。〔註91〕

朝廷所以官無直吏，位無良臣，非當世之無賢能，乃在於賢者廢錮而不得達於聖朝，
舉世朋黨而用私競，背實而行趨華。選舉人才，非復依其質幹，準其材行，直虛造
空美而已。桓靈之世，猥濫更甚。晉·葛洪《抱朴子》：

靈獻之世，閹官用事，群姦秉權，危害忠良，臺閣失選用於上，州郡
輕貢舉於下。夫選用失於上，則牧守非其人矣；貢舉輕於下，則秀孝不得
賢矣。〔註92〕

另外，清·趙翼《廿二史箚記》：

蓋漢以來，本以察舉孝廉爲士人入仕之途，迨日久弊生，夤緣勢利，
猥濫益甚。〔註93〕

閹官用事，群姦秉權，臺閣失選於上，州郡輕貢舉於下，因此，形成牧守非其人，
秀孝不得賢的亂象。

## 三、呼應三國鼎立的新形勢

在西元 208 年的赤壁大戰之前，軍事較量佔主導地位，天下局勢紛擾不定，處
於戰亂的年代。赤壁大戰，決定魏、蜀、吳三分的局面，從此，曹操、劉備、孫權
都已體察到統一天下的不易，於是紛紛將注意力由互相兼併的軍事鬥爭，轉向發展
生產，恢復經濟及增強實力上面。當時，曹操的政權由於採取擴大和完善屯田制的
辦法，使戰亂中脫離戶籍的「流民」和大量無土地、無耕蓄的百姓，通過各級典農
官的組織，又與土地結合來，從而較快的恢復生產，發展經濟，帶動政治革新。〔註
94〕降及曹丕時代開始，隨著三國鼎立局面的益加確定，國內形勢相對的穩定，「唯
才是舉」的方針，難以適應新形勢的需要，「治平尚德行」也是無法抗的規律。因爲
只有提倡道德教化，才有利於政權的長治久安。但東漢名教破產的教訓，使曹魏政
權不敢完全沿襲傳繼的察舉制度，因此，曹丕一上臺，便建立九品中正制度以加強

---

〔註91〕漢·王符，《潛夫論·實貢第十四》（臺北：世界書局，中華民國 56 年），頁 63～64。
〔註92〕晉·葛洪，《抱朴子外篇卷之二審舉卷第十五》。明萬曆甲申吳興慎懋官刊本（臺北：
　　　　中國子學名著集成編印基金會），頁 515。
〔註93〕清·趙翼，《廿二史箚記》卷八「九品中正」條（臺北：世界書局，中華民國 69 年），
　　　　頁 100。
〔註94〕參考鄭玉光，《知人善任的奧秘——劉邵人物志研究譯注》（太原：山西人民出版社，
　　　　1992 年），頁 19。

對官員品德及行政能力的考查監督。〔註95〕

　　九品中正制為我國選士的重要制度之一，這一個制度自產生，至隋煬帝大業二年（606）始建進士科止，歷時三八六年。它的具體內容已難以詳考。唐·杜佑《通典》：

> 九品之制，州郡縣俱置大小中正，各以本處人任諸府公卿及臺省郎吏，有德充才盛者為之，區別所管人物，定為九等。其有言行修者則升進之，或以五升四、或以六升五，儻或道義虧缺則降下之，或自五退六、自六退七矣。是以吏部不能審定覈天下人才士庶，故委中正銓第等級，憑之授受，謂免乖戾。〔註96〕

另外，元·馬端臨《文獻通考》：

> 魏司空陳群以天臺選用，不盡人才，擇州之才優有昭鑒者為中正，自拔人才，詮定九品，州郡皆置。〔註97〕

九品中正制的選才辦法為州郡各置大小中正，各以本處人有德充才盛者為之，任諸府公卿及臺省郎吏，負責區別所管人物，定為上上、上中、上下、中上、中中、中下、下上、下中、下下九品〔註98〕，人材中有言行修者則升進之，儻有道藝虧者則降下之。吏部不能有權審核天下人材，察舉人材的權力落在中正之手。惟用人之權仍操於尚書。清·趙翼《廿二史箚記》：

> 魏文帝初定九品中正之法，郡邑設小中正，州設大中正，自小中正品第人才，以上大中正，大中正覆實，以上司徒，司徒再核，然後付尚書選用，此陳群所建白也。〔註99〕

可見，中正所定的是才品，才德的等第，而非官品。曹丕時推行的九品中正制，由於執行過於紛亂，不能公正品評人材而遭非議。夏侯玄在〈時事議〉中提出改革的意見說：

---

〔註95〕參考王曉毅，《中國古代人才鑒識術──人物志譯注與研究》（長春市：吉林文史出版社，1994年），頁5。

〔註96〕唐·杜佑《通典》卷十四〈選舉二歷代制中〉。見臺灣商務印書館景印《文淵閣四庫全書》六○三冊（臺北：中華民國75年），頁151。

〔註97〕元·馬端臨，《文獻重考》卷六十二。見臺灣商務印書館景印《文淵閣四庫全書》六一一冊（臺北：中華民國75年），頁433。

〔註98〕宋·司馬光，《資治通鑑卷六十九魏紀一》「文帝黃初元年（220）」胡三省注說：「九品，上上、上中、上下、中上、中中、中下、下上、下中、下下也。」（臺北：啟業書局，中華民國60年），頁2178。

〔註99〕清·趙翼，《廿二史箚記》卷八「九品中正」條（臺北：世界書局，中華民國69年），頁100。

　　　　夫官才用人，國之柄也，故銓橫專於臺閣，上之分也，孝行存乎閭巷，
　　　優劣任之鄉人，下之敘也。夫欲清教審選，在明其分敘，不使相涉而已。
　　　何者？上過其分，則恐所由之不本，而干勢馳騖之路開；下踰其敘，則恐
　　　天爵之外通，而機權之門多矣。夫天爵下通，是庶人議柄也；機權多門，
　　　是紛亂之原也。自州郡中正品度官才之來，有年載矣，緬緬紛紛，未聞整
　　　齊，豈非分敘參錯，各失其要之所由哉？〔註100〕

夏侯玄認為：「自州郡中正品度官才以來，有年載矣」，所以「緬緬紛紛，未聞整齊」，
關鍵在於「分敘參錯，各失其要」。「夫欲清教審選，在明其分敘」，使「銓衡專於臺
閣，孝行存乎閭巷，優劣任之鄉人」，如此，則上下分層負責，不使相涉，紛亂可除，
「人心定而事理得，庶可以靜風俗而審官才矣。」〔註101〕

　　從曹丕、曹睿兩朝的選官實踐看，人材的選拔仍是當時十分棘手的政治課題。
尤其到曹睿時期更加明顯。而選舉混亂的總根源，為薦舉制自身固有的弊端，即沒
有客觀可以檢驗的標準。當歷史提出「人材選拔，出路何在」的重大課題，劉邵作
為曹魏政權中有名的政治家，理應作出積極的回應，以盡其責。錢穆說：

　　　　從個人立場講，當世界陷於絕望時，只有退避一旁，採明哲保身之一
　　　法。但自另一方面講，世道否塞，終需要物色人才來扭轉此局面。劉邵寫
　　　〈人物志〉，並非站在私人立場著想，而是站在政府的立場著想。他的意
　　　態是積極的，非消極的。因此，他衡評人物，一講德行，一重才能，務求
　　　兩者兼顧。換言之，衡評人物，不能不顧到其對當時人群所能貢獻之功利
　　　一方面。若要顧到人群功利，即需講才智。若無才智，如何能在此社會上
　　　為人群建立起功利？故劉邵《人物志》極重人之才智，但也並未放棄道德。
　　　而他書裏，也並未提到隱淪一流。這是此書一特點。〔註102〕

為了解決時代的課題，劉邵採取了積極的態度，思考知人的方法、用人的制度，他
從不同的角度對人材加以分類，提出幾套系統的抽象分類法：一、性格分類法。二、

---

〔註100〕晉・陳壽，《三國志・魏書》〈夏侯玄傳〉（臺北：洪氏出版社，中華民國64年），
　　　　頁295。
〔註101〕晉・陳壽，《三國志・魏書》〈夏侯玄傳〉說：「使若各帥其分，官長則各以其屬能否
　　　　獻之臺閣，臺閣則據官長能否之第，參以鄉閭德行之次，擬其倫比，勿使偏頗。中
　　　　正則唯考其行跡，別其高下，審定輩類，勿使升降。臺閣總之，如其所簡，或有參
　　　　錯，則其責負自在有司。官長所第，中正輩擬，比隨次率而用之，如其不稱，責負
　　　　在外。然則內外相參，得失有所，互相形檢，孰能相飾？斯則人心定而事理得，庶
　　　　可以靜風俗而審官才矣。」（臺北：洪氏出版社，中華民國64年），頁296。
〔註102〕錢穆，《中華學術思想史論叢（三）》〈略述劉邵人物志〉（臺北：東大圖書公司，中
　　　　華民國66年），頁107

專業分類法。三、能力分類法。〔註103〕他對於人材的分類為政府用人提高較為科學，的參照標準。劉卲的人材分類雖體現曹魏時期用人路線以才為重的原則，〈材理第四〉：「寬恕之人不能速捷，論仁義則弘詳而長雅，趨時務則遲緩而不及」，與曹操「進取之士未必能有行，有行之士未必能進取」的說法就有相通之處，同樣表達材先於行的觀點。但他並不忽略道德的重要。在劉卲看，聖人不僅為道德操守最為高尚者，也應為全材之人。〈九徵第一〉：「兼德而至，謂之中庸。」所謂的「中庸」，不同於儒家所謂的「中庸」，它不僅是道德的標準，同時也是材能的標準。對劉卲提出的「中庸」之意涵，錢穆闡釋說：

> 劉卲之所謂中庸，實是兼備眾才，使人不能以一才目之，甚至不能以兼才目之。〔註104〕

可見，「中庸」是指品德、材能都達最上乘的境界，它兼備眾材，使人不能以一材目之，甚至不能以兼材目之。

## 第五節　淵博學養的流露

晉・陳壽讚美劉卲說：「該覽學籍，文質周洽。」〔註105〕意思是說，劉卲綜覽群書，內在的質性和表現出來的文采，配合得完美無瑕。鄭玉光說：「為了寫好《人物志》劉卲研究了許多古典文獻。從《詩經》、《尚書》、《周禮》起，他都一一認真閱讀，取其精華，加以醞釀，提出自己獨到的見解。」〔註106〕陳喬楚說：「作者在

---

〔註103〕吳丕，〈人物志政治思想分析〉將劉卲對人才的分類，歸納為三：一、性格分類法。劉卲把人才按照性格的不同，區分為六對十二種類型。它們是：(一) 強毅－柔順；(二)、雄悍－懼慎；(三)、凌楷－辨博；(四)、弘普－狷介；(五)、休動－沉靜；(六)、朴露－韜譎。他對每一類人才都極其簡潔準確的給以評價，指出其優點、缺點及如何使用。二、專業分類法。劉卲根據專業把人才分為十二類，分別為：清節家、法家、術家、國體、器能、臧否、伎俩、智慧、文章、儒學、口辨、雄傑。專業分類把人的學問專長與政府工作的需要聯系起來，目的是讓人揚長避短，保證政府各部門負責人專業對口。三、能力分類法。劉卲把人的能力分為自任之能、立法之能、計策之能、人事之能、行事之能、權奇之能、司察之能、威猛之能等八種類型，具有特定能力的人才，可以在政府中擔任一定的職務，在政治上形成一定的特色。《北京大學學報哲學社會科學版》，1988 年第三期），頁 108～109。

〔註104〕錢穆，《中華學術思想史論叢 (三)》〈略述劉卲人物志〉（臺北：東大圖書公司，中華民國 66 年），頁 109。

〔註105〕晉・陳壽，《三國志・魏書》〈劉卲傳〉（臺北：洪氏出版社，中華民國 64 年），頁 629。

〔註106〕鄭玉光，《知人善任的奧秘──劉卲人物志研究譯注》（太原：山西人民出版社，1992 年），頁 24。

《人物志》十二篇中，對於古籍，頗多引證；或取證於經書，或徵引諸子及漢儒論著。其於先賢經驗方面，亦有取資；如《逸周書》〈官人解〉的六徵，《莊子》〈列禦寇〉的九徵，《呂氏春秋》〈論人〉的八觀、六驗……，以及東漢許劭、郭泰諸家的人倫鑒識……等，均有浸漬。」〔註107〕由於劉邵的學養淵博，加上經學地位的沉淪、漢末政治的敗壞、控名責實的激盪及時代課題的衝擊，因此，才能寫出這部中國古代人才學的經典之作《人物志》。茲將他的淵博學養逐一詳述於后。

## 一、檢驗名實

大抵而言，名生於形，須符其實。職司觀察人的須據其形實以檢其名目（指人的才能）〔註108〕。漢魏之際，檢驗名實，以正人倫的說法，引起廣泛的議論。王充《論衡・定賢篇》：

> 孔子曰：「鄉原（按：『原』字當爲『愿』字之誤植。）、德之賊也。
> 似之而非者，孔子惡之。夫如是，何以知實賢？知賢竟何用？世人之檢，
> 苟見才高能茂有成功見效則謂之賢，若此甚易，知賢何難？〔註109〕

王充認爲，世人大都主張經由檢驗實效來定賢與不肖，可是，賢實不易知。因爲「知人則哲，惟帝難之。」而夏侯玄在〈時事議〉中，則持不同的看法，他說：

> 互相形檢，孰能相飾？〔註110〕

面對太傅司馬宣王有關時勢的詢問，夏侯玄力主「內外相參」「互相形檢」，如此，則「孰能相飾」？劉邵有見於相人之難，形容動作均有僞似，因此，他主張必檢之行爲，久而得之。〈效難第十一〉：

> 故必待居止然後識之：故居，視其所安；達，視其所舉；富，視其
> 所與；窮，視其所爲；貧，視其所取，然後乃能知賢否。此又已試，非
> 始相也。

由窮達貧富以檢驗被舉者的各種行爲，不僅只憑起初的觀察所得。〈八觀第九〉又說：

> 一曰，觀其奪救以明間雜。二曰，觀其感變以審常度。三曰，觀其至
> 質以知其名。四曰，觀其所由以知依似。五曰，觀其愛敬以知通塞。六曰，

---

〔註107〕陳喬楚，《人物志今註今譯》〈前言〉（臺北：臺灣商務印書館，1996年），頁7。

〔註108〕湯用彤〈讀人物志〉說：「夫聖王體天設位，序列官司，各有攸宜，謂之名分。人材稟體不同，所能亦異，則有名目。」見賀昌群、容肇祖等，《魏晉思想甲編五種》（臺北：里仁書局，中華民國73年），頁3。

〔註109〕漢・王充，《論衡・定賢篇》。明萬曆間新安程榮刊漢魏叢書本（臺北：中國子學名著集成編印基金會），頁1167。

〔註110〕晉・陳壽，《三國志・魏書》〈夏侯玄傳〉（臺北：洪氏出版社，中華民國64年），頁296。

觀其情機以辨恕惑。七曰，觀其所短以知所長。八曰，觀其聰明以知所達。

上述八觀是一種綜合的觀察法，應用八個不同角度的觀察，來瞭解一個人的相關才情，以便鑒定其爲何種人物。

## 二、崇尚談論

漢自推行察舉以舉士，士人進身的途徑端在言行，而以言顯者尤易，因此，天下趨於談辯。可是，依言知人，有它的局限，因爲世上多巧言亂德，似是而非的人。徐幹《中論，覈辯第八》：

> 俗士之所謂辯者，非辯也。非辯而謂之辯者，蓋聞辯之名而不聞辯之實，故目之妄也。俗之所謂辯者，利口者也。彼利口者，苟美其聲氣，繁其辭令，如激風之至，如暴雨之集，不論是非之性，不識曲直之理，期於不窮，務於必勝，以故淺識而好奇者，見其如此也，固以爲辯，不知木訥而達道者，雖口屈而心不服也。夫辯者，求服人心，非屈人口也，故辯之爲言別也。爲其善分別事類而明處之也，非謂言辭切給而以陵蓋人也。〔註111〕

徐幹認爲，俗士之所謂辯者，非辯也。只是利口者也。彼利口者，苟美其聲氣，繁其辭令，不論是非之性，不識曲直之理，期於不窮，務於得勝。而一般淺識好奇者，見其如此，固以爲辯，不知木訥而達道者，雖口屈而心不服也。一個好的辯者，在求服人心，而非屈人之口也。因爲辯的眞義在於分別事類而明處之，非謂言辭切給以陵蓋人。劉劭有見於言辯的不可靠，因此，志人物而作〈材理第四〉，認爲辯有理勝，有辭勝。他說：

> 理勝者，正白黑以廣論，釋微妙而通之。辭勝者，破正理以求異，求異則正失矣。

意思是說，以理勝人的，辭不潰雜，論事黑白分明，就連細微處也解釋得很清楚，於是理正而不可動搖，使人心服口服；以言辭勝人的，拋棄正理而以詭辯取勝，於是「求異則正失」，辭巧而不可屈，使人口服而心不服。此外，劉劭以爲，才能愈多的，愈須多費工夫鑒識，乃能辯識他的眞僞。〈接識第七〉：

> 夫國體之人，兼有三材，故談不三日，不足以盡之。一以論道德，二以論法制，三以論策術，然後乃能竭其所長而舉之不疑。

國體之人，兼有德、法、術三材，因此，談不三日，無法發掘他的所長而善加使用。在對談的過程中，一以論道德，二以論法制，三以論策術，使國體這類的人材，可

---

〔註111〕後漢・徐幹，《中論・覈辯第八》（臺北：世界書局，中華民國 56 年），頁 19。

以充分表現。

## 三、常士與奇異

漢代取常士由察舉，進特出則由徵辟。王充《論衡》對於常士稱爲知材，對於特出則號爲超奇。〔註112〕蔣濟《萬機論》：

> 然則攷功案第，守成之法也。拔奇取異，定社稷之事也。〔註113〕

王充與蔣濟都認爲人材有常奇之別。可是，世之論者，恆因觀人有謬，而疑因名選士的不可用。如魏明帝就認爲：

> 選舉莫取有名，名如畫地作餅，不可啖也。〔註114〕

吏部尚書盧毓則不以爲然，他說：

> 名不足以致異人，而可以得常士。常士畏教慕善，然後有名，非所當
> 疾也。愚臣既不足以識異人，又主者正以循名案常爲職，但當有以驗其後。
> 故古者敷奏以言，明試以功。今考績之法廢，而以毀譽相進退，故眞僞混
> 雜，虛實相蒙。〔註115〕

盧毓認爲，名雖不足以致異人，卻可以得常士。只要有以驗其後，就可以辨眞僞，別虛實。明帝接納盧毓的論點，下詔作考課法。劉卲論人，也主品藻之術，當以常士爲準，而不可用於奇異之人。〈七謬第十〉：

> 失謬之由，恆在二尤，二尤之生，與物異列。故尤妙之人，含精於內，
> 外無飾姿；尤虛之人，碩言瑰姿，內實乖反。

尤妙之人是指奇異而言，奇異的人「含精於內，外無飾孔，因此，不易測度；尤虛之人指常士而言，常士因爲「碩言瑰姿，內實乖反」，因此，容易誤判。拔奇取異本可越序，但天下內有奇異之實的人本少，外冒奇異之名的人極多。因此，取士與其越序，不如順次。順次，常度也。可見，劉卲及魏明帝、盧毓對於常士與奇異的甄選態度相同。

## 四、英　雄

「英雄」一名初出於《漢書·敘傳》〔註116〕。它所指的對象是陳平、韓信、

---

〔註112〕湯用彤，〈讀人物志〉。見賀昌群、容肇祖等，《魏晉思想甲編五種》（臺北：里仁書局，中華民國73年），頁5。

〔註113〕清·嚴可均，《全三國文》卷三十三（北京：中華書局，1995年），頁1239。

〔註114〕晉·陳壽，《三國志·魏書》〈盧毓傳〉（臺北：洪氏出版社，中華民國64年），頁651。

〔註115〕晉·陳壽，《三國志·魏書》〈盧毓傳〉（臺北：洪氏出版社，中華民國64年），頁651～652。

〔註116〕漢·班固，《漢書·敘傳》說：「舉韓信於行陣，收陳平於亡命，英雄陳力，群策畢舉；

張良等爲漢高祖獻策，以成帝業的人。時至三國，一般人又多喜歡講「英雄」，因爲亂世須英雄以撥亂反正，因此，王粲著有《漢末英雄記》〔註117〕，以褒貶眞假英雄，成爲研究英雄的重要資料。王粲從劉表寫起，到虞翻爲止，總共寫了包括：劉表、劉焉、劉範、劉璋、劉備、袁成、袁紹、袁譚、董卓、公孫瓚、諸葛亮、逢紀、閔貢、何苗、李催、郭氾、丁原、呂布、楊及、高順、劉虞、張瓚、關靖、楊性、曹純、張遼、文聘、許楮、韓馥、孔伷、王匡、橋瑁、袁遺、王修、孔融、華歆、張昭、顧雍、張紘、周瑜、魯肅、黃蓋、丁奉、虞翻等四十六人的事蹟。他寫諸葛亮說：

> 亮在荊州，以建安初與穎川石廣元、徐元直，汝南孟公威等俱游學。三人務於精熟，而亮獨觀其大略，每晨夜從容常抱膝長嘯，而謂三人曰：「卿仕進可至刺使郡守也。」三人問其所至，亮但笑而不言。後公威思鄉里，欲北歸，亮謂之曰：「中國饒土，丈夫遨遊，何必故鄉也。」〔註118〕

寥寥數語，就將一個足智多謀、與眾不同、氣象宏偉的諸葛亮，栩栩如生的呈現出來。他記橋瑁則只是輕描淡寫的說：

> 橋瑁字元偉，元族子。先爲兗州刺使，甚有威惠。〔註119〕

當時的天下，四方鼎沸，亟須定亂，因此，曹操說：「方今收英雄時也。」〔註120〕撥亂既仗英雄，當許劭品題曹操說：「子清平之奸賊，亂世之英雄。」〔註121〕於是操大悅而去。天下豪俊雖都以英雄自許，可是，卻大多實不當名。曹操對著劉備說：

---

此高祖之大略，所以成帝業也。」又云：「英雄誠知覺寤，畏若禍戒，超然遠覽，淵然深識。」按：上文中之英雄指的是韓信、陳平、張良等人（臺北：洪氏出版社，中華民國64年），頁4211～4212。

〔註117〕清・王謨說：「王粲《英雄記鈔》一卷，《隋志》本八卷，名《漢末英雄記》。下注云：殘缺。而《唐志》更作十卷，書已久亡，此乃從裴松之注《三國志》中采出，故謂之鈔。」清代學人，《筆記小說大觀四編》（臺北：新興書局，中華民國76年），頁529。按：據王謨的考證，王粲撰《漢末英雄記》經隋至唐的流傳久已亡佚。王謨乃從裴松之注《三國志》中采出，故謂之曰《英雄記鈔》。本文所引王粲對三國英雄人的描述，以王謨鈔本爲主。

〔註118〕魏・王粲，《英雄記鈔》。見清代學人，《筆記小說大觀四編》（臺北：新興書局，中華民國76年），頁581。

〔註119〕魏・王粲，《英雄記鈔》。見清代學人，《筆記小說大觀四編》（臺北：新興書局，中華民國76年），頁588。

〔註120〕晉・陳壽，《三國志・魏書》〈武帝紀第一〉說：「呂布襲劉備，取下邳，備來奔。程昱說公曰：『觀劉備有雄才而甚得眾心，終不爲人下，不如早圖之。』公曰：『方今收英雄之時也，殺一人而失天下之心，不可。』」（臺北：洪氏出版社，中華民國64年），頁14。

〔註121〕宋・范曄，《後漢書・許劭傳》（臺北：鼎文書局，中華民國64年），頁2234。

「今天下英雄，唯使君與操耳。」〔註122〕時，而玄德聞之大驚。因爲英雄可以創業，必遭操忌。

曹魏政權在代漢朝以后，最高統治者一代不如一代。《魏書》對文帝的評語只肯定他的「文藻」與「才藝」，而他的不足之處恰恰正是君主該具的品質。陳壽以遺憾的口氣評論曹丕說：「若加之曠大之度，勵以公平之誠，邁志存道，克廣德心，則古之賢主，何遠之有哉！」在文帝之后，明帝在連年戰事不斷的情況下大興土木，建築宮室。其后就是少帝臨朝，大權旁落。劉邵在后半生政治生涯中所面臨的就是這種現實。此必引起人們對英雄的熱切期待。他的〈英雄第八〉就是在期待中追溯歷史、思考現實的結果，我們可以隱隱感覺到時代的呼喚。

劉邵在〈英雄第八〉中，首先分別爲「英」、「雄」各自定義爲：「聰明秀出謂之英，膽力過人謂之雄，此其大體之別名也。」接著，他剖析「英」、「雄」的素質結構，並指出它們各自不同的政治前途。「若校其分數，則互相須，各以二分，取彼一分，然後乃成。」「然英之分以多於雄，而英不可以少也。英分少，則智者去之，故項羽氣力蓋世，明能合變，而不能聽采奇異，有一范增而不用，是以陳平之徒皆亡歸。高祖英分多，故群雄服之，英材歸之，兩得其用，故能吞秦破楚，宅有天下。」「故一人之身兼有英雄，乃能役英與雄，能役英與雄，故能成大業也。」至於英與雄如何形成？馮友蘭說：

> 劉邵在〈九徵〉篇中已經作了他自己的回答。他所謂英，就是他所說的得陰氣多的「玄慮之人」。他所謂雄，就是他所說的得陽氣多的「明白之士」。〔註123〕

可見，形成「英」的條件在於得陰氣多，形成「雄」的條件在於得陽氣多，「英」就是「玄慮之士」，「雄」就是「明白之士」。

## 五、元一與五常

王充主張元氣一元論，以爲宇宙的本體爲氣，由氣產生陰陽，然後再由陰陽化生萬物。他在〈談天篇〉說：「天地含氣之自然也。」〔註124〕在〈自然篇〉說：「天

---

〔註122〕晉・陳壽，《三國志・蜀書》〈先主傳第二〉說：「是時曹公從容謂先主曰：『今天下英雄，唯使君與操耳。本初之徒，不足數也。』先主方食，失匕箸。」（臺北：洪氏出版社，中華民國64年），頁875。

〔註123〕馮友蘭，〈魏晉之際關于名寶、才性的辯論〉。《中國哲學史研究》，1983年第4期），頁9。

〔註124〕漢・王充，《論衡・談天篇》。明萬曆間新安程榮刊漢魏叢書本（臺北：中國子學名著集成編印基金會），頁477。

地合氣，萬物自生，猶夫婦合氣，子自生矣。」〔註125〕在〈齊世篇〉說：「一天一地，並生萬物，萬物之生，俱得一氣。」〔註126〕在〈訂鬼篇〉說：「夫人之所以生者，陰陽氣也。陰氣生爲骨肉，陽氣主爲精神，人之生也，陰陽氣具，故骨肉堅，精氣盛。」〔註127〕這樣，人也是陰陽二氣所合成，也與他物一樣，同出於氣。

「仁」、「義」、「禮」、「智」、「信」，俗稱五常。漢·董仲舒說：

夫仁誼禮智信五常之道，王者所當修飾也；五者修飭，故受天之佑，

而享鬼神之靈，德施於方外，延及群生也。〔註128〕

經董仲舒的闡述，「仁」、「義」、「禮」、「智」、「信」已經成爲「君權神授」和「天人感應」等三綱五常學說的重要組成部分。對於這種論點，王充則持反對的態度。王充《論衡·本性篇》：

人稟天地之性，懷五常之氣，或仁或義，性術乖也。〔註129〕

《論衡·率性篇》：

小人君子，稟性異類乎？譬諸五穀，皆爲用，實不異而效殊者，稟氣有厚泊，故性有善惡也。殘則受仁之氣泊，而怒則稟勇渥也。仁泊則戾而少愈，勇渥則猛而無義，而又和氣不足，喜怒失時，計慮輕愚。〔註130〕

《論衡·辨祟篇》

夫裸蟲三百六十、人爲之長。人，物也；萬物之中有知慧者也。其受命於天，稟氣於元，與物無異。〔註131〕

王充認爲，人本來就是物，而人與他物之所以不同，關鍵在於人有知慧這一點。而人與他物的此一分別究竟因何產生？這完全由於所稟的氣之多少厚泊而來，不但人與他物的差別由於氣稟的不同，就是人類之中，賢愚的差別也是由於氣稟的異致。這種觀點在董仲舒的「天人思想」占統治地位的漢代，是極爲突出的。

〔註125〕漢·王充，《論衡·自然篇》。明萬曆間新安程榮刊漢魏叢書本（臺北：中國子學名著集成編印基金會），頁781。

〔註126〕漢·王充，《論衡·齊世篇》。明萬曆間新安程榮刊漢魏叢書本（臺北：中國子學名著集成編印基金會），頁816。

〔註127〕漢·王充，《論衡·訂鬼篇》。明萬曆間新安程榮刊漢魏叢書本（臺北：中國子學名著集成編印基金會），頁971。

〔註128〕漢·班固，《漢書·董仲舒傳》（臺北：洪氏出版社，中華民國64年），頁2505。

〔註129〕漢·王充，《論衡·本性篇》。明萬曆間新安程榮刊漢魏叢書本（臺北：中國子學名著集成編印基金會），頁149。

〔註130〕漢·王充，《論衡·率性篇》。明萬曆間新安程榮刊漢魏叢書本（臺北：中國子學名著集成編印基金會），頁193。

〔註131〕漢·王充，《論衡·辨性篇》。明萬曆間新安程榮刊漢魏叢書本（臺北：中國子學名著集成編印基金會），頁1042。

劉卲以王充的元氣一元論爲基礎，再補上陰陽五行的學說，提出人物的形上根據在於元一之氣。〈九徵第一〉：

> 凡有血氣者，莫不合元一以爲質，稟陰陽以立性，體五行而著形。

意思是說，凡由血氣構成的生物，沒有不是蘊含元一的氣作爲本質，稟賦陰陽而確立本性，以金木水火土五行爲本體而有外部的形態。〈九徵第一〉進而分析說：

> 若量其材質，稽諸五物，五物之徵，亦各著於厥體矣。其在體也，木骨、金筋、火氣、土肌、水血，五物之象也。五物之實，各有所濟，是故骨直而柔者，謂之弘毅，弘毅也者，仁之質也。氣清而朗者，謂之文理，文理也者，禮之本也。體端而實者，謂之貞固，貞固也者，信之基也。筋勁而精者，謂之勇敢，勇敢也者，義之決也。色平而暢者，謂之通微，通微也者，智之原也。

劉卲認爲，「五物之實，各有所濟」，同時也分析人的生理素質、心理品質和倫理道德的關係。「骨質而柔者」，意思是說，「元一」中「木骨」發展完善，才能有「弘毅」這種心理品質，而「弘毅」這種心理品質，才是「仁」這種倫理道德存在的依據。「氣清而朗者」，意思是說，「元一」中「火氣」發展完善，才能有「文理」這種心理品質，而「文理」這種心理品質，才是「禮」這種倫理道德存在的依據。「體端而實者」，意思是說，「元一」中「土體」發展完善，才能有「貞固」這種心理品質，而「貞固」這種心理品質，才是「信」這種倫理道德存在的依據。「筋勁而精者」，意思是說，「元一」中「金筋」發展完善，才能有「勇敢」這種心理品質，而「勇敢」這種心理品質，才是「義」這種倫理道德存在的依據。「色平而暢者」，意思是說，「元一」中「水色」發展完善，才能有「通微」這種心理品質，而「通微」這種心理品質，才是「智」這種倫理道德存在的依據。

## 六、五　德

《尚書・皋陶謨》：「九德咸事，俊乂在官。」〔註132〕這裏所謂的「九德」是指「寬而栗，柔而立，愿而恭，亂而敬，擾而毅，直而溫，簡而廉，剛而塞，彊而義」九種品德而言。〔註133〕劉卲對於〈皋陶謨〉從對立中把握人的品德的論點頗有欣賞，

---

〔註132〕《十三經注疏1尚書》〈皋陶謨第四〉（臺北縣：藝文印書館，中華民國68年），頁61。

〔註133〕《十三經注疏1尚書》〈皋陶謨第四〉皋陶曰：「都亦行有九德，亦言其人有德，乃言曰：『載采采。』禹曰：『何？』皋陶曰：『寬而栗，柔而立，愿而恭，亂而敬，擾而毅，直而溫，簡而廉，剛而塞，彊而義，彰厥有常吉哉？』臺北縣，藝文印書館，中華民國68年』，頁61。

但看法卻略有差異。〈九徵之一〉：

> 五常之別，列為五德。是故，溫直而擾毅，木之德也；剛塞而弘毅，
> 金之德也；愿恭而理敬，水之德也；寬栗而柔立，土之德也；簡暢而明砭，
> 火之德也。

仔細分析劉卲所提出的「五德」，是將〈皋陶謨〉中「九德」的內容加以分析綜合而成，就是將「九德」中的「直而溫，擾而毅」合成為「溫直而擾毅」，作為「木之德」；將「寬而栗，柔而立」合成為「寬栗而柔立」，作為「土之德」；將「愿而恭，亂（按：『亂』，古訓『治』，引伸為『理』。）而敬」合成為「愿恭而理敬」，作為「水之德」；將「彊而義」修正為「弘而毅」，然後與「剛而塞」合成為「剛塞而弘毅」，作為「金之德」；至於「簡而廉」則演譯成「簡暢而明砭」，作為「火之德」。他著重從人的內在差異入手，提出「溫和而能正直，和順而能果斷，是木質的德性；剛強而能充實，弘大而能果斷，是金質的德性；忠厚而能謹嚴，明理而能敬懼，是水質的德性；寬厚而能嚴肅，柔弱而能自立，是土質的德性；疏簡而能暢達，明識自我而能時時反省，是火質的德性。」的五德思想，將人的品德分為上述五大類型。

## 七、徵　神

早在戰國時代，孟子就對於如何徵神作過研究。〈離婁章句上〉：

> 存乎人者，莫良於眸子，眸子不能掩其惡。胸中正，則眸子瞭焉；胸
> 中不正，則眸子眊焉。聽其言也，觀其眸子，人焉廋哉？〔註134〕

孟子認為，知人的道理，只須觀察一個人的眼睛就夠了。心術正的人，他的眼睛明亮；心術不正的人，他的眼睛朦朦而不明。聽一個人說話，觀察一個人的眼神，人的心術正邪，無可藏匿。湯用彤〈讀人物志〉：

> 漢魏論人，最重神味。曰神姿高徹，神理雋徹，神矜可愛，神鋒太雋，
> 精神淵著。〔註135〕

湯用彤認為，漢魏之際，人們品評人物，最重神味。當時有所謂的「神姿高傲」、「神理雋徹」、「神矜可愛」、「神鋒太雋」、「精神淵著」等許多概括。但神味表現在何處？如何才能準確的識別神味？這是當時識鑒人物的最大困難。晉‧葛洪《抱朴子‧行品卷》：

> 夫物有似而實非，若然而不然，料之無惑，望形得神，聖人其將病諸，

---

〔註134〕《十三經注疏8孟子》〈離婁章句上〉（臺北縣：藝文印書館，中華民國68年），頁134。

〔註135〕湯用彤，〈讀人物志〉。見賀昌群、容肇祖等，《魏晉思想甲編五種》（臺北：里仁書局，中華民國73年），頁2。

況乎常人。〔註136〕

「望形得神，聖人其病諸，況乎常人」。因此，劉劭乃試圖從《大戴禮‧文王官人》尋求鑒識神味的途徑。〈文王官人〉說：

> 誠在其中，此見于外。以其見占其隱，以其細占其大，以其聲處其氣。氣初生物，物生有聲，聲有剛有柔，有濁有清，有好有惡，咸發於聲也。心氣華誕者，其聲流散；心氣順信者，其聲順節；心氣鄙戾者，其聲斯醜；心氣寬柔者，其聲溫好。〔註137〕

又說：

> 民有五性，喜怒欲懼憂也。喜氣內蓄，雖欲隱之，陽喜必見；怒氣內蓄，雖欲隱之，陽怒必見；欲氣內蓄，雖欲隱之，陽欲必見；懼氣內蓄，雖欲隱之，陽懼必見；憂悲之氣內蓄，雖欲隱之，陽憂必見。五氣誠于中，發形于外，民情不隱也。喜色由然以生，怒色拂然以侮，欲色嫗然以偷，懼色薄然以下，憂悲之色纍然而靜。誠智，必有難盡之色；誠仁，必有可尊之色；誠勇，必有難攝之色；誠忠，必有可親之色；誠絜，必有難污之色；誠靜，必有可信之色。〔註138〕

意思是說，心中存著誠，就會表現在聲音、神色兩方面。就聲音而言，心氣浮誇誕妄的人，他的聲音是流離散漫的；心氣謹密信實的人，他的聲音是和順有節的；心氣卑鄙乖戾的人，他的聲音是沙啞難聽的；心氣舒闊柔和的人，他的聲音是溫柔美好的。就神色而言，喜氣蘊蓄在心裏，雖要隱藏著它，神色上一定會表現出來；怒氣蘊蓄在心里，雖要隱藏著它，神色上一定會表現出來；欲氣蘊蓄在心裏，雖要隱藏著它，神色上一定會表現出來；懼氣蘊蓄在心裏，雖要隱藏著它，神色上一定會表現出來；憂氣蘊蓄在心裏，雖要隱藏著它，神色上一定會表現出來。喜歡的神色

---

〔註136〕晉‧葛洪，《抱朴子外篇卷之二行品卷第二十二》。明萬曆甲申吳興慎懋官刊本（臺北：中國子學名著集成編印基金會印行），頁575。

〔註137〕《叢書集成初編大戴禮記卷十》〈文王官人〉（北京：中華書局，1989年），頁161～162。又，據高明的考證，《大戴禮記》〈文王官人〉記周文王用人的方法，與《周書》〈官人解〉大同小異，只是《周書》是說周公向成王說的話，而《大戴禮記》則說是文王向呂尚所講的話，這自然是傳聞異辭。然而，遠在周初（約現在的三千年前，中國已經有了一套精密的「人事行政」的原則，則是不容否認的事。高明，《大戴禮記今註今譯》〈自序〉（臺北：臺灣商務印書館，中華民國73年），頁8。按：本文引用〈文王官人〉的資料，旨在探討西周之際，中國「人事行政」的原則，而這一部分的內容，〈文王官人〉及《周書》既大同小異，因此，只徵引〈文王官人〉，不另外徵引《周書》。

〔註138〕《叢書集成初編大戴禮記卷十》〈文王官人〉（北京：中華書局，1989年），頁162～163。

不知不覺的表現出來，生氣的神色很激動的就要傷害人似的，欲求的神色好像裝作在討人喜歡似的，恐懼的神色似乎在被逼迫的低聲下氣，憂愁悲哀的神色好像很疲憊的不想講話。它的結論是：真正的智慧，一定有難於測度的神色；真正的仁愛，一定有使人景仰的神色；真正的勇敢，一定有難於屈服的神色；真正的忠誠，一定有可以親近的神色；真正的廉潔，一定有難於污染的神色；真正的安靜，一定有令人信賴的神色。劉邵對於〈文王官人〉從聲音、神色以表現神情的主張堅信不疑。此可從〈九徵第一〉看出端倪：

> 夫容之動作發乎心氣，心氣之徵則聲變是也。夫氣合成聲，聲應律呂，有和平之聲，有清暢之聲，有回衍之聲。夫聲暢於氣，則實存貌色。故誠仁，必有溫柔之色；誠勇，必有矜奮之色；誠智，必有明達之色。

劉邵認為，容止的動作，發源於內在的心理變化，心理變化的象徵，就在於聲音的變化。內心平靜氣順時，就會有和平的聲音；內心清明暢達時，就會有清暢的聲音；內心漸趨豐盛時，就會有回衍的聲音。聲音發於內心，則必然表現于貌色；所以心質誠仁的人，必定會表現出溫和柔順的貌色；心質誠勇的人，必定會表出莊重奮勉的貌色；心質誠智的人，必定會表現出明白通達的貌色。比較一下〈文王官人〉與〈九徵第一〉的見解，非常相似。同時，劉邵也沒有否定觀察「眸子」的作用。他除在〈九徵第一〉明確的指出：「色見於貌，所謂徵神。」強調由神色以徵神之外，又在〈九徵第一〉論及：「徵神見貌，則情發於目。故，仁目之睛，愨然以端；勇膽之睛，曄然以彊。」意思是說，從外貌來觀察，則感情自眼睛發出。所以說，仁者的眼睛的精氣，誠實謹慎而且端正；勇敢有膽量的人的精氣，光彩照人而且剛毅堅強。由此，就不僅確定了「徵神」是聲音、神色和目情的綜合表現，而且增強了「能知精神，則窮理盡性」的信念。

## 八、九　徵

《呂氏春秋·觀表》：

> 凡論人心，觀事傳，不可不熟，不可不深。天為高矣，而日月星辰，雲氣雨露未嘗休矣。地為大矣，而水泉草木，毛羽裸鱗未嘗息也。……人之心隱匿難見，淵深難測，故聖人於事志焉。聖人之所以過人以先知，先知必審徵表，無徵表而欲先知，堯舜與眾人同等。〔註139〕

人類的心理活動隱匿難見，淵深難測，因此，必須探索他的「徵表」。「徵」指事情，

---

〔註139〕秦·呂不韋，《呂氏春秋·八覽卷二十觀表》。明萬曆庚申吳興凌氏刊朱墨套印本（臺北：中國子學名著集成編印基金會），頁600～601。

「表」指外表。聖人之所以超越眾人，原因在於他們可以先知，而聖人為何可以先知？在於必審「徵表」，沒有「徵表」而欲先知，堯舜和眾人同等。惟直到東漢，人們對於「徵表」的探索仍然沒有較大的發展。王充雖然在《論衡·骨相篇》論及：

> 人命稟於天，則有表候於體。察表候以知命，猶察斗斛以知容矣。〔註140〕

但「表候」是什麼？並未明言。《論衡·骨相篇》：

> 表候者，骨法之謂也。〔註141〕

而「骨法」又是什麼？〈骨相篇〉進而解釋說：

> 傳言黃帝龍顏，顓頊戴午，帝嚳駢齒，堯眉八采，舜目重瞳，禹耳三漏，湯臂再肘，文王四乳，武王望陽，周公背僂，皋陶馬口，孔子反羽。
>
> 〔註142〕

王充一口氣舉了從黃帝一直到孔子為止的十二位聖人，將他們在外表方面的特殊之處逐一描寫。看似具體，但卻沒有找到規律及概括的表述。雖然他又接著在〈骨相篇〉說：

> 非徒富貴貧賤有骨體也，而操行清濁亦有法理。〔註143〕

並舉例說：

> 書曰：「飛鳥盡，良弓藏；狡兔死，走狗烹。」越王為人長頸鳥喙，可以共患難，不可以共榮樂。……秦王為人隆準長目，贄膺豺聲，少恩，虎視狼心，居約易於下人，得志亦輕視人。〔註144〕

王充舉了越王勾踐和秦王嬴政的例子，說明「為人長頸鳥喙」的句踐，只「可以共患難，不可以共榮樂。」「為人隆準長目，贄膺豺聲，少恩，虎視狼心」的嬴政，「居約易於下人，得志亦輕視人。」仍然沒有找到規律及概括的表述。可見，雖然早在《呂氏春秋》中就已經點出「人亦有徵」的課題〔註145〕，但「徵」是什麼？直到王

---

〔註140〕漢·王充，《論衡·骨相篇》。明萬曆新安程榮刊漢魏叢書本（臺北：中國子學名著集成編印基金會），頁119。

〔註141〕漢·王充，《論衡·骨相篇》。明萬曆新安程榮刊漢魏叢書本（臺北：中國子學名著集成編印基金會），頁119。

〔註142〕漢·王充，《論衡·骨相篇》。明萬曆新安程榮刊漢魏叢書本（臺北：中國子學名著集成編印基金會），頁119。

〔註143〕漢·王充，《論衡·骨相篇》。明萬曆新安程榮刊漢魏叢書本（臺北：中國子學名著集成編印基金會），頁128。

〔註144〕漢·王充，《論衡·骨相篇》。明萬曆新安程榮刊漢魏叢書本（臺北：中國子學名著集成編印基金會），頁128～129。

〔註145〕秦·呂不韋，《呂氏春秋·八覽卷十二觀表》說：「非徒相馬然也，人亦有徵。」見明萬曆庚申吳興凌氏刊朱墨套印本（臺北：中國子學名著集成編印基金會），頁604。

充的時候，仍然沒有一個結論。劉劭有見於此，因而踵武前賢的見解，克服「骨相」的局限，提出「九徵」的概念，使人觀察「徵表」或「表候」時，有一個具體的範圍和內涵〔註146〕。〈九徵第一〉：

> 平陂之質在於神，明暗之實在於精，勇怯之勢在於筋，彊弱之植在於骨，躁靜之決在於氣，慘懌之情在於色，衰正之形在於儀，態度之動在於容，緩急之狀在於言。

意思是說，公正、偏頗的本質在於神智，明達、暗昧的內容在於精氣，勇敢、怯懦的氣勢的筋脈，剛強、柔弱的支撐在於骨骼，煩躁、平靜的分野在於氣性，憂愁、喜悅的感應在於神色，萎靡、端莊的的形象在於儀態，意態、常度的變動在於容止，從容、急迫的情狀在於語言。劉劭認為，只要從上述九個方面入手，就可以徵知人的質性。因為神乃質之主，所以神平則質平，神陂則質陂，因此說：「平陂之質在於神。」因為精乃實之本，所以精慧則質明，精濁則實暗，因此說：「明暗之實在於精。」因為筋乃勢之用，所以筋勁則勢勇，筋弱則勢怯，因此說：「勇怯之勢在於筋。」因為骨乃植之基，所以骨強則植強，骨弱則植弱。因此說：「彊弱之植在於骨。」因為氣乃決之地，氣盛決於躁，氣沖決於靜。因此說：「躁靜之決在氣。」因為色乃情之徵候，所以色悴由於情慘，色悅由於情懌。因此說：「慘懌之情在於色。」因為儀乃形之表，所以儀衰由於形殆，儀正由於形肅。因此說：「衰正之形在於儀。」因為容乃動之符，所以邪動則容態，正動則容度。因此說：「態度之動在於容」。因為言乃心之狀，所以心恕則言緩，心褊則言急。因此說：「緩急之狀在於言。」針對劉劭提出的「九徵」之思想，牟宗三批評說：

> 以上由神、精、筋、骨、氣、色、儀、容、言，即可知平陂、明暗、勇怯、強弱等之九質。故為九徵之質，簡曰「九徵」。此言由九方面可以徵知人之質性。當然徵不必九、質亦不必九、還可以增加。此品鑒之姿

---

〔註146〕《莊子·列禦寇》也提到「九徵」，那是：「遠使之而觀其忠，近使之而觀其敬，煩使之而觀其能，卒然問焉而觀其知，急與之期而觀其信，委之以財而觀其仁，告之以危而觀其節，醉之以酒而觀其側，雜之以處而觀其色。九徵至，不肖人得矣。」郭慶藩，《莊子集釋》（臺北：華正書局，中華民國69年），頁1054。意思是說，君子在觀察一國人的賢不肖，可以經由九個方法：（一）、派他到遠處任職，來觀察他的忠誠。（二）、讓他在身邊任職，來觀察他的敬慎。（三）、派他做煩雜的事，來觀察他的能力。（四）、突然問他問題，來觀察他的機智。（五）、倉促約定見面的時間，來觀察他的信用。（六）、託付他大筆的財富，來觀察他的仁德。（七）、告訴他危急的情況，來觀察他的節操。（八）、故意灌醉他，來觀察他的邪正。（九）、處在混雜的地方，來觀察他的定力。可見，莊子的「九徵」和劉劭的「九徵」之內涵完全不同。

態，皆是藝術性的形相，美學的內容真理，與科學的外延真理不同。若就品鑒之極微而玄言，則凡內容真理皆是帝網重重，互相出入滲透，而無窮無盡者。因此，徵亦無窮無盡，質亦無窮無盡。此言九者，不過概略而已。〔註147〕

牟宗三認為，「九徵」的思想屬於美學的內容真理，與科學的外延真理不同，若就品鑒之極微而玄言，則凡內容真理皆可無窮無盡，因此，徵亦無窮無盡，質亦無窮無盡。此言九者，不過概略而已。牟宗三的批評固然有他的道理，但「九徵」是人們考察心理活動的「徵表」之第一次明確而系統的概括，因此，無論從內容或方法而言，都有一定的價值。〔註148〕

## 九、三　等

〈論語・季氏篇〉：

> 生而知之者，上也；學而知之者，次也；困而學之，又其次也；困而不學，民斯為下矣。〔註149〕

孔子說：「生來就知道一切的，是上等智慧的人；一經學習就知事理的，是次一等聰明的人；克服困境發憤力學的，又是次一等求知的人；遭遇困難就自暴自棄的，則是最不求上進的人。」可見，孔子論人的差異，大致分為三等，即〈雍也篇〉所指出的：「中人以上，可以語上也；中人以下，不可以語上也。」〔註150〕意思是說，人的天資，分為三等：「生而知之者」，是一等；「學而知之者」，又是一等；「困而學之」與「困而不學」，天賦相同，唯有學與不學之異而已。劉邵在《人物志・序》中指出，他所以「敢依聖訓，志序人物」的重要依據，就是孔子「汎論眾材以辨三等。」因此，他對人的德才評價也區分為三等。〈九徵第一〉：

> 是故兼德而至，謂之中庸；中庸也者，聖人之目也。具體而微，謂之德行；德行也者，大雅之稱也。一至謂之偏材；偏材，小雅之質也。一徵，謂之依似；依似，亂德之類也。一至一違，謂之間雜；間雜，無恆之人也。

〔註147〕牟宗三，《才性與玄理》〈第二章人物志之系統的解析〉（臺北：臺灣學生書局，中華民國67年），頁55。

〔註148〕鄭玉光說：「『九徵』的思想，雖有很大的局限，但它是人們認識和考察心理現象之『徵表』的第一次明確而系統的概括，因此，無論從內容和方法的角度來看，都具有一定的價值。」鄭玉光，《知人善任的奧秘——劉邵人物志研究譯注》（太原：山西人民出版社，1982年），頁30。

〔註149〕《十三經注疏8論語》〈季氏第十六〉（臺北縣：藝文印書館，中華民國68年），頁149。

〔註150〕《十三經注疏8論語》〈雍也第六〉（臺北縣：藝文印書館，中華民國68年），頁54。

無恆、依似，皆風人末流，末流之質，不可勝論，是以略而不概也。

劉卲認為，兼具各種道德而達到極點的，稱作中庸；中庸是聖人品德的名目。雖然具備聖人的材質，但卻微薄而不夠弘大的，叫做德行；德行是大雅的稱號。具有一種能力，叫做偏材；偏材是小雅的稱號。只具有九種徵象的一種，叫作依似；依似是亂德的人。一至一違，稱作間雜之人；間雜是沒有一定的規矩的人。無恆、依似，都是隨風而倒的末流。末流的實質，不能逐一加以分析，因此，就略而不論。錢穆說：

> 劉卲將人物分為三類，即「聖人」、「德行」與「偏材」。中庸則是聖人。復下有「依似」，此乃勉強學之於人，而非出自其人之本性者。此下又有「間雜」與「無恒」。如其人今日如此，明日又不如此，便是間雜、無恆。「依似」與「無恒」，皆不從其人之本性來，只從外面強學，故有此弊。〔註151〕

錢穆認為，〈九徵第一〉中雖然提及「聖人」、「德行」、「偏材」、「依似」、「間雜」等名目，而事實上，劉卲對於人物的分類只有三等：第一等是「聖人」，第二等是「德行」，第三等是「偏材」。至於說「依似」及「間雜」，因為是「乃勉強學之於人，而非出自其人之本質者」，所以劉卲皆略而不論。

## 十、個 性

個性意指個人特有的性能，合先天稟賦與後天習慣而言。關於個性的研究，我國早在西周時期就開始了。《太公六韜‧明傳第五》：「柔而靜，恭而敬，強而弱，忍而剛，此四者，道之所起也。」〔註152〕當文王請太公陳述道之所以興衰的原因時，太公答以國君的個性必須「柔而靜，恭而敬，強而弱，忍而剛」，國家才會強盛。

到了春秋時，孔子對於人的個性也十分重視。他說：「由也果，賜也達，求也藝。」〔註153〕孔子認為，仲由的個性特點為臨事果斷，端木賜的個性特點為通達情理，冉求的個性特點為多才多藝。這是孔子對於自己的學生之個性的評價。另外，孔子說：「不得中行而與之，必也狂狷乎。狂者進取，狷者有所不為。」〔註154〕孔子感嘆言行合於中庸之道的人難以見到，因此，他退而求其次，有所取於狂狷的人。狂者志向遠大，富有進取心，不苟同於流俗，因而行為往往狂放不拘，言語往往肆意無隱。

---

〔註151〕錢穆，《中華學術思想史論叢（三）》〈略述劉卲人物志〉（臺北：東大圖書公司，中華民國67年七月出版），頁109～110。

〔註152〕徐培根，《太公六韜今註今譯》（臺北：臺灣商務印書館，中華民國82年），頁56。

〔註153〕《十三經注疏8論語》〈雍也第六〉（臺北縣：藝文印書館，中華民國68年），頁52。

〔註154〕《十三經注疏8論語》〈子路第十三〉（臺北縣：藝文印書館，中華民國68年），頁118。

至於狷者，則是操守耿介，有所不爲的人。狂與狷是兩種不同的個性。他還用了對比法，研究上古與春秋時「狂」的個性之不同表現。他說：「古之狂也肆，今之狂也蕩。」〔註155〕孔子感歎時人性行澆薄，不如古人淳厚。他觀察世俗人情，有感於世風日益衰敗，不如古代民情純樸敦厚，於是舉出古今「狂放不拘」的人物類型相對照，顯示古今人物性行的差異。他以爲古代狂放的人肆意直言，不拘小節，現在狂放的人罔顧道義，放蕩不拘。孔子對於「中庸」極爲讚賞，他以推崇惋惜的口氣說：「中庸之爲德也，其至矣乎，民鮮久矣。」〔註156〕但對於當代「狂」的個性，則十分討厭。他說：「狂而不直，侗而不愿，悾悾而不信，吾不知之矣。」〔註157〕意思是說，狂妄而不正直，幼稚而不誠懇，無能而不信實，這種人，我是不知道其所以然的。「吾不知之矣」，這是一句委婉的話，表示不瞭解爲什麼會如此的原因。可見，孔子不僅研究各種個性的特點，還進而思考其形成的原因了。

　　孔子以後，直到漢代以前的儒者，也提到很多有關個性的論述。〔註158〕例如《大戴禮記・文王官人》「考志」中一口氣就提到十四種個性的表現：

　　　　志殷而深，其氣寬以柔，其色儉而不諂，其禮先人，其言後人，見其所不足，曰日益者也。好臨人以色，高人以氣，賢人以言，防其不足，伐其所能，曰日損者也。其貌直而不侮，其言正而不私，不飾其美，不隱其惡，不防其過，曰有質者也。其貌固嫗，其言工巧，飾其見物，務其小徵，以故自說，曰無質者也。喜怒以物而色不作，煩亂之而志不營，深道以利而心不移，臨懾以威而氣不卑，曰平心而固守者也。喜怒以物而變易知，煩亂之而志不裕，示之以利而易移，臨懾以威而易懾，曰鄙心而假氣者也。執之以物而遬決，驚之以卒而度料，不素而性辨，曰有慮者也。難投以物，

<hr>

〔註155〕《十三經注疏8論語》〈陽貨第十七〉（臺北縣：藝文印書館，中華民國68年），頁157。

〔註156〕《十三經注疏8論語》〈雍也第六〉（臺北縣：藝文印書館，中華民國68年），頁55。

〔註157〕《十三經注疏8論語》〈泰伯第八〉（臺北縣：藝文印書館，中華民國68年），頁72。

〔註158〕關於《大戴禮記》的時代背景，高明考證說：「漢書藝文志所載的儒家著述，有五十三種，八百三十六篇之多，現在尚存的，包括孟子、荀子以及一些漢儒的著述，也不過是十中的一二而已！在這樣的情況下，我們追尋孔子以後、漢代以前的儒家思想發展的全貌，那是一件何等艱難的事！幸而還有漢代禮家戴德和戴聖遺留下的書，彙集鈔錄了許多漢代以前儒者的著述，可以讓我們對於這一段儒家思想的發展，找到一些蹤跡，這對於中國學術思想史上的貢獻，不能說不大。戴德的書，有八十五篇，世稱《大戴禮記》；戴聖的書，有四十九篇，世稱《小戴禮記》或逕稱《禮記》。……現存的《大戴禮記》四十篇，既不是小戴的刪除，更不是殘存的糟粕，它和《小戴禮記》一樣的，保存了許多漢以前儒家思想發展的史料，是十分寶貴的。」見高明，《大戴禮記今註今譯》〈自序〉（臺北：臺灣商務印書館，中華民國73年），頁1～3。

難説以言，知一而不可以解也。困而不知其止，無辨而自順，曰愚贛者也。
營之以物而不虞，犯之以卒而不懼，置義而不可遷，臨之以貨色而不可營，
曰絜廉而果敢者也。易移以言，存志而不能守固，已諾無斷，曰弱志者也。
順與之弗爲喜，非奪之弗爲怒，沈靜而寡言，多稽而儉貌，曰質靜者也。
辨言而不固行，自順而不讓，失當而強之，曰妒誣者也。微情而能發，度
察而能盡，曰志治者也。華而誣，巧言、令色、足恭，一也，皆以無爲有
者也〔註159〕。

意思是說，第一種曰益者（天天有增益的人）的個性，他的心志壯盛而深遠，意氣
舒闊而柔和，容色謙卑而不諂，禮數行在人前，言語出現人後，不掩飾己過，使人
可以指正他。第二種曰損者（天天有減損的人）的個性，好用驕色待人，用傲氣欺
陵人，用言語壓倒人，掩飾自己的過錯，誇大自己的能力。第三種有質者（有骨氣
的人）的個性，他的容貌剛直而不倨傲，他的言語公正而不偏私，不修飾自己的長
處，不隱瞞自己的短處，不掩飾自己的過錯。第四種無質者（沒有骨氣的人）的個
性，他的外表逢人就笑，他的言語工巧，掩飾自己的浮淺，專講一些小信用，用理
由來爲自己辯護。第五種平心而固守者（平心靜氣而篤守有爲的人）的個性，用外
物來使他歡喜、使他惱怒，他的容色毫不改變；用瑣碎的事情來煩亂他，他的意志
不爲之迷惑；用財利來引誘他，他的心志不動搖；用威勢來恐嚇他，他的神氣不屈
服。第六種鄙心而假氣者（襟懷鄙陋而沒有眞性情的人）的個性，用外物來使他歡
喜、使他惱怒，他連知性都改變了；用瑣碎的事來煩亂他，他的意志就不安定了；
用財利來引誘他，他的心志很容易的改變了；用威勢來恐嚇他，他很容易的便屈服。
第七種有慮者（頭腦清楚的人）的個性，以外界的事物來恐嚇他，他能很快的下決
斷；以倉卒的事變來震驚他，他能度量情況；臨事不亂而能分辨是非好壞。第八種
愚贛者（愚昧無知的人）的個性，叫他做事很難，和他說話很難，只會固執一種想
法，而不通事理，遇到困難卻不知變通，不知分辨事勢的利害、得失，而只會順從
己意。第九種廉絜而果敢者（清潔廉能而勇敢果決的人）的個性，用事情去困擾他
而不憂慮；從倉卒中侵犯他而不恐懼；站在正義的一方而不可改變；用錢財美色來
引誘他而不爲迷惑。第十種弱志者（意志薄弱的人）的個性，容易讓別人的話改變
自己，不能固守自己的意志，自己想答應而無法決定。第十一種質靜者（個性內向
的人）的個性，順利的給予他並不高興，無理的搶奪他也不生氣，溫文雅靜而不說
話，考慮很多而容貌謙卑。第十二種妒誣者（嫉妒誣妄的人）的個性，說得頭頭是

〔註159〕《叢書集成初編‧大戴禮記》卷十〈文王官人〉（北京：中華書局，1998 年），頁 157
～161。

道而不堅決的去做，自以爲是而不謙讓，順著欲望而又逞強。第十三種治志者（沈著心細的人）的個性，對於微妙的道理能夠發掘，對於事情的忖度審察能夠徹底。第十四種以無爲有者（把沒有說成有的人）的個性，浮誇而誣妄，專講花言巧語，逢人便裝著親善的臉色，對人過份的恭敬以討人喜歡。茲綜列上述十四種個性如下表，以見異同：

| 個　　　性 | 特　　　　　點 |
|---|---|
| （一）、日益者 | 志殷而深其氣寬以柔其色儉而不諂其言後人見其所不足 |
| （二）、日損者 | 好臨人以色高人以氣賢人以言防其不足伐其所能 |
| （三）、有質者 | 其貌質而不侮其言正而不私不飾其美不隱其惡不防其過 |
| （四）、無質者 | 其貌固嫗其言工巧飾其見物務其小徵以故自說 |
| （五）、平心而固守者 | 喜怒以物而色不作煩亂之而志營深道以利而心不移臨懾以威而氣不卑 |
| （六）、鄙心而假氣者 | 喜怒以物而變易知煩亂之而志不裕示之以利而易移臨懾以威而易懾 |
| （七）、有慮者 | 執之以物而邀決驚之以卒而度料不紊而性辨 |
| （八）、愚讀者 | 難投以物難說以言知一而不可以解也困而不知其止無辨而自順 |
| （九）、絜廉而果敢者 | 營之以物而不虞犯之以卒而不懼置義而不可遷臨之以貨色而不可營 |
| （十）、弱志者 | 易移以言存志而不能守固己諾無斷 |
| （十一）、質靜者 | 順與之弗爲喜非奪之弗爲怒沉靜而寡言多稽而儉貌 |
| （十二）、妒誣者 | 辨言而不固行自順而不讓失當而強之 |
| （十三）、志治者 | 微情而能發度察而能盡 |
| （十四）、無爲有者 | 華而誣巧言令色足恭 |

到了三國時代，由於用人的需求，個性的研究已經不僅在於瞭解不同個性的單一面向，而強調它們的長處與短處的綜合研究。因此，劉邵對於人物個性的論述，也帶有時代的色彩。〈體別第二〉：

> 厲直剛毅材在矯正，失在激訐；柔順安恕美在寬容，失在少決；雄悍傑健任在膽烈，失在多忌；精良畏愼善在恭謹，失在多疑；彊楷堅勁用在楨幹，失在專固；論辨理繹能在釋結，失在流宕；普博周給弘在覆裕，失在溷濁；清介廉潔節在儉固，失在拘扃；休動磊落業在攀躋，失在疏越；沉靜機密精在玄微，失在遲緩；樸露徑盡質在中誠，失在不微；多智韜情權在譎略，失在依違。

劉邵認爲，厲直剛毅的人，長處在於矯正錯誤，短處的矯枉過正，以致揭人隱私；柔順安恕的人，長處在於寬恕包容，短處在於懷柔寡斷；雄悍傑健的人，長處在於

勇於任事，不畏困難，短處在於易致周圍人的嫉妒；精良畏慎的人，長處在於態度恭敬謹慎，短處在於易生猜疑；彊楷堅勁的人，長處在於堅持正道，足以任事；短處在於專斷固執；論辯理繹的人，長處在於化解衝突，短處在於浮泛放蕩；普博周給的人，長處在於交遊廣泛，短處在於良莠不齊；清介廉節的人，長處在於節儉端正，短處在於閉塞拘謹；休動磊落的人，長處在於攀升超越，短處在於疏簡散慢；沉靜機密的人，長處在於精通玄微，短處在於動作遲緩；樸露徑盡的人，長處在於內心誠實，短處在於不能察知玄微；多智韜情的人，長處在於譎詐而有謀略，短處在於反覆不決。上述的十二種個性，「厲直剛毅」對「柔順安恕」，「雄悍傑健」對「精良畏慎」，「彊楷堅勁」對「論辨理繹」，「普博周給」對「清介廉恥」，「休動磊落」對「沉靜機密」，「樸露徑盡」對「多智韜情」，一剛一柔，有得有失。茲綜列上述十二種各性如下表，以見異同：

| 個　　　性 | 長　　　處 | 短　　　處 |
|---|---|---|
| （一）、厲直剛毅 | 材在矯正 | 失在激訐 |
| （二）、柔順安恕 | 美在寬容 | 失在少決 |
| （三）、雄悍傑健 | 任在膽烈 | 失在多忌 |
| （四）、精良畏慎 | 善在恭謹 | 失在多疑 |
| （五）、彊楷堅勁 | 用在楨幹 | 失在專固 |
| （六）、論辨理繹 | 能在釋結 | 失在流宕 |
| （七）、普博周給 | 弘在覆裕 | 失在溷濁 |
| （八）、清介廉潔 | 節在儉固 | 失在拘局 |
| （九）、休動磊落 | 業在躋攀 | 失在疏越 |
| （十）、沉靜機密 | 精在玄微 | 失在遲緩 |
| （十一）、樸露徑盡 | 質在中誠 | 失在不微 |
| （十二）、多智韜情 | 權在譎略 | 失在依違 |

# 十一、任　用

對於不同個性和能力的人，如何加以任用，是人材使用中的重要課題。《大戴禮記・文王官人》針對這一個課題提出「九用」的見解：

> 一曰取平仁而有慮者，二曰取慈惠而有理者，三曰取直憨而忠正者，四曰取順直而察聽者，五曰取臨事而絜正者，六曰取慎察而絜廉者，七曰取好謀而知務者，八曰取接給而廣中者，九曰取猛毅而度斷者，此之謂九用也。平仁而有慮者，使是治國家而長百姓；慈惠而有理者，使是長鄉邑而治父子；直憨而忠正者，使是蒞百官而察善否；慎（按：「慎」字疑為「順」

之誤植，當正之。）直而察聽者，使是掌民之獄訟、出納辭令；臨事而絜
正者，使是守內藏而治出入；慎察而絜廉者，使是分財臨貨、主賞賜；好
謀而知務者，使是治壤地而長百工；接給而廣中者，使是治諸侯而待賓客；
猛毅而度斷者，使是治軍事、衛邊境，因方而用之，此之謂官能也〔註160〕。

首先，〈文王官人〉先確立九項任用的標準，一是選取「平仁而有慮者」，二是選取
「慈惠而有理者」，三是選取「直憨而忠正者」，四是選取「順直而察聽者」，五是選
取「臨事而絜正者」，六是選取「慎察而絜廉者」，七是選取「好謀而知務者」，八是
選取「接給而廣中者（善於應對接待而多得事理的人）」，九是選取「猛毅而度斷者」。
接著，再分別任命以適當的職務。如「平仁而有慮者，使是治國家而長百姓」；「慈
惠而有理者，使是長鄉邑而治父子」；「直憨而忠在者，使是蒞百官而察善否」；「順
直而察聽者，使是掌民之獄訟、出納辭令」；「臨事而絜正者，使是守內藏而治出入」；
「慎察而絜廉者，使是分財臨貨、主賞賜」；「好謀而知務者，使是治壤地而長百工」；
「接給而廣中者，使是治諸侯而待賓客」；「猛毅而度斷者，使是治軍事、衛邊境」，
這樣，順從人材的個性才能來任用，這就叫做「官能」。茲製表如下，以供參考：

| 任 用 的 標 準 | 任 用 的 職 務 |
|---|---|
| （一）、平仁而有慮者 | 使是治國家而掌百姓 |
| （二）、慈惠而有理者 | 使是掌鄉邑而治父子 |
| （三）、直憨而忠正者 | 使是蒞百官而察善否 |
| （四）、順直而察聽者 | 使是掌民之獄訟出納辭令 |
| （五）、臨事而絜正者 | 使是守內藏而治出入 |
| （六）、慎察而絜廉者 | 使是分財臨貨主賞賜 |
| （七）、好謀而知務者 | 使是治壤地而長百工 |
| （八）、接給而廣中者 | 使是治諸侯而待賓客 |
| （九）、猛毅而度斷者 | 使是治軍事衛邊境 |

另外，賈誼《新書·官人》

王者官人有六等，一曰師，二曰友，三曰大臣，四曰左右，五曰侍御，
六曰廝役。知足以為泉源，行足以為表儀，問焉則應，求焉則得，入人之
家，足以重人之家；入人之國，足以重人之國，謂之師。知足以礱礪，行
足以為輔助，仁足以為訪義，明於進賢，敢於退不肖，內相匡正，外相揚
美，謂之友。知足以謀國事，行足以為民率，仁足以合上下之驩，國有法，

---

〔註160〕《叢書集成初編·大戴禮記》〈文王官人〉（北京：中華書局，1988 年），頁 170～
171。

則退而守之；君有難，則進而死之，職之所守，君不得以阿私託者，大臣也。修身正行，不作於鄉曲；道語談說，不作於朝廷，知能不困於事業，服一介之使，能合兩君之驩，執戟居前，能舉君之失過，不難以死持之者，左右也。不貪於財，不淫於色，事君不敢有二心，居君旁不敢泄君之謀，君有過失，雖不能正諫，以其死持之，憔悴有憂色，不勸聽從者，侍御也。

柔色傴僂，唯諛之行，唯言之聽，以眣皆事君者，廝役也〔註161〕。

賈誼主張據人材的能力分別給予適當的名分。如「知足以爲泉源，行足以爲表儀，問焉則應，求焉則得，入人之家，足以重人之家；入人之國，足以重人之國」的人，可以爲「師」；「知足以謷礪，行足以爲輔助，仁足以爲訪義，明於進賢，敢於退不肖，內相匡正，外相揚美」的人，可以爲「友」；「知足以謀國事，行足以爲民率，仁足以合上下之驩，國有法，則退而守之；君有難，則進而死之，職之所守，君不得以阿私託者」的人，可以爲「大臣」；「修身正行，不作於鄉曲；道語談說，不作於朝廷，知能不困於事業，服一介之使，能合兩君之驩，執戟居前，能舉君之失過，不難以死持之」的人，可以爲「左右」；「不貪於財，不淫於色，事君不敢有二心，居君旁不敢泄君之謀，君有過失，雖不能正諫，以其死持之，憔悴有憂色，不勸聽從」的人，可以爲「侍御」；「柔色傴僂，唯諛之行，唯言之聽，以眣皆事君」的人，可以爲「廝役」。茲綜列上述六種能力及其適任的名分如下表，以供參考：

| 名　分 | 能　　　　力 |
|---|---|
| (一)、師 | 知足以爲源泉行足以爲表儀問焉則應求焉則得入人之家足以重人之家入人之國足以重人之國 |
| (二)、友 | 知足以爲謷礪足以爲輔助仁足以爲訪義明於進賢敢於退不肖內相匡正外相揚美 |
| (三)、大臣 | 知足以謀國事行足以爲民率仁足以合上下之驩國有法則退而守之君有難則進而死之職之所守君不得以阿私託者 |
| (四)、左右 | 修身正行不作於鄉曲道語談說不作於朝廷知能不困於事業服一介之使能合兩君之驩執戟居前能舉君之失過不難以死持之者 |
| (五)、侍御 | 不貪於財不淫於色事君不敢有二心居君旁不敢泄君之謀君有失過雖不能正諫以其死持之憔悴有憂色不勸聽從者 |
| (六)、廝役 | 柔色傴僂唯諛之行唯言之聽以眣皆事君者 |

〈文王官人〉與賈誼〈官人〉分別從個性及能力兩方面以考量人材的任用，形成合理使用人的思想，此對劉卲的人材任用思想頗有影響。〈流業第三〉：「若夫德行

〔註161〕漢‧賈誼，《新書》卷第八〈官人〉。明末仁和朱圖隆刊本（臺北：中國子學名著編印基金會），頁511～513。

高妙，容止可法，是謂清節之家」，「清節之德，師氏之任也」。「建法立制，彊國富人，是謂法家」，「法家之材，司寇之任也。」「思通道化，策謀奇妙，是謂術家」，「術家之材，三孤之任也。」「兼有三材，三材皆備，其德足以厲風俗，其法足以正天下，其術足以謀廟勝，是謂國體」，「三材純備，三公之任也。」「兼有三材，三材皆微，其德足以率一國，其法足以正鄉邑，其術足以權事宜，是謂器能」，「三材而微，冢宰之任也。」「清潔之流，不能弘恕，好尚譏訶，分別是非，是謂臧否」，「臧否之材，師氏之佐也。」「法家之流，不能創思遠圖，而能受一官之任，錯意施巧，是謂伎倆」，「伎倆之材，司空之任也。」「術家之流，不能創制垂則，而能遭變用權，權智有餘，公正不足，是謂智意」，「智意之材，冢宰之佐也。」「能屬文著述，是謂文章」，「文章之材，國史之任也。」「能傳聖人之業，而不能幹事施政，是謂儒學」，「儒學之材，保氏之任也。」「辯不入道，而應對資給，是謂口辯」，「口辯之材，行人之任也。」「膽力絕眾，材略過人，是謂驍雄」，「驍雄之材，將帥之任也。」可見，劉邵在任用人才方面，不僅承傳了《大戴禮記·文王官人》和《新書·官人》的精神，同時，他將人材由「六等」、「九用」擴充為「流業十二」，並對十二種人才及他們的職分作出系統的界定和切合時勢的表述，不論是範圍或是對於時代課題的回應，都較《大戴禮記，文王官人》和《新書·官人》來得廣闊而實際。茲綜列十二流業的材能及名分於下表，以供參考：

| 流　業 | 材　　能 | 名　分 |
|---|---|---|
| （一）、清節家 | 德行高妙容止可法 | 師氏 |
| （二）、法家 | 建法立制彊國富人 | 司寇 |
| （三）、術家 | 思通道化策謀奇妙 | 三孤 |
| （四）、國體 | 兼有三材三材皆備其德足以厲風俗其法足以正天下其術足以謀廟勝 | 三公 |
| （五）、器能 | 兼有三材三材皆微其德足以率一國其法足以正鄉邑其術足以權事宜 | 冢宰 |
| （六）、臧否 | 清潔之流不能弘恕好尚譏訶分別是非 | 師氏之佐 |
| （七）、伎倆 | 法家之流不能創思遠圖遠而能受一官之任錯意施巧 | 司空 |
| （八）、智意 | 術家之流不能創制垂則而能遭變用權權智有餘公正不足 | 冢宰之佐 |
| （九）、文章 | 能屬文著述 | 國史 |
| （十）、儒學 | 能傳聖人之業而不能幹事施政 | 保氏 |
| （十一）、口辯 | 辯不入道而應對資給 | 行人 |
| （十二）、驍雄 | 膽力絕眾材略過人 | 將帥 |

# 十二、難　知

《太公六韜・選將第二十》：

太公曰：「夫士外貌不與中情相應者十五：有賢而不肖者，有溫良而爲
盜者，有貌恭敬而心慢者，有外廉謹而內無恭敬者，有精精而無情者，有湛
湛而無誠者，有好謀而無決者，有如果敢而不能者，有悾悾而不信者，有恍
恍惚惚而反忠實者，有詭激而有功效者，有外勇而內怯者，有肅肅而反易人
者，有嗃嗃而反靜愨者，有勢虛形劣而出外無所不至，無使不遂者。〔註162〕

太公認爲，士的外貌與他的中心內情不相符合的，有以下十五種情形：（一）、
有外貌似善良而內心實不肖的。（二）、有外形似溫厚而反爲盜竊的。（三）、有外貌
恭敬而內心實怠慢的。（四）、有外表廉謹而內心實無恭敬的。（五）、有外貌精明而
內實無才識的。（六）、有外貌清明而內實無誠信的。（七）、有外表多計謀而內實無
決斷的。（八）、有外表似果敢而內實無作爲的。（九）、有外貌誠懇而內實無信的。
（十）、有外貌似迷亂恍惚而內心反忠實可靠的。（十一）、有口頭上雖多詭激的言論
而工作上反有功效的。（十二）、有外貌似勇敢而內心實怯懦無能的。（十三）、有外
表似嚴肅而內心實平易近人的。（十四）、有外貌嚴屬而內心實沉靜誠懇的。（十五）、
有外形屢弱醜陋，而遊聘四方無所不至的。爲了克服外貌與內情不一給知人帶來的
困難，太公提出「八徵」的鑒識方法：

一曰問之以言，以觀其詳。二曰窮之以辭，以觀其變。三曰與之間諜，
以觀其誠。四曰明白顯問，以觀其德。五曰使之以財，以觀其廉。六曰試
之以色，以觀其貞。七曰告之以難，以觀其勇。八曰醉之以酒，以觀其態。

八徵皆備，則賢不肖別矣。〔註163〕

太公認爲，只要經由：（一）、用言語來問他，以觀察他所知的詳略。（二）、用辭說
來窮究他，以觀察他應變的敏鈍。（三）、用間接偵查的話問他，以觀察他的誠實。
（四）、用明白的問題問他，以觀察他的德行。（五）、派他管理財物，以觀察他的廉
潔。（六）、用女色來試探他，以觀察他的貞操。（七）、用危難來考驗他，以觀察他
的勇氣。（八）、用美酒來灌醉他，以觀察他的態度。以上八項徵驗皆備，那麼，士
的賢不肖，就可鑒別而無所遁形了。這是西周時期有關知人之難及它的對策的論述。
這些思想，經先秦、兩漢，直到三國，仍然沒有大的發展。這可由諸葛亮的〈知人

---

〔註162〕徐培根《太公六韜今註今譯・選將第二十》（臺北：臺灣商務印書館，中華民國 82
年），頁 111～112。

〔註163〕徐培根《太公六韜今詮今譯・選將第二十》（臺北：臺灣商務印書館，中華民國 82
年），頁 112。

性〉看出。諸葛亮在〈知人性〉論及：

> 夫知人之性莫難察焉，美惡既殊，情貌不一。有溫良而爲詐者，有外
> 恭而內欺者，有外勇而內怯者，有盡力而不忠者，然知人之道有七焉：一
> 曰問之以是非而觀其志，二曰窮之以詞辯而觀其變，三曰咨之以計謀而觀
> 其識，四曰告之以禍難而觀其勇，五曰醉之以酒而觀其性，六曰臨之以利
> 而觀其廉，七曰期之以事而觀其信。〔註164〕

將《太公六韜‧選將》和〈知人性〉做一比較，就可明白諸葛亮對於人的外貌和他
的內心不一、及其對治的方法之論述，少有突破《太公六韜‧選將》的範圍。茲製
表如下，再作分析：

| 表裏不一的情況 | 對治的方法 |
|---|---|
| 有賢而不肖者《太公六韜‧選將》 | 問之以言以觀其詳《太公六韜‧選將》〈知人性〉無 |
| 有溫良而爲盜者《太公六韜‧選將》有溫良而爲詐者〈知人性〉 | 窮之以辭以觀其變《太公六韜‧選將》窮之以詞辯而觀其變〈知人性〉 |
| 有貌恭敬而心慢者《太公六韜‧選將》有外恭而內欺者〈知人性〉 | 與之間諜以觀其誠《太公六韜‧選將》〈知人性〉無 |
| 有外廉謹而內無恭敬者《太公六韜‧選將》 | 明白顯問以觀其德《太公六韜‧選將》〈知人性〉無 |
| 有精精而無情者《太公六韜‧選將》 | 使之以財以觀其廉《太公六韜‧選將》臨之利以觀其廉〈知人性〉 |
| 有湛湛而無誠者《太公六韜‧選將》 | 試之以色以觀其貞《太公六韜‧選將》〈知人性〉無 |
| 有好謀而無決者《太公六韜‧選將》 | 告之以難以觀其勇《太公六韜‧選將》告之以禍難以觀其勇〈知人性〉 |
| 有如果敢而不能者《太公六韜‧選將》 | 醉之以酒以觀其態《太公六韜‧選將》醉之以酒以觀其性〈知人性〉 |
| 有悾悾而不信者《太公六韜‧選將》 | |
| 有恍恍惚惚而反忠實者《太公六韜‧選將》 | |
| 有詢敷而有功效者《太公六韜‧選將》 | |
| 有外勇而內怯者《太公六韜‧選將》有外勇而內怯者〈知人性〉 | |
| 有肅肅而反易人者《太公六韜‧選將》 | |
| 有嚆嚆而反靜愨者《太公六韜‧選將》 | |
| 有勢虛形劣而出外無所不至無使不遂者《太公六韜‧選將》 | |

---

〔註164〕中國學術類編整理《鼎文版古今圖書集成》（理學彙編學行典第一百二十八卷觀人部）（臺北：鼎文書局，中華民國74年），頁1204。

　　從上表看來，〈知人性〉對於表裏不一的情況之論點，除「有盡力而不忠者」一項與《太公六韜‧選將》不同外，其它的三項：「有溫良而爲詐者」，只有把「盜」改爲「詐」，「有外勇而內怯者」，則完全一致，「有外恭而內欺者」與「有貌恭而心慢者」兩項的意義接近。至於論及對治的方法，《太公六韜‧選將》的「窮之以辭以觀其變」，〈知人性〉作「窮之以詞辯以觀其變」；《太公六韜‧選將》的「使之以財以觀其利」，〈知人性〉作「臨之以利以觀其廉」；《太公六韜‧選將》的「告之以難以觀其勇」，〈知人性〉作「告之以禍難以知其勇」；《太公六韜‧選將》的「醉之以酒以觀其態」，〈知人性〉作「醉之以酒以觀其性」，意義都相類似。只有「問之以是非而觀其志」、「咨之以計謀而觀其誠」、「期之以事以觀其信」三個方法與《太公六韜‧選將》不同。可見在這個課題上，諸葛亮承傳的多，突破的少。

　　但劉邵對於知人之難及它的對策的論述，內容就豐富深刻多了。首先，他在〈效難第十一〉指出：「人物精微，能神而明，其道甚難，固難知之難也。」意思是說，人的材德精深奧妙，最難瞭解；鑒識時必須要有一個神而明之的方法，實在很難得到。在這裡，他先將「難知」的根源點出。接著，他又指出「難知」的形成，在於「各自立度，以相觀采。」就是各人自設標準，用以鑒識人物。例如「或相其形容」，意思是說，有的人審視人的外部形容（以貌取人）；「或候其動作」，意思是說，有的人考察人的行動作爲（以進趨取人）；「或揆（按：『揆』字當作『按』。）其終始」，意思是說，有的人測度人做事的開始與結束（以發止取人）；「或揆其儗」，意思是說，有的人測度人表現出來的形象（以旨意取人）；「或推其細微」，意思是說，有的人推驗人的細微變化（以情理取人）；「或恐其過誤」，意思是說，有的人耽心人有所過失（以簡恕取人）；「或循其所言」，意思是說，有的人循察人所說的言辭（以辭旨取人）；「或稽其行事」，意思是說，有的人考察人行事的結果（以功效取人）。劉邵認爲，這八種觀察人的標準都很「遊雜」，「故其得者少，所失者多。」所以「必有草創信形之誤，又有居止變化之謬。」即因僅看外表，草率行事所造成的識人錯誤，和因行爲舉止的變化，所造成的困難。接著，他進而在〈效難十一〉指出，只從表面膚淺識人的話，會經常發生下面七個疏失：

　　　　淺美揚露則以爲有異，深明沉漠則以爲空虛，分別妙理則以爲離婁，
　　口傳甲乙則以爲義理，好說是非則以爲臧否，講目成名則以爲人物，平道
　　政事則以爲國體。

即（一）、對性喜賣弄的人，就以爲他很聰明。（二）、對智深內明的人，就以爲他沒有實力。（三）、對愛說歪理妙論的人，就以爲他刻鏤分明。（四）、對道聽塗說的人，就以爲他言之成理。（五）、對搬弄是非的人，就以爲他明辨善惡。（六）、對強諓賢

愚的人，就以爲他能評析人。（七）、對妄論時事的人，就以爲他瞭解國家大事。上述七種人，他們的表象與裏層正好相反。因此，若僅從外表去識人、草率行事的話，勢必產生錯誤的結果。由於表象的不可靠，因此，劉卲接著指出必須從下面五個方向，作進一步的觀察與查證：

> 居，視其所安；達，視其所舉；富，視其所與；窮，視其所爲；貧，視其所取。

意思是說，（一）、平常時，必須觀察他安適於什麼生活方式。因爲「安其舊者，敦於仁。」（二）、顯達時，必須觀察他薦舉什麼人才。因爲「舉剛直者，厚於義。」（三）、富有時，必須觀察他交往的情況。因爲「與嚴莊者，明於禮。」（四）、窮困時，必須觀察他的所作所爲。因爲「爲經術者，勤於智。」（五）、貧乏時，必須觀察他收取什麼東西。因爲「取其分者，存於信。」經過上述五項居止變化的查證，「然後乃能知賢否。」然而，人的材質並非永久不變，因此，劉卲接著說：

> 或志趣變易，隨物而化；或未至而懸欲；或已至而易顧；或窮約而力行；或得志而從欲，此又居止之所失也。

意思是說，（一）、每一個人的志向與興趣，會隨著環境與時間的改變而產生變化。（二）、每一個人對於未得的東西，懸思而極想得到。（三）、對於已得到的東西，卻又不知珍惜，而棄之不顧。（四）、每一個人在貧困時都知道節約而奮鬥。（五）、一旦發達富裕之後，卻又奢侈而鬆懈。這就是從「居止」的觀點鑒識人物的局限。由以上的論述看，劉卲在鑒識人材的方法上，強調「觀其材質」與「察其變化」兩個方法雙管齊下，一改以往片面的、靜止的觀察人的缺陷，推動從變化中不斷加深認識，從而解決知人之難的課題，堪稱見解卓越深入。

## 十三、八　觀

《太公六韜・六守第六》：

> 文王曰：六守何也？太公曰：一曰仁，二曰義，三曰忠，四曰信，五曰勇，六曰謀。文王曰：謹擇六守者何也？太公曰：富之而觀其無犯，貴之而觀其無驕，付之而觀其無轉，使之而觀其無隱，危之而觀其無恐，事之而觀其無窮。富之而不犯者，仁也。貴之而不驕者，義也。付之而不轉者，忠也。使之而不隱者，信也。危之而不恐者，勇也。事之而不窮者，謀也。〔註165〕

---

〔註165〕徐培根，《太公六韜今註今譯・太守第六》（臺北：臺灣商務印書館，中華民國 82 年），頁 58。

以上的內容在敘述觀察人材的方法及標準，同時指出如何才能達到標準。所謂六守者，就是：仁、義、忠、信、勇、謀六種德性。那麼，如何才能選到具備這六種德性的人呢？（一）、給他以財富，觀察他是否不踰越禮法。（二）、貴他以高爵，觀察他是否不驕傲陵人。（三）、付託他以重任，觀察他是否不轉變心意。（四）、任使他處理事務，觀察他是否不虛僞欺騙。（五）、使他承擔危難之任，觀察他是否臨危不懼。（六）、使他處理事變，觀察他是否能應變不窮。富而不踰越禮法，就是仁；貴而不驕傲陵人，就是義；擔負重任而不轉變心意，就是忠；處理事務而能明白無隱，就是信；承擔危難之任而能臨危不懼，就是勇；處理事務而能應機不窮，就是謀。這是西周時期，太公用人惟才的人事政策。茲製表如下，以供參考：

| 標準（六守） | 觀察的方法 | 如何才能達到標準 |
|---|---|---|
| （一）、仁 | 富之而觀其無犯 | 富之而不犯者仁也 |
| （二）、義 | 貴之而觀其無驕 | 貴之而不驕者義也 |
| （三）、忠 | 付之而觀其無轉 | 付之而不轉者忠也 |
| （四）、信 | 使之而觀其無隱 | 使之而不隱者信也 |
| （五）、勇 | 危之而觀其無恐 | 危之而不恐者勇也 |
| （六）、謀 | 事之而觀其無窮 | 事之而不窮者謀也 |

到了春秋時代的孔子，對於如何觀察人物也頗有研究。《論語・爲政》：

　　子曰：視其所以，觀其所由，察其所安，人焉廋哉？人焉廋哉？〔註166〕

孔子認爲，觀察人物的基本原則有三個：（一）、「視其所以」，指看一個人行事的善惡，可以初步判斷他是好人還是壞人。（二）、「觀其所由」，指進一步探求一個人的行爲動機與心術。（三）、「察其所安」，指審度一個人行事後的心情反應。可見，孔子評鑒人物，重其行事，重其動機，重其心情反應。先從表面看他行事的善惡，再深入探討他行事的動機，再審度他行事後的心情反應，然後才下定論。他的方法由外而內，極有次第，也極爲客觀，如果能善加運用，那麼，人物的賢否自然能了然於胸。因此，孔子說：「人焉廋哉？人焉廋哉？」意思是說，人物的品格怎能隱藏得住？人物的品格怎能隱藏得住？

　　繼孔子之後的先秦、兩漢古籍之中，提出觀察人物具體方法的也不少。而其中最詳細、最具體的要算《呂氏春秋》和《大戴禮記》。《呂氏春秋》〈論人〉：

　　凡論人，通則觀其所禮，貴則觀其所進，富則觀其所養，聽則觀其所

---

〔註166〕《十三經注疏 8 論語》〈爲政第二〉（臺北縣：藝文印書館，中華民國 68 年），頁 17。

行，止則觀其所好，習則觀其所言，窮則觀其所不受，賤則視其所不爲，
喜之以驗其守，樂之以驗其僻，怒之以驗其節，懼之以驗其特，哀之以驗
其人，苦之以驗其志，八觀六驗，此賢主之所以論人也。論人者，又必以
六戚四隱。何謂六戚？父母兄弟妻子。何謂四隱？交友、故舊、邑里、門
郭。内則用六戚四隱，外則用八觀六驗，人之情僞，貪鄙美惡，無所失矣。
　　譬之若逃雨汙，無之而非是，此先王之所以知人也。〔註167〕

《呂氏春秋》〈論人〉認爲，先王之所以知人，在於對内用「六戚四隱」，對外則用「八
觀六驗」，因此，「人之情僞，貪鄙美惡，無所失矣。」他所謂的「八觀」指：（一）、
「通則觀其所禮（通達時看他禮遇什麼人）」。（二）、「貴則觀其所進（顯貴時看他推
薦什麼人）」。（三）、「富則觀其所養（富貴時看他培養的賓客）。」（四）、「聽則觀其
所行（聽納意見後看他推行什麼。）」（五）、「止則觀其所好（休息時看他喜歡什麼）。」
（六）、「習則觀其所言（學習時看他説些什麼）。」（七）、「窮則觀其所不受（窮困時
看他不接受什麼。）」（八）、「賤則觀其所不爲（卑賤時看他不做什麼。）」他所謂的
「六驗」指：（一）、「喜之以驗其守（使他高興來考驗他的操守）」。（二）、「樂之以驗
其僻（使他歡樂來考驗他的邪僻。）」（三）、「怒之以驗其節（使他發怒來考驗他的節
制）」。（四）、「懼之以驗其特（使他恐懼來考驗他的膽量。）」（五）、「哀之以驗其人
（使他悲哀來考驗他的情感。）」六、「苦之以驗其志（使他勞苦來考驗他的志氣。）」
另外，「六戚」指「父、母、兄、弟、妻、子」。「四隱」指「交友、故舊、邑里、門
郭」。「八觀」、「六驗」有提及鑒識人物的要領，至於「六戚」、「四隱」，《呂氏春秋》
並沒有明言它們和鑒識人物的密切關聯。茲將上述論點製表如下，以供參考：

| 八　觀 | 六　驗 | 六　戚 | 四　隱 |
|---|---|---|---|
| （一）、通則觀其所體 | （一）、喜之以驗其守 | （一）、父 | （一）、交友 |
| （二）、貴則觀其所進 | （二）、樂之以驗其僻 | （二）、母 | （二）、故舊 |
| （三）、富則觀其所養 | （三）、怒之以驗其節 | （三）、兄 | （三）、邑里 |
| （四）、聽則觀其所行 | （四）、懼之以驗其特 | （四）、弟 | （四）、門郭 |
| （五）、止則觀其所好 | （五）、哀之以驗其人 | （五）、妻 | |
| （六）、習則觀其所言 | （六）、苦之以驗其志 | （六）、子 | |
| （七）、窮則觀其所不受 | | | |
| （八）、賤則視其所不爲 | | | |

〔註167〕秦・呂不韋，《呂氏春秋・十二紀卷三論人》。明萬曆庚申吳興凌氏刊朱墨套印本
　　　　（臺北：中國子學名著集成編印基金會），頁85～87。

另外,《大戴禮記・文王官人》也記錄了不少如何用人的論點。文王對呂尚說:

女維敬哉。女何慎乎非倫,倫有七屬,屬有九用,用有六徵:一曰觀誠,二曰考志,三曰視中,四曰觀色,五曰觀隱,六曰揆德。

意思是說,文王提醒太公:「你一定要敬慎啊!你怎樣慎重的選擇是不是做官的料子呢?作官的料子有七種,每種有九個任用的標準,這些任用的標準,可以從六項徵驗中去鑒別他:一是觀誠,二是考志,三是視中,四是觀色,五是觀隱,六是揆德。」其中的「六徵」,指六種觀察人的方法,陳義雖然不高,卻在在都可見諸施行的。茲分述之如下:

### (一)、「觀誠」

1. **就社會地位而觀之**

   1-1「富貴者,觀其禮施也。」意思是說,富貴的人要看他是否能以禮待人。

   1-2「貧窮者,觀其有德守也。」意思是說,貧窮的人要看他是否有德行操守。

   1-3「嬖寵者,觀其不驕奢也。」意思是說,受著過分溺愛的人要看他是否能不驕傲浮誇。

   1-4「隱約者,觀其不攝懼也。」意思是說,不得志的人要看他是否能不氣餒、不喪志。

2. **就年齡而觀之**

   2-1「其少,觀其恭敬好學而能弟也。」意思是說,年輕時要觀察他是否恭敬長上,好學敏求而能友愛兄弟。

   2-2「其壯,觀其絜廉務行而勝其私也。」意思是說,壯年時要觀察他是否不貪贓枉法,力行本身的抱負而能克制自己的私欲。

   2-3「其老,觀其憲愼,強其所不足而不踰也。」意思是說,年老時要觀察他是否思慮愼密,行禮時恐不周全,但能勉強去行,不踰越規矩。

3. **就人際關係而觀之**

   3-1「父子之間,觀其孝慈也。」意思是說,父子之間要觀察他是否能孝順親長、慈愛子女。

   3-2「兄弟之間,觀其和友也。」意思是說,兄弟之間要觀察他是否能和樂友愛。

   3-3「君臣之間,觀其忠惠也。」意思是說,君臣之間要觀察他是否對待部屬仁惠,奉事長官忠貞。

   3-4「鄉黨之間,觀其信憚也。」意思是說,親戚朋友之間要觀察他是否能信實而敬畏別人。

### 4. 就生活起居而觀之

4-1「省其居處，觀其義方。」意思是說，省察他平日居家的生活，看他待人處事的態度。

4-2「省其喪哀，觀其貞良。」意思是說，省察他居喪祭弔，看他是否貞正誠信。

4-3「省其出入，觀其交友。」意思是說，省察他在就會上的交際，看他所交的朋友怎樣？

4-4「省其交友，觀其任廉。」意思是說，省察他交友的情形，看他是否以廉潔和信實待人。

### 5. 就事情的反應以觀之

5-1「考之以觀其信。」意思是說，考驗他來看他的信用。

5-2「絜之以觀其知。」意思是說，量度他來看他的智慧。

5-3「示之難以觀其勇。」意思是說，告訴他困難來看他的勇氣。

5-4「煩之以觀其治。」意思是說，給他麻煩來看他怎樣處治。

5-5「淹之以利以觀其不貪。」意思是說，把他整天泡在財利裡，來看他是否不貪得。

5-6「藍（按：「藍」，《逸周書》作「濫」，可從。）〔註168〕之以樂以觀其不寧。」意思是說，用淫靡之樂使他陶醉，來看他能否不心猿意馬。

### 6. 就情緒的反應以觀之

6-1「喜之以物，以觀其不輕。」意思是說，讓他高興，來看他是否不輕佻。

6-2「怒之以觀其重。」意思是說，令他激怒，來看他是否持重。

6-3「醉之以觀其不失也。」意思是說，拿酒來灌醉他，來看他是否不失態。

6-4「縱之以觀其常遠」（按：《逸周書》作「從之色以觀其常」，可從。）」〔註169〕意思是說，放縱他的色欲，來看他是否保持常態。

6-5「使之以觀其不二（按：《逸周書》作「遠之以觀其不二」，可從。）」〔註170〕意思是說，疏遠他，來看他是否忠貞不二。

6-6「邇之以觀其不倦。」意思是說，親近他，來看他是否有不狎暱放肆。

---

〔註168〕晉・孔晁，《逸周書卷第七・官人解第五十八》說：「濫之以樂以觀其不荒。」（臺北：臺灣中華書局，中華民國55年）。

〔註169〕晉・孔晁，《逸周書卷第七・官人解第五十八》說：「從之色以觀其常。」（臺北：臺灣中華書局，中華民國55年）。

〔註170〕晉・孔晁，《逸周書卷第七・官人解第五十八》說：「遠之以觀其不二。」（臺北：臺灣中華書局，中華民國55年）。

6-7「探取其志以觀其惰。」意思是說，探索他的心志，來看他的情意。

6-8「考其陰陽以觀其誠。」意思是說，考察他內心的想法和外在的表現，來看他的真象。

6-9「覆其微言以觀其信。」意思是說，檢查他細微的話，來看他的信用。

6-10「曲省其行以觀其備。」意思是說，仔細的觀察他的行為，來看他是否沒有缺陷。茲將「觀誠」的要領製表如下，以供參考：

| | 1. 就社會地位而言 | 2. 就年齡而觀之 | 3. 就人際關係而觀之 | 4. 就生活起居而觀之 | 5. 就事情的反應以觀之 | 6. 就情緒的反應以觀之 |
|---|---|---|---|---|---|---|
| 觀<br><br>誠 | 1-1 富貴者觀其禮施 | 2-1 其少觀其恭敬好學而能弟 | 3-1 父子之間觀其慈孝 | 4-1 省其居處觀其義方 | 5-1 考之以觀其信 | 6-1 喜之以物以觀其不輕 |
| | 1-2 貧窮者觀其有德守 | 2-2 其壯觀其絜廉務行而勝其私 | 3-2 兄弟之間觀其友和 | 4-2 省其喪哀觀其貞良 | 5-2 絜之以觀其知 | 6-2 怒之以觀其重 |
| | 1-3 變寵者觀其不驕奢 | 2-3 其老觀其憲慎強其所不足而不踰 | 3-3 君臣之間觀其忠惠 | 4-3 省其出入觀其交友 | 5-3 示之難以觀其勇 | 6-3 醉之以觀其不失 |
| | 1-4 隱約者觀其不懾懼 | | 3-4 鄉黨之間觀其信憚 | 4-4 省其交友觀其任廉 | 5-4 煩之以觀其治 | 6-4 從之以觀其常 |
| | | | | | 5-5 淹之以利以觀其不貪 | 6-5 遠之以觀其不二 |
| | | | | | 5-6 濫之以樂以觀其不寧 | 6-6 邇之以觀其不倦 |
| | | | | | | 6-7 探取其志以觀其情 |
| | | | | | | 6-8 考其陰陽以觀其誠 |
| | | | | | | 6-9 覆其微言以觀其信 |
| | | | | | | 6-10 曲省其行以觀其備 |

**（二）、「考言」：從講話的過程觀察對方，分為七組，共十四種典型**

1. 分為「日益者」及「日損者」兩項

　　1-1 日益者：他的表現為「其氣寬以柔，其色儉而不諂，其禮先人，其言後人，見其所不足。」意思是說，天天有增益的人，他的心志壯盛而深邃，意氣舒闊而柔和，容色謙卑而不諂，禮愛行在人前，言語出現人後，不掩飾己過，使人可以指正他。

　　1-2 日損者：他的表現為「好臨人以色，高人以氣，賢人以言，防其不足，伐其所能。」意思是說，天天有減損的人，好用驕色待人，用傲氣凌人，用言語壓倒人，掩飾自己的過錯，誇大自己的能力。

2. 分為「有質者」及「無質者」兩項

2.1 有質者：他的表現為「其貌質而不侮，其言正而不私，不飾其美，不隱其惡，不防其過。」意思是說，有骨氣的人，他的容貌剛直而不倨傲，他的言語公正而不偏私，不修飾自己的長處，不隱瞞自己的短處，不掩飾自己的過錯。

2-2 無質者：他的表現為「其貌固媚，其言工巧，飾其見物，務其小徵，以故自說。」意思是說，沒有骨氣的人，他的外表逢人就笑，他的言語工巧，掩飾自己的浮淺，專講一些小信用，用理由來為自己辯護。

3. 分為「平心而固守者」及「鄙心而假氣者」兩項

3-1 平心而固守者：他的表現為「喜怒以物而色不作，煩亂之而志不營，深道以利而心不移，臨懾以威而氣不卑。」意思是說，平心靜氣而篤守有為的人，用外物來使他歡喜、使他惱怒，他的容色毫不改變；用瑣碎的事情來煩亂他，他的意志不為之迷惑；用財利來引誘他，他的心志不動搖；用威勢來恐嚇他，他的神氣不屈服。

3-2 鄙心而假氣者：他的表現為「喜怒以物而變易知，煩亂之而志不裕，示之以利而易移，臨懾以威而易懾。」意思是說，襟懷鄙陋而沒有真性情的人，用外物來使他歡喜、使他惱怒，他連知性都改變了；用瑣碎的事來煩亂他，他的意志就不安定了；用財利來引誘他，他的心志很容易的改變了；用威勢來恐嚇他，他很容易的便屈服。

4. 分為「有慮者」及「愚贛者」兩項

4-1 有慮者：他的表現為「執之以物而遽決，驚之以卒而度料，不紊而性辨。」意思是說，頭腦清楚的人，以外界的事物來恐嚇他，他能很快的下決定；以倉卒的事變來震驚他，他能度量情況；臨事不亂而能分辨是非好壞。

4-2 愚贛者：他的表現為「難投以物，難說以言，知一而不可以解也，困而不知其止，無辨而自順。」意思是說，愚昧無知的人，叫他做事很難，和他說話很難，只會固執一種想法，而不通事理，遇到果難卻不知變通，不知分辨事勢的利害、得失，而只會順從己意。

5. 分為「絜廉而果敢者」及「弱志者」兩項

5-1 絜廉而果敢者：他的表現為「營之以物而不移，犯之以卒而不懼，置義而不可遷，臨之以貨色而不可營。」意思是說，清潔廉能而勇敢果決的人，用事情去困擾他而不憂慮；從倉卒中侵犯他而不恐懼；站在正義的一方而

不可改變；用錢財美色來引誘他而不爲迷惑。

5-2 弱志者：他的表現爲「易移以言，存志而不能守固，己諾無斷。」意思是
說，意志薄弱的人，容易讓別人的話改變自己，不能固守自己的意志，自
己想答應而無法決定。

6. 分爲「質靜者」及「妒誣者」兩項

6-1 質靜者：他的表現爲「順與之弗爲喜，非奪之弗爲怒，沉靜而寡言，多稽
而儉貌。」意思是說，個性內向的人，順利的給予他並不高興，無理的搶
奪他也不生氣，溫文雅靜而不說話，考慮很多而容貌謙卑。

6-2 妒誣者：他的表現爲「辨言而不固行，自順而不讓，失當而強之。」意思
是說，嫉妒誣妄的人，說得頭頭是道而不堅決的去做，自以爲是而不謙讓，
順著欲望而又逞強。

7. 分爲「志治者」及「無爲有者」兩項

7-1 志治者：他的表現爲「微情而能發，度察而能盡。」意思是說，沉著心細
的人，對於微妙的道理能夠發掘，對於事情的忖度審察能夠徹底。

7-2 無爲有者：他的表現爲「華而誣，巧言、令色、足恭，一也。」意思是說，
把沒有說成有的人，浮誇而誣妄，專講花言巧語，逢人便裝著親善的臉色，
對人過分的恭敬以討人喜歡。茲將「考言」的要領製表如下，以供參考：

| 考 | | 言 |
|---|---|---|
| 第一組 | 1-1 日益者：其氣寬以柔其色儉而不諂其禮先人其言後人見其所不足 | 1-2 日損者：好臨人以色高人以氣賢人以言防其不足伐其所能 |
| 第二組 | 2-1 有質者：其貌質而不侮其言正而不私不飾其美不隱其惡不防其過 | 2-2 無質者：其貌固嫗其言工巧飾其見物務其小徵以故自說 |
| 第三組 | 3-1 平心而固守者：喜怒以物而色不作煩亂之而志不營深道以利而心不移臨攝以威而氣不卑 | 3-2 鄙心而假氣者：喜怒以物而變易知煩亂之而志不裕示之以利而易移臨懾以威而易懾 |
| 第四組 | 4-1 有慮者：執之以物而邀決驚之以卒而度料不紊而性辨 | 4-2 愚贛者：難投以物難說以言知一而不可以解也困而不知其止無辨而自順 |
| 第五組 | 5-1 絜廉而果敢者：營之以物而不虞犯之以卒而不懼置義而不可遷臨之以貨色而不可營 | 5-2 弱志者：易移以言存志而不能守固己諾無斷 |
| 第六組 | 6-1 質靜者：順與之弗爲喜非奪之弗爲怒沉靜而寡言多稽而儉貌 | 6-2 妒誣者：辨言而不固行自順而不讓失當而強之 |
| 第七組 | 7-1 志治者：微情而能發度察而能盡 | 7-2 無爲有者：華而誣巧言令色足恭 |

## （三）、「視中」：從聲音來觀察他的意念，可以分為四種典型

1. 「心氣華誕者，其聲流散。」意思是說，心氣浮誇誕妄的人，他的聲音是流離散漫的。

2. 「心氣順信者，其聲順節。」意思是說，心氣謹密信實的人，他的聲音是和順有節奏的。

3. 「心氣鄙戾者，其聲斯醜。」意思是說，心氣卑鄙乖戾的人，他的聲音是沙啞難聽的。

4. 「心氣寬柔者，其聲溫好。」意思是說，心氣舒闊柔和的人，他的聲音是溫柔美好的。茲將「視中」的要領製表如下，以供參考：

| 視　　中 | | |
|---|---|---|
| 典　型 | 1. 心氣華誕者其聲流散 | 3. 心氣鄙戾者其聲斯醜 |
| | 2. 心氣順信者其聲順節 | 4. 心氣寬柔者其聲溫好 |

## （四）、「觀色」：從神色來觀察智、仁、勇、忠、絜、靜

1. 「誠智必有難盡之色。」意思是說，真正的智慧，一定有難於測度的神色。

2. 「誠仁必有可尊之色。」意思是說，真正的仁愛，一定有使人景仰的神色。

3. 「誠勇必有難懾之色。」意思是說，真正的勇敢，一定有難於屈服的神色。

4. 「誠忠必有可親之色。」意思是說，真正的忠誠，一定有可以親近的神色。

5. 「誠絜必有難污之色。」意思是說，真正的廉潔，一定有難以污染的神色。

6. 「誠靜必有可信之色。」意思是說，真正的安靜，一定有令人信賴的神色。茲將「觀色」的典型製表如下，以供參考：

| 觀　　色 | | |
|---|---|---|
| 典　型 | 1. 誠智必有難盡之色。 | 4. 誠忠必有可親之色。 |
| | 2. 誠仁必有可尊之色。 | 5. 誠絜必有難污之色。 |
| | 3. 誠勇必有難懾之色。 | 6. 誠靜必有可信之色。 |

## （五）、「觀隱」：有些人會以虛偽作掩飾，依賴著外界的種種，來博取聲譽，因此不可不察

1. 「隱于仁質的人」，他的表現為「小施而好大得，小讓而好大爭，言願以為質，偽愛以為忠，面寬而貌慈，假節以示之，故其行以攻其名」。意思是說，用仁質來隱藏的人，小小的施予，卻希望收回大的回報；小的地方和人謙

遜，卻在大的地方與人爭奪；話說得謹慎小心，好像本性是質樸的；偽裝著一片愛心，好像是忠誠不二；外表裝得舒泰，容貌也像是一臉慈祥；假借著仁愛的本質，來向人家招搖。故意做這種種行為，來博取聲譽。

2. 「隱于知理的人」，他的表現為「推前恃忠府知物焉；首成功，少其所不足；慮誠不及，佯為不言；內誠不足，色示有餘；故知以動人，自順而不讓；錯辭而不遂，莫知其情。」意思是說，用知理來隱藏的人，推援他人的論點而自以為忠於他人，表面上又裝得無所不知的樣子；他人有所成功便羨慕，有所失敗便揶揄；實在不會設想到，卻故意不講話；肚子裏實在知的很少，外表上好像知道很多；徵引些故實來說動人家，這樣，自以為是的毫不謙讓；話故意不說完，使人莫測高深。

3. 「隱于文藝的人」，他的表現為「素動人以言，涉物而不終；問則不對，佯為不窮；色示有餘；有道而自順用之，物窮則為深。」意思是說，隱於文藝的人，說些空動的文辭來感動人；涉獵一些事理，卻不去推究它的道理；問他問題，就不回答；裝作有無窮的學問，外表上好像知道很多；借著許多道理，自以為是的來用；等到行不通了，就故意說得有多艱深的樣子。

4. 「隱于廉勇的人」，他的表現為「廉言以為氣，矯屬以為勇，內恐外悖，無所不至，敬再（按：『敬再』《逸周書》作『亞稱』，可從。）〔註171〕其說，以詐臨人。」意思是說，隱于廉勇的人，說些言語，讓人以為他清廉；矯揉造作，使人以為他勇敢；內心實是恐懼，外表卻裝做蠻不在乎；無所不用其極的吹噓自己，來欺騙人。

5. 「隱于忠孝的人」，他的表現為「自事其親，好以告人，乞言勞醉，而面于敬愛，飾其見物，故得其名。名揚于外，不誠于內，伐名以事其親戚，以故取利，分白其名以私其身〔註172〕。」意思是說，隱于忠孝的人，自己侍奉父母，喜歡說給人聽，老是說他是如何的辛苦，而表面上又裝著多麼的敬愛，裝飾自己顯露的事，而博取聲譽；聲譽雖然傳揚在外，可是內裏一點也不真實。誇說自己是如何的孝養父母，而博取好處，自取聲名。

6. 「隱于交友的人」，他的表現為「陰行以取名，比周以相譽，明知賢可以徵，與左右不同而交，交必重己。心說之而身不近之，身近之而實不至，而懼

---

〔註171〕晉・孔晁《逸周書卷第七・官人解第五十八》說：「亞稱其說。」（臺北：臺灣中華書局，中華民國55年）。

〔註172〕「分白其名以私其身」，文義不通。考《逸周書》作「自以名私其身」，可從。見晉・孔晁注《逸周書卷第七・官人解第五十八》（臺北：臺灣中華書局，中華民國55年）。

忠不盡，懼忠盡見于眾而貌克。」意思是說，隱于交友的人，以不正當的手段竊取聲名，交朋結黨互相標榜，明知別人賢能可為模範，與平常交往的人不同而不和他交往，即使與他交往，也是對自己要有某些好處的。心裏喜歡他，卻不願親近他；雖然親近他，心裏還是有些距離，並不能傾心盡懂。可是，在大家的面前，表面上又裝著一副傾心盡懂的樣子。茲將「觀隱」的典型製表如下，以供參考：

| 觀　　　隱 | |
|---|---|
| 典　型 | 1. 隱于仁質者：小施而好大得小讓而好大爭言願以為質偽愛以為忠面寬而貌慈假節以示之故其行以攻其名 |
| | 2. 隱于知理者：推前恃忠府知物為首成功少其所不足慮誠不及伴為不言內誠不足色示有餘故知以動人自順而不讓錯辭而不遂莫知其情 |
| | 3. 隱于文藝者：素動人以言涉物而不終問則不對伴為不窮色示有餘有道而自順用之物窮則為深 |
| | 4. 隱于廉勇者：廉言以為氣矯厲以為勇內恐外悖無所不至亟稱其說以詐臨人 |
| | 5. 隱于忠孝者：自事其親好以告人乞言勞醉而面于敬愛飾其見物故得其名名揚于外不誠于內伐名以事其親戚以故取利自以名私其身 |
| | 6. 隱于交友者：陰行以取名比周以相譽明知賢可以徵與左右不同而交交必重己心說之而身不近之身近之而實不至而懼忠不盡懼忠盡見于眾而貌克 |

## （六）、「揆德、」：將有品德的歸納為十種典型，將無品德的歸納為六種典型

### 1. 有品德的人

1-1「有仁心的人」，他的表現為「其言甚忠，其行甚平，其志無私，施不在多，靜而寡類，莊而安人。」意思是說，有仁心的人，講話很誠懇，行為很平正，心中所想的一無偏私，周濟人家的窮困，不在於錦上添花，沈靜而不結黨，莊嚴而能和人。

1-2「廣知的人」，他的表現為「事變而能治，物善而能說，浚窮而能達，錯身立方而能遂。」意思是說，知識廣博的人，變亂的事物能處理，美好的事物能傳說，艱深的道理能表達，安身立命能有所成就。

1-3「謹慎謙讓溫良的人」，他的表現為「少言而行，恭儉以讓，有知而不伐，有施而不置。」意思是說，謹慎謙讓溫良的人，不多說話而肯去做，謙恭儉約而能遜讓，有知識而不向人誇耀，有施與而不自以為德。

1-4「順信的人」，他的表現為「微忽之言，久而可復；幽閒之行，獨而不克；

行其亡，如其存。」意思是說，恭順信實的人，很小的一句話，雖然說過了很久，還能履行諾言；隱居的行為，是獨善其身，而不去鄙薄他人；奉行去世的長輩的遺意，就好像他在世時一樣。

1-5「有德的人」，他的表現為「貴富雖尊，恭儉而能施眾，強嚴威有禮而不驕。」意思是說，有德行的人既富且貴雖是尊崇，但謙恭儉約而能施惠他人；土地廣大百姓眾多，且威武可畏，但卻有禮而不驕慢人。

1-6「有守的人」，他的表現為「隱約而不懾，安樂而不奢，勤勞之不變，喜怒之如度晰。」意思是說，有操守的人，不以窮困為可怕，不因安樂而華奢，不改變勤勞的習慣，喜怒的感情有節度而不過分。

1-7「有經的人」，他的表現為「直方而不毀，廉絜而不戾，強立而無私。」意思是說，正經規矩的人，剛直方正而不隨便阿附人，廉潔而不忿戾，能直道而行，沒有偏私。

1-8「沉靜的人」，他的表現為「正靜以待命，不召不至，不問不言，言不過行，行不過道。」意思是說，沉著雅靜的人，端正雅靜，以等待國君徵召的命令；國君不徵召，不來；國君不問話，不先開口；說話不超過行事，行事不超過道理。

1-9「孝順的人」，他的表現為「忠愛以事其親，歡欣以致之，盡力而不面敬以安人，以故名不生焉。」意思是說，真孝順的人，以真誠的愛來奉事雙親，以歡欣的心情來敬奉他們，盡到自己的能力去做，不只是贏取人家的讚譽，因此，別人不一定知道他的孝名。

1-10「至好的朋友」，他的表現為「合志而同方，共其憂而任其難，行忠信而不相疑迷，隱遠而不相舍。」意思是說，至好的朋友，志同道合，共同分擔憂患，行為忠誠而不相猜疑，不論隱退或騰達都不相捨棄。

## 2. 無品德的人

2-1「位志的人」，他的表現為「心色辭氣，其入人甚俞，進退工，故其與人甚巧，其就人甚速，其叛人甚易。」意思是說，心志只在地位上的人，他的態度言語都叫人很愉快，很會鑽營，因此，他很會應付人，他和人親近很快，他叛離人也很容易。

2-2「貪鄙的人」，他的表現為「飲食以親，貨賄以交，接利以合，故得望譽征利而依隱于物。」意思是說，貪鄙的人，用吃喝來親近，用錢財來交往，有好處就合在一起，因此，可以用名望聲譽來獲取利益，而把友情建立在物質上。

2-3「僞詐的人」，他的表現爲「質不斷，辭不至，少其所不足，謀而不已。」意思是說，虛僞狡詐的人，質疑不能斷定，話又說不出來，他感到本身所缺乏的東西，又不停的想法子獲得。

2-4「沒有誠志的人」，他的表現爲「言行亟變，從容謬易，好惡無常，行身不類。」意思是說，沒有眞誠的人，他的言行常常變更，舉止荒謬而輕率，好惡沒有一定，做的事和身分不一樣。

2-5「華誕的人」，他的表現爲「小知而不大決，小能而不大成，顧小物而不知大，論亟變而多私。」意思是說，浮華誕妄的人，他有小聰明而不能決斷大事情，有小能耐而不能成就大事業，顧慮到小事情而不知道大道理，常常改變主意而多私心。

2-6「巧名的人」，他的表現爲「規諫而不類，道行而不平。」意思是說，剽竊名譽的人，他愛說些規諫的話而不合事實，做些像正直的事而不論是非。

茲將「揆德」的典型製表如下，以供參考：

|  | 1. 有品德的人 | 2. 無品德的人 |
|---|---|---|
| 揆德 | 1-1 有仁心的人，其言甚忠其行甚平其志無私施不在多靜而寡類莊而安人 | 2-1 位志的人，心色辭氣其入人甚俞進退工故其與人甚巧其就人甚速其叛人甚易 |
|  | 1-2 廣知的人，事變而能治物善而能說浚窮而能達錯身立方而能遂 | 2-2 貪鄙的人，飲食以親貨賄以交接利以合故得望譽征利而依隱于物 |
|  | 1-3 謹愼謙讓溫良的人，少言而行恭儉以讓有知而不伐有施而不置 | 2-3 僞詐的人，質不斷辭不至少其所不足謀而不已 |
|  | 1-4 順信的人，微忽之言久而可復幽閒之行獨而不克行其亡如其存 | 2-4 沒有誠志的人，言行亟變從容謬易好惡無常行身不類 |
|  | 1-5 有德的人，貴富雖尊恭儉而能施眾強嚴威有禮而不驕 | 2-5 華誕的人，小知而不大決小能而不大成顧小物而不知大論亟變而多私 |
|  | 1-6 有守的人，隱約而不懾安樂而不奢勤勞之不變喜怒之如度晰 | 2-6 巧名的人，規謀而不類道行而不平 |
|  | 1-7 有經的人，直方而不毀廉潔而不忿庚強立而不私 |  |
|  | 1-8 沈靜的人，正靜以待命不召不至不悶不言言不過行行不過道 |  |
|  | 1-9 孝順的人，忠愛以事其親歡欣以致之盡力而不面敬以安人故名不生焉 |  |
|  | 1-10 至好的朋友，合志而同方共其憂而任其難行忠信而不相疑迷隱達而不相舍 |  |

劉邵據東漢以前，各家對於觀察人物的方法爲基礎，在《人物志》各篇中均有論及鑒識人物的方法，其中以〈接識第七〉和〈八觀第九〉比較集中。〈接識第七〉僅僅講了在初次交際時，如何通過交談鑒識對方是屬於偏材還是兼材，以及屬於偏材中的哪一種類型，而〈八觀第九〉則是全面系統的論述鑒別人材的方法。〈八觀第九〉：

> 八觀者，一曰觀其奪救，以明間雜。二曰觀其感變，以審常度。三曰觀其至質，以知其名。四曰觀其所由，以辨依似。五曰觀其愛敬，以知通塞。六曰觀其情機，以辨智惠。七曰觀其所短，以知所長。八曰觀其聰明，以知所達。

「八觀」是八個不同角度的觀察，來瞭解一個人的相關情形，以便鑒定他是何種人材。茲分述之於后：

（一）、八觀的第一個方法，是專門爲鑒別「間雜之人」而設立的。劉邵認爲，「間雜之人」的特點是思想品質中具有善惡兩種傾向，由於惡劣品質的存在，使他們不可能成爲好的人材。由於「間雜之人」品質的雙重特點，所以經常出現善惡混雜的行爲，難以鑒別確定。他們的典型形態是「惡情奪正」和「善情救惡」。所謂「惡情奪正」，是指「間雜之人」雖有善心，但因有惡習而使善心不能發揮作用。所謂的「善情救惡」，是指在善良動機主導之下，即使伴有不良行爲，也不會產生惡果。需要指出的是，「善情救惡」總體上並不是一種好品質，它仍屬於「間雜之人」的行爲範疇。

（二）、八觀的第二個方法，是專門爲確定人材的性格才能而設立的。它分爲「觀其辭旨」和「察其應贊」兩個方法。所謂「觀其辭旨」，是指通過傾聽被考查的人之議論，從而得知他的思想水準和特點。從「觀其辭旨」中，可歸納出十四個原則：1. 辭顯唱正，明白的人。2. 默而識之，玄微的人。3. 明辨是非，通理的人。4. 言辭混淆，雜亂的人。5. 預知未來，聖哲的人。6. 梳理精微，睿智的人。7. 見事過人，明智的人。8. 以明爲晦，智慧的人。9. 察知細微，深微的人。10. 心致昭然，疏朗的人。11. 測之益深，實力的人。12. 假合炫耀，虛妄的人。13. 自見其美，能力不足。14. 不伐其能，綽綽有餘。所謂「察其應贊」，是指觀察被考查的人對某種見解的反應，從他的言語和神色的矛盾中，窺知他的眞實思想。有下列四個原則可參考：1. 言詞快樂卻無愉悅的神色，一定虛情假意在說謊。2. 言辭雖不好聽，可是神色非常誠懇，表示對方是個木訥可信的人。3. 話未說出口，就滿臉怒容，表示他的憤氣塡膺。4. 氣沖沖的說話，表示他想以怒氣助氣勢，強迫別人

聽信他的話。

（三）、八觀的第三個方法，是專門為確定人材的名號而設立的。劉邵主張通過觀察身體生理素質的完善程度，來確定人材的名號。他以為一至是偏材，但沒有令名。「二至以上，則至質相發，而令名生矣。」「是故骨直氣清，則休名生焉；氣清力勁，則烈名生焉；勁智精理，則能名生焉；智直彊愨，則任名生焉。」「休名」的獲得，是因為「骨質氣清」；「烈名」的獲得，是因為「氣清力勁」；「能名」的獲得，是因為「勁智精理」；「任名」的獲得，是因為「智直彊愨」。如果能「集于端質，則令德濟焉。」「令德」這是理想宰相或君主的材質名號。因此，他說：「是故觀其所至之多少，而異名之所生，可知也。」

（四）、八觀的第四個方法，是專門為鑒識「依似」這類假冒的人材而設立的。劉邵認為，「依似」是一種介於壞人與偏材之間的偽人材。它的特點是酷似偏材，似是而非。他認為區別「依似」及「偏材」的要領，不在於觀察他們的共同短處，而在於偏材所具有的長處。他說：「然則何以別之？直而能溫者，德也；直而好訐者，偏也；訐而不直者，依也；道而能節者，通也；通而時過者，偏也；宕而不節者，依也。」意思是說，那麼，如何來區別它們呢？正直而能保持溫和態度的人，是有德的人；正直而喜好揭人陰私的人，是偏材的人；揭人陰私而不能保持正直的人，是似是而非的人。心通於道而能遵守禮節的人，是通達的人；通達但偶而有過失的人，是偏材的人；一味的放宕不羈而沒有必要的節制的人，是似是而非的人。「直」、「通」等品質，這正是「依似之人」所不具備的。

（五）、八觀的第五個方法，是專門為鑒別一個人的處世境況順利與艱難而設立的。劉邵認為，一般人的情性中都具有愛敬的要素，因此，「有愛敬之誠，則與道德同體，動獲人心而道無不通也」。但是，「愛不可少於敬，少於敬則廉節者歸之，而眾人不與。」反之，「愛多於敬，則雖廉節者不悅，而愛接者死之。」為何會出現這種現象呢？劉邵解釋說：「敬之為道也，嚴而相離，其勢難久」，而「愛之為道也，情親意厚，深而感物」，因此，「觀其愛敬之誠，而通塞之理，可得而知也。」

（六）、八觀的第六個方法，是專門為判定君子或小人而設立的。劉邵提出了六種「情機」，指一個人情情緒上的喜、怨、惡、悅、姻、妒等六種反應，那就是：1. 在達成他的願望時，就會高興——喜。2. 在不能發揮他的能力時，就會怨——怨。3. 誇耀自己的才能，別人就會討厭他——惡。4. 以謙虛的態度待人，別人就會喜歡他——悅。5. 論及別人的短處，會使人生氣——姻。

6. 以己之長處較量別人之短處，別人會妒恨你——妒。劉劭指出：「凡此六機，其歸皆欲處上」，意思是說，人情的喜、怨、惡、悅、姻、妒等六機，它的問題都出在好勝心——想站在別人的上方。君子待人接物，志在退下，當有人侵犯他的六機時，不予計較；小人則不然，志在陵上，當有人侵犯他的六機時，則深以爲怨。觀察人情的六機，就可以識別君子與小人了。

（七）、八觀的第七個方法，是專門爲鑒定偏材的人而設定的。通過觀察人物的缺點以推知相應的特長。劉劭認爲，「偏材之人，皆有所短。」因此，「直之失也訐，剛之失也厲，和之失也軟，介之失也拘。」不難看出，偏材的人具有與其長處相對應的短處。例如，性情直爽的人喜歡攻訐別人，剛毅的人過於嚴厲，溫和的人缺失在於膽小，耿介的人又流於拘泥。必須指出的是，「有短者未必有長」。而「有長者必以短爲徵」，因此，他主張利用偏材的短處爲特徵，推知相應的優點，以達到鑒定偏材的目的。

（八）、八觀的第八個方法，是專門爲鑒定人材的聰明程度而設立的。劉劭指出：「仁者，德之基也；義者，德之節也；禮者，德之文也；信者，德之固也。智者，德之帥也。」他認爲仁、義、禮、智、信對形成人材之德，各有不同的作用。仁，是德的根本；義，是德的節制；禮，是德的文采；信，是德的屏障；其中的智，是德的統帥。而智這種品質又是以聰明爲基礎的，可見，聰明的重要。劉劭在〈自序〉中指出：「夫聖賢之美，莫美夫聰明；聰明之所貴，莫貴於知人。」聰明對於知人的重要，「猶晝之待白日，夜之待燭火，其明益盛者，所見及遠。」接著，劉劭把聰明分爲五個層次，他說：「故守業勤學，未必及材；材藝精巧，未必及理；理義辨給，未必及智；智能經事，未必及道；道思玄遠，然後乃周。」他以爲「學」不及「材」，「材」不及「理」，「理」不及「智」，「智」不及「道」。學、材、理、智均未達聰明的地步，只有及「道」的境界，凡事能迴轉反覆變通，才算得上聰明。聰明爲眾德之主，仁、義、理皆待聰明而行，因此，「以明將仁則無不懷，以明將義則無不勝，以明將理則無不通。」如果沒有聰明，則仁、義、理均達不成，而會產生下列四種弊病：1. 「好聲而實不充則恢」。意思是說，有名無實，虛有名聲，這是浮誇不實。2. 「好辨而理不至則煩」。意思是說，詭辯取勝而理不正，使人口服心不服，流於煩亂。3. 「好法而思不深則刻」。意思是說，好法而思維不夠深入，容易流於苛刻。4. 「好術而計不足則僞」。意思是說，好術而謀略不足，容易流於詐術。因此，就「學」而言，明者爲師；就「力」而言，智者爲雄，在在需要聰明。就是動而爲天下法、言而爲萬世範的聖人，也是

以「聰明」為極名。茲將八觀的方法、目的製表如下，以供參考：

| | 方　法 | 目　的 | 備　註 |
|---|---|---|---|
| 八觀 | 一曰觀其奪救 | 以明間雜 | 專門為鑒別間雜之人而設立的 |
| | 一曰觀見惑變 | 以審常度 | 專門為確定人材的性格能力而設立的 |
| | 二曰觀其至質 | 以知其名 | 專門為確定人材的名號而設立的 |
| | 四曰觀其所由 | 以辨依似 | 專門為鑒識依似這類假冒的人材而設立的 |
| | 五曰觀其愛敬 | 以知通塞 | 專門為鑒別一個人的處世境況順利與艱難而設立的 |
| | 六曰觀其情機 | 以辨恕惑 | 專門為判定君子或小人而設立的 |
| | 七曰觀其所短 | 以知所長 | 專門為鑒定偏材之人而設立的 |
| | 八曰觀其聰明 | 以知所達 | 專門為鑒定人材的聰明程度而設立的 |

## 十四、柔弱不爭與無為而治

　　《老子第三十六章》：「柔弱勝剛強。」〔註173〕意思是說，柔弱勝過堅強。《老子第八章》：「夫唯不爭，故無尤。」〔註174〕意思是說，只因為有不爭的美德，所以沒有怨咎。《老子第八十一章》：「聖人之道，為而不爭。」〔註175〕意思是說，聖人的道理，施給而不和人爭奪。柔弱和不爭是老子的處世思想。他從經驗世界的事象中找到論據，用以說明「堅強」的東西是屬於死亡的一類，而柔弱的東西是屬於生存的一類。老子拿人作為例子，他說，人活著的時候，身體是柔軟的，死了的時候，身體變成僵硬。他又拿草木作為例子，他說，草木欣欣向榮的時候，形質是柔脆的，花殘葉落的時候，就變成枯乾了。〔註176〕從這兩個例子，他得出這樣的結論：「堅強者，死之徒；柔弱者，生之徒。」〔註177〕老子「柔弱」的主張，主要是針對於「逞強」的作為而提出的。逞強者必然剛愎自用，自以為是。世間的紛爭，多半是由這種心理狀態和行為樣態所產生的。在這種情下，老子提出「柔弱」的主張，並提出「不爭」的觀念以處世。《老子第五十七章》：「我無為而民自化，我好靜而民自正，我無事而民自富，

---

〔註173〕王弼，《老子註》（臺北縣：藝文印書館，中華民國64年），頁72。

〔註174〕王弼，《老子註》（臺北縣：藝文印書館，中華民國64年），頁16。

〔註175〕王弼，《老子註》（臺北縣：藝文印書館，中華民國64年），頁157。

〔註176〕《老子第七十六章》：「人之生也柔弱，其死也堅強。草木之生也柔脆，其死也枯槁。」見王弼，《老子註》（臺北縣：藝文印書館，中華民國64年），頁150。

〔註177〕《老子第七十六章》，見王弼，《老子註》（臺北縣：藝文印書館，中華民國64年），頁150。

我無欲而民自樸。」〔註178〕意思是說，我「無爲」，人民就自我化育；我「好靜」，人民就自我上軌道；我「無事」，人民就自然富足；我「無欲」，人民就自然樸實。老子看到當時的統治者，不足以有所作爲，卻偏要妄自作爲，結果適足以形成人民的災難。因而呼籲爲政需要「無爲」。事實上，「好靜」、「無事」、「無欲」就是「無爲」思想的內涵。「好靜」是針對統治者的騷亂攪擾而提出的；「無事」是針對統治者的煩苛政舉而提出的；「無欲」是針對於統治者的擴張欲望而提出的。如果爲政能做到「無爲」，讓人民自我化育，自我發展，自我完成，那麼，人民自然能夠富足，社會自然能夠和諧。劉邵的《人物志》蘊含著老子思想的有兩項：

## （一）、卑弱自持的立身之道

〈八觀第九〉：「老子以無爲德，以虛爲道。」意思是說，老子以無作爲大德，以虛作爲道的本質。〈釋爭第十二〉：「君子知屈之可以爲伸，故含辱而不辭；知卑讓之可以勝敵，故下之而不疑。」意思是說，君子知道屈折是伸展的依據，所以身體屈辱而不辭；知道謙卑禮讓能夠最終戰勝敵人，所以處於下位而不疑慮。〈釋爭第十二〉又說：「君子之求勝也，以推讓爲利銳，以自修爲棚櫓，靜則閉默泯之玄門，動則由恭順之道路。是以戰勝而爭不形，敵服而怨不搆。」意思是說，君子追求勝利，以推辭與謙讓的美德作爲銳利武器，以自我修養作爲實現目的的途徑，靜則有沉默無聲的玄妙，動則經恭敬順達的通路。因此，戰勝對方而沒有鬥爭的形跡，使敵人服輸而不會形成怨恨。接著，劉邵引用老子的話說：「夫惟不爭，故天下不能與之爭。」〔註179〕然後，他將人材分爲三等：「本無功而自矜，一等；有功而伐之，二等；功大而不伐，三等。」意思是說，最差的一等人，他本來沒有什麼功勞卻自我誇耀；其次的二等人，雖然有功勞而自炫其能；最好的三等人，功勞很大而不自我炫耀。〈釋爭第十二〉：「不伐者，伐之也；不爭者，爭之也；讓敵者，勝之也。下眾者，上之也。」意思是說，不誇耀炫飾，反而是最好的誇耀；不好勝爭強，反而是取勝的捷徑；對敵人退讓的人，反而能戰勝對手；甘願處於眾人之下的人，反而被眾人所崇尚。可見，卑弱自持爲劉邵教人立身的要道。

## （二）、無為而治的人君之德

劉邵認爲，平治天下必須聖人，聖人聰明至極，因此，能知人善任。而聖人之所以能知人善任，則因爲他備有中庸的美德。中庸本爲儒家的學說，而劉邵則以老子的思想加以解釋。〈九徵第一〉：「凡人之質量，中和最貴矣。中和之質必平淡無味，

〔註178〕王弼，《老子註》（臺北縣：藝文印書館，中華民國64年），頁118。
〔註179〕語出《老子第二十二章》。

故能調成五材，變化應節……陰陽清和，則中睿外明，聖人淳耀，能兼二美。」所謂「二美」，一種是指稟受陽氣較多的「明白之士」，一種是指稟受陰氣較多的「玄慮之人」。劉邵認爲，聖人所稟受的陰陽之氣，其多少都恰到好處，這就是「陰陽清和」，也就是所謂「中和」。「中和」的表現，就是「平淡無味。」「中和」也就是「中庸」。因此，他在〈體別第二〉指出：「夫中庸之德，其質無名，鹹而不鹻，淡而不䐶，質而不縵，文而不繢，能威能懷，能辯能納，變化無方，以達爲節。」意思是說，「中庸」這一種道德，它平淡無味，既能矜持莊重又能溫文儒雅，既能口若懸河辯而無失，又能敏於行而訥於言。能因應變化，因此，可以達成任務。可見，「平淡」並不是平庸。〈流業第三〉：「主德者，聰明平淡，總達眾材而不以事自任者也。是故主道立則十二材各得其任也。」意思是說，人主的品質之特點，就是「平淡」，表面上平凡無奇，不表現什麼材能，如果說他有材能，他的材能就在於他能知人善任，任用各種人材辦他們所能辦的事情，而他自己任何事都不辦。〈流業第三〉：「若道不平淡，與一材同好，則一材處權，而眾材失任矣。」意思是說，如果「君」表現一種材能，他對於有這一種材的人就要有所偏好。如果那樣，有這種材能的人就處於優勢地位，而有別的材能的人，就不能得到適當的任用了。湯用彤說：

> 卑弱自持爲劉邵教人立身的要道，《人物志》本爲鑑人序材之書，此義似若與題無干，而書末竟加有〈釋爭〉一篇，則其於老子之說深爲契賞，可以知之。劉邵以爲平治天下必須聖人，聖人明智之極，故知人善任。知人善任則垂拱而治，故能勞聰明以求人，獲安逸於任使。此人君無爲而治一解也。〔註180〕

《人物志》本爲鑑人序材之書，而書末竟加〈釋爭〉一篇，可見，劉邵對於老子關於柔弱不爭的自處之道，以及人君無爲而治的人君之德深爲契賞。

---

〔註180〕引自賀昌群、容肇祖等《魏晉思想甲編五種》（臺北：里仁書局，中華民國73年），頁19。

# 第五章　《人物志》的人材思想

劉邵《人物志・序》：

> 夫聖賢之所美，莫美乎聰明，聰明之所貴，莫貴乎知人，知人誠智，
> 則眾材得其序矣。

可見，《人物志》旨在討論怎樣認識人物，什麼人物適合做什麼官，能發揮什麼作用。《人物志》所討論的問題又牽涉到一個更根本的問題，就是人物的不同，究竟是由什麼決定的。[註1]

## 第一節　《人物志》論人物的形上根據

〈九徵第一〉：

> 蓋人物之本，出乎情性，情性之理，甚微而玄，非聖人之察，其孰能
> 究之哉？

首先，《人物志》論人，所重乃在「情性」。此處所謂「情性」，據劉昞注：「性質稟之自然，情變由於染習」的解釋，當指人之稟受於自然的「材質之性」而言。此義之性，可以「自然之性」或「氣性」一詞總括之。此生就而自然的質性，落實於現實具體的現象界中，必會呈現出種種不同的風味、光彩、儀表、姿態……，此即所謂「情」，也可稱之為「情變」。可見，「情」是順「性」而然；「情變」是個體生命順著它先天而自然的「質性」而有之各種各樣多彩多姿的表現。「情」既是順「性」而然，而「情」之所以表現為如此多彩多姿，自然也是順著「性」自身的多樣多種而得有如此這般之表現。而此稟受於自然之性，何以得如此之多彩多樣？《人物志》

---

〔註 1〕參考馮友蘭，〈魏晉之際關於名實、才性的辯論〉。《中國哲學史》，1983 年第 4 期），頁 5。

顯然是取兩漢以來的「氣化宇宙論」爲其形上的根據。〔註2〕

漢魏時期，中國思想界信奉的宇宙構成論是元氣論和陰陽五行說。元氣、陰陽五行均指氣的不同形態。元氣的運動形成了陰陽二氣，陰陽二氣的交感變化產生了金、木、水、火、土五行之氣，起重些「氣」的作用之下產生了宇宙萬物包括人類。因此，人的「情性」，最終取決於對元氣和陰陽五行之氣的稟受。玄學產生之前的漢魏時期，不同思想流派的人材思想學說各有所異，但在採用陰陽五行說方面卻是共同的。〔註3〕

呂不韋《呂氏春秋‧大樂》：

> 太一出兩儀，兩儀出陰陽，陰陽變化，一上一下……萬物所出，造於
> 太一、化於陰陽。〔註4〕

這種通過陰陽二氣的作用來說明宇宙演化、萬物生成，後來形成了漢代以宇宙論爲中心的思想方向，這是《呂氏春秋》對漢代哲學的主要影響。董仲舒《春秋繁露‧玉英》：

> 一元者，大始也。〔註5〕

《春秋繁露‧王道》：

> 元者，始也。〔註6〕

另外，《春秋繁露‧重政》：

> 元者爲萬物之本，而人之元在焉。〔註7〕

意思是說，「元」既然爲萬物之本，那麼，天、地、人皆由此出，人的情性也當由元氣所陶鑄。另外，帶有神秘色彩的《易緯‧乾鑿度》也指出：

> 一者，形變之始。清輕者上爲天，濁重者下爲地。〔註8〕

意思是說，原始的氣，分化爲兩部分：一部分是輕清的，上浮爲天；一部分是重濁的，下沉爲地。清輕的氣就是陽氣，重濁的氣，就是陰氣。王充《論衡‧無形篇》：

---

〔註2〕參考金貞姬，〈劉卲《人物志》之哲學底反省〉。《中國文學研究》第八期，1994 年 5 月），頁 1～2。

〔註3〕參考王曉毅，《中國古代人才鑒識術——人物志譯注與研究》（長春：吉林文史出版社，1994 年），頁 25。

〔註4〕秦‧呂不韋，《呂氏春秋‧十二紀卷五‧仲夏紀大樂》。明萬曆庚申吳興凌氏刊朱墨套印本（臺北：中國子學名著集成編印基金會，中華民國 69 年），頁 115～116。

〔註5〕漢‧董仲舒，《春秋繁露》卷三〈玉英〉。明天啓乙丑西湖沈氏花齋刊本（臺北：中國子學名著編印基金會，中華民國 69 年），頁 95。

〔註6〕漢‧董仲舒，《春秋繁露》卷四〈王道〉。明天啓乙丑西湖沈氏花齋刊本（臺北：中國子學名著編印基金會，中華民國 69 年），頁 117。

〔註7〕漢‧董仲舒，《春秋繁露》卷五〈重政〉。明天啓乙丑西湖沈氏花齋刊本（臺北：中國子學名著編印基金會，中華民國 66 年），頁 151。

〔註8〕《緯書集成‧易緯乾鑿度》卷上。河北人民出版社，1994 年），頁 12。

人稟元氣於天，各受壽天之命，以立長短之形。〔註9〕

《論衡・率性篇》：

人之善惡，共一元氣，氣有多少，故性有賢愚。〔註10〕

意思是說，人稟受元一之氣以爲性，性由氣稟，而氣有厚薄多少之分，因此，命有壽天，形有長短，性有賢愚之別。

人既爲陰陽之氣和合所生，因此，人性也有陰陽兩面。易言之，人的情性與陰陽二氣相副。此即董仲舒《春秋繁露・深察名號》所說的：

人之誠，有貪有仁。仁貪之氣，兩在於身，身之名取諸天。天兩，有陰陽之施，身亦兩，有貪仁之性。……身之有性情也，若天之有陰陽也。

〔註11〕

意思是說，人的情性有仁有貪，就像天之有陰陽。此由於元一之氣，尚不足以說明個體的情性，因此，情性之立，尚須資於陰陽二氣的交感變化，以體現個體生命的剛柔、文質、拘抗。

漢儒又本五行的觀念以觀物，而人既然爲五行之秀氣，因此，觀人的情性，也附會以五行之說。以五行配五常，始於景武之世的董仲舒。〔註12〕他在《春秋繁露》・五行相生》指出：

天地之氣，合而爲一、分爲陰陽，判爲四時，列爲五行。東方者木，農之本，司農尚仁。南方者火也，本朝司馬尚智。中央者土，君官也，司營尚信。西方者金，大理司徒也，司徒尚義。北方者水，執法可寇也，司寇尚禮。〔註13〕

《易緯・乾鑿度》：

八卦之序成立，則五氣變形。故人生而應八卦之體，得五氣以爲五常，仁、義、禮、智、信是也。〔註14〕

---

〔註9〕漢・王充，《論衡》卷二〈無形篇〉。明萬曆間新安程榮刊漢魏叢書本（臺北：中國子學名著編印基金會，中華民國69年），頁74～75。

〔註10〕漢・王充，《論衡》卷二〈率性篇〉。明萬曆間新安程榮刊漢魏叢書本（臺北：中國子學名著編印基金會，中華民國69年），頁94。

〔註11〕漢・董仲舒《春秋繁露》卷十〈深察名號〉。明天啓乙丑西湖沈氏花齋刊本（臺北：中國子學名著編印基金會，中華民國66年），頁259～264。

〔註12〕江建俊說：「以五行配五常，始於景武之世之董仲舒。」江建俊，《漢末人倫鑒識之總理則——劉邵人物志研究》（臺北：文史哲出版社，中華民國72年），頁81。

〔註13〕漢・董仲舒，《春秋繁露》卷十三〈五行相生〉。明天啓乙丑西湖沈氏花齋刊本（臺北：中國子學名著編印基金會，中華民國69年），頁325～328。

〔註14〕《緯書集成・易緯乾鑿度》卷上。河北人民出版社，1994年），頁10。

班固《白虎通‧性情》：

> 性情者何謂也？性者陽之施，情者陰之化也。人稟陰陽氣而生，故內懷五性六情。……故人生而應八卦之體，得五氣以為常，仁、義、禮、智、信也。〔註15〕

王充《論衡‧物勢篇》：

> 一人之身，含五行之氣。故一人之行，有五行之操。〔註16〕

鄭玄注解《中庸》「天命之謂性」說：

> 木神則仁，合神則義，火神則禮，水神則信，土神則知。〔註17〕

可見，將五行之氣與仁、義、禮、智、信五常相配，以論人物的情性為漢儒共同的思想。劉邵與同時代的曹魏思想家也多持這種觀點。如當時吳國姚信的《士緯》說：

> 孔文舉金性太多，木性不足，背陰向陽，雄俊孤立。〔註18〕

任奕《任子》說：

> 木氣人勇，金氣人剛，火氣人強而躁，土氣人智而寬，水氣人急而賊。
>
> 〔註19〕

姚信和任奕都以為五行中什麼行在一個人的身體中是「勝質」，這個人就有什麼品質和性格。可見，在這種思想氛圍中，劉邵是很難例外的。

劉邵關於人的情性生成的形上依據主要反應在〈九徵第一〉。他說：

> 凡有血氣者，莫不含元一以為質，稟陰陽以立性，體五行而著形。

所謂「凡有血氣者」即現實存在的人，「含元一以為質」是說人的質性是稟之於「元一」。「元一」的意義如何？情性並未詳加解說。後人依據各人的體會而有不同的解釋，如：

一、牟宗三以氣解釋「元一」

他說：

> 「含元一以為質」，即以「元一」為一「普遍的質素底子」。此「元一」

〔註15〕清‧陳立，《白虎通疏證八‧性情》。清光緒元年淮南書局刊本（臺北：中國子學名著編印基金會，中華民國69年），頁451～452。

〔註16〕漢‧王充，《論衡》卷三〈物勢篇〉。明萬曆間新安程榮刊漢魏叢書本（臺北：中國子學名著編印基金會，中華民國69年），頁153。

〔註17〕《十三經注疏5禮記》〈中庸第三十一〉（臺北縣：藝文印書館，中華民國68年），頁879。

〔註18〕見唐‧馬驄，《意林》卷四。清乾隆四十七年武英殿聚珍本（臺北：中國子學名著編印基金會，中華民國69年），頁471。

〔註19〕見唐‧馬驄，《意林》卷五。清乾隆四十七年武英殿聚珍本（臺北：中國子學名著編印基金會，中華民國69年），頁513。

非後來朱子所謂「太極」。蓋朱子言太極是理，而此「元一」則當是氣、是質。有類於易緯乾鑿度所謂太初、太素者。氣化流行，宋儒通過中庸與易傳，就所以氣化流行處，於氣、質之外，復提練出一個創造性原理，此即道或理，亦曰太極。故太極是理。而《人物志》所說的「元一」，則未經此提練，故此「元一」是氣是質，而非是理。此是以漢儒的「氣化宇宙論」爲底子。〔註20〕

## 二、周紹賢以「元一」為「太極」

他說：

> 人物志本段所謂「元一」，亦即太極也，所謂「質」，即元氣也，氣既由理而出，理即寓於氣之中，理非空虛，有是理，必有是氣，有是氣亦必具是理，不必單獨言理。……本段「含元一以爲質」即理氣合一之論也。……故苟有形質，即可追尋其理，相術家依尋此理以相人，人物志依尋此理以察人之才性。〔註21〕

## 三、王葆玹以「元一」為「中和」

他說：

> 所謂「元一」就是「中和」，「中和」就是兩極之中、陰陽之和。按照《人物志・九徵》篇的說法，「中和」的表現是「平淡」，陰陽的表現是「聰明」，唯「平淡」才能超越五材又「調成五材」，唯「中和」才能超越陰陽又調和陰陽。〔註22〕

對於上述三種說法，錢國盈《魏晉人性論》分析說：

> 在檢驗此三種解釋何者正確之前，有必要確立「莫不含元一以爲質」所涵攝的意義。「莫不含元一以爲質」之意義有二，一爲「元一」即人所含的「質」，故「元一」與「質」爲同質性而非異質。二爲「莫不」二字之義表示此元一之質是具有普遍性的，而非特殊性的。由此我們可以進一步檢驗前三說之理論。依前面對「莫不含元一以爲質」的意義分析以推論王葆玹先生之說，則應可做如下之論斷，即：每個人皆有中和之質，由《人物志・九徵》篇所說可知，此種「平淡無味」、「調成五材」的中和之質是聖人所具備的材質，因爲聖人「五常具備，包以澹味，五質內充，五精外章」，故能調成五材。是故依王葆玹先生之立論，人人皆具中和之質，則人人皆

---

〔註20〕牟宗三，《才性與玄理》（臺北：臺灣學生書局，中華民國67年），頁49。
〔註21〕周紹賢，《魏晉清談述論》（臺北：臺灣商務印書館，中華民國76年），頁43。
〔註22〕王葆玹，《正始玄學》（山東：齊魯書社出版社，1987年），頁369～370。

可爲聖人矣，然而此與劉卲之思想不合，〈九徵〉篇中劉卲將人分爲五等，最高爲中庸之聖人，依次爲兼材、偏材、依似、間雜，他並認爲「偏材之性，不可移轉矣。」〈體別〉。據此可知，聖人具有特殊的稟賦，並非人人可爲。聖人稟賦既無普遍性，則中和亦不具普遍性，此與前面所確立的第二義不合，故以「中和」解釋「元一」與劉卲的思想不合。若依周紹賢的先生之說，「元一」爲理，「質」爲氣，則元一與質爲異質而非同質，此顯然與前面所立的第一義不合。而周氏所謂的理依他的說法是「苟有形質，即可追尋其理，相術家依據此理以相人，人物志依據此理以察人性。」這樣的理是人材質富貴之理，不是宋儒朱熹所謂的理，朱熹所說的理是「就所以氣化流行處，於氣、質以外，復提出一個創造性原理，此即道或理，亦曰太極，故太極是理」，而周氏所說的理實同於劉卲所說的「情性之理」。若依牟宗三之說，「元一」爲「氣」，就氣化宇宙論而言，人是天地二氣之合所生，所以人人皆是一氣之聚散變化，同時人的一切質性皆由此而來，可知以氣解釋元一、完全符合前面所確立的同質性與普遍性。〔註23〕

錢國盈在分析牟宗三、周紹賢、王葆玹三者對於「元一」的解釋之前，首先確立「莫不含元一以爲質」所涵攝的意義。他以爲「莫不含元一以爲質」的意義有二、一爲「元一」即人所含的「質」，故「元一」與「質」爲同質性而非異質。二爲「莫不」二字之義表示此元一之質是具有普遍性的，而非特殊性的。依此意涵以分析，則王葆玹的說法與前面所確立的第二義不符。據王葆玹的立論，人人皆具中和之質，則人人皆可以爲聖人，此顯然與劉卲的思想不合，在〈九徵第一〉中，劉卲將人分爲五等，最高爲聖人，依次爲兼材、偏材、依似、間雜，他並認爲，「偏材之性，不可轉矣」，據此可知，聖人具有特殊的稟賦，並非人人可爲。聖人的稟賦既無普遍性，則中和亦不具普遍性。至於周紹賢的立論，以爲「元一」爲理，「質」爲氣，則元一與質爲異質而非同質，此顯然與前面所立的第一義不合。而且，周氏所說的「理」，依他的說法是「苟有形質，即可追尋其理，相術家依據此理以相人，人物志依據此理以察人之性」，這樣的理是人之材質富貴之理，不是宋儒朱熹所謂的理，朱熹所謂的理是「就其氣化流行處，於氣、質以外，復提出一個創造性原理，此即道或理，亦曰太極，故太極是理」。三說之中，惟有牟宗三的解釋能符合「元一」與「質」爲同質性而非異質，「莫不」之義具有普遍性的而非特殊性的涵意。可見，「元一」當解釋爲「氣」，就氣化宇宙論而言，人是天地二氣之合

---

〔註23〕錢國盈，《魏晉人性論研究》（《國立臺灣師範大學國研所集刊》第三十六號），頁22。

所生，所以人人皆是一氣之聚散變化，同時，人的一切質性皆由此而來。此外，
程兆熊在《人物志講義》中將「元一」解釋爲「乃最初未發展中之形態。」〔註24〕
由於程氏的立義不明，故附論於此。

　　「稟陰陽以立性」，意思是說，陰陽二氣決定了人物性格的內向和外向兩種基本
類型。〈九徵第一〉：

　　　　故明白之士，達動之機，而暗于玄慮；玄慮之人，識靜之原，而困於
　　　　速捷。猶火日外照，不能內見，金水內映，不能外光。二者之義，蓋陰陽
　　　　之別也。

意思是說，生來就有兩種不同的人物。一種人物得到陽氣多一點，陽氣是動的，所
以這種人懂得動的道理，遇見事情，能夠迅速的行動，但是不能做詳細深入的思考。
這就是「明白之士」。還有一種人，得到的陰氣多一點，陰氣是靜的，所以這種人懂
得靜的道理，對事情能夠詳細深入的思考，但是不能採取迅速果斷的行動。這就是
「玄慮之人」。這兩種人的區別，就是陰陽之別。劉邵以爲，在自然界也有這兩種情
況。火和太陽的光能照見在它們外面的東西，而不能照見它們自己的內部。金和水
不能照見它們外面的東西，而卻能把它們外面的東西反映到它們內部來。劉邵以爲，
這也是陰陽之別，火和太陽都屬於陽，金和水都屬於陰。〈九徵第一〉又說：

　　　　聰明者，陰陽之精。陰陽清和，則中睿外明。聖人淳耀，能兼二美，
　　　　知微知章。自非聖人，莫能兩遂。

意思是說，聰明，是陰陽的精華，陰陽清醇平和，就會內心睿智，外在明朗。聖人
光大美盛，能夠兼備內外兩種美材，既能察知深微玄妙又能通曉顯著彰明，如果不
是聖人，則不能兩方面都做到。不難看出，劉邵認爲，除了聖人兼有陰陽二美之外，
一般偏材只能具有其中一美。陽性的人像火和光一樣，可以照見外物，因而只能知
道事物的外在方面——「知章」；陰性的人，像金和水一樣，可以將外物的影子映在
其中，因而能知道事物的微妙細節——「知微」。劉邵的這種陰陽說，是他劃分偏材
氣質的指導思想。例如，〈體別第二〉所列舉的十二種偏材之性：（一）、直毅之人。
（二）、雄悍之人。（三）、凌楷之人。（四）、弘普之人。（五）、休動之人。（六）、樸
露之人。（七）、柔順之人。（八）、懼慎之人。（九）、辨博之人。（十）、狷介之人。（十
一）、沉靜之人。（十二）、韜諝之人。雖然沒有用陰陽一詞，但確有六種陽性人和陰
性人。前面的六種人明顯屬於抗奮的個性，後面的六種則屬於拘謹的個性。

　　五行既成，章爲五色，發爲五音，配以五常。人的形體種色，乃各象其德。劉

---

〔註24〕程兆熊，《人學與人物》（臺北：明文書局，中華民國 76 年），頁194。

劭因而秉之以言五行，認爲人的骨、筋、氣、肌、血五體與五常、五質、五德有密切關連。〈九徵第一〉：

> 若量其材質，稽諸五物，五物之微，亦各著於厥體矣。其在體也，木骨、金筋、火氣、土肌、水血，五物之象也。五物之實，各有所濟，是故骨質而柔者，謂之弘毅；弘毅也者，仁之質也。氣清而朗者，謂之文理，文理也者，禮之本也。體端而實者，謂之貞固；貞固也者，信之基也。筋勁而精者，謂之勇敢；勇敢也者，義之決也。色平而暢者，謂之通微；通微也者，智之原也。五質恆性，故謂之五常矣。五常之別，列爲五德。是故溫直而擾毅，木之德也；剛塞而弘毅，金之德也；愿恭而理敬，水之德也；寬栗而柔立，土之德也；簡暢而明砭，火之德也。雖體變無窮，猶依乎五質。

意思是說，木、金、火、土、水五行之氣直接決定了骨、筋、氣、肌、血五種基本生理素質的形成。「其在體也，木骨、金筋、火氣、土肌、水血，五物之象也。」劉劭認爲，五行之氣是五種生理素質的本質，所以也叫「五質」；五行之氣本身具有仁、禮、信、義、智五種永恆的道德、屬性，所以也被稱爲「五常」。由於人們對於五行的稟受狀況不同，所以五種生理素質的完善程度不同，仁、禮、信、義、智五種永恆的道德水平也就不同。因此，劉劭總結五行與五常的關係以後說：「雖體變無窮，猶依乎五質」。意思是說，人的形體、品德、個性有很多的變化，但是都不能離開五行的本質。牟宗三說：

> 體五行而著形，五行是金木水火土。憑藉五行，則陰陽剛柔之情性更能彰顯而形著，而益見其爲多姿而多采，而益趨具體化。〔註25〕

劉劭以「氣化和合」之無限可能，換言之，以陰陽、五行之可以依照各種不同清濁、濃淡、厚薄、多寡的組合方式，來凝聚、完成無限多種可能的有形之質性，說明「氣性之理」的玄微奧妙，這是極爲顯豁而可理解的。〔註26〕總之，《人物志》論情性之以元一、陰陽、五行爲主，顯然是依漢儒氣化宇宙論之態度而成立者，此當無可疑。值得注意的是，《人物志》對此形上學根據卻也僅在一開首時加以論述而已。可見，《人物志》之興趣固不在形上學的討論，而重在實用的品鑒。〔註27〕牟宗三說：

---

〔註25〕牟宗三，《才性與玄理》（臺北：臺灣學生書局，中華民國67年），頁49～50。

〔註26〕參閱金貞姬，〈劉劭人物志之哲學底反省〉。《中國文學研究》第八期，1994年5月），頁2。

〔註27〕高柏園〈人物志論性之哲學根據與論性傳統〉說：「《人物志》之興趣固不在形上學之討論，而在品鑒之實用也。」《鵝湖月刊》第二四卷第八期總號第二八四），頁24。

情性雖是具體的，多采多姿的，然諦審其理，則「甚微而玄」。其所以甚微而玄者，蓋才性之理必通至元一、陰陽與五行而言之。此屬於形而上學範圍。蓋自董仲舒以來，兩漢的主流思想，在此方面，實有一「氣化的宇宙論」為底子。元一、陰陽、五行，皆是此「氣化的宇宙論」中的詞語。才性名理亦以此為其形上的根據。惟《人物志》以品鑒既成之具體才性為主，故對此根據不加詳討。只以三語陳之，而歸結於「形質」。故云：「苟有形質，猶可即而求之」。即就具體呈現之形質而品鑒之，即足以曲盡其微妙。此為品鑒的現象學之曲盡。至於抽象的形上學之追討，則是理論的形上學中所有事。〔註28〕

所謂「現象學之曲盡」，意思是說，《人物志》並不針對人性之形上學根據深入討論，而是就人性之現象加以掌握，以達實用的要求。

# 第二節　《人物志》論知人的途徑

鑒識人物的途徑，是劉邵研究人材的重要課題之一、也是《人物志》論述最多的一個方面。全書十二篇中，直接論及識別人材途徑的就有〈九徵第一〉、〈體別第二〉、〈接識第七〉、〈英雄第八〉、〈八觀第九〉、〈效難第十一〉、〈釋爭第十二〉等七篇，而其中〈八觀第九〉，則可稱為識別人材的專題篇。具體一點說，劉邵識別人材的途徑有「九徵」、「陰陽」、「三談」、「英雄」、「八觀」、「心志」、「五視」、「謙德」。它們各有觀察人材的重點，茲分別論述如下：

## 一、九　徵

漢魏時期的思想界，盛行認為人體中的某種生理素質或生理器官的優劣將決定人們的道德品行或才幹的說法，如《白虎通》〈性情〉：

> 肝者，木之精也，主仁。仁者不忍，故以膽斷焉，是以仁者必有勇也。
> 〔註29〕

劉邵在前人研究成果的基礎上，將陰陽五行的學說與人材的生理素質相結合，創造出一套在當時相對系統完整的鑒識人材之理論。〈九徵第一〉：

> 性之所盡，九質之徵也。然則平陂之質在於神，明暗之實在於精，勇

---

〔註28〕牟宗三，《才性與玄理》（臺北：臺灣學生書局，中華民國67年），頁49。
〔註29〕清・陳立，《白虎通疏證八・性情》。清光緒元年淮南書局刊本（臺北：中國子學名著編印基金會，中華民國69年），頁460。

> 怯之勢在於筋，彊弱之植在於骨，躁靜之決在於氣，慘懌之情在於色，衰
> 正之形在於儀，態度之動在於容，緩急之狀在於言。

意思是說，情性的全部表現，正是九種材質的徵象。那麼，公正與偏頗的本質在於神智，明達與暗昧的內容在於精氣，勇敢與怯弱的氣勢在於筋脈，剛強與柔弱的根植在於骨骼，煩躁與平靜的分野在於氣韻，慘悴與快懌的情感在於血色，衰腐與嚴正的外形在於儀態，意態與常度的變動在於容止，馳緩與急迫的形態在於言辭。劉劭認為，九徵是人的情性賴以存在的基礎，同時，也是鑒識人材的重要途徑。九徵之中的「勇怯之勢在於筋」、「強弱之植在於骨」、「躁靜之決在於氣」分別相應於五行之中的「金筋」、「木骨」及「火氣」，至於「神」、「精」、「色」、「儀」、「容」、「言」這六徵是怎樣與五行相連系的，劉劭則並未詳加說明。對於這個問題，王曉毅解釋說：

> 劉劭只能作模糊化處理，原則上承認：「雖體變無窮，猶依乎五質。」
> 他說得極不清楚，實際上他也說不清楚，我們當然也不可能弄清楚。〔註30〕

王曉毅認為，劉劭在處理「九徵」與「五行」的關連時，只在原則上承認「雖體變無窮，猶依乎五質」，其實，他只作了模糊化的處理，並不能把「九徵」及「五行」的相互關聯說清楚，因此，我們也不可能說弄清楚。而牟宗三則從美學的內容之觀點提出不同的看法。他說：

> 以上由神、精、筋、骨、氣、色、儀、容、言，即可徵知平陂、明暗、勇怯、強弱等之九徵。故為九質之徵。簡曰「九徵」。此言由九方面可以徵知人之質性。當然徵不必九、質亦不必九、還可以增加。此所品鑒之姿態，皆是藝術性的形相，美學的內容真理，與科學的外延真理不同。若就品鑒之極微而玄言，則凡內容真理皆是帝網重重，互相出入滲透，而無窮無盡者。因此，徵亦無窮無盡，質亦無窮無盡。此言九者，不過概略而已。〔註31〕

牟宗三從美學的內容之真理分析，認為劉劭提出的「九徵」，屬於品鑒的姿態，皆是藝術的形相，與科學的外延真理不同。因此，當然徵不必九、質也不必九。若就品鑒的極微而玄言，則凡內容真理皆是帝網重重，互相出入滲透，而無窮無盡。因此，徵也無窮無盡，質也無窮無盡。這裏所說的九、不過概略而已，不必過於拘泥。

---

〔註30〕王曉毅，《中國古代人才鑒識術-人物志譯注與研究》（長春：吉林文史出版社，1994年），頁27。

〔註31〕牟宗三，《才性與玄理》（臺北：臺灣學生書局，中華民國67年），頁55。

〈九徵第一〉又說：「苟有形質，猶可即而求之。」意思是說，九徵的質素都是有形可查的，因此，人們就可以從九徵的「至」或「違」作為劃分人材等第的標準。「至」，指九徵的完善狀態。一至，指九徵中一徵完善，二至，指九徵中二徵完善，三至、四至、五至……以此類推。九至，指九徵全部完善，是聖人所獨具。「違」則指九徵質量不佳，九徵有「違」，就不屬人材範圍了。接著，〈九徵第一〉又說：

> 其為人也，質素平澹，中睿外朗，筋勁植固，聲清色懌，儀正容直，則九徵皆至，則純粹之德也。九徵有違，則偏雜之材也。三度不同，其德異稱。故偏至之材，以材自名；兼材之人，以德為目；兼德之人，更為美號。是故兼德而至，謂之中庸；中庸也者，聖人之目也。具體而微，謂之德行；德行也者，大雅之稱也。一至，謂之偏材；偏材，小雅之質也。一徵，謂之依似；依似，亂德之類也。一至一違，謂之間雜；間雜，無恒之人也。無恆、依似，皆風人末流。末流之質，不可勝論，是以略而不概也。

意思是說，作為一個人，材質素雅平淡，內心睿智，外在明朗，筋脈勁強，骨植堅固，聲音清暢，顏色快懌，儀態端正，容貌正直，那麼，九種徵象都具備了，就是具備純粹德性的人了。對九種徵象或有違背，那麼，就屬於偏雜材質的人了。三種度量不同，他們的德目也有不同的名稱。偏至的材質，以這種偏至的材質本身的特點命名；兼具兩種偏至材質以上的人，用所具有的德性為名目；兼具諸種道德的人，更有美妙的名稱。因此，兼具各種道德而達到極點，稱作中庸；中庸是聖人品德的名目。雖然具備聖人的材體但卻微薄而不夠弘大，叫作德行；德行是大雅的稱號。具有一種能力，叫做偏材；偏材是小雅的稱號。只具有九種徵象中的一種，叫作依似；依似是亂德的人。一至一違，稱作間雜的人；間雜是沒有一定規矩的人。無恆、依似都是隨風而倒的末流。末流的實質，不能逐一加以介分析，因此，在這裏略去而不作總結了。可見，劉劭以九徵的「至」或「違」，將人物劃分為五種：

（一）、全材之人

也就是聖人。這種人的九徵是：「質素平澹，中睿外朗，筋勁植固，聲清色懌，儀正容直，則九徵皆至，則純粹之德也」。

（二）、兼材之人

也就是大雅之人。這種人對九徵的稟受是「具體而微」，是說上述聖人所具的各種優秀素質都已具備，但不十分完善。

（三）、偏材之人

也就是小雅之人。偏材的九徵情況最少要有「一至」，「一至，謂之偏材」。但是偏材也可以同時有幾至，劉劭在〈接識第七〉指出：「若二至已上，亦隨其所兼以及

異數」。意思是說，如果一個人具備兩種以上的材質，那麼也便相應的依其所兼具的材質而能兼識幾種材質。同時，也能產生相應的美名。此即劉卲在〈八觀第九〉所指出的：

> 凡偏材之性，二至以上，則至質相發而令名生矣。是故骨直氣清，則休名生焉；氣清力勁，則烈名生焉；勁智精理，則能名生焉；智直彊愨，則任名生焉；集于端質，則令德濟焉；加之學，則文理灼焉。

意思是說，偏頗材質的人，具有兩種以上的至質，那麼，至質之間相互激發，就會形成美好的材能，美名也隨之產生。因此，一個人骨直氣清，就會有休名；一個人氣清力勁，就會有烈名；一個人智慧通達精通事理，就會有能名；一個人明智正直且謹慎誠實，就會有任名；一個人兼有德、法、術三種材質的特徵，就會形成濟世的美德；若其有以上各種特質，再配以學問，就會文理都精通暢達。

### （四）、依似之人

劉卲認為：「一徵，謂之依似。依似，亂德之類也。」一徵，指一種類似「一至」的假象，「依似」則指酷似偏材表徵的偽人材。他在〈八觀第九〉舉「正直的人」及「依似之人」為例分析說：

> 直而好訐者，偏也；訐而不直者，依也；通而時過者，偏也；宕而不節者，依也。偏之與似，志同質遠，所謂似是而非也。

意思是說，正直而喜好揭人陰私的人，是偏材的人；揭人陰私而不能保持正直的人，是似是而非的人；通達但偶爾有過失的人，是偏材的人；一味的放宕不拘而沒有必要的節制，是似是而非的人。偏材與似是而非，氣息相同，材質違謬，正是所說的似是而非。劉卲以為，區別他們的要領，不在於觀察他們的共同短處，而在於偏材所具有的長處。「直」、「通」正是「依似之人」所不具備的。

### （五）、間雜的人

「間雜」屬於善惡品質混雜的人物。劉卲在〈八觀第九〉這樣描述了間雜之人：

> 何謂觀其奪救以明間雜？夫質有至有違，若違勝至，則惡情奪正，若然而不然。故仁出於慈，有慈而不仁者；仁必有恤，有仁而不恤者；屬必有剛，有屬而不剛者。若夫見可憐則流涕，將分與則吝嗇，是慈而不仁者。睹危急則惻隱，將赴救則畏患，是仁而不恤者。處虛義則色厲，顧利慾則內荏，是屬而不剛者。

意思是說，什麼是觀察一個人的「惡情奪正」與「善情救惡」，以明辨是否間雜之人？人的材質相對於道德而言，有做得到和做不到兩種，如果做不到勝過做得到，那麼，就會出現惡的情性奪去正義的情況，想肯定的卻不能肯定。因此，仁愛出於慈悲，

卻出現慈悲不能仁愛的情況；仁愛必能做到體恤他人，卻存在仁愛而不能體恤他人的情況；嚴厲必然伴隨著剛正不阿，卻存在嚴厲而不能出現剛正不阿的情況。至於說見到可憐的人會流下同情的眼淚，等到將要分財給這些可憐的人時，就吝嗇起來了，這就是慈悲而不能仁愛的表現。看見他人處於危急的境地時，會產生惻隱之心，可是，等到需要他去救難時，卻會畏懼災患，這就是仁愛而不能體恤他人的表現。空談義理時，表現得聲色俱厲，義正辭嚴，可是，一旦涉及自己的利益，就暴露出內心的怯懦無力，這就是嚴厲而不能剛直的表現。可見，間雜的人同時具有一至一違的兩種善惡相反的素質。茲將人物的等第及九徵的至違關聯製表如下，以供參考：

| 人物的等第 | 九徵的至違 | 備　　　　註 |
|---|---|---|
| 全材之人 | 九徵皆至 | |
| 兼材之人 | 具體而微 | |
| 偏材之人 | 一至 | 偏材也可以同時有幾至如果一個人具備兩種以上的材質也能產生相應的美名如：休名、烈名、能名、任名、令德 |
| 依似之人 | 一徵 | 依似及間雜之人皆風人 |
| 間雜之人 | 一至一違 | 未流不屬人材的範圍 |

## 二、陰　陽

　　劉邵在〈九徵第一〉說：「凡人莫不含元一以為質，稟陰陽以立性。」意思是說，現實存在的人，沒有人不是含元一之氣以為情性的本質，由陰陽二氣決定了性格的內外向。接著，在〈體別第二〉，他全面系統的展開關於情性的理論。該理論的一個特點，就是將情性分為全材與偏材兩種類型。全材之人的情性特點為「鹹而不鹻，淡而不䐈，質而不縵，文而不繢」，以上所謂的「鹹而不鹻，淡而不䐈，質而不縵，文而不繢」，都是在形容平淡無味，應當從品鑒的角度去欣賞，否則就不容易瞭解了。對於偏材之人的情性，則大致可以分為十二種類型。他說：

> 屬直剛毅，材在矯正，失在激訐；柔順安恕，美在寬容，失在少決；雄悍傑健，任在膽烈，失在多忌；精良畏慎，善在恭謹，失在多疑；彊楷堅勁，用在楨幹，失在專固；論辨理繹，能在釋結，失在流宕；普博周給，弘在覆裕，失在溷濁；清介廉潔，節在儉固，失在拘扃；休動磊落，業在攀躋，失在疏越；沉靜機密，精在玄微，失在遲緩；樸露徑盡，質在中誠，失在不微；多智韜情，權在謀略，失在依違。

意思是說，屬直剛毅的性格，優點在於矯正錯誤，缺點在於矯枉過正，以致揭人陰

私；柔順安恕的性格，優點在於寬恕容忍，缺點在於優柔寡斷；雄悍傑健的優點在於勇於任事，缺點在於易招致周圍人的嫉妒；精良畏慎的性格，優點在於態度恭謹，缺點在於易生猜忌；彊楷堅勁的性格，優點在於堅持正道，缺點在於專斷固執；論辨理繹的性格，優點在於能解衝突，缺點在於浮泛放蕩；普博周給的性格，優點在於交游廣泛，缺點在於良莠不齊；清介廉潔的性格，優點在於節儉端正，缺點在於過分拘謹；休動磊落的性格，優點在於追求超越，缺點在於疏簡散漫；沉靜機密的性格，優點在於精通玄微，缺點在於動作遲緩；樸露徑盡的性格，優點在於誠實質樸，缺點在於不能知微；多智韜情的性格，優在於謀略譎詐，缺點在於左右搖擺。劉邵認為，人稟陰陽以立性，陰氣太重則失之於柔，陽氣太重則失之的剛。太柔是拘謹的人，有不及之處；太剛是抗奮的人，有超過之處。拘抗違背中庸的平淡之質，因此，各有他們的優缺點。他認為一般常見的偏至之材，不是太剛的抗奮者，就是太柔的拘謹者。上述列舉的十二種偏材型的性格，「厲直剛毅」、「雄悍傑健」、「彊楷堅勁」、「普博周給」、「休動磊落」、「樸露徑盡」六種是屬於抗奮的性格；「柔順安恕」、「精良畏慎」、「論辨理繹」、「清介廉潔」、「沉靜機密」、「多智韜情」六種是屬於拘謹的性格。茲將上述十二種分屬陽（抗奮的性格）及陰（拘謹的性格）之優缺點製表如下，以供參考：

| 陰　陽 | 氣質類型 | 優　點 | 缺　點 |
|---|---|---|---|
| 陽 | 厲直剛毅 | 材在矯正 | 失在激訐 |
| 陽 | 雄悍傑健 | 任在膽烈 | 失在多忌 |
| 陽 | 彊楷堅勁 | 用在楨幹 | 失在專固 |
| 陽 | 普博周給 | 弘在覆裕 | 失在溷濁 |
| 陽 | 休動磊落 | 業在攀躋 | 失在疏越 |
| 陽 | 樸露徑盡 | 質在中誠 | 失在不微 |
| 陰 | 柔順安恕 | 美在寬容 | 失在少決 |
| 陰 | 精良畏慎 | 善在恭謹 | 失在多疑 |
| 陰 | 論辨理繹 | 能在釋結 | 失在流宕 |
| 陰 | 清介廉潔 | 節在儉固 | 失在拘局 |
| 陰 | 沉靜機密 | 精在玄微 | 失在遲緩 |
| 陰 | 多智韜情 | 權在譎略 | 失在違依 |

## 三、三　談

在漢末及三國時代，隨著經學的衰弱和玄學的興起，清談之風十分盛行。因此，劉邵就將「面談」作爲鑒識人物的一種途徑，加以論述。〈接識第七〉：

> 夫國體之人兼有三材，故談不三日，不足以盡之。一以論道德，二以論法制，三以論策術，然後乃能竭其所長而舉之不疑。

意思是說，國體流業的人，兼具德、法、術三種材質，所以相談不夠三天，則不能盡知其詳。第一天用來談論道德，第二天用來論述法制，第三天用來論述策術，然後就能竭盡國體的人所具有的長處，那麼，稱舉他就不會有任何疑問了。劉邵認爲，國體之人同時兼具德、法、術三種材質，如果要觀察他的一種材質，談一天也就夠了，若要知道三種材質，就得談三天才行。可見，面談的鑒識途徑是專爲國體之人而設立的。鄭玉光說：

> 這種方法，有四個明顯的優點：一是面對面地交談，可以獲得豐富的感性認識；二是可以靈活、主動地掌握談話議題，以便及時、深入的了解情況；三是有問有答，可以迅速交換意見和看法，及時溝通感情和認識；四是可長可短，達到目的爲止，容易操作。〔註32〕

由於三談的方法是面對面的交談，可以獲得豐富的感性認識，可以靈活、主動的掌握談話議題，以便及時、深入的瞭解情況，可以迅速的交換意見，溝通情感和認識，可長可短，容易操作。正由於如此，面談的鑒識方法現在仍有應用的價值。可以說，各機關團體、公司行號，乃至於各項甄選人材的考試制度，都可以從此得到啓迪。

## 四、英　雄

在先秦典籍中，並沒有「英雄」這個觀念。到東漢末年開啓品題人物的風氣，許劭說曹操是「治世之能臣，亂世之奸雄」，而曹操自己也和劉備煮酒論英雄。劉邵在《人物志》更正式提出「英雄」這個觀念，而且寫成一篇專論文章，以宣揚他的英雄史觀。〔註33〕首先，劉邵說明英雄兩字的由來與意義。他說：

> 夫草之精秀者爲英，獸之特群者爲雄。故人之文武茂異取名於此。是故聰明秀出謂之英，膽力過人謂之雄，此其大體之別名也。

意思是說，草木裏面最爲精華秀麗的叫：做英，禽獸裏面最爲凶猛卓異的叫做雄，

---

〔註32〕鄭玉光：《知人善任的奧秘——劉邵人物志研究譯注》（太原：山西人民出版社，1982年），頁97。

〔註33〕馮友蘭〈魏晉之際關於名實、才性的辯論〉：「他在《人物志》中，特別寫了〈英雄〉篇，以宣揚他的英雄史觀。」《中國哲學研究》，1983年第4期），頁8。

因此，人類群體中，文材武略出類拔萃的人，以英、雄的名稱稱呼。具體的說，聰明秀出的人稱爲英，膽力過人的人稱爲雄，這是兩類人物的大別。莊耀郎分析劉劭何以提出「英雄」這一名稱說：

> 本來在〈九徵〉的基本理論中，仍將五行配骨筋氣肌水五物，又以此五物配仁禮信義智五常，雖不能從氣性中推出道德性，至少可以說氣性才質是表現道德之資具，或者說作爲道德、實踐的限制，此兩者的說法都還關聯著道德立論。然而在英雄篇中，則已不論道德，純論才氣，無論聰明或膽力都只是氣質的成分，而無關乎道德。因此，可以推知何以劉劭要在中庸、大雅、小雅、依似等人物品類之外另立「英雄」一名，只論一氣之成分，而不論道德之有無。〔註34〕

莊耀郎認爲劉劭所以在中庸、大雅、小雅、依似等人物品類之外另立「英雄」一名，只論一氣之成分，而不論道德之有無，主要的原因在於劉劭是依氣論性，不論聰明或膽力，在他看來都只是氣質的成分，而無關乎道德，不同於孔孟所開的以德論性之傳統。接著，劉劭說明了英與雄彼此的關係。他說：

> 若校其分數，則互相須，各以二分取彼一分，然後乃成。何以論其然？夫聰明者，英之分也，不得雄之膽，則說不行。膽力者，雄之分也，不得英之智，則事不立。是故英以其聰謀始，以其明見機，待雄之膽行之。雄以其力服眾，以其勇排難，待英之智成之。然後乃各濟其所長也。

意思是說，雖然聰明秀出稱之爲英，膽力過人稱之爲雄，然而兩者之間有著密切的互動關連，彼此相輔相成，絕對不可以截然分割開來。此話怎麼說呢？由於聰明是屬於英的成分，如果得不到雄之膽力的支援，那麼，他的主張就不能實現了；而膽力是屬於雄的成分，如果得不到英之聰明的支援，那麼，就無法成就他的事業。因此，英必須以他的聰慧預估事情的發展過程，以他的明智發現事情的契機，然後依靠雄材的膽力來實現他的主張。雄必須以他的膽力使群眾拜服，以他的勇氣排除困難，並有待英之聰明來成就事功。總之，英與雄相須相成，必須密切配合才能充分發揮他們的長處。接著，劉劭進一步說明英材與雄材各的三個層次。他說：

> 若聰能謀始，而明不見機，乃可以坐論，而不可以久處事。聰能謀始，明能見機，而勇不能行，可以循常，而不可應變。若力能過人，而勇不能行，可以爲力人，未可以爲先登。力能過人，勇能行之，而智不能斷事，可以爲先登，未足以爲將帥。必聰能謀始，明能見機，膽能決之，然後可

---

〔註34〕莊耀郎，〈論人物志的英雄理論及英雄人物〉《國立臺灣師範大學國文學報》第二十五期，中華民國85年6月），頁6。

以爲英，張良是也。氣力過人，勇能行之，智足斷事，乃可以爲雄，韓信是也。

意思是說，如果一個人的聰慧能夠預謀事情的開始，而明智卻不能發現事情的契機。這種人可以坐而論道，卻不能夠處理具體事情。如果一個人的聰慧能夠預謀事情的開始，明智能夠發現事情的契機，但勇氣不能夠使主張付之實行，那麼，這種人能夠處理尋常事情，卻不能夠因應變化。如果一個人的力氣可以超出眾人，而沒有實行的勇氣，這種人可以成爲有力氣的人，卻不可以成爲先鋒。如果一個人的力氣超出眾人，而且勇氣又使他能實行，但是缺乏斷事的聰明，這種人可以成爲先鋒，卻不能成爲統領全軍的將帥。一個人必須做到，聰慧能預謀事情的開始，明智能夠發現事情的契機，而且膽力能夠果斷的做出決策，然後可以成爲英材，張良就是這種人。一個人必須做到力氣超過眾人，勇氣能夠使主張實行，聰明智謀足以決斷事情，這就可以成爲雄材，韓信就是這種人。可見，劉邵把英材與雄材各分爲三個層次：

英材的第一個層次是：「聰能謀始，而明不見機，乃可以坐論，而不可以處事」。英材的第二個層次是：「聰能謀始，明能見機，而勇不能行，可以循常，而不可以應變」。英材的第三個層次是：「必聰能謀始，明能見機，膽能決之，然後可以爲英，張良是也」。

雄材的第一個層次是：「力能過人，而勇不能行，可以爲力人，未可以爲先登」。雄材的第二個層次是：「力能過人，勇能行之，而智不能斷事，可以爲先登，未足以爲將帥」。雄材的第三個層次是：「氣力過人，勇能行之，智足斷事，乃可以爲雄，韓信是也」。

不過，英材與雄材都屬偏材，爲人臣之質，最好的英材可以擔任宰相之職，最好的雄材可以擔任將帥之職。只有兼具英材與雄材的人，才能開創局面，綿續久存，就像劉邦與項羽。他說：

體分不同，以多爲目，故英雄異名。然皆偏至之材，人臣之任也。故英可以爲相，雄可以爲將，若一人之身兼有英雄，則能長世，高祖、項羽是也。

最後，劉邵拿英材與雄材兩相比較，認爲英材比雄材更重要。他說：

然英之分以多於雄，而英不可以少也。英分少，則智者去之，故項羽氣力蓋世，明能合變，而不能聽采奇異，有一范增而不用，是以陳平之徒皆亡歸高祖。英分多，故群雄服之，英材歸之，兩得其用，故能吞秦破楚，三有天下。

劉邵舉秦末楚漢相爭，劉邦與項羽爲實例來說明，英雄人物固然應兼具英材與雄材，

然而兩相比較之下，英材比雄材來得重要。為什麼英材比雄材來得重要呢？以項羽為例，他固然兼具英材與雄材，可是英材成分少，驕傲自大，不能博採眾議，非但不能重用謀士范增，而且陳平等英材也紛紛轉而投奔劉邦，因此，他雖然能在三年之間滅秦而威服諸侯，然而終究不能持久，短短維持五年，終於亡國，於烏江自刎而死。至於劉邦，他兼具英材與雄材，而英材成分多，因此，不但韓信等雄材臣服，而且張良、蕭何、陳平等英材也一一歸順，所以才能吞秦破楚，一統天下。綜覽〈英雄〉篇，劉卲共舉了張良、韓信、項羽、劉邦四人為例證，他說張良是英而不雄，韓信是雄而不英，項羽與劉邦是既英且雄，但項羽英分少，所以劉邦才正是「英雄」這一格的典型。牟宗三也有同感。他說：

> 劉邦與項羽為同時代之風雲人物，而項羽之格亦不及劉邦遠甚。劉邦之格甚高，自有其可愛處，非可以陰險二字概之也。「豁達大度」足以盡之，而人不盡曉其所以。聖賢非不豁達，而不可以豁達大度狀孔孟。自工夫來者又不同。劉邦之豁達大度自是屬於英雄之氣質的，所謂天才也。……故其機常活而不滯，其氣常盛而不衰。觀之似不成套，而其格之高即在不成套。劉邦並無一定之系統，而其系統在張良，在蕭何，在韓信。李世民自是天才，虯髯客傳記其「不衫不履，裼裘而來，神氣揚揚，貌與常異，虯髯默居末座，見之心死」。又云「精采驚人，長揖而坐，神氣清朗，滿座風生，顧盼煒如也，道士一見慘然」。其光彩之照射有如是，其風姿之可謂美矣。然吾總覺其似不及劉邦高。吾嘗思其故，蓋在一成套一不成套也。……劉邦極靈極活，能超脫而不滯於物，此之謂大勇。雖不能如孟子所稱之武王之大勇，而此亦可謂大勇，此種大勇以天姿靈活而定。〔註35〕

牟宗三認為，劉邦的格非常高，項羽之格不及劉邦遠甚。但一般的人卻都不能明白劉邦之格的可愛處，以他的瞭解，劉邦之格的可愛處在於他的「豁達大度」，不拘成套，觀之似不成套，而他的格之高即在不成套。劉邦並無一定的系統，而他的系統在張良，在蕭何，在韓信。他的天機常活而不滯，他的氣勢常盛而不衰，是屬於天才型的英雄氣質，非經由後天的學習涵養所能致。即使像具有文材武略，令虯髯客見之心死的李世民也難望其項背。雖然說不能如孟子所稱之武王的大勇，但是也可以稱之為大勇，這種大勇以天姿靈活而定，與自工夫得來者不同。茲將〈英雄〉篇的主要論點，包括：英雄的由來、英雄的定義、英雄彼此的關係、英的三個層次與雄的三個層次、英雄的代表人物及英雄的最高典範等項內容製表如下，以供參考：

---

〔註35〕牟宗三，《歷史哲學》（臺北：樂天出版社，中華民國 62 年），頁 158。

| 英　雄 | 英 | 雄 |
|---|---|---|
| 由來 | 草之精秀者爲英 | 獸之特群者爲雄 |
| 定義 | 聰明秀出謂之英 | 膽力過人謂之雄 |
| 關係 | 聰明者英之分也不得雄之膽則說不行 | 膽力者雄之分也不得英之智則事不立 |
| 三個層次 | 第一個層次是：聰能謀始而明不見機乃可以坐論而不可久處事；第二個層次是：聰能謀始明能見機而勇不能行可以循常而不可以慮變。第三個層次是：必聰能謀始明能見機膽能決之 | 第一個層次：力能過人而勇不能行可以爲力人未可以爲先登；第二個層次：力能過人勇能行之而智不能斷事可以爲先登未足以爲將帥；第三個層次：氣力過人勇能行之智足斷事 |
| 代表人物 | 張良 | 韓信 |
| 最高典範 | 劉邦：一人之身兼有英雄則能長世高祖項羽是也然英之分以多於雄而英不可以少也英分少則智者去之故項羽氣力蓋世明能合變而不能聽采奇異有一范增而不用是以陳平之徒皆亡歸高祖英分多故群雄服之英材歸之兩得其用故能吞秦破楚三有天下。 | |

## 五、八　觀

　　八觀是劉卲全面系統的表述他的人材鑑識方法的篇章。他說：

　　　　八觀者，一曰觀其奪救，以明間雜；二曰觀其感變，以審常度；三曰
　　觀其至質，以知其名；四曰觀其所由，以辨依似；五曰觀其愛敬，以知通
　　塞；六曰觀其情機，以辨恕惑；七曰觀其所短，以知所長；八曰觀其聰明，
　　以知所達。

意思是說，八觀是指：一是觀察一個人的「惡情奪正」和「善情救惡」，以辨別是否
間雜之人；二是觀察一個人的情感變化，以瞭解他的內心狀態；三是觀察一個人最
具特色的材質，以確知是否名實相副；四是觀察一個人的經由依據，以辨別是否是
似是而非的人；五是觀察一個人的愛與敬，以測知他的通達或閉塞；六是觀察一個
人的情感變化跡象，以辨別他的寬恕或困惑；七是觀察一個人的短處，以發現他的
長處；八是觀察一個人聰明程度，以測知他的通達材能。

　　八觀的第一個方法是專門爲鑑識「間雜之人」而設立的。劉卲認爲，「間雜之人」
的特點是思想品質中具有善惡雙重傾向，由於惡劣品質的存在，使他們不可能成爲
好的人材。

八觀的第二個方法是專門為確定人材的性格材能而設立的。它分為「觀其辭旨」和「察其應贊」兩個方法。所謂「觀其辭旨」是指通過傾聽被考查的人之議論，從而得知他的思想水準和特點。所謂「察其應贊」，是指觀察被考查的人對某種見解的反應，從他的言語神色矛盾中，窺知他的真實思想。

八觀的第三個方法，是專門為確定人材的名號而設立的。劉劭主張通過觀察身體生理素質的完善程度，來確定人材的名號。他認為一至是偏材，但沒有令名。「二至以上，則至質相發，而令名生矣。」如休名、烈名、任名、令德。

八觀的第四個方法，是專門為鑒識「依似」這類假冒的人材而設立的。劉劭認為，「依似」是一種界於壞人與偏材之間的偽人材。他們的特點是酷似偏材，似是而非。劉劭指出，區別他們的要領，不在於觀察他們的共同處，而在於偏材所具有的長處。

八觀的第五個方法，是專門為鑒別一個人的處世境況順利與艱難而設立的。劉劭認為，慈愛多，則溫和而上下之情通；禮敬多，則嚴肅而內外之情塞。觀察人的愛敬兩方面之特徵，就可以推知他在上下兩類人際關係中的情形。

八觀的第六個方法，是專門為判定君子或小人而設立的。劉劭從喜、怨、惡、悅、姤、妒六種情機的反應，來判定君子或小人。君子待人接物，志在退下，當有人侵犯他的六機時，不予計較；小人則不然，當有人侵犯他的六機時，則深以為怨。

八觀的第七個方法，是專門為鑒識偏材之人而設立的。劉劭主張通過觀察人的缺點以推知相應的特長。如訐之長為直，屬之長為剛，懦之長為和，拘之長為介。

八觀的第八個方法，是專門為鑒定人材的聰明程度而設立的。人不聰明，事事蔽塞無知，當然難達到高超的境界。觀察人的聰明材智，可以推知他「所達之材」。茲將八觀的方法、目的製表如下，以供參考：

| | 方　　法 | 目　　的 | 備　　　　註 |
|---|---|---|---|
| 八觀 | 一曰觀其奪救 | 以明間雜 | 專門為鑒定間雜之人而設立 |
| | 二曰觀其感變 | 以審常度 | 專門為確定人材的性格能力而設立 |
| | 一曰觀至質 | 以知其名 | 專門為確定人材的名號而設立 |
| | 四曰觀所由 | 以辨依似 | 專門為鑒識依似這類假冒的人材而設立 |
| | 五曰觀其愛敬 | 以知通塞 | 專門為鑒別一個人的處世境況順利或艱難而設立 |
| | 六曰觀其情機 | 以辨恕惑 | 專門為判定君子或小人而設立 |
| | 七曰觀其所短 | 以知所長 | 專門為鑒定偏材之人而設立 |
| | 八曰觀其聰明 | 以知所達 | 專門為鑒定人材的聰明程度而設立 |

針對劉劭所提出的八觀之主張，王曉毅批評說：

> 劉劭的人材鑒識方法基本上是合理的。這主要表現在該方法建立在觀
> 察的基礎上，其經驗的、理性的成分占主導地位，他力圖從言談、行為和
> 體質等方面綜合鑒識人材。其中有些方法學術價值很高。例如其心理測試
> 方法，就是在被考查者的談話中，通過其言談與神情的對應關係，來測度
> 其真實的情感。通過被考查者臨事所表現的心理特點，確定其真的品質。
> 又如他提出了通過被考查者缺點而推知其優點的鑒識方法，認為偏材性格
> 方面的長處，往往與某種短處相聯系：「有長者必以短為徵」，并要求人們
> 不能因偏材的短處而忽視了其長處。劉劭鑒識方法中爭議較大的是「觀其
> 至質，以知其名」方法，即通過對人體的生理素質或生理器官的觀察，確
> 知其性格才能以至社會品質的方法。應當看到，盡管劉劭這一方法有不少
> 牽強附會的成份，但是它與古代的相面術卻有著本質區別。〔註36〕

王曉毅認為劉劭的八觀鑒識方法，基本上是合理的。主要的關鍵在於該方法的建立，劉劭個人的經驗的、理性的成分占主導的地位。他力圖從言談、行為和體質等方面綜合鑒識人材。其中的心理測識方法，就是在被考查者的談話中，通過他們在言談與神情的對應關係，來度測真實的情感。通過被考查者臨事所表現的心理特點，確定他們真實的品質。又如他主張通過被觀察者缺點而推知他們的優點的鑒識方法，強調不能因偏材的人有短處而忽略他們的長處。劉劭的主張，較具爭議的是通過對人體的生理素質或生理器官的觀察，確知他們的性格材能以至社會品質的方法。不過，必須瞭解的是，劉劭的這一方法盡管類似相面術，但他們之間卻有著本質上的區別。劉劭主張通過觀察體貌以瞭解被觀察的人之氣質材能，用以確定人材的性質問題，為國家舉材；相面術觀察體貌的最終目的是為了推算富貴壽夭，瞭解命運問題，重視個人的吉凶禍福。可見，劉劭八觀的主張具有頗高的學術上之價值。

## 六、心　志

〈七謬第十〉：

> 夫精欲深微，質欲懿重，志欲弘大，心欲嗛小。精微，所以入神妙也；
> 懿重，所以崇德宇也；志大，所以勘物任也；心小，所以慎咎悔也。故詩
> 詠文王小心翼翼，不大聲以色，心小也。王赫斯怒，以對于天下，志大也。

---

〔註36〕王曉毅，《中國古代人材鑒識術——人物志譯注與研究》（長春：吉林文史出版社，1994年》，頁45。

> 由此論之，心小志大者，聖賢之倫也；心大志大者，豪傑之儁也；心大志
> 小者，傲蕩之類也；心小志小者，拘懦之人也。

意思是說，作爲理想的人格，精神必須專一微密，材質要美善厚重，志氣要弘闊遠大，心機要謙虛謹愼。精微，就能做到神奇玄妙；懿重，就能做到崇奉德宇；志向遠大，就勘當重任；心小，就能眞誠的對待自己的悔恨和失誤。所以《詩經》詠嘆文王，稱讚他小心翼翼，不大聲說話，就是謙恭的表現；文王赫然大怒，將對天下大有作爲，這就是志向遠大的表現。由此推論分析，心機謙虛謹愼而志向遠大的人，是聖賢一類人；心機豁達而志向遠大的人，是豪傑一類的人；心機弘大而志向渺小的人，是心氣傲慢、行爲疏蕩一類人；心機謹愼而志向也渺小的人，是拘介怯懦的人。可見，識人由於心機志向的不同去觀察，可區分爲下列四種人：（一）、聖賢之人。（二）、豪傑之人。（三）、傲蕩之人。（四）、拘懦之人。江建俊說：

> 此所謂心，實指人之欲望，爲物質上之佔有慾；以其佔有慾小，故能小心翼翼，不大聲以色，虛心謙遜，唯恐咎悔。以其不貪求大名，故不驕陵。此所謂志，實指人之理想、抱負，爲精神上之創造欲，唯其志高望遠，故慷慨奮昂，一怒定天下。其非聖賢，何能臻此？〔註37〕

江建俊認爲，這裡所說的「心」，實指人的欲望，爲物質上的佔有慾；因爲佔有慾小，因此，可以小心翼翼，不大聲以色，虛心謙遜，唯恐犯錯而後悔。這裡所說的「志」，實指人的理想抱負，爲精神上的創造欲，因爲志高望遠，因此，慷慨奮昂，一怒定天下。不是聖賢，如何可以達到這種境界。茲將心志大小與人材的類型彼此的關係製表如下，以供參考：

| 心小志大 | 心大志大 | 心大志小 | 心小志小 |
|---|---|---|---|
| 聖賢之人 | 豪傑之人 | 傲蕩之人 | 拘懦之人 |

## 七、五 視

爲了糾正以初步接觸的感覺印象來鑒識人的錯誤，劉劭在〈效難第十一〉提出了「五視」的鑒識法。他說：

> 居，視其所安；遠，視其所舉；富，視其所與；窮，視其所爲；貧，視其所取，然後乃能知賢否？

意思是說，因此，觀察一個人，平時要看他安於什麼，順達時要看他推舉什麼人，

---

〔註37〕江建俊，《漢末人倫鑒識之總理則──劉劭人物志研究》（臺北：文史哲出版社，中華民國72年），頁125。

富欲時要看他施與什麼人，窮困時要看他從事什麼，貧賤時要看他何以謀生，從而就可以推知這個人的賢良與否了。這五個方面，包括了一個人材行為、品行的各個側面。劉邵在這裡強調，鑒別一個人的材性，要作全面分析，既要瞭解他未顯達時的行為，又要瞭解他顯達時的表現；既要觀察他在變化條件下的行為，也要觀察他在穩定條件下的表現；既要瞭解他在困難情況下的行為，也要瞭他在順利情況下的表現，這樣，才有可能全面的瞭解一個人，鑒別出一個人的材性。鄭玉光說：

> 從上述「五視」的內容來看，與現代心理學家的觀察法十分相近。現代心理學的觀察法，一般應用于觀察嬰兒和兒童，而劉邵的「五視」，則主要用于成人或智能較高的人才。成人或智能較高的人才與嬰兒和兒童相比，一個重要的差別就是善于掩飾自己的真實思想和內心世界。這樣，如何克服掩飾內心世界帶來的虛假現象，就必然成為「五視」觀察法要解決的重要課題。〔註38〕

鄭玉光首先指出，劉邵提的「五視」鑒別方法和現代的心理學之觀察法非常相近。現代的心理學觀察法一般運用於觀察嬰兒和兒童，而劉邵的「五視」，則主要運用於觀察善于掩飾自己的真實思想和內心世界的成人或材能較高的人。鄭玉光又接著分析說：

> 劉邵為了解決這一個重要問題，第一選擇了最佳觀察時機，這就是竭力抓住觀察對象無意或不能掩飾自己真實思想的休閒、得志、富裕、窮困和貧苦等五個關鍵時刻；第二確定了最佳觀察目標，這就是樂于做的事情、努力推薦的人物、密切結交的朋友、擺脫困境的行為和索取急需財物的手段。〔註39〕

鄭玉光認為，劉邵為了解決成人或材能較高的人材善于掩飾自己的真實思想和內心世界之問題，第一、他選擇了最佳的觀察時機，抓住觀察對象無意或不能掩飾自己真實思想的休閒、得志、富裕、窮困和貧苦五個關鍵時刻；第二、他確定了最佳的觀察目標，這就是被觀察的人樂於做的事情、努力推薦的人物、擺脫困境的行為、密切結交的朋友和索取急需財物的手段。在這樣的觀察時機和觀察目標所取得的資料，必然有它的準確度和可靠性。

---

〔註38〕鄭玉光，《知人善任的奧秘──劉邵人物志研究譯注》（太原：山西人民出版社，1982年），頁95。

〔註39〕鄭玉光，《知人善任的奧秘──劉邵人物志研究譯注》（太原：山西人民出版社，1982年），頁95～96。

## 八、謙　德

〈釋爭第十二〉：

> 君子之求勝也，以推讓爲利銳，以自修爲棚櫓，靜則閉默泯之玄門，
> 動則由恭順之通路，是以戰勝而爭不形，敵服而怨不構。若然者，悔吝不
> 存于聲色，夫何顯爭之有哉？

意思是說，君子追求勝利，以推辭與謙讓的美德作爲銳利武器，以自我修養持敬作爲實現目的的途徑，靜則有沉默無聲的玄妙，動則由恭敬順達的通路。因此，戰勝對方而沒有爭鬥的形跡，使敵人服輸而不會形成怨恨。如果能做到這樣，那麼，即使在聲色上，悔恨與吝嗇的情緒也不會存在了，怎麼還會有爭求顯達的情況出現呢？

劉卲認爲，明顯的爭勝者則不是如此。他說：

> 彼顯爭者，必自以爲賢人，而人以爲險詖者。《易》曰：「險而違者，
> 訟；訟，必有衆起。」

意思是說，那些爭求顯達的人，一定自以爲是賢能的人，但是別人則認爲他是險詐、偏頗的人。《易經》說，險詐而偏頗的人，與人爭訟；與人爭訟，必會引起衆人的氣憤。因此，劉卲認爲：

> 是故君子以爭途之不可由也，是以越俗乘高，獨行於三等之上。

意思是說，所以君子認爲爭鬥之路是行不通的，從而追求超越世俗而崇尚高義的胸襟，獨自行進於三等之上。何謂三等？他說：

> 本無功而自矜，一等；有功而伐之，二等；功大而不伐，三等；愚而
> 好勝，一等；賢而尚人，二等；賢而能讓，三等；緩己急人，一等；急己
> 急人，二等；急己寬人，三等。

意思是說，本來沒有甚麼功勞卻自我誇耀，是下等人；雖有功勞卻自炫其能，是中等人；功勞很大卻不自我炫耀，是上等人；愚蠢而喜好爭勝，是下等人；雖賢能但自美其能，是中等人；既賢能又能謙讓，是上等人；對自己要求寬恕卻要求他人嚴厲，是下等人；對自己要求嚴格也對他人要求嚴格，是中等人；對自己要求嚴格卻對他人要求寬恕，是上等人。可見，上等人的特點是：功勞很大，但不炫耀；賢能而能夠謙讓；嚴以責己，寬以待人。中等人的特點是：有功勞而自炫其材能；賢能而自美其能；嚴以責己，也嚴以責人。下等人的特點是：毫無功勞，卻誇耀自己的材能；愚笨而好與人爭勝；寬以責己，嚴以待人。上述三種人，是從謙讓與爭勝的角度加以劃分的。至於超等的人，則越俗乘高，獨行於三等之上。茲將超等之人及三等之人之特點製表如下，以供參考：

| 第　　等 | 特　　點 |
|---|---|
| 超等之人 | 越俗乘高獨行於三等之上 |
| 上等之人 | 功大而不伐賢而能讓急己寬人 |
| 中等之人 | 有功而伐之賢而尚人急己急人 |
| 下等之人 | 本無功而自矜愚而好勝緩己急人 |

# 第三節　《人物志》論用人的原則

## 一、偏　材

〈材能第五〉：「人材不同，能各有異。」政府官員的任用原則是「量能授官」，區分各類人材，辨別能力專長是選拔官吏的基礎工作。﹝註40﹞劉邵從不同的角度對人材加以分門別類：

## （一）從性格分

「性格」指存在於個體之內的一套有組織、有結構的持久性心理傾向與特徵，此等傾向與特徵能單獨或配合不同情境而決定個體的認知、慾望、情緒及行為。﹝註41﹞劉邵在〈體別第二〉把人材按照性格之不同區分為六對十二種類型，然後對每一種類的人材都極其簡潔準確的給予評價，指出他們的優點、缺點及如何使用。茲製表如下，再作說明﹝註42﹞：

﹝註40﹞金貞姬〈劉邵人物志之哲學底反省〉：「所謂『材』，是相對於『才』之具體所形成的概念。『才』，一如前文所述，可以涵蓋兩種指向：一者，是表現於現實事物方面之才，吾人可以『才能』一詞說之；一者，是表現於抽象事理方面之才，吾人可以『才智』一詞說之。此兩者，都可具體實現而為『才能之材』或『才智之材』前者，《人物志》以『材能』一詞冒之，以明此『材』乃就『才』之相應於現實事物所顯之『能』而言者；後者，《人物志》以『材理』一詞冒之，以明此『材』乃就『才』之相應於客觀事理所顯之『智』而言者。」《臺灣大學中國文學研究所中國文學研究》第八期，1994 年 5 月」，頁 113。按：本文所述的「材能」一詞之意涵，是指『才』之相應於現實事物所顯之『能』而言者。

﹝註41﹞楊國樞〈劉邵的人格理論及其詮釋〉。見黃應貴，《人觀、意義與社會》（臺北：中央研究院民族研究所，中華民國 82 年），頁 89。

﹝註42﹞此表參考徐光太、張和敬撰〈一部彌足珍貴的人才心理學專著——劉邵人物志初探〉。《安徽師大學報》〈哲學社會科學版〉，1998 年第三期），頁 78。

| 性格類型 | 性格總特徵 | 性格的優缺點 | 如何使用 |
|---|---|---|---|
| 彊毅之人 | 狠剛不和 | 屬直剛毅材在矯正失在激訐 | 可以立法難以入微 |
| 柔順之人 | 緩心寬斷 | 柔順安恕美在寬容失在少決 | 可與循常難與權疑 |
| 雄悍之人 | 氣奮勇決 | 雄悍傑健任在膽烈失在多忌 | 可與涉難難與居約 |
| 懼愼之人 | 畏患多忌 | 精良畏愼善在恭謹失在多疑 | 可與保全難與立節 |
| 凌楷之人 | 秉意勁特 | 彊楷堅勁用在楨幹失在專固 | 可以持正難與附眾 |
| 辨博之人 | 論理贍給 | 論辨理繹能在釋結失在流宕 | 可與汎序難與志約 |
| 弘普之人 | 意愛周洽 | 普博周給弘在覆裕失在溷濁 | 可以撫眾難與厲俗 |
| 狷介之人 | 砭清激濁 | 清介廉潔節在儉固失在拘扃 | 可與守節難以變通 |
| 休動之人 | 志慕超越 | 休動磊落業在攀擠失在疏越 | 可以進趨難與持後 |
| 沉靜之人 | 道思迴復 | 沉靜機密精在玄微失在遲緩 | 可與深慮難與捷速 |
| 樸露之人 | 中疑實塕 | 樸露勁盡質在中誠失在不微 | 可與立信難與消息 |
| 韜譎之人 | 原度取容 | 多智韜情權在譎略失在依違 | 可與讚善難與矯違 |

由上表看，彊毅之人等十二種性格的特徵及使用情形皆不相同，茲分述之如下：

1. 彊毅之人的性格總特徵是狠剛不和，優點在於能夠糾正別人，缺點在於苛求別人，這一類型的人可以建立法度，卻難于體察玄微。

2. 柔順之人的性格總特徵是緩心寬斷，優點在於能夠寬恕容忍，缺點在於懷柔寡斷，這一類型的人可以應付一般尋常事務，卻不能靈活處理疑難的事情。

3. 雄悍之人的性格總特徵是氣奮勇決，優點在於勇於任事，缺點在於易招嫉妒，這一類型的人可以克服困難，難以遵守約定。

4. 懼愼之人的性格總特徵是畏患多忌，優點在於態度謹愼，缺點在於易生猜疑，這一類型的人可以保全自身，難以保持節操。

5. 凌楷之人的性格總特徵是秉意勁特，優點在於守正幹事，缺點在於專斷固執，這一類型的人可以堅持正道，卻難以服眾。

6. 辨博之人的性格總特徵是論理贍給，優點在於能化解衝突，缺點在於浮氾放蕩，這一類型的人可以廣泛立論，卻難以付之實踐。

7. 弘普之人的性格總特徵是意愛周洽，優點在於交游廣泛，缺點在於不免混濁，這一類型的人可以撫慰眾人，卻難以端正風俗。

8. 狷介之人的性格總特徵是砭清激濁，優點在於節儉端正，缺點在於過於拘謹，這一類型的人可以保持節操，卻難以變通應化。

9. 休動之人的性格總特徵是志慕超遠，優點在於事業上追求攀升超越，缺點在於太過疏簡散漫，這一類型的人可以進趨向上，卻難以謙讓在後。

10. 沉靜之人的性格總特徵是道思迴復，優點在於精通玄微，缺點在於動作遲緩，這一類型的人可以深思熟慮，卻難以做到敏捷而神速。

11. 樸露之人的性格總特徵是中疑實培，優點在於誠實質樸，缺點在於不能察之玄微，這一類型的人可以樹立信用，卻難以衡量事情的輕重。

12. 韜謔之人的性格總特徵是原度取容，優點在於謫詐而有謀略，缺點在於沒有定見，這一類型的人可以輔佐事務，卻難以矯正違謬。

劉劭將政治人材從性格不同加以分類，以便於鑒識人材、使用人材，這是一種比較科學的方法。〔註43〕

## （二）從專業分

在〈流業第三〉，劉劭按照專業將人材分為十二種類型，並概括了各類專業人材的特徵，指出他們所能擔任的官職或工作。茲製表如下，再作說明：

| 十二材 | 與三材的關係 | 特　　　點 | 宜任的官職 | 代表的人物 |
|---|---|---|---|---|
| 清節家 | 德 | 德行高妙容止可法 | 師氏之任 | 延陵晏嬰 |
| 法家 | 法 | 建法立制彊國富人 | 司寇之任 | 管仲商鞅 |
| 術家 | 術 | 思通道化策謀奇妙 | 三孤之任 | 范蠡張良 |
| 國體 | 三材皆備 | 德足以厲風俗法足以正天下術足以謀廟勝 | 三公之任 | 伊尹呂望 |
| 器能 | 三材皆微 | 德足以率一國法足以正鄉邑術足以權事宜 | 冢宰之任 | 子產西門豹 |
| 臧否 | 清節之流 | 不能弘恕好尚譏訶分別是非 | 師氏之佐 | 子夏之徒 |
| 伎倆 | 法家之流 | 不能創思遠圖而能受一官之任 | 司空之任 | 張敞趙廣漢 |
| 智意 | 術家之流 | 不能創制垂則而能遭變用權權智有餘而公正不足 | 冢宰之佐 | 陳平韓安國 |
| 文章 | | 能屬文著術 | 國史之任 | 司馬遷班固 |
| 儒學 | | 能傳聖人之業而不能幹事施政 | 保氏之任 | 毛公貫公 |
| 口辯 | | 辯不入道而應對資給 | 行人之任 | 樂毅曹丘生 |
| 驍雄 | | 膽力絕眾材略過人 | 將帥之任 | 白起韓信 |

〔註43〕吳丕〈人物志政治思想分析〉：「在心理學中，性格是一個人比較穩定的對現實的態度和習慣化的行為方式。性格必然影響人的行為，并反應在政治生活中。將政治人才按性格不同加以分類，以便于認識人才、使用人材，這是一種比較科學的方法。」《北京大學學報》〈哲學社會科學版〉，1989年第三期），頁108。

由上表看，劉卲畫分專業的主要依據是德、法、術三材，對三材掌握的情況不同，就造究了八種不同的人材：

1. 清節家：一個人如果「德行高妙，容止可法」，稱爲「清節家」，可擔負「師氏之任」，在朝廷中「激濁揚清，師範僚友」，延陵、晏嬰是代表的人物。

2. 法家：一個人如果能夠「建法立制，彊國富人」，稱爲「法家」，可擔負「司寇之任」，做法制工作，管仲、商鞅是代表人物。

3. 術家：一個人如果能夠「思通道化，策謀奇妙」，稱爲「術家」，可以擔負「三孤之任」，出謀畫策，范蠡、張良是代表的人物。

4. 國體：一個人如果很好的掌握了德、法、術三材，就屬於「國體」之人，「國體」的意思是明於治國之大體。「其德足以厲風俗，其法足以正天下，其術足以謀廟勝」，可以擔負「三公之任」，坐而論道，伊尹、呂望是代表的人物。

5. 器能：一個人如果兼有三材，但比國體之人略遜一籌者，稱爲「器能」。「其德足以率一國，其法足以正鄉邑，其術足以權事宜」，可以擔負「冢宰之任」，統率百官，子產、西門豹是代表的人物。

6. 臧否：一個人如果掌握了德，但不如清節家那麼超脫，而是喜歡挑剔別人的毛病，這種人叫做「臧否」，可以擔任「師氏之佐」，子夏之徒是代表的人物。

7. 伎倆：一個人如果掌握了法，但與法家相差較遠的是「伎倆」，可以擔任「司空之任」，組織建築和工藝之事，張敞、趙廣漢是代表的人物。

8. 智意：一個人如果掌握了術，但不及術家的人稱爲「智意」，「不能創制垂則，而能遭變用權，權智有餘而公正不足」，可擔任「冢宰之佐」，輔助宰相工作。

另外，還有四類人材，他們的專業知識在三材之外：

1. 文章：「能屬文著述」的稱爲「文章」，可以擔任「國史之任」，司馬遷、班固是代表的人物。

2. 儒學：「能傳聖人之業，而不能幹事施政」的是「儒學」，可以擔任「保氏之任」，毛公、貫公是代表的人物。

3. 口辯：「辯不入道，而應對資給」的稱爲「口辯」，可以擔負「行人之任」，樂毅、曹丘生是代表的人物。

4. 驍雄：「膽力絕眾，材略過人」的稱爲「驍雄」，可以擔負「將帥之任」，白起、韓信是代表的人物。

劉卲認爲，「凡此八業，皆以三材爲本，故雖波流分別，皆爲經事之材也。」意思是說，以上八種人材，都是可以處理相應的政務的。文章、儒學、口辯、驍雄四

類人材則是能夠處理政務之外的各種專業事務的。可見，劉劭論人材的專業性，主要著眼在政治的功能。林麗真說：

> 人物志言人流之業，概有以上十二家，其中前八家，皆以三材為本。所謂三材，乃指道德、法制及策術而言。其道德高超者謂之清節家，法制公正者謂之法家，策術奇妙者謂之術家，德法術兼備者謂之國體，德法術皆微者謂之器能，略有德行者謂之臧否，略有法制者謂之伎倆，略有策術者謂之智意。依此，法術二者與道德並列，足證人物志之重名法色彩。故接識篇亦以論道德、論法制、論策術三者，作為接物識人的依據。〔註44〕

林麗真認為，從劉劭對於八家的畫分皆以道德、法制、策術三材為標準，而且法制、策術兩項與道德並列，足以證明《人物志》非常重視名法的思想。

## （三）從能力分

劉劭在〈材能第五〉，按照不同的能力對人材做了分類。他把人的能力分為自任之能、立法之能、計策之能、人事之能、行事之能、權奇之能、司察之能、威猛之能等八種類型，具有特定能力的人可以在政府中擔任一定的職務，發揮一定的作用。茲製表如下，再作說明〔註45〕：

| 材 | 能 | 在中央宜任官 | 治理郡國的施政特點 | 適宜治理的郡國 | 不適宜治理的郡國 |
|---|---|---|---|---|---|
| 器能之材 | 自任之能 | 冢宰之任 | 矯直之政 | 宜於統大 | 治小則迂 |
| 法家之材 | 立法之能 | 司寇之任 | 辨護之政 | 宜於治煩 | 治易則無易 |
| 術家之材 | 計策之能 | 三孤之任 | 變化之政 | 宜於治難 | 治平則無奇 |
| 智意之材 | 人事之能 | 冢宰之佐 | 諧和之政 | 宜於治新 | 治舊則虛 |
| 譴讓之材 | 行事之能 | 司寇之佐 | 督責之政 | 宜於治侈 | 治弊則殘 |
| 伎倆之材 | 權奇之能 | 司空之任 | 藝事之政 | 宜於治富 | 治貧則勞 |
| 臧否之材 | 司察之能 | 師氏之佐 | 刻削之政 | 宜於糾姦 | 治邊則失眾 |
| 豪傑之材 | 威猛之能 | 將帥之任 | 嚴厲之政 | 宜於討亂 | 治善則暴 |

〔註44〕林麗真《魏晉清談主題之研究》（《國立台灣大學中文研究所博士論文》，中華民國67年6月），頁216～217。

〔註45〕此表參考王曉毅，〈人物志人材理論研究（上）〉。《中國文化月刊》第一四七期，中華民國80年1月），頁72。

劉卲根據人材的不同，確定他的能力類型及可以擔任的政府角色，並且認爲伴隨著一定的政府角色會出現獨具特色的行政功能，這種行政功能有它的適用範圍和不適用範圍。現在，依序說明如下：

1. 器能之材：「自任之能」屬於「器能之材」，在中央可以擔負「冢宰之任」，形成「矯直之政」。這種能力的人「宜於治大，以之治小則迂。」他可以做道德的表率和統領百官，適宜於從大處著眼，抓住整體工作，如果去處理具體問題就會顯得迂腐。

2. 法家之材：「立法之能」屬於「法家之材」，在中央可以擔負「司寇之任」，形成「辨護之政」。這種能力的人「宜於治煩，以之治易則無易。」他可以嚴明法紀，適合於整頓混亂的社會秩序，人民安定時採用他反而會增加麻煩。

3. 術家之材：「計策之能」屬於「術家之材」，在中央可以擔負「三孤之任」，形成「變化之政」。這種能力的人「宜於治難，以之治平則無奇。」他可以通權達變，針對政治上遇到的特殊難題，提出對策加以解決，沒有特殊難題就不需要奇謀妙策了。

4. 智意之材：「人事之能」屬於「智意之材」，在中央可以擔負「冢宰之佐」，形成「諧和之政」。這種能力的人「宜於治新，以之治舊則虛。」他可以普及教化，調和矛盾，適用於剛安定下來的局面，使之趨於穩定，如果是舊攤子、問題多，就起不了作用。

5. 譴讓之材：「行事之能」屬於「譴讓之材」，在中央可以擔負「司寇之佐」，形成「督責之政」。這種能力的人「宜於治侈，以之治弊則殘。」他可以矯正缺失，適用於糾正舖張奢侈的社會風氣，如果百姓窮困仍用這種方式，只會使百姓更痛苦。

6. 伎倆之材：「權奇之能」屬於「伎倆之材」，在中央可以擔負「司空之任」，形成「藝事之政」。這種能力的人「宜於治富，以之治貧則勞。」他可以組織工藝制作和土木建築，適合於在人民富足的情況下進行，否則就會勞民傷財。

7. 臧否之材：「司察之能」屬於「臧否之材」，在中央可以擔負「師氏之佐」，形成「刻削之政」。這種能力的人「宜於糾姦，以之治邊則失眾。」他著重使用嚴厲打擊的手段，適用於糾正各種邪惡的行爲，但過於嚴苛，在邊境地區實施會引起暴亂。

8. 豪傑之材：「威猛之能」屬於「豪傑之材」，在中央可以擔負「將帥之任」，形成「嚴厲之政」。這種能力的人「宜於討亂，以之治善則暴。」他能夠用

　　武力鎮壓，適於結束動亂，如果沒有動亂而濫用武力，則是暴虐。
吳丕〈人物志政治思想〉說：

　　　　國有俗化，民有劇易，而人才不同，故政有得失，這是劉邵提出八種
　　　政治的條件。有三點值得注意：一是劉邵將人才、能力、任職、政治、得
　　　失聯系起來，從而形成一套系統的用人主張。二是政治須根據實際情況，
　　　決定具體的統治方式，而不是固守一種方式。三是上述八種人才，八種官
　　　職其實是組成了同一個政府，八種統治方式說明一個政府應具有靈活多
　　　變、適應性強的特點。這就是劉邵的政府組織觀。〔註46〕

吳丕認為，〈材能第五〉關於人的材質之論述，就是劉邵的政府組織觀。它是劉邵據
國家特有的風俗教化，人民性格的難以相處與平易和順及人材能力的不同之三個條
件所設定。其中有三點值得注意：第一、劉邵將人材、能力、任職、政治、得失聯
係起來，從而形成一套系統的用人主張。第二、政治須根據實際情況，決定具體的
統治方式，而不是固守一種方式。第三、上述八種人材，八種官職其實是組成了同
一個政府，八種統治方式說明一個政府應具有靈活多變、適應性強的特點。可見，
劉邵的政治思想具有強烈的時代性，是動亂時代為因應多變的局勢之產物。

## 二、全　材

　　〈流業第三〉：

　　　　凡此十二材，皆人臣之任也，主德不預焉。

意思是說，上述各種人材都是政府機關的各級統治者，人臣的材能。至於最高的統
治者，那就完全另外一回事。劉邵認為，能夠當君主的人，是與一般人完全不同的。
　　〈流業第三〉又說：

　　　　主德者，聰明平淡，總達眾材而不以事自任者也。

意思是說，人主的品質特點，就是「平淡」，表面上平平無奇，不表現甚麼材能，如
果說他有甚麼材能，他的材能就在於能任用有材能的人，而他自己卻甚麼事都不辦。
　　〈流業第三〉又說：

　　　　若道不平淡，與一材同好，則一材處權而眾材失任矣。

意思是說，如果「君」表現一種材能，他對於有這種材能的人就要有所偏好。如果
那樣，有這種材能的人就處於優先的地位，而別的材能的人，就不能得到適當的任
用了。可見為「君」的人要有更高的材能。這種能力本質上是一種全能，雖然不表

〔註46〕《北京大學學報》〈哲學社會科學版〉，1989年第三期〉，頁112。

現某種具體能力，卻能使用各種人材的能力。〈材能第五〉：

> 故臣以自任爲能，君以用人爲能；臣以能言爲能，君以能聽爲能；臣
> 以能行爲能，君以能賞罰爲能；所能不同，故能君眾材也。

意思是說，臣子以在自己擔任的官職上恪盡職守而被視爲有能力，君主則以能使各種人材人盡其用而被視爲有能力；臣子以能夠提出自己的主張被視爲有能力，君主則以能夠兼聽廣採臣子的建議而被視爲有能力；臣子以能夠具體行事建立功業被視爲有能力，君主則以能夠對臣子的功勞賞罰分明而被視爲有能力。君主與臣子顯示能力的方式不同，所以君主能夠統御各種人材。劉卲認爲，人君的能力不在於能言或能行，而在於能知人、用人、聽人或賞罰分明，而使各種人材得以適材適所的發揮他們的專長，達到行政上最高的效率，這就是〈流業第三〉所說的：

> 主道得而臣道序，官不易方而太平用成。

意思是說，這樣的安排，可以說是領導者用人有方，百官都能夠材當其任；那麼，政務就可以正常運作，國泰民安的景象，自然就容易實現了。

# 第四節　《人物志》論知人失誤的原因

知人的目的在於瞭解人的材性，以達到「眾材得其序，而庶績之業興」的政治效用。要想得知人的材性，必須從「九徵」、「陰陽」、「三談」、「英雄」、「八觀」、「心志」、「五視」、「謙德」等途徑入手，但是劉卲認爲，正確地識別選拔人材是十分困難的，是一項十分容易失誤的工作。因此，他在〈材理第四〉先行指出「七似」的困惑：

> 有漫談陳說，似有流行者；有理少多端，似若博意者；有迴說合意，
> 似若讚解者；有處後持長，從眾所安，似能聽斷者；有避難不應，似若有
> 餘而實不知者；有慕通口解，似悅而實不懌者；有因勝情失，窮而稱妙，
> 跌則掎蹠，實求兩解，似理不可屈者。凡此七似，眾人之所惑也。

意思是說，有人漫談陳說，娓娓動聽，似乎他所說的能夠行得通；有人表面理由不足，卻頭緒很多，似乎是博學多聞的人；有人對不懂的事理反復論說以求一致，似乎理解得非常透徹；有人在爭辯討論時，等到最後發表意見，擁護大多數人的觀點，似乎能夠兼聽眾人的意見而做出正確的判斷；有人逃避疑難不作回應，卻大談其它的問題，似乎綽綽有餘，其實是真的不懂；有人一聽到他人的辯論觀點，就表示羨慕拜服，顯出喜悅的表情，而他的內心其實並不快樂；有人因氣勝而情性偏頗，本已辭窮理屈，卻仍以爲自己妙而未盡，牽強附會，強詞奪理，實際上是想求得兩種

對立的解釋能說得通，似乎在道理上是不可以屈服的。劉邵認為，以上七種似是而非，正是眾人所迷惑的地方。這「七似」使人難以從表面的言行正確的推斷內在的材性。

由於上述知人的困難，在實際衡鑒材性之時，常常會產生種種謬誤，因此，劉邵在〈接識第七〉、〈七謬第第十〉、〈效難第十一〉中，對選材失誤的原因作了詳細的分析。茲分述之如下：

## 一、察譽有偏頗之謬

意思是說，在慎察名譽的方面，有偏頗的荒謬。〈七謬第十〉：「夫采訪之要，不在多少，然徵質不明者，信耳而不敢信目。故人以為是，則心隨而明之；人以為非，則意轉而化之」。意思是說，采訪打聽的關鍵，不在所得信息的多寡，然而不明白徵象與材質關係的人，往往相信耳朵聽來的，而不敢相信親眼看到的。所以他人認為正確的，那麼，己心也隨順而相信它；他人以為錯誤的，那麼，就改變自己的看法而同意他人。完全以他人認為的是非毀譽作為論人的依據，終至「耳所聽采，以多為信」，便自然會產生偏頗。「知人者，以目正耳。不知人者，以耳敗目。」劉邵認為，這是一種以名之毀譽為知人之標準的謬誤。

## 二、接物有愛惡之感

意思是說，在交接人物方面，有由於個人的愛惡而出現的謬誤。〈七謬第十〉：「夫愛善疾惡，人情所常，苟不明質，或疏善善非，何以論之？夫善非者，雖非猶有所是；以其所是，順己所長，則不自覺情通意親，忽忘其惡。善人雖善，猶有所乏；以其所乏，不明己長，以其所長，輕己所短，則不自知志乖氣遠，忽忘其善。是感于愛惡者也。」意思是說，一般來說，喜愛善良的人，痛恨邪惡的人，是人物情性的常態，如果材質不明達，有的人就會疏遠善良的人，善待邪惡的人。如何來分析這種現象呢？之所以善待邪惡的人，因為邪惡的人雖然多惡也會有某種是處；而這些是處正好與自己的長處相一致，那麼，就會不自覺的感到與對方情性相通，意念相親，于是忽略、忘記這種人的邪惡。善良的人雖然善良，猶有某種缺點；由於他的缺點，不能明白自己的長處，用善良的人之長處來反觀自己的短處，就以為受到輕視，那麼，就會不知不覺的感到與對方志向乖戾氣味相遠，于是忽略、忘記這種人的善良。這就是，情性的愛惡所造的迷惑。劉邵認為，人皆有愛善疾惡的常情，因此，很容易依自己的好惡論人。惡人有百非，也會有一長，此長如果正好順著自己的長處，就會覺得情通意親，而忘記他的惡。善人有百是，也會有一短，此短如果與自己的長處有異，或以他的長處輕視自己的短處，便會志乖意遠，而忘記他的長處。這就是情同忘其惡，意異違其

善。這是一種以自己的好惡作爲知人標準的謬誤。

## 三、度心有小大之誤

意思是說，在審度心志方面有小大的謬誤。〈七謬第十〉：「志大，所以勘物任也；心小，所以愼咎悔也。……由此論之，心小志大者，聖賢之倫也；心大志大者，豪傑之雋也；心大志小者，傲蕩之類也；心小志小者，拘懦之人也。眾人之察，或陋其心小，或壯其志大，是誤於小大者也。」意思是說，爲了能勝任事情，志（抱負）應該弘大；爲了能愼免咎悔，心（欲望）應該謙小。由此看來，心小志大，聖賢之倫；心大志大，豪傑之雋；心大志小，傲蕩之類；心小志小，拘懦之人。劉劭認爲，心志的察知甚難，常有在判斷人的心志之時，或誤大爲小，或誤小爲大之謬失。

## 四、品質有早晚之疑

意思是說，在品質的判斷方面，有早晚的不明而導致的疑難。〈七謬第十〉：「夫人材不同，成有早晚：有早智而速成者；有晚智而晚成者；有少無智而終無所成者；有少有令材遂爲雋器者。」意思是說，人的材質不同，成就會有早有晚：有的人智慧早熟，年紀很小就有所成就；有的人智慧晚發，年紀很大才能有所成就；有的人小時候沒有甚麼材智，終到年老也沒有甚麼成就；有的人小的時候具備美材，進而成爲出類拔萃的人物。劉劭認爲，人的材質不同，成就各有早晚。例如有早智而速成的，也有晚智而晚成的，情況大有差異，不易確知。對於人的品質，一般人「或以早成而疑晚智，或以晚智而疑早成，故於品質常有謬失也（劉昞注）」。

## 五、變類有同體之嫌

意思是說，在辨正材質方面，有取同捨異的嫌疑。劉劭認爲，偏材之人自身材能性格的偏頗，因而只能識別同類的偏材。〈接識第七〉：「能識同體之善，而或失異量之美。」意思是說，偏材之人往往能夠鑒識與自己材質相同的人物之優點，卻不能接受與自己度量不同之人的優點。這種現象，劉劭稱之爲「同體之嫌」。這在心理學上，稱爲「自我一致」作用。也就是說，凡是與我爲一者，易於吸收；與我不合者，予以排斥。這是人之常情，但用之於知人上面，就會犯上知所同而不知所異；知其一不知其二的毛病。劉劭在〈接識第七〉詳細的論述了七種偏材在鑒識方面的片面性。他說：「清節之人以正直爲度，故其歷眾材也，能識性行之常，而或疑法術之詭；法制之人以分數爲度，故能識方直之量，而不貴變化之術；術謀之人以思謨爲度，故能成策略之奇，而不識遵法之良；器能之人以辨護爲度，故能識方略之規，而不知制度之原；智意之人以原意爲度，故能識韜諝之權，而不貴法教之常；伎倆之人以邀功爲度，故能識進趣之功，而不通道德之化；臧否之人以伺察爲度，故能

識訶砭之明，而不暢倜儻之異；言語之人以辨析爲度，故能識捷給之惠，而不知含章之美。」意思是說，清節流業的人，以正直作爲衡量人物的標準，所以當他觀察眾多不同材質的人時，能夠鑒識情性行爲正常的人，而輕視法家和術家的重要性。法家流業的人，以法度作爲衡量人物的標準，所以當他觀察人材時，能夠識鑒方正剛直的人，而不重視因應變化、權略機捷的術家；術家流業的人，以思慮、謀劃作爲衡量人物的標準，所以當他觀察人材時，往往能夠鑒識策略奇異的人，而不能認識到創法垂制的法家的重要性。器能流業的人，以精於處理事務作爲衡量人物的標準，所以當他觀察人材時，能夠鑒識方法策略能力強的人，而不能認識到制度的根本。智意流業的人，以顯示聰明作爲衡量人物的標準，所以當他觀察人材時，能夠鑒識具有韜略材智的人之權變，而不重視法家和清節家的恆常。伎倆流業的人，以建立事功作爲衡量人物的標準，所以當他觀察人材時，能夠鑒識銳意進取的人之功效，而不能通達道德家的教化功能。臧否流業的人，以伺察作爲衡量人物的標準，所以當他觀察人材時，能夠鑒識訶責砭世的人之明通，而不能認識豪爽灑脫的人之殊異。言語流業的人，以辨名析理作爲衡量人物的標準，所以當他觀察人材時，能夠鑒識言辭敏捷，應付不窮的人材之優點，而不知道含蓄內斂的人之美善。正是由於清節之人、法制之人、術謀之人、器能之人、智意之人、伎倆之人、臧否之人、言語之人等偏材之人各以自己的特長爲標準去品評人物，所以遇到同類人材，一交談立刻能鑒別；遇到不同類人材，長期相處也一無所知。劉卲在〈七謬第十〉進而言之，偏材之人，當他們「性同而材傾，則相援而相賴也；性同而勢均，則相競而相害也，此又同體之變也。」意思是說，情性相同而材能相差懸殊，彼此就會相互提攜、依賴；情性相同而勢均力敵，彼此就會互相競爭而相互加害。這又是同一材質的相互關係的變化形式。這些「同體之變」的複雜情形，瞭解也頗爲不易，自會造成判斷上的錯誤。

## 六、論材有申壓之言危

意思是說，在論人材智方面，有由於不明申壓兩種不同形勢所形成的謬誤。〈七謬第十〉：「上材之人能行人所不能行，是故達有勞謙之稱，窮有著明之節。」劉卲認爲，貧窮富貴對於上材之人來說並不重要，因爲上材之人材智超群而能有驚人之舉：處於高貴顯赫之勢，會以鞠躬盡萃而著稱；處於窮困潦倒之勢，會以固守節操而聞名。但是，對於中材的人來說，貧窮富貴的不同則決定了社會輿論對他們的褒貶。劉卲接著說明了中材之人在富貴和貧窮兩種境遇中的聲譽：「是故藉富貴，則貨財充於內，施惠周於外。見瞻者，求可稱而譽之；見援者，闡小美而大之。雖無異

材，猶行成而名立。處貧賤則欲施而無財，欲援而無勢，親戚不能恤，朋友不見濟，分義不復立，恩愛浸以離，怨望者並至，歸非者日多，雖無罪尤猶無故而廢也。」意思是說，因此，當他們富貴順達的時候，就會家裡財貨充實，對外廣泛施舍。接受施舍的人，必然會尋求施舍的人可以稱許的事情而大加稱譽；被援引的人，必然會關說援引的人小小優點而加以誇大。這種人雖然沒有特異的材能，仍可以做成事業而確立名聲。如果處於貧賤的境況，雖然想要施舍窮人卻沒有貨財，想要援薦人材卻沒有權勢，對親戚的困難不能救恤，對朋友的難處不能幫助，從而名分和義節不能確立。親友的恩愛情感漸漸疏淡，怨恨和不滿就相繼而來了。被說不是的時候越來越多，這種人雖然沒有甚麼罪過，仍會無緣無故的被廢棄。眾人不明究竟，常將富貴權勢與材能大小混為一談，以為位高權大的伸達者皆為材能之士，無位無權的壓屈者皆為愚駭之人。這是一種以富貴權勢為知人標準的謬誤。

## 七、觀奇有二尤之失

意思是說，在觀察人物方面，有看不出尤妙之人和尤虛之人的謬誤。〈七謬第十〉：「夫清雅之美，著乎形質，察之寡失。失謬之由，恆在二尤。二尤之生，與物異列。故尤妙之人，合精於內，外不飾姿；尤虛之人，碩言瑰姿，內實乖反。」意思是說，一般清雅的美善，在外部上顯著明朗，觀察這種人材時，很少會有失誤。過失和謬誤出現的原因，經常發生在對兩種奇尤之人的鑑識上。兩種奇尤人物的生存方式，與一般的人物相異。所以尤妙之人，內在蘊含精華，外表卻沒有任何美飾麗姿；尤虛之人，言辭碩浮姿容瑰麗，而內在卻與表面大相違反，乖戾荒謬。由於尤虛之人的存在，劉劭要求在選拔人材時，一般應按照常規進行，逐級升遷。他在〈七謬第十〉接著說：「是以早拔多誤，不如順次。夫順次，常度也。」但這樣一來，又可能使尤妙之人得不到重用。

## 八、眾人之察，不能盡備

意思是說，一般人在觀察人物的方法上不能全面。〈效難第十一〉：「各自立度，以相觀采。或相其形容，或候其動作，或揆其終始，或按其儗象，或推其細微，或恐其過誤，或循其所言，或稽其行事。八者游雜，故其得者少，所失者多。」意思是說，各自確立自己的標準，來觀察采訪他人，有的人審視人的外部形容，有的人考察人的行動作為，有的人測試人做事的開始與結束，有的人考察人所表現出來的形象，有的人推驗人的細微變化，有的人擔心人有所過失，有的人循察人所說的言辭，有的人考察人行事的結果。以上八種情形，各行其事，雜亂無章。因此，他們所做出的判斷，能夠得到真實的信息很少，而失掉的東西卻很多。劉劭認為，鑑識

人物必須經由言論、行爲、容貌、形體等多方面進行考查，不可以僅注重一方面，以免發生謬誤。

## 九、草創信形之誤

意思是說，人初次接觸而輕信印象造成的錯誤。〈效難第十一〉：「故其接遇觀人也，隨行信名，失其中情。故淺美揚露，則以爲有異；深明沉漠，則以爲空虛；分別妙理，則以爲離婁；口傳甲乙，則以爲義理；好說是非，則以爲臧否；講目成名，則以爲人物；平道政事，則以爲國體。」意思是說，所以待人接物並分析人物，只從外在的言行而相信他，就會失卻對內在情性的考察。如此會有以下的失誤：對喜好賣弄而實際淺薄的人，就會以爲他們有特異的地方；對內心深刻明白而外表沉默少言的人，就會以爲他們空虛無物；對喜好作奇談妙論的人，就會以爲他們刻鏤分明；對喜好道聽塗說的人，就會以爲他們懂得道理；對喜好撥弄是非的人，就會以爲他們是臧否的人材；對喜好議論賢愚等名目的人，就會以爲他們能品評人物；對喜好評論時事的人，就會以爲他們是國體的人材。因此，劉劭在〈效難第十一〉進而指出：「必待居止，然後識之。」所謂「居止」，是指某人長期的日常行爲。他要求從以下五個方面進行觀察：「居，視其所安；達，視其所舉；富，視其所與；窮，視其所爲；貧，視其所取。」意思是說，因此，觀察一個人，平時要看他安於甚麼，順達時要看他推舉甚麼人，富裕時要看他施與甚麼人，窮困時要看他從事甚麼，貧賤時要看他何以謀生。這樣，才有可能全面瞭解一個人，鑒別出一個人的材性。

可見，劉劭對於人材選拔失誤的原因之認識十分深刻。這主要表現在他不僅認識到鑒識困難是人們知識水準方面的問題，而且是一個由社會經濟條件所決定的普遍自私自利的社會心理方面的問題。能看到這一層原因，在一千七百多年前的思想家中是不多見的。〔註 47〕

# 第五節　《人物志》論偏材之性不可移轉

劉劭論人物，從材性著眼，而材性是由氣稟決定，是人人不同的，且不容易以後天的力量來改變的。既然如此，所以一個人生來就是一種「偏至之材」那就要一直偏至下去，沒有辦法可以改變。〈體別第二〉：

> 夫學，所以成材也；恕，所以推情也。偏材之性，不可移轉矣。雖教

〔註 47〕參考王曉毅，〈人物志人材理論研究（上）〉。《中國文化月刊》第一四七期，中華民
國 80 年 1 月），頁 75。

－223－

之以學，材成而隨之以失；雖訓之以恕，推情各從其心。信者逆信，詐者
逆詐。故學不入道，恕不周物，此偏材之益失也。

意思是說，學習是用以成就先天材質的方法，寬恕的教化目的在於用自己的性情推
知其他事物。但是，偏至材質的情性是不能移轉變化的。雖然對這類人進行知識教
育，但是隨著其材質的最後養成，這種材質的缺點便暴露出來了；雖然用寬恕的道
德給予教誨，然而他們推論其他事物卻仍然依據自己的心理特點。講信用的人，預
定假設其他的人也是講信用的，詐騙的人，預先假定其他的人也是詐騙者。因此說，
學習不能使偏材進入正道，寬恕的教化也不能使偏材全面正確的認識其他事物，這
是偏材的長處，也是短處。劉卲認為，照一般道理講，教育人可以叫他學，學可以
使他的材質得到發展。可以叫他恕，這樣他可以推己及人，借人之長補己之短。但
是對於「偏至之性」，這些辦法就不行，他的「偏至之性」是無法移轉的。他越學，
他的「偏至之性」就越發展，他的缺點也隨著「偏至之性」而暴露出來。雖然叫他
推己及人，但是他所推的，還是他的「偏至之性」所有的東西。他喜歡的是他一樣
「偏至」的人。如果他很容易相信別人，他就認為別人也很容易相信他，如果他偏
於欺詐，他就認為別人也很容易欺詐他。他無論怎麼學，可是總是不能深入的懂得
道理。他無論怎麼恕，他總是無法認識事物的全面。可見，劉卲雖然肯定「學」的
效用，在於訓練或培養一個人，使他充分發揮或體現他先天稟氣所得的材質，以造
就或完成這材質。然而，後天的學，對於先天的材質之影響畢竟有限，它會受先天
材質的限制而隨時回復為他的本然的材質。因此，劉卲認為，「學不入道，恕不周物，
此偏材之失也。」

劉卲認為，「偏至之性」總是有長處，也有短處的。長處叫「益」，短處叫「失」。
他的「益」和「失」是聯繫在一起的。他有哪一種「益」，就跟著有哪一種「失」。〈材
理第四〉：

剛略之人不能理微，故其論大體，則弘博而高遠；歷纖理，則宕往而
疏越。抗厲之人不能迴撓，論法直，則括處而公正；說變通，則否戾而不
入。堅勁之人好攻其事實，指機理，則穎灼而徹盡；涉大道，則徑露而單
持。辯給之人辭煩而意銳，推人事，則精識而窮理；即大義，則恢愕而不
周。浮沉之人不能沉思，序疏數，則豁達而傲博；立事要，則熛炎而不定。
淺解之人不能深難，聽辯說，則擬鍔而愉悅；審精理，則掉轉而無根。寬
恕之人不能速捷，論仁義，則弘詳而長雅；趨時務，則遲緩而不及。溫柔
之人力不休彊，味道理，則順適而和暢；擬疑難，則濡懦而不盡。好奇之
人橫逸而求異，造權譎，則倜儻而瓌壯；案清道，則詭常而恢迂。

意思是說，剛略之人不能疏理玄微，因此，他一方面闡論大事，表現得弘闊廣博且見識高遠；另一方面，處理小事，則顯得放蕩而疏狂。抗厲的人不能迴旋商量，一方面，說到依法行事，則遵守法令而公正無私；另一方面，說到變通，則乖戾而滯礙難行。堅勁的人喜好講求實際，一方面，剖析事物的內在機理，則聰穎智灼且清晰詳盡；另一方面，涉及大的道理，則膚淺而片面。辯給的人言辭滔滔而意氣銳進，一方面，推論人事，則能見解精辟而窮究根抵；另一方面，說到大義，則疏闊放言而不周全。浮沉的人不能深入思考，一方面，閒聊漫談，則豁達廣博且氣傲；另一方面，談論正事時，雖滔滔不絕而言不及義。淺解的人不能對疑難問題深思熟慮，一方面，聽到精彩的言論，就會認同勝方而跟著高興；另一方面，深究精微的道理，則因為煩難而掉轉他處，虛浮無根。寬恕的人不能迅速快捷，一方面，論說仁義禮智，則弘大詳盡而又合乎規範；另一方面，從事具體實務，則遲緩而不能濟急。溫柔的人力量不夠強大，一方面，體會道理，則順心適意且和平暢通；另一方面，遇到疑難問題，則軟弱無能而開脫。好奇的人橫逆放心而追求新異，一方面，涉及權略譎詐，則不受禮法限制而舉止壯麗；另一方面，考察清正的道理，則流於詭異而浮夸怪誕。茲將上引九種偏至之材的特徵及其優缺點製表如下，以供參考：

| 類　型 | 特　徵 | 長　　　處 | 短　　　處 |
|---|---|---|---|
| 剛略之人 | 不能理微 | 論大體則弘博而高遠 | 歷纖理則宕往而疏越 |
| 抗厲之人 | 不能迴撓 | 論法直則括處而公正 | 說變通則否戾而不入 |
| 堅勁之人 | 好攻事實 | 指機理則穎灼而徹盡 | 涉大道則徑露而單持 |
| 辯給之人 | 辭煩意銳 | 推人事則精識而窮理 | 即大義則恢愕而不周 |
| 浮沉之人 | 不能沉思 | 序疏數則豁達而傲博 | 立事要則燋炎而不定 |
| 淺解之人 | 不能深難 | 聽辯說則擬鍔而愉悅 | 審精理則掉轉而無根 |
| 寬恕之人 | 不能速捷 | 論仁義則弘詳而長雅 | 趨時務則遲緩而不及 |
| 溫柔之人 | 力不休彊 | 味道理則順適而和暢 | 擬疑難則濡懦而不盡 |
| 好奇之人 | 橫逸求異 | 造權譎則倜儻而瑰壯 | 案清道則詭常而恢迂 |

劉邵認為，處理大事弘大廣博是剛略之人的「益」；處理小事，則放縱而疏狂是他的「失」。依法辦事，遵守法令而公正無私是抗厲之人的「益」，說到變遇，則乖背而窒礙難行則是他的「失」。剖析事理，聰穎清析詳盡是堅勁之人的「益」，涉及大道理，則膚淺而片面是他的「失」。推斷人事見解精辟，且能追根究抵是辯給之人的「益」，論及大義，則疏闊而不周全是他的「失」。閒聊漫談，則豁達廣博是浮沉

# 第六章 《人物志》的評價

　　《人物志》是華夏第一部人材思想的專著，在我國人材思想的發展中，其地位是相當特殊的，故歷來對其理論架構及思想、內容之評價者頗多。

## 第一節 《人物志》理論架構的評價

　　大致而言，歷代學者對於《人物志》的理論架構之批評意見非常極端，有認為它系統完備者，也有認為它全無理論架構者。茲分述如下：

### 一、認為它系統完備者

#### （一）、李慈銘《越縵堂讀書記》

　　　　《人物志》，是書共十二篇，雖各為標目，而實一意相承。其旨主于別材器使。〔註1〕

#### （二）、余嘉錫《四庫提要辨證》

　　邵書凡十二篇，首尾完具。〔註2〕

#### （三）、程兆熊《人物志講義》

　　　　人物志，是一部了不起的奇書。古今知人論人之言，大都隨事隨時而說，其能自成一完備之體系，有如此書者，實至不易多睹。〔註3〕

#### （四）、牟宗三〈人物志之系統的解析〉

---

〔註1〕王曉毅《中國古代人才鑒識術——人物志譯注與研究》（長春：吉林文史出版社，1994年），頁265。

〔註2〕見《畿輔叢書本人物志》。

〔註3〕程兆熊《人學與人物》（臺北：明文書局，中華民國76年），頁192～193。

此書本身是一部很有系統的妙著。我這裏所謂「系統的解析」，並不是順著它的次序作其本身系統的疏解，乃是想把它的「系統論述」所依據的基本原理以及此基本原理之所函，表露出來。〔註4〕

## （五）、彭震球〈人物志之論旨及其時代背景〉

是書論辨人物，以外見之符，驗內藏之器，觀情索性，尋流照原，爲我國品鑑人物最有系統之著述。〔註5〕

## （六）、郭有遹〈評劉邵的人物志〉（上）

《人物志》是世界上有系統的論評人物的第一部著作。它的內容包括人物品鑑的理論基礎，品鑑的標準，歷史上著名人物的分類，觀人的方法，與品評人物所易犯的錯誤等。〔註6〕

## （七）、蔡仁厚〈中國人品之美〉

《人物志》的論述，自成系統，是一個品鑒才性的系統。〔註7〕

## （八）、《中國哲學家與哲學專題》

這書對人物、才性的了解，作了有系統的論述。〔註8〕

## （九）、江建俊《漢末人倫鑒識之總理則──劉邵人物志研究》〈序〉

夫知人取士，政之首務也。而人賦材之品異，觀采之法難，才難興歎，自古已然。識鑒之事，多見載籍，雖片言隻語，要亦足供省覽，資爲鑑戒，而求其系統之專著，則推劉邵人物志爲巨擘焉。〔註9〕

## （十）、陳喬楚《人物志今註今譯》〈前言〉

《人物志》是以探討識鑒才性爲主旨的著作，也是一部有系統的研究知人善任的專書。〔註10〕

## （十一）、郭模《人物志及注校證》〈前言〉

我國古來學者，對於人才，向極重視。或論究掄才之要務，或提供官

---

〔註4〕牟宗三《才性與玄理》（臺北：臺灣學生書局，中華民國67年），頁43。

〔註5〕見《文史季刊》第一卷第四期），頁1。

〔註6〕見《書和人》第五○六期），頁總3901。

〔註7〕蔡仁厚《儒家思想的現代意義》（臺北：文津出版社，中華民國76年），頁224。

〔註8〕王邦雄等編著《中國哲學家與哲學專題》（下冊）（臺北縣：國立空中大學，中華民國78年），頁55。

〔註9〕江建俊《漢末人倫鑒識之總理則──劉邵人物志研究》〈序〉（臺北：文史哲出版社，中華民國72年），頁1。

〔註10〕陳喬楚《人物志今註今譯》〈前言〉（臺北：臺灣商務印書館，1996年），頁3。

人之方術，雖片言隻詞，散見古今經籍子集中，要亦足資省覽，引爲鑑戒。
若求其系統之專著，則劉邵之人物志厥爲巨擘。〔註11〕

## （十二）、顏承繁《人物志在人性學上的價值》

《人物志》一書，自始至終都在反覆討論知人和用人之理。其每篇之
推論，雖不必與他篇一一相應，然各篇之次第間，亦有脈絡可尋，而可見
一邏輯上之次序。蓋古今知人論人之言，大都隨時隨事而說，其能言之成
理，自成一完備之體系，有如此書者，實不多見。〔註12〕

## （十三）、任繼愈

在古代典籍中，還不曾有過第二本像《人物志》這樣系統、深刻的關
于「人才學」的理論著作。〔註13〕

## （十四）、鄭玉光《知人善任的奧秘──劉邵人物志研究譯注》

《人物志》的人才思想很系統，也很全面。〔註14〕

## （十五）、徐光太、張和敬〈一部彌足珍貴的人才心理學專著〉

它是我國歷史上第一部系統的人才心理學專著。〔註15〕

## （十六）、林麗真〈讀人物志〉

有關知人觀人之術，歷代每有論及，並非劉邵所獨創。論語爲政篇有
「視其所以，觀其所由，察其所安，人焉廋哉」之言；孟子離婁上有由人
眸子以觀人心正邪之語；逸周書官人篇有觀人以六徵之義，謂觀誠、考志、
視聲、觀色、觀隱、揆德；大戴禮文王官人篇有觀人以官人之論；呂氏春
秋論人篇有八觀、六驗、六戚、四隱之說；王充論衡骨相篇謂緣骨相足以
知人性……。但此諸說只是粗略涉及觀人之道而已，並未有成系統的論
述，故真能集其大成而作系統之論列者，當首推人物志。〔註16〕

## （十七）、唐君毅《中國哲學原論》

劉邵之觀點與其思路，乃外循九徵以觀人之情性，故其論九徵之後，

〔註11〕郭模《人物志及注校證》〈前言〉（臺北：文史哲出版社，中華民國76年），頁8。
〔註12〕見《國立臺灣師範大學國文研究所集刊》。第二十三號，頁33～34。
〔註13〕見鄭玉光《知人善任的奧秘──劉邵人物志研究譯注》〈序〉（太原：山西人民出版社，
1982年），頁3。
〔註14〕鄭玉光《知人善任的奧秘──劉邵人物志研究譯注》（太原：山西人民出版社，1982
年），頁66。
〔註15〕《安徽師大學報》〈哲學社會科學版〉。1988年第三期），頁76。
〔註16〕見《中國書目季刊》第九卷第二期，中華民國64年9月），頁35。

即次之以體別，以論各類人之才性得失。其得在是者，則可與爲者在是，
其失在是者，則不可與之爲者亦在是。故謂：彊毅之人，剛狠不和，是
故可與立法，難以入微；柔順之人，緩心寬斷，是故可與循常，難與權
疑等。此備詳其書，今不贅述。凡此所言，要不外知人之長短得失，以
論我當如何與之交接，以用其長而捨其短之道。劉邵論材性之意，初在
知人之材性，以爲用材之所資，其意亦甚明。故其書流業第三，則進而
本人材性之不同，以論人之流業，以言人之見用於政教之業，乃各有所
宜，而互異其流，故有清潔家、法家、術家、國體、器能、臧否、伎倆、
智意、文章、儒學、口辯、雄傑諸流業之分。至於其書第四篇材理，則
又進而就人材性之異，而論其所見之理亦有別，乃或爲道理之家，或爲
事理之家，或爲義理之家，或爲情理之家。再以人之情性有九偏之情，
而以性犯明；故於理，亦各從其心之所可以爲理，而各有得失。人之於
理，亦有似知之而實非知者，乃論七似。緣人於所見之理有別，而人之
相辯以求相喻，亦將以九偏之材，有同、有反、有雜，而同則相解，反
則相非，雜則相恢；於是人之爲說，則有三失；以言相難，則有六構；
而通於天下之理，則有八能。此其所分篇論列，明是依序以進，而客觀
的討論不同材性之人如何見理，「如何本理以相論難，以求通理」之歷程
中，由材性之偏，而引起之障蔽，及此障蔽如何破除之道。此非劉邵自
論其所見之道理義理爲何，而是只言人當如何往觀「他人之如何見理而
論理」，亦求見「人之見理」，而論「人之論理」也。

　　至於其書之材能一章，則更就人材之不同，而論其於事之所能爲者之
不同，所堪任的國家責任之不同。利害一篇，則言人業之流，在國家中其
窮達用舍之際之順逆利害。接識一篇，則言異材之人，其相接識而相知，
亦或易而或難。英雄一篇，則言人才之特出者，聰明秀出謂之英，膽力過
人謂之雄。英之智能知，而以明見機，故爲智者所歸往，而能用智者。雄
之膽能行，而以力服眾，故爲雄材所服。英雄者，人之膽識之足以得他人
者也。然英能得英，不能得雄，雄能得雄，不能得英。一人之兼爲英雄，
乃能得英雄，而成大業。此亦是自客觀之觀點，持英雄與非英雄相較量，
英雄與英雄相較量，而論其與政治上成大業之關係之言也。

　　至於其書第九篇所論者，即明言吾人之觀人之材性，當自不同之方
面，依種種之方式，種種之觀點，以求得人之情性之實，而無疑於似是而
非、似非而是者。如觀其奪救，以明間雜，觀其感變，以審常度等。此則

劉卲之更進而客觀的討論：吾人觀人所應取之種種可能的方式觀點。至於
七謬一篇，則更進而論世人之觀人，恆未得其道，而有七種謬誤的觀人之
方式。效難一篇，則歸於論人之知人之效，有二難：有難知之難，有知之
而無由得效之難。此亦即言人之見知而見用於國家之政教中之難。最後一
篇釋爭，則又由人之對其才之是否自矜，是否能讓，人之如何自處其才，
以見人之德行之高下。於是吾人即當觀人之如何自處其才，以觀人之德，
而達於觀人之極致。此觀人之道，總而論之，即由人之形體之九徵，以及
於人之性格，人之流業品類，人之如何見理論理，人之對人對物對事之材
能，人在世間之用舍順逆，人之是否能得人而役人而爲英雄；進而更自觀
其能否用八觀，免七謬以觀人；緣此而並此觀「世間之人之難知、與知人
得效之難」，再觀彼「自知其見知得效之難，而有才者，其人之能否不矜
而讓賢等」，以見其人之內心之德。此內心之德，則爲人之所自知，而亦
爲我緣他人之形貌，以知他人之事，最後之所歸止者也。此「始於形體，
終於德行」之觀人之材性之歷程，即一順自外觀人，以達於其底之一歷程。
劉卲人物志，即緣之以論此人性之表現各方面，各種類、各層次，而成一
逐步轉進，以展開此各方面、各層次之人性表現者。其每篇之持論，雖不
必皆與其他篇一一相對應；然其各篇之次第間，即明見一邏輯上之次序，
亦代表此客觀的論人性之觀點，次第運行於所觀之人性中之序，讀者可更
自察之。〔註17〕

按：以上各家皆認爲《人物志》是一部系統完備的妙著。李慈銘認爲，《人物志》十
　　二篇雖各爲標白，而實一意相承。程兆熊、江建俊、郭模、林麗眞等認爲，古
　　今知人論人之言，大都隨事隨時而說，其能自成一完備的體系，有如《人物志》
　　者，實不易多睹。郭有遹認爲，《人物志》是世界上有系統的論評人物的第一部
　　著作。它的內容包括人物品鑒的理論基礎，品鑒的標準，觀人的方法，歷史人
　　物的分類，與品鑒人物所易犯的錯誤。牟宗三認爲，《人物志》是一部很有系統
　　的妙著，它的系統展現在論人物所依據的基本原理爲生命上之先天的，定然的
　　才性，因此，能從品鑒的立場上開出美學領域與藝術境界。唐君毅認爲，《人物
　　志》的觀點與其思路，乃外循九徵以觀人之情性，故論九徵之後，即次之以體
　　別，以論各類人之才性得失。其旨不外在知人之長短得失，以論我當如何與之
　　交接，以用其長而舍其短之道。故其書流業第三，則進而本人材性之不同，以

〔註17〕唐君毅《中國哲學原論》（臺北：臺灣學生書局，中華民國67年），頁127～129。

論人之流業，以言人之見用於政教之業，乃各有所宜，而互異其流。至於其書第四篇材理，則又進而就人材性之異，而論其所見之理亦有別。至於其書之材能一章，則更就人材之不同，而論其於事之所能爲者之不同，所堪任的國家責任之不同。利害一篇，則言人業之流，在國家中其窮達用舍之際之順逆利害。接識一篇，則言異材之人，其相接識而相知，亦或易而或難。英雄一篇，則言人才之特出者，聰明秀出謂之英，膽力過人謂之雄。英之智能知，故爲智者所歸往，雄之膽能行，故爲雄材所服。英雄者，人之膽識之足以得他人者也。然英能得英，不能得雄，雄能得雄，不能得英。一人之兼爲英雄，乃能得英雄而成大業。至於其書第九篇所論者，即明言吾人之觀人之材性，當自不同之方面，依種種之方式，種種之觀點，以求得人物之實，而無疑於似是而非、似非而是。至於七謬一篇，則進而論世人之觀人，恆未得其道，而有七種謬誤的觀人之方式。效難一篇，則歸於論人之知人之效，有二難：有難知之難，有知之而無由得效之難。最後一篇釋爭，則又由人之對其才之是否自矜，是否能讓，人之如何自處其才，以見人之德行之高下。此觀人之道，總而論之，即由人之形體之九徵，以及於人之性格，人之流業品類，人之如何見理論理，人之對人對物對事之材能，人在世間之用舍順逆，人之是否能得人而役人而爲英雄；進而更自觀其能否用八觀，免七謬以觀人；緣此而並此觀「世間之人之難知、與知人得效之難」，再觀彼「自知其見知得效之難，而有才者，其人之能否不矜而讓賢等」，以見其內心之德。其每篇之持論，雖不必與他篇一一相應；然其各篇之次第間，即明見一邏輯次序。

## 二、認爲它全無理論架構者

### （一）、勞思光《中國哲學史》

自東漢末年起，中國知識份子即視品評人物爲一大事。試取陳壽三國志諸傳閱之，其本文及裴注中所引有關東漢名士之記載，即每謂某人能鑒別人物。如許劭評人，儼然爲一不錯標準，固是特出之事例；此外，類似者尚多。此種風氣之形成，就外在因素而論，自與當時辟舉制度有關；但從品評人物中顯現一種智慧，則屬於此時代知識份子之精神傾向。此一傾向之特性，即成爲魏晉才性論之根源。名士品評人物，每每亦斷其成就之大小，甚至涉及政治之成敗問題；但此種論斷，又與數術意義之看相不同。傳統數術之說，自與宇宙論之理論架構有關；其方法大抵是類比法。

才性之評論，人物之鑒賞，則可說全無理論架構，言者憑其直覺感受

而言之，從不列出理據；聞者或同意或不同意，亦鮮見詰問言者之理據，或作理論之爭辯者。蓋如上文所說，此種品評本身原不以一種理論系統姿態出現也。由此，「才性」一派之玄談雖盛，屬於此派之著作則少。較有代表性之資料，乃劉邵之人物志。〔註18〕

按：勞思光獨排眾議，認為《人物志》對於才性之評論，人物之鑒賞，只憑其直覺感受而言之，從不列出理據，全無理論架構可言。對於勞思光的評議，高柏園駁斥說：「說才性之品鑒乃由直覺感受而發，此是可有之論，然謂此才性之評論全無理論架構，從不列出理據，不以一理論之系統出現，此則顯有失當。以直覺感受品評人物固有其主觀性之意義，然由主體之直覺感受而發，並不表示所發者，及此所發之理，不能是客觀而有其邏輯之關係者。反之，《人物志》正是為此直覺感受之品評，提供一理論之參考，而其中固不必明言其理論架構，然理論架構卻明顯隱含其間。」〔註19〕茲綜列人對《人物志》理論架構之評語如下表，以見其大略：

| 《人物志》理論架構意見表 | | |
| --- | --- | --- |
| 主張者 | 意見 | 所見書刊 |
| 李慈銘 | 是書共十二篇雖各為標目而一意相承其旨主于別材器使 | 《越漫堂讀書記》文見王曉毅撰《中國古代人才鑒識術——人物志譯注與研究》附錄五 |
| 余嘉錫 | 邵書凡十二篇首尾完具 | 《四庫提要辨正》文見《畿輔叢書本人物志》 |
| 程兆熊 | 古今知人論人之言大都隨事隨時而說其能自成一完備之體系有如此書者實至不易多睹 | 《人學與人物》 |
| 牟宗三 | 此書是一部很有系統的妙著 | 《才性與玄理》 |
| 彭震球 | 是書論辨人物以外見之符驗內藏之器觀情索性尋流照源為我國品鑑人物最有系統之著述 | 〈人物志之論旨及其時代背景〉文見《文史季刊》第一卷第四期 |

〔註18〕勞思光《中國哲學史》第二卷。香港中文大學崇基學院，1980年），頁157～158。
〔註19〕《鵝湖月刊》第二十四卷第八期總號第二二八四），頁27。

| 郭有遹 | 《人物志》是世界上有系統的論評人物的第一部著作 | 《書和人》第五〇六期 |
|---|---|---|
| 蔡仁厚 | 《人物志》的論述自成系統自成一個品鑒才性的系統 | 《儒家思想的現代意義》 |
| 江建俊 | 識鑒之事多見載籍雖片言隻語要亦足資省覽引為鑑戒而求其系統之專著則推劉卲人物志為巨擘焉 | 《漢末人倫鑒識之總理則——劉卲人物志研究》〈序〉 |
| 陳喬楚 | 《人物志》是以探討識鑒才性為主旨的著作也是一部有系統的研究知人善任的專書 | 《人物志今註今譯》〈前言〉 |
| 郭模 | 我國古來學者對於人才向極重視或論究掄才之要務或提供官人之方術雖片言隻字足資省覽若求其系統之專著則劉卲之人物志為巨擘焉 | 《人物志及注校證》〈前言〉 |
| 顏承繁 | 《人物志》一書自始至終都在反覆討論知人用人之理其每篇之持論雖不必與他篇一一相應然各篇之次第間亦有脈絡可尋而可見一邏輯上之次序 | 《國立臺灣師範大學國文研究所集刊》第二十三號 |
| 任繼愈 | 在古代典籍中還不曾有過第二本像《人物志》這樣系統深刻的關于人才學的理論著作 | 文見鄭玉光著《知人善任的奧秘——劉卲人物志研究譯注》〈序〉 |
| 徐光太、張和敬 | 它是我國歷史上第一部系統的人才心理學專著 | 〈一部彌足珍貴的人才心理學專著〉文見《安徽師大學報》〈哲學社會科學版〉1988年第三期 |
| 林麗真 | 有關知人觀人之術歷代每有論及並非劉卲所獨創但真能集其大成而作系統之論列者當首推《人物志》 | 《中國書目季刊》第九卷第二期 |
| 唐君毅 | 此始於形體終於德行之觀人之材性之歷程即一順自外觀人以達於其底之一歷程劉卲之《人物志》即緣之以論此人性之表現各方面各種類各層次而成一逐步轉進以展開此各方面各層次之人性表現者其每篇之持論雖不必與他篇一一相應然各篇之次第間亦有脈絡可尋而可見一邏輯上之次序 | 《中國哲學原論》 |
| 勞思光 | 才性之評論人物之鑒賞則可說全無理論架構者憑其直覺感受而言之從不列出理據聞者或同意或不同意亦鮮見詰問言者之理據或作理據之爭辯 | 《中國哲學史》 |

# 第二節　《人物志》人材思想的評價

## 一、稱譽者

### （一）、唐・劉知幾《史通・自敘》

五常異稟，百行殊軌，能有兼偏，知有短長，苟隨才而任使，則片善不遺，必求備而後用，則舉世莫可，故劉邵人物志生焉。〔註20〕

### （二）、宋・阮逸〈《人物志》序〉

予好閱古書，於史部中得劉邵人物志十二篇，極數萬言。其述性品之上下，材質之兼偏，研幽摘微，一貫於道。若度之長短，權之輕重，無銖髮蔽也。大抵考諸行事，而約人於中庸之域，誠一家之善志也！

是書也，博而暢，辨而不肆，非眾說之流也。王者得之為知人之龜鑒，士君子得之為治性修身之檠括，其效不小矣。〔註21〕

### （三）、宋・王三省〈序《人物志》後〉

余嘗三復《人物志》，而竊有感焉。夫人德性資之以繼成，初未始有異也，而終之相去懸絕者，醇駁較於材，隆汙判諸習，曰三品、曰五儀，胥是焉，而賢不肖殊途矣！是以知人之哲，古人難之。言貌而取人者，聖人弗是也。茲劉邵氏之有以志人物也乎，修己者得之以自觀，用人者持之以照物，烏可廢諸？〔註22〕

### （四）、元・馬端臨纂《文獻通考》

晁氏曰：魏邯鄲劉邵孔才撰，偏涼敦煌劉昞注，以人之材器志尚不同，當以九觀、八徵審察而任使之。〔註23〕

### （五）、明・顧定芳《人物志》〈跋〉

夫人賦材之理妙，觀采之法難，是故孔孟猶慎之。後世愛惡偏用，毀譽之習興，是非淆雜，依似之偽作，而弊日滋矣。魏劉常侍有感而著《人物志》，凡十二篇。窮思極微，出入情性。推原度量體形品目，隱顯悉舉，

---

〔註20〕見臺灣商務印書館景印清・永瑢、紀昀編纂《文淵閣四庫全書》史部十五、第六八五冊（臺北：中華民國75年），頁80。

〔註21〕見明嘉靖八年上海顧定芳《人物志》刊本。

〔註22〕見明萬曆五年海代李氏思益軒《人物志》刊本。

〔註23〕見臺灣商務印書館景印清・永瑢、紀昀編纂《文淵閣四庫全書》第六一四冊（臺北：中華民國75年），頁522。

萬世人物本眞，若姸媸對鑒，毫髮莫遁焉。〔註24〕

## （六）、明・劉元霖〈再刻《人物志》附題〉

邵之爲志也，〈九徵〉以驗情，〈體別〉以辨性，〈流業〉、〈材理〉、〈材能〉而精品任，〈利害〉、〈接識〉、〈英雄〉而定能稱，有〈八觀〉則志剖，有〈七謬〉則非燭，責副而托之乎〈效難〉，平忿而授之於〈釋爭〉。總之，準繩在體格，調劑在中和，一依先民之經，不越人情之變。修己品物，章往察來，抖賢贗於錙銖，吹純疵於毛髮。筆端巧運，幾奪天眞矣。〔註25〕

## （七）、明・鄭旻〈重刻《人物志》跋〉

劉邵《人物志》凡十二篇，辨性質而準之中庸，甄材品以程其職任。事核詞章，三代而下，善評人物者，莫或能踰之矣。邵生漢末，乃其著論，體裁纚然，有荀卿、韓非風致，而亹亹自成一家言。即九徵八則之論，質之孔孟觀人之法，唐虞九德之旨，自有發所未發者。後世欲辨官論材，惡可不知也。〔註26〕

## （八）、明・李菂《人物志》〈識〉

端木方人，宣尼少之，視以察安，獨拳拳焉。聖人之心，何有二哉？顧所用者，何如心乎？爲己，則觀●惡以勸懲，別臧否以取舍，肎善道也。違是，矜己長，議人短，其爲學者病，可朦言哉？噫！作《人物志》者，良有隱憂也。余自垂髫業舉子事，先君授是卷，讀之頗厭其詞之深以刻也。茫茫焉，掩卷若不相值矣。宦游十五年來，困心衡慮，日求寡過，思自得師而未能。每於處人，竊以自照，若印證焉，迺知此卷之趣。假令叩洙泗門墻，或亦所與。古人云：以人爲鑑，其斯之謂歟？〔註27〕

## （九）、清・《四庫全書》〈人物志提要〉

其書主于論辨人才，以外見之符，驗內藏之器，分別流品，研析疑似，故《隋志》以下皆著錄于名家，所言究悉物情，而精覈近理，視尹文之說兼陳黃、老、申、韓、公孫龍之說，惟析堅白同異者迥乎不同；蓋其學雖出於名家，其理則弗乖于儒者也。〔註28〕

---

〔註24〕見明嘉靖八年上海顧定芳《人物志》刊本。
〔註25〕見明萬曆五年海代李氏思益軒《人物志》刊本。
〔註26〕見明萬曆五年海代李氏思益軒《人物志》刊本。
〔註27〕見明萬曆五年海代李氏思益軒《人物志》刊本。
〔註28〕見臺灣商務印書館景印清・永瑢、紀昀編纂《文淵閣四庫全書》第八四八冊（臺北：中華民國 75 年。

## （十）、孫星衍《廉石居藏書記內篇》卷上

其書出於虞書教胄，文王官人之學，邵疾時無知人之明，又不能器使也，即入儒家亦宜。〔註29〕

## （十一）、陶望齡〈人物志新刻引〉

劉卲《人物志》，其言九徵十二流備矣。然括其大凡，略有四者：一曰中庸，二曰偏至，三曰間雜，四曰依似。昔夫子嘆中庸之為德，自昔難之。而間雜依似，卲以為風人末流，不足其論。其于偏至之論獨詳焉，蓋材本人性，隨性所近，誰獨無至哉？雖矇瞍侏儒頑愚狡賊亦有之。故天下無不材之人，古今無乏材之國。雖然，偏至之材上與下兩適則交遂，兩件則俱困。上因于得所短則龐駁而取之，下因于失所長則旁出以文之，轉動流徙，淆然並騖，故不獨上失其用也，而士亦自喪其可用。且不知己為何如品？何者為己能？而責上之藻別，不已難乎？上無所指取，則漫示兼體以明其通，上有所指取，則詭寄一節以中其好。九徵之所難察，流業之所不載，於摩！後世之士抑何中庸之多，而偏至之少歟！夫慎掄鑒、擇誠偽，使官各稱其器，人各保其能，于所偏無以獲真有，胡可不詳覽于是書。〔註30〕

## （十二）、《人物志》彭家屏〈跋〉

《人物志》三卷，志經籍者列入史部名家類中，余久欲致之而未能得也。前于同年涂君延年處借得宋帙，剪燭憤讀，漏盡卒業。惜其浸版摱減，十失其二、手自抄寫，隨筆勘正。本文幸穫無闕，惟延明注釋多有斷略。復輾轉覓得善本，參校補訂，乃成完璧，可為修己觀人之考鏡。〔註31〕

## （十三）、牟宗三《才性與玄理》

《人物志》是關於人的才性或體別、性格或風格的論述。這種論述，雖有其一定的詞語，因而成為一系統的論述，然而卻是一種品鑒的系統，即，其論述是品鑒的。品鑒的論述，我們可以叫它是「美學的判斷」或「欣趣判斷」。《人物志》裏面那些有系統的詞語都是屬於欣趣判斷的詞語，品鑒的詞語。《人物志》對於個體的生命人格所作的「品鑒的論述」是很有特殊價值的，尤其套在中國的學術文化中觀之，則尤足見其在中國「全幅

---

〔註29〕中華書局據式訓堂叢書本排印。
〔註30〕見《畿輔叢書本人物志》。
〔註31〕王曉毅《中國古代人才鑒識術——劉卲人物志研究譯注》附錄四（長春：吉林文史出版社，1994年），頁264。

人性」的了悟之學問中所佔的顯著而重要的地位。〔註32〕

## （十四）、湯用彤〈讀人物志〉

《人物志》爲正始前學風之代表作品，故可貴也。其後一方因學理之自然演進，一方因時事所促成，遂趨於玄遠之途，而鄙薄人事。《人物志》一書之價值如何，茲姑不論。但魏初學術雜取儒名法道諸家，讀此書頗可見其大概。故甚具歷史上之價值。〔註33〕

## （十五）、王曉毅《中國古代人才鑒識術——人物志研究譯注》〈前言〉

劉卲所著《人物志》一書，誕生于距今一千七百多年前人材鑒識之風熾烈的三國時期。該書以陰陽五行學説爲基礎，以理性分析爲主，兼融部分傳統相術，構建了完整的人材學理論體系，堪稱集當時人材研究成果之大成，也是唯一流傳至今的中國古代人材理論巨著。首先，它全面、系統地論述了各種類型人材在生理素質、氣質、性格和才能等各方面的差異，以及適宜從事的職業和所能擔當的職務。再者，又詳細介紹了如何從形體、容貌、神態、言談、舉止以及心理變化等許多方面去綜合觀察、鑒別人材，如何與之相處，如何正確使用以發揮其最大效益等。最後，又對人鑒別中容易出現的失誤、人材失敗與成功的原因進行深入研索。由於古今文化背景的某些同構性，所以該書對現代中國人來説，在如何認識自我，了解他人，選擇成功之路等方面仍有十分重要的參考借鑒價值。〔註34〕

## （十六）、周紹賢、劉貴傑《魏晉哲學》

《人物志》爲一部才性之專著，以「人才不同，能各有異，故須「量能授官」（〈材能〉）、而「人之質量，中和最貴」，「中和之質，必平淡無味，故能調成五材，變化應節」（〈九徵〉）、是以君子中庸無爲、謙讓不爭。《四庫提要》稱其「所言究悉物情，而精覈近理，其學雖近乎名家，其理弗乖於儒者也」。觀其分析性情，鑒別人才，理精義密，深入極微，曰「人物之妙理，不可得而窮也」（〈七謬〉）。所謂甚微而玄，信不誣也，實爲玄學之先導。其品評人物要在循名責實，唯才是舉，故可貴也。〔註35〕

---

〔註32〕牟宗三《才性與玄理》（臺北：臺灣學生書局，中華民國67年），頁44~46。

〔註33〕見賀昌群、容肇祖《魏晉思想》甲編五種（臺北：里仁書局，中華民國73年），頁14~15。

〔註34〕王曉毅《中國古代人才鑒識術——劉卲人物志研究譯注》〈前言〉（長春：吉林文史出版社，1994年），頁1。

〔註35〕周紹賢、劉貴傑等《魏晉哲學》（臺北：五南圖書出版有限公司，中華民國85年），頁32。

## （十七）、王邦雄等《中國哲學家與哲學專題》

由這書可見魏晉人對人的才性的討論，已漸由實用的進而為審美的，對人的才性氣性的生命的姿態、甚能欣賞，這表示對人的個性的為特殊的，比較能夠正視。而從人的質性不同，其所明之理亦異，及理想的國君應是無為不任事，人臣方可各當其職份等討論，已經從現實具體的才性的討論，進而至形上領域之探討。〔註36〕

## （十八）、劉君祖《人物志》〈導論〉

知人論事，一向是我國傳統文化中強調的要點。不僅群經諸子抉幽發微，反覆闡析，歷代史籍也都以列傳的體裁，細數風流。《人物志》作於漢末魏初，去古未遠，仍頗有先秦兩漢敦篤實踐之風，論辨人才不涉玄虛，總以任事通達為尚。〔註37〕

## （十九）、劉修士〈魏晉時代的清談〉

他把知人用人看作是治國行政的根本，古代帝王都由此而決其賢愚治亂之分。關係就有這麼重大，那麼，《人物志》這種著作，不是沒有意義沒有價值的了。他在那本書裏，將人的本性才幹氣質神貌流別和各種人物的得失長短以及鑑別選用的方法，都加以嚴密的分析和具體的說明。是一本中國未曾有過的專門人物學。〔註38〕

## （二十）、戴燕《玄意幽遠──魏晉玄學風度》

魏晉之後，曾有影響過整整一代人的《四本論》，以及轟轟烈烈過一場的「才性之辯」，突然間銷聲匿跡，以至於今天，我們看不到那些精彩的論辯。這大概是唐代實行了科舉制以後，才性之辯顯然就不那麼重要了。而且，這場討論把一個實際操作中的問題引向理論化、抽象化，使它成為少數人論戰的內容，失去了本來的面目和功用，這是不是也導致它在現實中的消失呢？在一向重感覺而不重形式邏輯的中國傳統思想裏，記錄了學富的觀人經驗的《人物志》當然比抽象理論的《四本論》更受歡迎。〔註39〕

---

〔註36〕王邦雄等《中國哲學家與哲學專題》（下冊）（臺北縣：國立空中大學，中華民國78年），頁63。
〔註37〕劉君祖《人物志》（臺北：金楓出版有限公司，1986年），頁3。
〔註38〕見賀昌群、容肇祖等《魏晉思想》甲編五種（臺北：里仁書局，中華民國72年），頁190。
〔註39〕戴燕《玄意幽遠──魏晉玄學風度》（風雲時代出版社，1994年），頁55～56。

按：《世說新語》〈文學〉卷上之下劉孝標《注》引《魏志》：「會論才性同異傳於世。四本者，言才性同、才性異、才性合、才性離也。尙書傅嘏論同，中書令李豐論異，侍郎鍾會論合，屯騎校尉王廣論離，文多不載。」〔註40〕這就是說，當時討論才性問題的，分爲四家。第一家主張才和性是一回事（才性同，代表人物爲尙書傅嘏）。第二家主張才和性不是一回事（才性異，代表人物爲中書令李豐）。第三家主張才和性雖然不是一回事，但是兩者之間有密切關係（才性合，代表人物爲侍郎鍾會）。第四家主張才和性不是一回事，兩者之間也沒有甚麼關係（才性離，代表人物爲屯騎校尉王廣）。《世說新語》〈文學〉：「鍾會撰《四本論》始畢，甚欲使嵇公一見，置懷中既定，畏其難，懷不敢出，於戶外遙擲，便回急走。」〔註41〕鍾會爲甚麼「畏其難」？戴燕〈《四本論》與才性之辯〉分析說：「鍾會的舉止表明他對嵇康的確心存忌憚，這種忌憚很容易發展爲不滿。」〔註42〕吳怡〈魏晉南北朝的玄學之風〉則解釋說：「因爲嵇康是當時玄論派的名流，而鍾會的《四本論》乃是談才性同異的問題，這是名理派的主要論題。所以鍾會遙擲給嵇康的《四本論》無異是一封挑戰書。」〔註43〕由於《四本論》現在亡佚了，因此，很難確知他們立論的根據，上面所說的分歧之點，只是就字面上作的一種推測。〔註44〕近人馮友蘭曾據一些殘存的史料加以研究推測說：「鍾會所說的四本，可以分爲兩組。『才性同』、『才性異』是就才、德的關係這個問題說的。『才性合』、『才性離』，是就人的才能是天賦或後得這個問題說的』。劉劭所討論的，主要是這一方面的問題。」〔註45〕謝大寧〈才性四本論新詮〉則說：「我以爲才性同代表原則性的肯定人格品鑒和才之品鑒應屬同一領域，才性合則代表才的品鑒應收歸於人格品鑒，且品之重要性大過於狀；才性異則應代表人格品鑒和才之品鑒各有不同之品鑒原則，才性離則應代表品狀的重要，也必須分別來看，不可將才收歸於性。」〔註46〕

---

〔註40〕宋·劉義慶《世說新語》〈文學〉卷上之下（臺北：臺灣中華書局，中華民國 80），頁 8～9。

〔註41〕宋·劉義慶《世說新語》〈文學〉卷上之下（臺北：臺灣中華書局，中華民國 80），頁 8。

〔註42〕戴燕《玄意幽遠——魏晉玄學風度》（風雲時代出版社，1994 年），頁 51。

〔註43〕吳怡《中國哲學發展史》（臺北：三民書局，中華民國 78 年），頁 323。

〔註44〕案：本文關於「才性同、異、合、離」的字面推測，參考馮友蘭〈魏晉之際關於名實、才性的辯論〉。《中國哲學史》，1983 年第 4 期），頁 10。

〔註45〕馮友蘭〈魏晉之際關於名實、才性的辯論〉。《中國哲學史》，1983 年第 4 期），頁 12。

〔註46〕見《魏晉南北朝文學與思想學術研討會論文集》（臺北：文津出版社，中華民國 83 年），頁 837～838。

### （二十一）、楊國樞〈劉劭的人格理論及其詮釋〉

《人物志》成書於一千七百多年前（公元三世紀初）、反映了三國時期曹操等人意圖統一全國所強調之唯才是舉、用人唯才的政策理念及價值觀念。寫書的目的，主要還是供作君主或政府登庸人才以充文武官員之參考或依據。因此，除在前八篇中暢論人的情性與才能（以下簡稱才性）之外，並在後四篇（共十二篇）中詳談知人用人之道，提出很多觀察與鑑別才性的原則及方法，也建議不少頗有參考價值的用人之道。〔註47〕

按：《人物志》前八篇爲：〈九徵第一〉、〈體別第二〉、〈流業第三〉、〈材理第四〉、〈材能第五〉、〈利害第六〉、〈接識第七〉、〈英雄第八〉。其後四篇爲：〈八觀第九〉、〈七謬第十〉、〈效難第十一〉、〈釋爭第十二〉。楊國樞認爲，《人物志》在前八篇暢論人的情性與才能之外，並在後四篇中詳談知人用人之道，提出許多觀察與鑑別才性的原則及方法，也建議了不少頗有參考價值的用人之道。事實上，《人物志》前八篇固然有不少篇幅在暢論才性的課題，此外，也有論及如何知人用人之道者。如〈九徵第一〉主張從神、精、筋、骨、氣、色、儀、容、言等九個方面徵知人材的平陂、明暗、勇怯、彊弱、躁靜、慘懌、衰正、態度、緩急等特質。〈體別第二〉主張由個性的抗奮或拘謹，以瞭解一個人的優缺點及其適合的職分。如彊毅之人，狠剛不和，材在矯正，失在激訐。因此，可以立法，難以入微。柔順之人，緩心寬斷，美在寬容，失在少決。因此，可與循常，難與權疑。雄悍之人，氣奮勇決，任在膽烈，失在多忌。因此，可與涉難，難與居約。懼慎之人，畏患多忌，善在恭謹，失在多疑。因此，可與保全，難與立節。凌楷之人，秉意勁特，用在楨幹，失在專固。因此，可以持正，難與附眾。辨博之人，論理瞻給，能在釋結，失在流宕。因此，可以汎序，難與立約。弘普之人，意愛周洽，弘在覆裕，失在溷濁。因此，可以撫眾，難與厲俗。狷介之人，砭清激濁，節在儉固，失在拘扃。因此，可與守節，難以變通。休動之人，志慕超遠，業在攀躋，失在疏越。因此，可以進趨，難與持後。沉靜之人，道思迴復，精在玄微，失在遲緩。因此，可與遲慮，難與捷速。樸露之人，中疑實埸，質在中誠，失在不微。因此，可與立信，難與消息。韜譎之人，原度取容，權在譎略，失在依違。因此，可與讚善，難與矯違。〈接識第七〉主張經由面談的方式，以鑑別國體的人材。〈英雄第八〉主張經由膽力及聰明之成分以鑑別英雄人物。

---

〔註47〕見黃應貴主編《人觀、意義與社會》（中央研究院民族研究所，中華民國82年），頁105。

### （二十二）、鄭玉光《知人善任的奧秘──劉邵人物志研究譯注》

《人物志》是三國時期重要思想家、政治家劉邵對我國古代文化奉獻的一顆璀璨的明珠。全書分三卷十二篇，詳細分析了人品秉賦的先天殊異，精辟地闡述了人的內藏器度及外現風貌的關聯，對于如何由人的外在表現，認識其內在品德、才智及適宜任職等問題，都提出了卓越的見解，是我國科舉制誕生之前，長期實行察舉制的理論總結，也是華夏文明史上唯一流傳下來的一部知人善任的專著。〔註48〕

### （二十三）、余書麟《中國儒家心理思想史》

《人物志》中內容，為中國最重要的心理學文獻，尤以屬於類型心理學涉及性格學之述作，恐亦為世界上最古紀錄，確為中國古代學術界大放光彩！除《人物志》外，欲在古籍中尋覓有系統心理資料，無異白費心力！

《人物志》，1937年，美國學者龔里歐克（Shryock J. K. ）以《人力研究〉（The Study of Human Abilitys）、介紹劉著重要內容，迺於1937年撰文，刊載於美國新港市美國東洋協會刊物（Shryock. J. K. The study of Human Abilitys，New Haven，American Oritental Society 1937 p. p. 16、8）。《人物志》，以研究人力為題，新港市美國東洋協會印行單行本，翻譯該著原文，《人物志》著作時代及其背景，著者劉邵略歷及各篇分析等。例如：〈體別〉第二、為「人格型」形成良法，〈流業〉第三、為「材能的法則」之實例；〈八觀〉第九、為觀「人間材能」之八法。《人物志》得稱之為類型心理學。《人物志》何以為外人重視，蓋以其確有知人祕訣，可供開發人力之一重要參考資料也。〔註49〕

### （二十四）、李軍〈論三世紀世界傳統教育的一朵奇葩──劉邵《人物志》教育思想初探〉

《人物志》是中國古代存留下來的第一部人材教育理論專著，是研究劉邵人材教育思想最可據的史料。

《人物志》是世界歷史上第一部從人的生理、心理角度，對人材培養進行系統論證的教育理論。〔註50〕

---

〔註48〕鄭玉光《知人善任的奧秘──劉邵人物志研究譯注》〈《人物志》簡介〉（太原：山西人民出版社，1982年。

〔註49〕余書麟《中國儒家心理思想史》（上）（臺北：心理出版社，中華民國83年），頁443～444。

〔註50〕《哲學與文化》二十卷第二期，1993年2月》，頁221～231。

## （二十五）、李建中〈轉型期的才性理論〉

　　　　中國古代以「才性理論」爲核心的人論與文論，于漢魏之際發生了歷史性變革。此時期思想界對人的關注與研究，其理論重心逐漸由「倫理」轉向「心理」，由對正統儒家整體性道德規範的恪守，轉向對個體氣質、性情、才藻、智能的崇尚。在這一個轉型過程中，劉邵《人物志》具有精典意義及豐碩價值。

　　　　劉邵論才性品鑒，無論是關于品鑒主體的「八才」、「四家」之分，「七謬」、「九偏」之別，還是關于品鑒方法的「八觀」、「五視」之法，「九徵」、「六機」之術，不僅有著極爲豐富的心理學內涵，而且還包含著某種程度的審美意味。才性品鑒的才能與方法，其實質是審美鑒賞的才能與方法，她標示著鑒賞者的才藻、情性、胸襟、氣局、境界、趣味等等。肇始於東京，興盛於曹魏的人物品藻，漸漸的丟棄了世用的功能，而衍爲玄學之風習，成爲文人士大夫的審美行爲。曹丕《典論・論文》之品藻性情，已是純粹的審美批評；而溯其濫觴，應是始於劉邵之《人物志》。中國古代以「才性理論」爲核心的人論與文論，轉型並重鑄于魏晉南北朝，其理論豐碩，非劉邵《人物志》莫屬。〔註51〕

按：「九徵」指：

1. 「平陂之質在於神。」
2. 「明暗之實在於精。」
3. 「勇怯之勢在於筋。」
4. 「彊弱之植在於骨。」
5. 「躁靜之決在於氣。」
6. 「慘懌之情在於色。」
7. 「衰正之形在於儀。」
8. 「態度之動在於容。」
9. 「緩急之狀在於言。」（《人物志・九徵第一》）

「八才」指：

1. 「名物之才，聰能聽序。」
2. 「構架之才，思能造端。」
3. 「達識之才，明能見機。」

---

〔註51〕《蘇州大學學報》〈哲學社會科學版〉，1996 年第 3 期），頁 53～56。

4. 「贍給之才,辭能辯意。」

5. 「權捷之才,捷能攝失。」

6. 「持論之才,守能待攻。」

7. 「推徹之才,攻能奪守。」

8. 「貿說之才,奪能易予。」(《人物志‧材理第四》)

「四家」指:

1. 「質性平淡,思心玄微,能通自然,道理之家。」

2. 「質性警徹,權略機捷,能理煩速,事理之家。」

3. 「質性和平,能論禮教,辯其得失,義理之家。」

4. 「質性機解,推情原意,能適其變,情理之家。」(《人物志‧材理第四》)

「九偏」指:

1. 「剛略之人,不能理微。」

2. 「抗厲之人,不能迴撓。」

3. 「堅勁之人,好攻其事實。」

4. 「辯給之人,辭煩意銳。」

5. 「浮沉之人,不能沉思。」

6. 「淺解之人,不能深難。」

7. 「寬恕之人,不能速捷。」

8. 「溫柔之人,力不休彊。」

9. 「好奇之人,橫逸而求異。」(《人物志‧材理第四》)

「八觀」指:

1. 「觀其奪救,以明間雜。」

2. 「觀其感變,以審常度。」

3. 「觀其至質,以知其名。」

4. 「觀其所由,以辨依似。」

5. 「觀其愛敬,以知通塞。」

6. 「觀其情機,以辨恕惑。」

7. 「觀其所短,以知所長。」

8. 「觀其聰明,以知所達。」(《人物志‧八觀第九》)

「六機」指:

1. 「抒其所欲則喜。」

2. 「不抒其所能則怨。」

3.「以自伐歷之則惡。」

4.「以謙損下之則悅。」

5.「犯其所乏則婟。」

6.「以惡犯婟則妒。」（《人物志‧八觀第九》）

「七謬」指：

1.「察譽有偏頗之謬。」

2.「接物有愛惡之惑。」

3.「度心有小大之誤。」

4.「品質有早晚之疑。」

5.「變類有同體之嫌。」

6.「論材有伸壓之詭。」

7.「觀奇有二尤之失。」（《人物志‧七謬第十》）

「五視」指：

1.「居，視其所安。」

2.「達，視其所舉。」

3.「富，視其所與。」

4.「窮，視其所為。」

5.「貧，視其所取。」（《人物志‧效難第十一》）

## （二十六）、徐光太、張和敬〈一部彌足珍貴的人才心理學專著——劉劭《人物志》初探〉

　　它是我國歷史上第一部系統的人才心理學專著。在這部著作中，劉劭詳細的分析了才與性的關系、人才成長的內外因素，指出了個性對成才的意義，側重從心理學角度探討了人才的發現、鑒別、培養、選拔和使用，它在我國心裡學史和人才學史都占有重要地位。〔註52〕

## （二十七）、林麗真〈讀人物志〉

　　不論從人倫品鑑或學術思潮的演變上看，它都是由漢到晉的一個中間代表。論品鑑，它是上承漢代的月旦人物，下開魏晉的才性名理；論思想，它雖自言依遵孔訓，實已染上濃厚的形名色彩，並將道家的不爭哲學許為最高，替正始玄風作了一番鋪路的工作。〔註53〕

---

〔註52〕《安徽師大學報》〈哲學社會科學版〉，1988年第三期），頁76。

〔註53〕《中國書目季刊》第九卷第二期，中華民國64年9月），頁33。

### （二十八）、郭有遹〈評劉劭的人物志〉

　　《人物志》就在前幾朝英雄人物群生的時代，漢末求才文並出，以及爲藝術的氣氛下應運而生的產物。該書中所標揭的一些觀念，例如通才與偏才之分，人物情性之姿態，同體論，材能合一論，以及分析分類的方法等，都可以讓後代的學者加以發揮研究。可惜後來的哲學界受了佛學東來的影響，注意力轉到一些新的課題去。《人物志》便沒有在哲學界發生他所應該有的影響。但是它也零星地引發一些人對人物的興趣。後來鍾會編《四本論》，以言才性之同（由傅嘏討論）、異（李豐）、合（鍾會）、離（王廣）、以及王粲所撰之《英雄紀》等，似乎都是受到劉劭所傳染的。〔註54〕

按：王粲生於東漢靈帝熹平六年（177）、卒於東漢獻帝建安二十二年（217）、得年四十一。〔註55〕而劉劭撰《人物志》的時間，大概在魏·明帝青龍年間到景初年間（233～239）。可見，王粲撰《英雄紀》當未受《人物志》的影響。

### （二十九）、郭模《人物志及注校證》〈序〉

　　儒家以知人爲知，以「舉賢才」爲爲政之要，故云：「其人存，則其政舉」、「國無仁賢，其國空虛」，而《人物志》一書，上承東漢清議之餘緒，下賅魏晉名理之玄風，主于辨析人物，以外見之符，驗內藏之器，觀情索性，尋流照原，實理政之要籍也。隋唐志均列於名家，然四庫總目謂其究析物情，而兼諸家之說，始改入雜家。至涼劉昞始爲之注，除劉知幾《史通·自序》及李衛公〈窮愁志〉略論及外，他書罕見稱述。宋·阮逸嘗序云：「由魏至宋，歷數百載，其用尚晦，而鮮有知之者，吁！可惜哉！」今觀此書凡十二篇，各篇題旨不一，體制亦異，而實條貫統序，一意相承，致能流傳於後世，信非偶然也。〔註56〕

按：宋·阮逸序《人物志》說：「由魏至宋，歷數百載，其用尚晦，而鮮有知之者，吁！可惜哉！」其實不然，據個人之考證，唐·趙蕤撰《長短經》卷一〈大體一〉、〈任長二〉、〈品目三〉、〈量才四〉、〈知人五〉、卷二〈德表十一〉等各篇的本文及注曾大量引用《人物志》的內容，以發揮其論王霸機權正變之術〔註57〕。

---

〔註54〕《書和人》第五〇六期，中華民國73年22月月24日），頁二（總3906）。

〔註55〕參考梁廷燦《歷代名人生卒年表》（臺北：臺灣商務印書館，中華民國68年），頁12。

〔註56〕郭模《人物志及注校證》〈序〉（臺北：文史哲出版社，中華民國76年），頁1。

〔註57〕唐·趙蕤，《長短經》。見臺灣商務印書館景印清·永瑢、紀昀等纂修《文淵閣四庫全書》第八四九冊。中華民國75年。又，元·馬端臨纂修《文獻通考》卷二百十四《長短經》卷十：「晁氏曰：『唐·趙蕤撰。《北夢瑣言》云：『蕤，梓州鹽亭人，博學韜鈐，長於經世，夫婦俱有隱操，不應辟召。論王霸正變之術。第十卷載陰謀家本缺，

唐・劉知幾《史通・自序》曾就《人物志》產生的背景加以分析，李德裕甚至在〈人物志論〉中批評鑒劉卲「品其人物，往往不倫。」可見，知道《人物志》者，仍大有人在。

## （三十）、何啟民《魏晉思想與談風》

《人物志》顯示在談論中，音之善醜，與智之能否，即辭旨應贊，已經被認爲同等重要，而論難美音制之合流，由是完成其理論之建設工作。新的談論方式，可以看出一人在辭旨應贊方面的才能，成爲人物評論上的一個標準。〔註58〕

## （三十一）、賴麗蓉〈人物志何以入名家〉

人物品鑑由道德上的以名爲教，政治上的循名責實，走向創造性的審美活動，有其本質上的移形換步，《人物志》正是其中最主要的關鍵。直指其爲新題目、新內容，是由其所開出的審美品鑑說，可以看出其開新的地位，順著史家的形名說去看，則可以往前追溯，從歷史文化中明其根源的發生。合二者而觀之，可以看出《人物志》人物的「轉關」性格。〔註59〕

按：「轉關」二字源於曹道成、沈玉成編著《南北朝文學史》——「陶淵明、謝靈運爲『詩運轉關』（清・沈德潛《說詩晬語》）的準備期。」

## （三十二）、吳丕〈人物志政治思想分析〉

迄今爲止，研究中國古代思想史的著作都不曾提到三國時期重要思想家劉卲及其政治著作《人物志》。然而，《人物志》卻是一部很有特色的政治思想論著。《人物志》對政府首腦的研究、對各類政治人才的分析、對政府組織的設計、對察舉制所做的經驗總結，以及它的研究方向和方法等，對于今天的政治體制改革和政治學科的發展來說，都多少會提供一些有益的啟示。綜上所述，《人物志》是三國時期一部重要的政治著作，在中國政治史中應給予一定的地位。〔註60〕

## （三十三）、吳怡《中國哲學發展史》

該書分析人的性情、才能、氣質、神貌，以及各種歷史人物的長短得失，和知人用人的觀察方法，可說是中國學術史上難得的一部專門論人的

今存者六十四篇。』見臺灣商務印書館景印清・永瑢、紀昀等纂修《文淵閣四庫全書》第六一四冊（臺北：中華民國75年），頁542。

〔註58〕何啓民《魏晉思想與談風》（臺北：臺灣學生書局，中華民國79年），頁55～56。

〔註59〕《鵝湖月刊》第二一卷第四期總號第244），頁35。

〔註60〕《北京大學學報》〈哲學社會科學版〉，1989年第三期），頁106～112。

著作。這本書之所以值得我們一提，乃是劉劭在這方面的研究，可說已進入心理學的範圍。唯可惜的是後繼無人，而未能發展成一套中國哲學化的心理學。〔註61〕

## （三十四）、王玫《人物志》〈后記〉

它是華夏民族文化這棵參天大木伸展出的一棵勁柯。而系統全面的論述人物的才能性情，又是舍《人物志》所未有。這使《人物志》在傳統文化寶庫中具備獨特的價值。這種價值直到今天仍然極其可貴。《人物志》讀畢，又加以注釋和評析，在反復咀嚼的過程中，不時爲劉劭出人意表的見解而嘆服，其中最爲欣賞的是他所説的「聰明」與「平淡」，我想這種「聰明」絕非「小聰明」，這種「平淡」亦非同「枯淡」。做到「平淡」沒有大智慧不可，更須要遺落世俗的襟抱，這種境界或許對年輕時的我未必完全曉悟，眼下已是人到中年，多少已能體會其中的深義。這是我讀《人物志》極大的收益。還有甚多的啓示在此難以一一詳述，不過明顯可見的是，其價值已不止於人材學、心理學，甚至學術思想領域，更難得的是其中所揭示的人生智慧，對於人材使用或個人立身處世，這比什麽多重要。〔註62〕

茲綜列上述人稱譽《人物志》的人材思想價值之意見如下表，以見其大略：

| 歷來各家稱譽《人物志》人材思想意見表 | | |
|---|---|---|
| 主張者 | 評　　語 | 所見書刊 |
| 劉知幾 | 五常異稟百行殊軌能有兼偏知有短長苟隨才而任使則片善莫遺必求備而後用則舉世莫可故劉劭《人物志》生焉 | 《史通・自序》 |
| 阮逸 | 王者得之爲治人之龜鑒士君子得之爲治性修身之檠栝 | 見明嘉靖八年上海顧定芳《人物志》刊本 |
| 王三省 | 修己者得之以自觀用人者持之以照物 | 見明萬曆五年海岱李氏思益軒《人物志》刊本 |
| 馬端臨 | 人之材器尙不同當以九觀八徵審察而任使之 | 《文獻通考》 |
| 顧定芳 | 窮思極微出入情性推原度量體形品目隱顯悉舉萬世人本眞若妍媸對鑒毫髮莫遁焉 | 明嘉靖八年上海顧定芳《人物志》刊本 |
| 劉元霖 | 修己品物章往察來抖賢贗於錙銖吹純疵於毛髮筆端巧運幾奪天工 | 見明萬曆五年海岱李氏思益軒《人物志》刊本 |

---

〔註61〕吳怡《中國哲學發展史》（臺北：三民書局，中華民國78年），頁321～323。
〔註62〕王玫《人物志》（北京：紅旗出版社，1996年），頁243～244。

| 鄭旻 | 辨性質而準之中庸甄材品以程其職任事核詞章三代而下善評人物者莫之踰矣後世欲辨官論材惡可不知也 | 見明萬曆五年海岱李氏思益軒《人物志》刊本 |
|---|---|---|
| 李崗 | 每以處人竊以自照若印證焉迺知此卷之趣假令叩洙四門墻或亦所與古人云以人爲鑑其斯之謂歟 | 明萬曆五年海岱李氏思益軒《人物志》刊本 |
| 《四庫全書·人物志提要》 | 其書主于論辨人才以外見之符驗內藏之器分別流品研析疑似所言究悉物情而精覈近理 | 《文淵閣四庫全書》 |
| 孫星衍 | 其書出於虞書教冑文王官人之學卲疾時無知人之明又不能器使也即入儒家亦宜 | 《廉石居藏書記內篇》 |
| 陶望齡 | 括其大凡略有四者一曰中庸二曰偏至三曰間雜四曰依似夫愼掄鑒擇誠僞使官各稱其器人各保其能胡可不詳覽于是書 | 《畿輔叢書本人物志》 |
| 彭家屏 | 可爲修己觀人之考鏡 | 見王曉毅撰《中國古代人才鑒識術——人物志譯注與研究譯注》 |
| 牟宗三 | 《人物志》對於個體的生命人格所作的品鑒的論述是很有特殊價值的尤其套在中國的學術文化中觀之則尤足見其在中國全幅人性的了悟之學問中所佔的顯著而重要的地位 | 《才性與玄理》 |
| 湯用彤 | 魏初學術雜取儒名法道諸家讀此書頗可見其大概 | 見賀昌群等著《魏晉思想》甲編五種 |
| 王曉毅 | 該書以陰陽五行學說爲基礎以理性分析爲主兼容部分傳統相術構建了完整的人材學理體系堪稱集當時人材研究成果之大成 | 《中國古代人才鑒識術——人物志譯注與研究譯注》 |
| 周紹賢劉貴傑 | 其品評人物要在循名責實唯才是舉故可貴也 | 《魏晉哲學》 |
| 王邦雄等 | 對人的才性氣性的生命的姿態甚能欣賞這表示對人的個性的爲特殊的比較能夠正視 | 《中國哲學家與哲學專題》 |
| 劉君祖 | 論辨人才不涉玄虛總以任事通達爲尙 | 《人物志》 |
| 劉修士 | 將人的本性才幹氣質神貌流別和各種人物的得失長短以及鑑別選用的方法都加以嚴密的分析和具體的說明是一本中國未曾有過的專門人物學 | 見《魏晉思想》甲編五種 |
| 戴燕 | 在一向重感覺而不重形式邏輯的中國傳統思想裏記錄了豐富的觀人經驗的《人物志》當然比抽象的《四本論》更受歡迎 | 《玄意幽遠——魏晉玄學風度》 |

| 楊國樞 | 《人物志》反應了三國時期曹操等人意圖統一全國所強調之唯才是舉用人唯才的政策理念及價值觀其建議的用人之道頗有參考價值 | 《人觀、意義與社會》 |
|---|---|---|
| 鄭玉光 | 是我國科舉制度產生之前長期實行察舉制的總結 | 《知人善任的奧秘——劉卲人物志研究譯注》 |
| 余書麟 | 為中國最重要的心理學文獻尤以屬於類型心理學涉及性格學之述作恐亦為世界上最古紀錄 | 《中國儒家心理思想史》 |
| 李軍 | 《人物志》是世界上第一部從人的生理心理角度對人材培養進行系統論證的教育理論 | 《哲學與文化》二十卷第二期 |
| 李建中 | 中國古代以才性理論為核心的人論與文論轉型並重鑄於魏晉南北朝其理論豐碩非《人物志》莫屬 | 《蘇州大學學報》〈哲學社會科學版〉1996 年第 3 期 |
| 徐光太 張和敬 | 詳細的分析了才與性的關系人才成長的內外因素指出了個性對成才的意義側重從心理學角度探討人才的發現鑒別培養選拔和使用它在我國心理學史和人才學史都佔有重要的地位 | 《安徽師大學報》〈哲學社會科學版〉1988 年第 3 期 |
| 林麗眞 | 不論從人倫品鑑或學術思潮的演變上看它都是由漢到晉的一個中間代表 | 《中國書目季刊》第九卷第二期 |
| 郭有遹 | 該書中所標揭的一些觀念例如通才與偏才之分人物情性的姿態同體論材能合一論以及分析分類的方法都可以讓後代學者加以發揮研究此外它還影響了才性四本論 | 《書和人》第五。六期 |
| 郭模 | 各篇題旨不一體制亦異而實條貫統序一意相承致能流傳於後世 | 《人物志及注校證》 |
| 何啓民 | 新的談論方式可以看出一人在辭旨應贊方面的才能成為人物評論的一個標準 | 《魏晉思想與談風》 |
| 賴麗蓉 | 人物品鑑由道德上的以名為教政治上的循名責實走向創造性的審美活動有其本質上的移形換步《人物志》正是其中最主要的關鍵 | 《鵝湖月刊》第二一卷第四期 |
| 吳丕 | 《人物志》對政府首腦的研究對各類政治人才的分析對政府組織的設計對察舉制所做的經驗總結對於今天的政治體制改革和政治學科來說都多少會提供一些有益的啓示 | 《北京京大學學報》〈哲學社會科學版〉1989 年第三期 |
| 吳怡 | 這本書之所以值得一提乃是劉卲在分析人物的性情才能氣質神貌以及各種歷史人物的長短得失和知人用人的觀察方法已經進入心理學的範圍 | 《中國哲學發展史》 |
| 王玫 | 其價值已不僅限於人材學心理學甚至學術思想領域更難得的是其中所揭示的人生智慧對於人材使用或個人立身處世之影響 | 《人物志》評注 |

## 二、夾褒夾貶者

### （一）、唐‧李德裕〈人物志論〉

余嘗覽《人物志》，觀其索隱精微，研幾元妙，實天下奇才。然品其人物，往往不倫。以管仲商鞅俱爲法家，是不究其成敗之術也。以子產西門豹俱爲器能，是不辨其精麤之跡也。子產多識博聞，叔向且猶不及，故仲尼敬事之，西門豹非其匹也。其甚者曰：辯不入道，而應對資給，是謂口辨，樂毅、曹丘生是也。樂毅，中代之賢人，潔去就之分，明君臣之義，自得卷舒之道，深識存亡之機。曹丘生招權傾金，毀譽在口，季布以爲非長者，焉可比君子哉？又曰：一人之身兼有英雄，高祖、項羽是也。其下雖曰：羽英分少，有范增而不能用，陳平去之，然稱羽能合變，斯言謬矣。項羽坑秦卒以結怨關中，棄咸陽而眷懷舊土，所謂倒持太阿，授人以柄，豈得謂之合變乎？又願與漢王挑戰，漢王笑曰：吾寧鬥智，不能鬥力。及將敗也，自爲歌曰：力拔山兮氣蓋世。其所恃者，氣力而已矣。可謂雄於韓信，氣又過之，所以能爲漢王敵，聰明睿知，不足稱也。〔註63〕

按：李德裕雖然一方面稱許劉劭的《人物志》「索隱精微，研幾元妙，實天下奇才」，但是，另一方面則譏評他說：「品其人物，往往不倫。」李德裕認爲，劉劭將管仲安置於法家而與商鞅並列，是不究其成敗之術；以西門豹、子產俱爲器能，是不辨其精麤之跡；以潔去就之分，明君臣之義，自得卷舒之道，深識存亡之機的樂毅，比擬成招權傾金，毀譽在口的曹丘生，舛誤尤甚。至於像項羽坑秦卒以結怨關中，棄咸陽而眷懷舊土，所謂倒持太阿，授人以柄，怎能謂之明合變？江建俊對李德裕有關《人物志》的批評駁斥說：「李氏所作低昂深淺之言，雖非苟論，顧亦未嘗精熟劭書，未曉人材之源流，舍本而求末，非允當之論也。」〔註64〕〈流業第三〉：「建法立制，彊國富民，是謂法家；管仲、商鞅是也。」管仲（西元前？──前64年）、春秋齊穎上人。名夷吾，字仲；諡敬，史稱敬仲。初事公子糾，後相齊桓公。立法建制，通貨觀才，富國疆民。（見《史記‧管晏列傳》）商鞅（西元前390年──前338年）、戰國衛人。姓公孫名鞅，因封於商，故稱商鞅或商君。入秦，相秦孝公變法，廢井田，開阡陌，獎勵耕戰，使秦富強。（見《史記‧商君列傳》）〈流業第三〉又說：「兼有三材，三材皆微，

〔註63〕見《叢書集成初編》《李衛公會昌──品集別集外集補遺》四冊（北京：中華書局，1985年），頁270～271。
〔註64〕江建俊《漢末人倫鑒識之總理則──劉劭人物志研究》（序）（臺北：文史哲出版社，中華民國73年），頁1。

其德足以率一國，其法足以正鄉邑，其術足以權事宜，是謂器能，子產、西門豹是也。」子產（西元前？——前 522 年）、春秋鄭大夫。名僑，字子產，為穆公之孫，人稱公孫僑。子產博聞多識，為政寬猛並濟。自鄭簡公時執掌國政，歷相定公、獻公、聲公。時當晉、楚爭霸，鄭處於兩大國之間；子產內比禮法馭強宗，外比口舌折強國，使鄭得免戰禍而能安康。（見《史記・循吏傳》）西門豹，戰國魏人，魏文侯時為鄴令。鄴地三老、廷椽勾結女巫，賦斂百姓財物；每年擇民女沉入海河，詐稱為河伯娶婦。豹到任後，改投女巫及三老於河，因除惡俗。同時發動民力，開鑿水渠十二道，引漳水灌田，民得富足。鄴人對其德政，稱頌不已。（見《史記》諸少孫補〈滑稽傳〉）〈英雄第八〉：「故項羽氣力蓋世，明能合變，而不聽采奇異，有一范增不用；是以陳平之徒，皆亡歸高祖。」項羽，名籍（西元前 232 年——前 22 年）、下相人。少有奇才，力能扛鼎。秦末隨叔父梁起兵吳中，梁死，籍領軍，九戰皆捷。秦亡，自立為西楚霸王。與劉邦爭戰，被困於垓下，突圍至烏江，自刎死。（見《史記・項羽本紀》）。李德裕評項羽說：「豈得謂之合變乎？」意思是說，項羽哪裡有順應時勢的明智呢？劉《注》說：「膽烈無前，濟江焚糧。」考《史記・項羽本紀》：「項羽已殺卿子冠軍，威震楚國，名聞諸侯。乃遣當陽君、蒲將軍將卒二萬渡河，救鉅鹿。戰少利，陳餘復請兵。項羽乃悉引兵渡河，皆沉船，破釜甑，燒廬舍，持三日糧，以示士卒必死，無一還心。」〔註65〕後來，項羽果真敗秦軍，救趙圍。由是始為諸侯上將軍，諸侯皆歸屬於他。

## （二）、錢穆〈略述劉劭人物志〉

劉劭《人物志》一書，其中所函思想，兼有儒、道、名、法諸家，把來會通，用以評人、觀察人物。依劉劭理論，把道德、仁義、才能、功利諸觀點都會通了，用來物色人才以為世用。此種講法，頗與宋、明儒所講德性之學只注重個人內部之正心、誠意方面者並不全相同。所惜是後人沒有將劉劭此一套學問更向前推進。此在劉劭思想、本身，自然也有缺點：一是劉劭只注意觀察人物，卻不注意在各人之修養方法上。二是劉劭所講，專注意在政治場合之實用上，他的眼光，已就陷於一偏。這可證明劉劭還是兩漢以來單注意政治實用一方面的思想傳統。〔註66〕

## （三）、馮友蘭〈魏晉之際關于名實、才性的辯論〉

〔註65〕漢・司馬遷《史記》卷七〈項羽本紀第七〉（臺北：鼎文書局，中華民國 64 年），頁 307。

〔註66〕錢穆《中國學術思想史論叢》（三）（臺北：東大圖書公司，中華民國 66 年），頁 113。

　　《人物志》討論的根本問題是怎樣認識人物，什麼人物合適于作什麼官，能發生什麼作用。《人物志》所討論的問題又涉及到一個更根本的問題，就是人物的不同，究竟是由什麼決定的。對于這個問題，唯物主義認爲，人物的不同，主要是由經驗和實踐決定的。唯心主義認爲，主要是由人的天賦本質決定的。劉卲的《人物志》就是宣揚這種唯心主義代表著作。

　　劉卲自己也承認，他所講的那一套，不能完全解決人的問題。人的知識才能主要是從實踐中得來的，是後天的，不是先天就有的。而劉卲所根據的原則，卻是「人物之本，出乎情性」。這就是說：人物的不同，主要的是他的天賦本質所決定的。這就把事情弄顛倒了，所以無論怎麼搞煩瑣哲學，總不能解決問題。

　　劉卲在《人物志》中所討論的問題，後來發展成爲當時所謂「才性」的問題。〔註67〕

## （四）、任繼愈

　　中國哲學史上第一個提出「人才學」的著作是劉卲的《人物志》。這部三國時期「人才學」專著，反映了當時思想界關于「人」的認識水平。在封建社會後期，八股取士成爲定式，選拔人才有了固定途徑，這部關于「人才學」研究的古典名著遂被擱置起來，不被重視。時間過去了一千七百年，《人物志》提供的觀察人物性格、評判人物才能、任用人物的標準等一些經驗，還值得今天借鑒和研究。但它畢竟是一千七百多年的書，書中的見解也有它的歷史局限性。它過分看重人才出于自然秉賦，性格趨向生來已經定型，不可改變。它沒有看到人才的出現，既要天賦，也要社會的鍛鍊。〔註68〕

## （五）、勞思光《中國哲學史》

　　劉卲論「兼德」與「偏至」，先將「聖人」列爲才性層級中之一層，已是主張通過「才性」之決定說明「德性」；然後論「流業」時，又判定「事功」亦受「才性」決定；最後論「材理」，則以爲認知與傳達亦受「才性」決定。於是「才性」成爲「德性」、「事功」、「認知」等活動背後之總活動力。此說即代表徹底「才性論」之立場；其理論結構雖頗多疏亂處，

---

〔註67〕《中國哲學史研究》，1983年第4期），頁5～10。
〔註68〕鄭玉光《知人善任的奧秘——劉卲人物志研究譯注》〈序〉（太原：山西人民出版社，1982年），頁3。

其代表一特殊方向則無可否認。〔註69〕

## （六）、江建俊《漢末人倫鑒識之總理則──劉劭人物志研究》

今詳觀此書，首尾相應，首〈九徵〉，以人之質量中和者最貴，末〈釋爭〉，以歸性情之純，此乃真人品之所出焉。又劉劭特詳於論偏至之才，故於創大業之英雄人物，功大不終之法術者流，尤有恰當相應之理解，故所論莫不突出眾表；至其體析情流，道盡謬途，機機相承，疊疊解來，筆端巧運，令人無由置喙。〔註70〕

又說：

以上諸長，若就政治實用目的言，立論可謂詳備矣，然尚有闕焉。蓋劉氏非能以哲學之世界觀，為自然、社會現象之觀察，如其一本王充宿命說，以為人生來即受生理條件所限定，才能之高低、德操之優劣，皆非後天可以移易，則教育之功能，終為否定，而變化氣質，殆如緣木求魚耳。蓋超越之理性層面，既無法開拓，則進德之學，亦無以建立矣。是劉劭只能順才性觀人，而對偏才諸品流，頗有相應之了解，對於聖人一目，此須透過德慧、人格去體證者，則無法契悟。觀劉劭雖置聖人為人倫之極，然其所謂之聖人，是天資純至，為才質之最高，乃不可企及，不可學至者。然而聖人之所以為聖，絕非才質與天資所能盡。人若能逆覺體證，復其本心之全體大用，則成聖非為不能。而《人物志》順才性之品鑒，雖有可讚賞處，然開不出超越之道德境界，于人格之價值，終無以尊顯，此才性系統之偏枯也，《人物志》之僅能被視為名法家之政治理論者，其故在此。〔註71〕

## （七）、孫述圻《魏晉思想史》

劉劭綜合了漢末魏初的「名」、「法」思想和老莊思想，從哲學的高度論述了人物品題的原則。它上繼漢代桓靈之際「品核」、「裁量」人物的傳統，下開魏晉玄論的風氣。劉劭把漢末以來對具體的個別的人物品評上升為考核人才的抽象的普遍的原則。他的進步性在于撇開了出身門第的貴賤，拋棄了虛偽的禮法規範，就人物本身實際情況來考察其才略的高下。

---

〔註69〕勞思光《中國哲學史》第二卷。香港中文大學崇基學院，1980年》，頁167。

〔註70〕江建俊《漢末人倫鑒識之總理則──劉劭人物志研究》〈序〉（臺北：文史哲出版社，中華民國72年），頁2。

〔註71〕江建俊《漢末人倫鑒識之總理則──劉劭人物志研究》〈結論〉（臺北：文史哲出版社，中華民國72年），頁174。

他的局限性在於過分強調先天的稟賦，認爲一旦天賦爲「偏材之性」，就不可改變，「雖教之以學，材成而隨之以失」（《人物志・體別》）流露出較濃厚的宿命論的思想色彩。〔註72〕

## （八）、蕭振邦《魏晉前期審美觀的轉化與特色暨人物志的美學意義》

《人物志》之作，根本目的還是在解決政治上量材授官的名實問題，它一方面承接了漢人品鑑人物的風氣，另一方面又直接開出了「人物分析」的實例，而全篇重點在於「知人」、「用人」原理的反覆推陳。可以肯定的說，《人物志》並未就人性自身加以討論，譬如對「人之本質性的差別何來」、「人性等級化的本質依據」等問題都略而未談，唯就一既有的共通人性，考量如何而有高下不同的表現，並確實把握其「眞材」、「大猷」以資運用。難能可貴的是，《人物志》考察人之情性的方式，以及透過此方式所揭發的深層美學特質的彰顯，使它成爲此類文學藝術珍型發展轉化的關鍵，《人物志》之後，原爲政事附庸的人物品評鑑，即逐漸轉向個人情感的抒發和生命才情的探討，並在個人化的過程中，凸顯了文學地位逐步受到重視的美學觀。〔註73〕

## （九）、高柏園〈人物志論性之哲學根據與論性傳統〉

劉邵並不認爲《人物志》是什麼別開生面的創新，而根本是繼承孔門原有的論性傳統。只是孔門論材、論氣質，最終目的乃在自覺其限，而後能超越其上以成德也。而《人物志》則在精神上雖自覺承繼孔子，然畢竟重在實用，再轉至品鑑，如是，吾人成德之要求反而未能深論之。因此，雖然孔子與劉邵具論中庸，皆談偏材，然其畢竟有重德與否之異也。由此看來，《人物志》之學問性格在劉邵的自覺意義下，乃是要繼承孔門論人之傳統，由是而支援其外王之開展，因此，基本上乃是一實用的要求與目的，然而，在論人的同時，卻也開啓了美學之欣趣與人物之品鑑，由是而有美學領域之開拓。唯《人物志》畢竟爲一過渡階段之作品，是以一方面自覺繼承孔子，卻又無法充分展現儒門論德之傳統。另一方面又不自覺地開啓美學之領域，而又不忘論學、論德，又不若《世說新語》般徹底呈現美學精神與名士生命。就《人物志》自覺繼承孔子而言，則論學、論德之不足，誠然爲其缺失，然若就其開出美學之領域而言，則論學、論德之不

〔註72〕孫述圻《六朝思想史》（南京出版社，1992年），頁23～27。
〔註73〕《中央大學人文學報》），頁179～180。

足,正顯其轉向之契機,亦不必爲其病。進而言之,則《人物志》作爲類似備忘錄或論人錄之實用作品而言,論學、論德、反而是可有可無之贅論。如是方能貫徹實用而非改造之特色。當然,吾人亦可謂外王之學亦可兼及教化,唯《人物志》畢竟不以教化爲其主要訴求也。〔註74〕

## (十)、謝大寧〈才性四本論新詮〉

《人物志》在人格美的欣賞上,成就是斐然的,可惜的是他總要將人格美的欣賞轉至政治上的才性關係,這一種應用上漫無理性規則的興趣,終致扼殺了一個精彩論題的生命。〔註75〕

## (十一)、戴卓英〈人物志淺論〉

以哲理觀之,《人物志》僅以粗略之本體論爲依據,將人性視同物性,分析人類行爲,爲機械之反應,生命價值各有其先天之限制,未能及於道德理念,達於儒家成德之學,道家隨物遷化之境。理論似欠周延。然若從社會學實用方面觀之,《人物志》確能矯正時弊,轉移風氣,誠爲古代社會心理學之濫觴。如以文學來欣賞,則《人物志》堪稱頌揚才智,崇拜英雄之劃時代不朽名著矣。〔註76〕

## (十二)、李子勳《中國識人學──人物志全譯》〈導言〉

東漢的人物品評本來就存在不少弊端,時間一長,流弊更重,加之漢魏之際,朝代更迭,社會對人才的要求更加具體、實際。因此,一些有心之士,觀察、分析人物品評的實際情況,加以概括、總結,上升爲一般的理論。據史書記載,當時有一大批這類著述。惜年代久遠,絕大部分已佚,而所幸者,《人物志》一書卻得以完備的流傳下來。無疑,這對我們了解當時的社會、思想,尤其是人物品鑒的理論提供了極其寶貴的思想資料。

《人物志》一書,雖然囿于時代的局限,有不少過時的東西,但是作爲品鑒人物的一部著作,其中的大量觀點和方法于今天仍有許多現實意義。譬如它對于人們正視自己的優點和缺點,加強修養,揚長避短;正確的處理與他人的人際關係;豐富現代人才學理論;尤其對于商界、企業界、政界從事領導工作的人士知人善任,成就事業……都具有具體

---

〔註74〕《鵝湖月刊》第二四卷第八期總號第二八四),頁22。
〔註75〕見《魏晉南北朝文學與思想學術研討會論文集》(臺北:文津出版社,中華民國82年),頁842。
〔註76〕《中國工商學報》第八期),頁15。

的啟發性。〔註77〕

## （十三）、楊吉仁〈三國時代選用人才之研究〉

　　劉邵之理論，雖與漢代陰陽家之學說相雜揉；然其說明選材之基本原則及材能之標準，雖未盡合現代政治之要求，但在西元三世紀之際，亦足可說明我國人事行政理論之進步，所謂有則有法矣！〔註78〕

茲綜列上述人對《人物志》的人材思想夾褒夾貶之意見如下表，以見其大略：

| 各家夾褒夾貶《人物志》人材思想意見表 | | |
|---|---|---|
| 主張者 | 意　　見 | 所見書刊 |
| 李德裕 | 褒：索隱精微研幾要妙實天下奇才<br>貶：品其人物往往不倫 | 《李衛公會昌——品集別集外集補遺》 |
| 錢穆 | 褒：所函思想兼有儒道名法諸家把來會通用以評人觀察人物把道德仁義才能功利諸觀點都會通了用來物色人才以為世用<br>貶：一、只注意觀察人物卻不注意在各人的修養方法上。二、專注意在政治場合的實用上。 | 《中國學術思想史論叢》 |
| 馮友蘭 | 褒：《人物志》中所討論的問題後來發展成為當時所謂的才性的問題<br>貶：劉邵論人物所根據的原則是「人物之本出乎情性」這就是說人物的不同主要是由於他的天賦本質所決定的這就把事情給弄顛倒了因為人的知識才能主要是從實踐中得來的是後天的不是先天就有的 | 《中國哲學史研究》1983年第4期 |
| 任繼愈 | 褒：《人物志》提供的觀察人物性格評判人物才能任用人物的一些標準還值得今天借鑒和研究<br>貶：它過分看重人才出於自然稟賦性格趨向生來已經定型不可改變它沒有看到人才的出現既要天賦也要後天的鍛鍊 | 《知人善任的奧秘——劉邵人物志研究譯注》 |
| 勞思光 | 褒：代表特殊方向則無可否認劉邵論兼德與偏至先將聖人列為才性層級中之一層已是主張通過才性之決定說明德性然後論流業時又判定事功亦受才性決定最後論材理則以為認知與傳達亦受才性決定於是才性成為德性事功認知等活動背後之總活動力<br>貶：理論結構頗多疏亂處 | 《中國哲學史》 |

---

〔註77〕李子燾《中國識人學——人物志全譯》〈導言〉。河北人民出版社，1995年），頁2～3。

〔註78〕《台北市立女子專科師範學校學報》），頁20～21（總144～145）。

| 江建俊 | 褒：首尾相應首九徵以人之質量中和者最貴末釋爭以歸性情之純尤詳於論偏至之才所論莫不突出眾表至其體析情流道盡謬途機機相承疊疊解來筆端巧運令人無由置喙<br><br>貶：《人物志》順才性之品鑒雖有可鑒賞處然開不出超越的道德境界于人格的價值終無以尊顯此才性系統之偏枯也 | 《漢末人倫鑒識之總理則——劉卲人物志研究》 |
|---|---|---|
| 孫述圻 | 褒：他的進步性在於撇開了出身門第的貴賤拋棄了虛偽的禮法規範就人物本身實際情況來考察其才略的高下<br><br>貶：他的局限性在於過分的強調先天的稟賦認為一旦天賦為偏材之性就不可改變雖教之以學材成而隨之以失流露出較濃厚的宿命色彩 | 《六朝思想史》 |
| 蕭振邦 | 褒：《人物志》考察人的情性的方式以及透過此方式所揭發的深層美學特質的彰顯使它成為此類文學藝術珍型發展轉化的關鍵<br><br>貶：《人物志》自身並未就人性自身加以討論譬如對人之本質性的差別何來人性等級化的本質依據等問題都略而未談 | 《中央大學人文學報》 |
| 高柏園 | 褒：若就其開出美學之領域而言則論學論德之不足正顯其轉向之契機<br><br>貶：就《人物志》自覺繼承孔子而言則論學論德之不足誠然為其缺失 | 《鵝湖月刊》第二四卷第八期總號第二八四 |
| 戴卓英 | 褒：若從社會學實用方面觀之《人物志》確能矯正時弊轉移風氣誠為古代社會心理學之濫觴<br><br>貶：以哲理觀之《人物志》僅以粗略之本體論為依據將人性視同物性分析人類行為為機械之反應生命價值各有其先天限制未能及於道德理念達於儒家成德之學道家隨物遷化之境似欠周延 | 〈中國工商學報〉第八期 |
| 李子熹 | 褒：《人物志》得以完整流傳下來這對我們了解當時的社會思想尤其是人物品鑒的理論提供了極其寶貴的思想資料<br><br>貶：囿於時代的局限有些過時的東西 | 《中國識人學——人物志全譯》 |
| 楊吉仁 | 褒：其說明選材之基本原則及材能之標準雖未盡合現代政治之要求但在西元一世紀之際亦足可說明我國人事行政理論之進步<br><br>貶：劉卲之理論與漢代陰陽家之學說相雜揉 | 《台北市立女子專科師範學校學報》 |

# 第七章 結 論

　　茲將本論文的研究心得分如下，一則自我檢視，一則作爲未來研究的方針：

## 一、劉邵的生平考方面

　　《人物志》的作者，姓劉，名邵，字孔才。廣平邯鄲（今河北省邯鄲市）人。約生於東漢靈帝中平三年（186）、卒於齊王芳正始六年（245）、享年六十歲。綜觀劉邵一生的經歷與曹魏政權有著極密切的關係，他先後任官於魏王曹操、魏文帝曹丕、魏明帝曹睿，以及魏齊王芳之曹氏四世。劉邵一生的宦海浮沉，大約經歷了四個階段：

　　第一個階段爲漢獻帝建安時期：此時，曹操自爲丞相，漢代已名存實亡。劉邵大概於建安十七年（212）以前，出任計吏一職，並曾於當時的尚書令荀彧的處所，面對數十名官吏，對於日蝕這一天是否應舉行朝會，或最好停止聚會一事發表了獨到的看法，他先舉魯國的大夫梓愼、鄭國的大夫裨灶，都是古代的優良史官，他們占卜水火時，有時難免錯失天時的史實，再據《禮記》諸侯去朝見天子，進了朝門後，如果發生了「大廟火、日食、后之喪、雨霑服失容」等四種情況，則廢除朝見。日食屬於其中的一項之規定，說明古聖先賢留下的禮制，並不因爲有甚麼變異會自然消平，也有可能史官的推論有誤。因此，獲得荀彧的賞識。建安二十二年（217）、郗慮徵其爲僚屬。同年多十月之後，曹丕立爲太子，劉邵任太子舍人。之後，再拜秘書郎。這時期的劉邵，初入仕途，漸露才華。

　　第二個階段在曹丕稱帝之後：劉邵的官位漸升。大概在漢獻帝延康元年（220）二月壬戌，劉邵任散騎侍郎。黃初中，任尚書郎。大概在黃初年間（220～226）、參與《皇覽》的編纂。黃初七年（226）、外放爲陳留郡太守。任內敦崇教化，受到百姓的稱頌。

第三階段在曹睿時期：劉卲的政治鋒芒充分的發揮顯露，他擔任了許多重要的職位，參與了許多制度的制定，並有良好的政績及傑出的表現。魏明帝太和三年（229）、劉卲據漢代的舊律，除去不適於魏的法規，並另外斟酌曹魏當時環境之所需，而爲曹魏制定《魏法》。太和六年（232）、升任散騎常侍。當時，公孫淵受孫權燕王的封號，劉卲勸明帝以寬容的心看待此事，讓公孫淵有自新的機會。後來，公孫淵果斬孫權使者張彌等人的首級以表輸誠。明帝青龍二年（234）、吳圍合肥，劉卲獻策退敵。青龍二～三年之間（234～235）、奉詔撰寫〈許都賦〉、〈洛都賦〉反以諷刺明帝「外興軍旅，內營宮室」。大概在青龍四年間（236）、夏侯惠向明帝推薦劉卲。青龍四年至景初二年之間（236～238）、爲選拔人材，考核官吏而受詔制定《都官考課法》，由於司馬氏士族集團的強力杯葛而胎死腹中。大概在青龍年間，劉卲開始蒐集資扴，醞釀思想，寫成《人物志》的初稿或腹稿，到景初時期受詔作《都官考課法》，而得到進一步充實和完善，隨後即脫稿完成。景初二年（238）、參與「六宗」的討論。景初三年（239）、爲移風易俗而撰寫《樂論》十四篇。可見，不論在軍事方面，或是在行政、文學、制度、思想方面，劉卲都有傑出的表現。

第四個階段爲魏齊王芳正始時期：劉卲只能「執經講學」，淡出政治。卒後，由他的兒子劉琳繼承其光祿勳的爵位。

## 二、《人物志》的版本源流考方面

（一）、宋‧阮逸本爲《人物志》最早的版本，惟已亡佚。

（二）、明嘉靖八年（1529）、上海顧定芳刊本（國立中央圖書館藏善本）爲目前見存的最早的版本，顧本則源自儼山伯抄本。

（三）、明刊本（國立中央圖書館藏善本）爲顧定芳刊本的覆刻本。

（四）、明藍格鈔本（國立中央圖書館藏善本）與顧定芳刊本及明刊本同出一源而略有發展。

（五）、明隆慶六年（1572）、眞定梁夢龍刊本（國立中央圖書館藏善本）爲歸德知府鄭旻於梁夢龍持節鉞撫鎮中州（河南）時，所承命重刻的《人物志》版本。其所稱的「覓善本，加訂正之」的「善本」，疑爲上述的明刊本。

（六）、四部叢刊本（臺灣商務印書館印行）扉頁印有「上海函芬樓景印明正德刊本」，其實乃景印自眞定梁夢龍刊本。唯一的歧異，在於四部叢刊本將眞定梁夢龍刊本鄭旻刻本鄭〈跋〉中的「邵生六朝」正之爲「邵生漢末」而已。

（七）、明萬曆丁丑年（1577）、海岱李氏思益軒刊本（國立中央圖書館藏善本）書末附有鄭旻的〈跋〉，知其所據的版本當爲鄭旻刻本無疑。又，國立中央圖書館藏

善本的李氏思益軒刊本，卷上後附有明萬曆十二年（1584）劉元霖的〈再刻人物志附題〉云：「志刻於相臺有年，版行既久，木腐字蝕，無當於觀，予從而新之。」按：劉元霖所指的「版行既久，木腐字蝕，無當於觀」，當指重刻於明隆慶六年（1572）的鄭旻刻本而言，加上劉元霖的〈再刻人物志、附題〉附於李氏思益軒刊本中，可見，劉元霖刻本亦有部分本於李氏思益軒刊本者。今李氏思益軒刊本及劉元霖刻本已合而為一、收於國立中央圖書館藏善本室。

（八）、明萬曆十年（1582）、胡氏兩京遺編本（國立中央圖書館藏善本）、當源自明隆慶六年（1572）鄭旻刻本。

（九）、明萬曆十年（1582）、勾吳胡維新兩京遺編殘本（國立中央圖書館藏善本）、與胡氏兩京遺編本相較，除缺中卷（〈材能第五〉、〈利害第六〉、〈接識第七〉、〈英雄第八〉、〈八觀第九〉）外，其它則完全一致。

（十）、明萬曆二十年（1592）、程榮漢魏叢書本書中附有鄭旻〈跋〉及劉元霖〈再刻人物志附題〉，可見，程榮漢魏叢書本主要當源之於劉元霖本。此外，還受到明藍格鈔本、明胡氏兩京遺編本之影響。當然，程榮漢魏叢書本也有自己的發展。

（十一）、明說海彙編本及稗海版重印本（國立中央圖書館藏書）、為無注本。說海彙編本當源之於明程榮漢魏叢書本。

（十二）、明萬曆二十年（1592）、何允中重編武林何氏刊本配補清刊本漢魏叢書本即廣漢魏叢書本（國立中央圖書館藏）。當源之於說海彙編本。

（十三）、明末葉刊評點本疑亦源之於鄭旻刻本，惟該本另外擷取顧定芳刊本、明刊本、藍格鈔本、李氏思益軒刊本、說海彙編本、漢魏叢書本的菁華，加上該本校讎精細，故錯誤較少。

（十四）、清乾隆四十一年（1776）四庫全書本。據〈人物志提要〉云：「此本為萬曆甲申河間劉元霖所刊，蓋用隆慶壬申鄭旻舊版。」如則，四庫全書本當源之於隆慶六年（1572）的鄭旻刻本。其實，該本除源之於鄭旻刻本外，還受到李氏思益軒刊本、漢魏叢書本、廣漢魏叢書本的影響。

（十五）、清乾隆五十六年（1791）王謨增訂漢魏叢書本，當源之於程榮漢魏叢書本。此外，還受到說海彙編本的影響。

（十六）、清嘉慶十四年（1809）張海鵬纂輯墨海金壺本，目錄後附有〈人物志提要〉，可見，該本源之於鄭旻刻本，惟不論正文或劉注，脫文的現象頗為嚴重。此外，墨海金壺本還受到李氏思益軒刊本、增訂漢魏叢書本、說海彙編本的影響。

（十七）、清光緒五年（1879）畿輔叢書本，除了〈體別第二〉劉注：「謂之質也，理不縵素。」畿輔叢書本將「素」字誤植為「索」，另外，墨海金壺本的脫文現

象較爲嚴重外，其它方面，則畿輔叢書本與墨海金壺本完全一致。

（十八）、民國鄭國勳龍谿精舍本，書中鈐有「用守山閣本參中州彭氏刊本」長方印，可見，龍谿精舍本當源之於守山閣本及中州彭氏本。由於筆者未能蒐集到守山閣本及中州彭氏本，因而無法論斷它們三個版本的關係。惟綜觀龍谿精舍本於板本方面存在的現象及實例，可以推知該本主要亦當源之於鄭旻刻本，此外，還受到增訂漢魏叢書本、畿輔叢書本、墨海金壺本的影響。

（十九）、中華書局據金臺本校刊的四部備要本，除了〈九徵第一〉正文，四部備要本作「故偏至之材以自名。」墨海金壺本作「故偏至之材以『材』自名。」不同以外，其它各方面，四部備要本與墨海金壺本則完全一致。

（二十）、上述十八個版本，其中雖有鈔刻之異，良窳之別，大抵而言，都源之於儼山伯抄本。惟儼本不見藏書家著錄，當已亡佚。目前存在的《人物志》最早的版本爲顧定芳刊本，其它各本皆以顧本爲底本，而略有變化。其中，說海彙編本、廣漢魏叢書本、增訂漢魏叢書本等三個版本爲無注本。眞定梁夢隆刊本、葉刊評點本版本較佳。墨海金壺本及四部備要本脫文較嚴重，胡氏兩京遺編殘本缺中卷，版本較差。

## 三、劉卲撰述《人物志》的緣由方面

江建俊說：「夫思想之成長，必以環境、歷史爲背景，加以一己的深思熟慮，參會有得，非玄思冥想所能至也。」〔註1〕王曉毅分析劉卲撰寫《人物志》的背景說：「它的建立與當時的歷史背景及劉卲的個人條件息息相關。」〔註2〕仔細分析《人物志》的產生有其歷史與現實及劉卲的豐富人材思想等因素。

### （一）、經學地位的沉淪

漢自董仲舒向武帝倡議罷黜百家，獨尊儒術以來，經學即成爲顯學，地位崇隆，儒術成爲讀書人進身惟一的途徑。只是學術一與政治結合，多少會變質。兩漢之際，原始儒學重視禮樂教化，人倫踐履的深層意義日漸消失，而穿鑿附會之說則日益增多。詳究經學變質的原因，大致而言有下列三個原因：1. 章句之學僵化經學生氣。2. 後進彌以馳逐利祿之路。3. 陰陽災異參入六經之中。部分漢末儒者面對面對經學此種崇尚分析文字，馳逐利祿，附會神異的風氣日感厭惡。於是漸趨向義理的討論，

---

〔註1〕江建俊《漢末人倫鑒識之總理則──劉卲人物志研究》（臺北：文史哲出版社，中華民國72年），頁30。

〔註2〕王曉毅《中國古代人才鑒識術──人物志譯注與研究》（長春：吉林文史出版社，1994年），頁3。

而開清談之風。從清談中，個人的意識漸漸覺醒，內在的自我逐漸浮現。這種重視自我的發現，促使思想的解放及精神的自由。劉邵身處經學地位沉淪，「浮華相尚」（《後漢書・儒林列傳》）的學術風氣轉型期，自覺的捨棄僵化附益的經學，而崇尚自由的「清談」，以議論個人特殊之質性與材能。

## （二）、漢末政治的敗壞

東漢自和帝以來，皇帝都沖齡踐祚，母后臨朝，外戚宦官竊政，夷狄內侵，天災流行，郡縣貪殘，盜賊四起，無時不然。東漢政治敗壞的深淺，以梁冀為分界，後期尤惡化於前期。順帝以前的皇帝惟是庸弱，後期則暴虐；以外戚宦官而論，前期之惡亦不如後期之甚；其餘如盜賊汙吏，皆後加於前。因此，政局焉有不亂，國祚焉有不斷之理。到了東漢末年，權歸宦官，朝政日亂。靈帝不但昏暴，且公開賣官鬻爵。因此，產生了黃巾、董卓之亂，終於導致三國分裂。不容得當時人覺悟到政治上之失敗，其理由即因於用人之不夠理想。故退一步從人物方面作研究，希望在政治上能用到合理想、合條件之人。此亦可謂是一個反本窮源的想法。劉邵《人物志》即根據此一時代的要求而寫出。

## （三）、控名責實的激盪

漢代自高帝得天下以後，選任官吏主要的是兩種人：第一、功臣。第二、文吏。文景以後，功臣的舊裔也常因舊有的資地，致位通顯。一般儒生的進身出路是不如武帝以後容易的。主要的關係是詔舉這一件事只有到武帝以後才常有，景帝以前僅偶一為之，得人的數自然不能和武帝以後相比擬了。漢武帝元光元年（西元前 134年）十一月，初令郡國舉孝廉各一人。這一次選舉郡國的孝廉，雖然據《漢書》現存的史料看，並沒有了不得的人物。然而就制度的本身說，卻開中國選舉制度數千年堅固的基礎。元光五年（西元前 130 年）、徵吏民有明當世之務，習先聖之術者，縣次續食，令與計偕。元朔元年（西元前 128 年）、武帝又下令兩千石必須舉人，不舉者罪。漢代察舉制度的規模，可以說從此大定。然而察舉必賴清議，人物品鑒遂極重要。有名者入青雲，無名者委溝渠。朝廷以名為治，士風也以此相尚。聲名出於鄉里臧否，因此，民間清議乃穩操士人進退之權。據〈後漢書〉的記載，符融、李膺、郭泰、許劭等，皆被公認具備識別人材的特定能力，士子一經他們品評肯定之後，立刻魚躍龍門，地位大增，仕宦之門也隨之大開。當察舉制度初行時，士人特重操行，潔身自好，而名教也可收鼓舞風氣，獎勵名節之效。惟歷時既久，流弊遂生。當時，循規蹈矩已經不能出名，沽名釣譽之徒乃紛紛大修異操，做出不近情理的異行。另外，則為士人特重交遊，各立門戶，互相揄揚，徒事標榜，輾轉提攜，

以獵取名位為目的。因此，當時的政論家如崔寔、王符、徐幹、劉廙等力主綜核名實，求名實之相副，綜聚而考核之。由於社會存在著名實不相符的現象，因此，一些有心之士觀察分析人物品評的實際情況，加以總結、概括，上升成為一般的理論。據《隋書‧經籍志》名家類的記載，計有《士操》一卷，魏文帝撰。梁有《刑聲論》一卷，亡。《人物志》三卷，劉劭撰。梁有《士緯新書》十卷，姚信撰。又《姚氏新書》二卷，與《士緯》相似。《九洲人士論》一卷，魏司空盧毓撰。《通古人論》一卷，亡。上述諸書，除《人物志》獨存以外，其它的皆已亡佚。

## （四）、用人制度的回應

東漢因為在用人制度上的失誤而導致滅亡，給起而代之的曹魏政權留下深刻的歷史記憶。所以曹操、曹丕到曹睿，無一不把用人問題升到政治的中心地位，將它視為新生帝國生死存亡的關鍵，並一直進行不懈的努力以尋求解決之道，以免重蹈東漢滅亡的覆轍。早在建安時期，面對軍閥混亂的局面，曹操深知只有起用有材幹的人，才能在角逐中取勝，加上長期以來過度重道德、名教，忽略能力的培養，道德與能力脫節，因此，「有行之士，未必能進取；進取之士，未必能有行也。」因而本著「治平尚德行，有事賞功能」的原則，下達求賢令。公開表示可以忽略傳統以道德品行取士的標準，而「唯才是舉」。降及曹丕時代開始，隨著三國鼎立的局面益家確定，國內的形勢相對的穩定，「唯才是舉」的方針，難以適應新形勢的需要，「治平尚德行」也是無法抵抗的規律，因為只有提倡道德教化才有利於政權的長治久安。因此，曹丕一上臺，便建立九品中正制度以加強官員道德品行及行政能力的考查監督。由於執行的過於紛亂，不能公正品評人材而遭非議。尤其到了曹睿時期，更加明顯。而選舉混亂的總根源，為薦舉制自身固有的弊端，即沒有客觀可以檢驗的標準。當歷史提出「人材選拔，出路何在」的重大課題，劉劭作為曹魏政權中有名的政治家，理應作出積極的回應以盡其責。為了解決時代的課題，劉劭採取積極的態度，思考知人的方法，用人的制度，他從不同的角度對人材加以分類，提出幾套系統的抽象分類法：1. 性格分類法。2. 專業分類法。3. 能力分類法。劉劭的人材分類雖體現曹魏時期用人唯材的原則，但他並不忽略道德的重要。在他看來，聖人不僅是道德操守最為高尚者，也應為全材之人。

## （五）、淵博學養的流露

晉‧陳壽讚美劉劭說：「該覽學籍，文質周洽。」鄭玉光說：「為了寫好《人物志》，劉劭研究了許多古典文獻。從《詩經》、《尚書》、《周禮》起，他都一一認眞閱

讀，取其精華，加以醞釀，提出自己的見解。」〔註3〕陳喬楚說：「作者在《人物志》十二篇中，對於古籍，頗多引證；或取證於經書，或徵引諸子及漢儒論著。其於先賢經驗方面，亦有資取；如《逸周書》〈官人解〉的六徵，《莊子》〈列禦寇〉的九徵，《呂氏春秋》〈論人〉的八觀、六驗，以及東漢的許劭、郭泰諸家的人倫鑒識……等，均有浸潰。」〔註4〕由於劉劭的學養淵博，配合經學地位的沉淪，漢末政治的敗壞，控名責實的激盪及時代課題的衝擊，因此，才能寫下這部中國古代人材學的經典之作——《人物志》。

## 四、《人物志》的人材思想方面

### （一）、《人物志》論人物的形上根據

劉劭《人物志》〈序〉：「夫聖賢之所美，莫美乎聰明，聰明之所貴，莫貴乎知人，知人誠智，則眾人得其序矣。」可見，劉劭撰寫《人物志》旨在討論怎樣認識人物，甚麼人物適合做什麼官，能發揮什麼作用。《人物志》所討論的問題又牽涉到一個更根本的問題，就是人物的不同，究竟是由什麼決定的。〈九徵第一〉：「蓋人物之本，出乎情性，情性之理，甚微而玄，非聖人之察，其孰能究之哉？」《人物志》論人，所重乃在「情性」。此處所謂「情性」，據劉《注》：「性質稟之自然，情變由於染習」的解釋，當指人稟之於自然的「材質之性」而言。此義之性，可以「自然之性」或「氣性」一詞總括之。此生就而自然的質性，落實古今現實具體的現象界中，必然會呈現出種種不同風味、光彩、儀表、姿態……，此即所謂「情」，也可稱之為「情變」。可見，「情」是是順「性」而然；「情變」是個體生命順著它先天而自然的「質性」而有之各種各樣多彩多姿的表現。「情」既是順「性」而然，而「情」之所以表現為如此多彩多姿，自然也是順著「性」自身的多樣多種而得有如此這般之表現。而此稟受於自然之性，何以得如此之多彩多樣？劉劭顯然是取兩漢以來的「氣化宇宙論」為其形上的根據。劉劭關於人的情性生成的形上依據，主要反應在〈九徵第一〉。他說：「凡有血氣者，莫不含元一以為質，稟陰陽以立性，體五行而著形。」所謂「凡有血氣者」，即現實存在的人，「含元一以為質」是說人的質性稟之於「元一」之氣。「稟陰陽以立性」，意思是說，陰陽二氣決定了人物性格的內向和外向兩種基本類型。〈九徵第一〉：「明白之士，達動之機，而暗於玄慮。玄慮之人，識靜之原，而困於速捷。猶火日外照，不能內

〔註3〕鄭玉光《知人善任的奧秘——劉劭人物志研究譯注》（太原：山西人民出版社，1992年），頁24。

〔註4〕陳喬楚《人物志今註今譯》〈前言〉（臺北：臺灣商務印書館，1996年），頁7。

見，金水內映，不能外光。二者之義，蓋陰陽之別也。」意思是說，生來就有兩
種不同的人物。一種人物得到陽氣多一點，陽氣是動的，所以這種人懂得動的道
理，遇見事情能夠迅速的行動，但是不能做詳細深入的思考。這就是「明白之士」。
還有一種人，得到的陰氣多一點，陰氣是靜的，所以這種人懂得靜的道理，對事
情能多詳細深入的思考，但是不能採取迅速果斷的行動。這就是「玄慮之人」。這
兩種人的區別，就是陰陽之別。〈九徵第一〉文說：「聰明者，陰陽之精。陰陽清
和，則中睿外明。聖人淳耀，能兼二美，知微知章。自非聖人，莫能兩遂。」意
思是說，聰明是陰陽的精華，陰陽清淳和平，就會內心睿智，外在明朗。聖人光
大美盛，能夠兼備內外兩種美材，既能察知深微玄妙，又能通曉顯著彰明，如果
不是聖人，則不能兩方面都做到。不難看出，劉劭認為，除了聖人兼有陰陽二美
之外，一般偏材只能具有其中一美。

　　五行既成，章為五色，發為五音，配以五常。人的形體種色，乃各象其德。劉
劭因而稟之以言五行，認為人的骨、筋、氣、肌、血五體與五常、五質、五德有密
切關連。木、金、火、土、水五行之氣直接決定了骨、筋、氣、肌、血五種基本生
理素質的形成。「其在體也，木骨、金筋、火氣、土肌、水血，五物之象也。」劉劭
認為，五行之氣是五種生理素質的本質，所以也叫「五質」；五行之氣本身具有仁、
禮、信、義、智五種永恆的道德屬性，所以也被稱為「五常」。由於人們對於五行的
稟受狀況不同，所以五種生理素質的完善程度不同，仁、禮、信、義、智五種永恆
的道德水平也就不同。因此，劉劭在總結五行與五常的關係以後，說：「雖體變無窮，
猶依乎五質。」意思是說，人的形體、品德、個性有很多的變化，但是都不能離開
五行的本質。總之，《人物志》論情性之以一元、陰陽、五行為主，顯然是依據漢儒
氣化宇宙論之態度而成立者，此當無可疑。

## （二）、《人物志》論知人的途徑

　　鑒識人物的途徑，是劉劭研究人材的重要課題之一、也是《人物志》論述最多
的一個方面。全書十二篇中，直接論及識別人材的就有〈九徵第一〉、〈體別第二〉、
〈接識第七〉、〈英雄第八〉、〈八觀第九〉、〈效難第十一〉、〈釋爭第十二〉等七篇，
而其中的〈八觀第九〉則可視為識別人材的專題篇。具體一點說，劉劭識別人材的
途徑有「九徵」、「陰陽」、「三談」、「英雄」、「八觀」、「心志」、「五視」、「謙德」。

　　「九徵」指從神、精、氣、色、儀、容、言，即可徵知平陂、明暗、勇怯、強
弱、躁靜、慘懌、衰正、態度、緩急等之九徵。劉劭從九徵的至或違，將人物劃分
成五個等第：

1. 全材之人，也就是聖人。這種人的九徵是：「質素平淡，中睿外朗，筋勁植固，聲清色懌，儀正容直」。

2. 兼材之人：也就是大雅之人。這種人對九徵的稟受是「具體而微」。

3. 偏材之人：也就是小雅之人。偏材的九徵情況最少要有「一至」，「一至，謂之偏材。」但是偏材也可以同時有幾至，〈接識第七〉：「凡偏材之性，二至以上，則至質相發而令名生矣。」意思是說，如果一個人具備兩種以上的至質，那麼至質之間的相互激發，就會形成美好的材能，美名也隨之產生。

4. 依似之人：指酷似偏材的偽人材。

5. 間雜之人：指同時具有一至一違的兩種善惡相反的素質之人。

「陰陽」指情性的內外向而言。劉邵將情性分為全材與偏材兩種類型，全材的人之情性「鹹而不鹼，淡而不䐝，質而縵，文而不繢」。至於偏材的人之情性，則大致可以分為十二類：

1. 厲直剛毅，材在矯正，失在激訐。

2. 雄悍傑健，任在膽烈，失在多忌。

3. 彊楷堅勁，用在楨幹，失在專固。

4. 普博周給，弘在覆裕，失在溷濁。

5. 休動磊落，業在攀躋，失在疏遠。

6. 樸露徑盡，質在中誠，失在不微。（上述六類屬於外向的性格。）

7. 柔順安恕，美在寬容，失在少決。

8. 精良畏慎，善在恭謹，失在多疑。

9. 論辨理繹，能在釋結，失在流宕。

10. 清介廉潔，節在儉固，失在拘局。

11. 沉靜機密，精在玄微，失在遲緩。

12. 多智韜情，權在譎略，失在依違。（上述六類屬於內向的性格。）

「面談」，指經由面對面的交談以鑒識人材。劉邵認為，國體流業的人兼具德、法、術三種材質，所以相談不夠三天，則不能盡知其詳。第一日用來談論道德，第二日用來論述法制，第三日用來論述策術，然後就能竭盡國體之人的長處，那麼，稱舉他就不會有任何疑問了。

在先秦典籍中，並沒有「英雄」這個觀念。到東漢末年，開啟品題人物的風氣，許劭說曹操是「治世之能臣，亂世之姦雄」，而曹操自己也和劉備煮酒論英雄。劉邵在《人物志》更正式提出「英雄」這個觀念，而且寫成一篇專論文章，以宣揚他的

英雄史觀。首先，劉邵說明「英雄」兩字的由來及意義。「夫草之精秀者爲英，獸之特群者爲雄。故人之文武茂異取名於此。是故聰明秀出謂之英，膽力過人謂之雄。」接著，分析「英」、「雄」彼此的關係：「若校其分數，則互相須，各以二分取彼一分，然後乃成。」由於「聰明者，英之分也，若不得雄之膽，則說不行；膽力者，雄之分也，不得英之智，則事不立。」接著，劉邵進而分析英材與雄材各有三個層次。英材的第一個層次是：「聰能謀始，而明不見機，乃可以坐論，而不可以久處事。」英材的第二個層次是：「聰能謀始，明能見機，而勇不能行，可以循常，而不可以處變。」英材的第三個層次是：「必聰能謀始，明能見機，膽能決之，然後可以爲英，張良是也。」雄材的第一個層次是：「力能過人，而勇不能行，可以爲力人，未可以爲先登。」雄材的第二個層次是：「力能過人，勇能行之，而智不能斷事，可以爲先登，未足以爲將帥。」雄材的第三個層次是：「氣力過人，勇能行之，智足斷事，乃可以爲雄，韓信是也。」最後，劉邵拿英材與雄材作比較，認爲英材比雄材重要。他說：「然英之分以多於雄，而英不可以少也。英分少，則智者去之，故項羽氣力蓋世，明能合變，而不能聽采奇異，有一范增而不用，是以陳平之徒皆亡歸高祖。英分多，故群雄服之，英材歸之，兩得其用，故能吞秦破楚，宅有天下。」

「八觀」是指：一是觀察一個人的「惡情奪正」和「善情救惡」，以辨別是否爲間雜之人。二是觀察一個人的情感變化，以瞭解他的內心狀態。三是觀察一個人最具特色的材質，以確知是否名副其實。四是觀察一個人的經由依據，以辨別是否爲似是而非之人。五是觀察一個人的愛與敬，以測知他的通達或閉塞。六是觀察一個人的情感變化跡象，以辨別他的寬恕或困惑。七是觀察一個人的短處，以發現他的長處。八是觀察一個人的聰明程度，以測知他的通達材能。八觀的第一個方法是專門爲鑒識「間雜之人」而設立的，八觀的第二個方法是專門爲確定人材的性格材能而設立的，八觀的第三個方法是專門爲確定人材的名號而設立的，八觀的第四個方法是專門爲鑒識「依似」這類人材而設立的，八觀的第五個方法是專門爲鑒別一個人的處世境況順利與艱難之反應而設立的，八觀的第六個方法是專門爲判定君子或小人而設立的，八觀的第七個方法是專門爲鑒識偏材之人而設立的，八觀的第八個方法是專門爲鑒定人材的聰明程度而設立的。八觀是劉邵全面而系統的表述他對人材鑒識的方法。

劉邵認爲，理想的人格，精神必須專一微密，材質要美善厚重，志氣要弘闊遠大，心機要謙虛謹愼。識人由於心機志向不同去觀察，可以區分爲下列四種人：1. 心小志大的聖賢之人。2. 心大志大的豪傑之人。3. 心大志小的傲蕩之人。4. 心小志小的拘懦之人。

　　爲了糾正以初步接觸的感覺印象來鑒識人的錯誤，劉邵在〈效難第十一〉中提出了「五視」的鑒識法。他說：「故居，視其所安；達，視其所舉；富，視其所與；窮，視其所爲；貧，視其所取，然後乃能知賢否？」

　　〈釋爭第十二〉：「君子之求勝也，以推讓爲利銳，以自修爲棚櫓，靜則閉默泯之玄門，動則由恭順之通路，是以戰勝而爭不形，敵服而怨不構。」接著，由謙德之厚淺，劉邵將人物分爲三等：「本無功而自矜，一等；有功而伐之，二等；功大而不伐，三等；愚而好勝，一等；賢而尙人，二等；賢而能讓，三等；緩己急人，一等；急己急人，二等；急己寬人，三等。」至於超等之人，則越俗乘高，獨行於三等之上。

## （三）、《人物志》論用人的原則

　　〈材能第五〉：「人材不同，能各有異。」政府官員的任用原則是「量能授官」，區分各類人材，辨別能力專長是選拔官吏的基礎工作。劉邵從不同的角度對人材加以分門別類：

### 1. 從性格分

　　劉邵在〈體別第二〉把人材按照性格之不同區分爲六對十二種類型，然後對每一種類的人材都極其簡潔準確的給予評價，指出他們的優缺點及如何使用。他認爲：

（1）彊毅之人的性格總特徵是狠剛不和，優點在於能夠糾正別人，缺點在於苛求別人，這一類型的人可以建立法度，卻難于體察玄微。

（2）柔順之人的性格總特徵是緩心寬斷，優點在於能夠寬恕容忍，缺點在於懷柔寡斷，這一類型的人可以應付一般尋常事務，卻不能靈活處理疑難的事情。

（3）雄悍之人的性格總特徵是氣奮勇決，優點在於勇於任事，缺點在於易招嫉妒，這一類型的人可以克服困難，難以遵守約定。

（4）懼愼之人的性格總特徵是畏患多忌，優點在於態度謹愼，缺點在於易生猜疑，這一類型的人可以保全自身，難以保持節操。

（5）凌楷之人的性格總特徵是秉意勁特，優點在於守正幹事，缺點在於專斷固執，這一類型的人可以堅持正道，卻難以服眾。

（6）辨博之人的性格總特徵是論理贍給，優點在於能化解衝突，缺點在於浮華放蕩，這一類型的人可以廣泛立論，卻難以付之實踐。

（7）弘普之人的性格總特徵是意愛周洽，優點在於交游廣泛，缺點在於不免混濁，這一類型的人可以撫慰眾人，卻難以端正風俗。

（8）狷介之人的性格總特徵是砭清激濁，優點在於節儉端正，缺點在於過於拘謹，

這一類型的人可以保持節操，卻難以變通應化。

（9）休動之人的性格總特徵是志慕超遠，優點在於事業上追求攀升超越，缺點在於太過疏簡散漫，這一類型的人可以進趨向上，卻難以謙讓在後。

（10）沉靜之人的性格總特徵是道思迴復，優點在於精通玄微，缺點在於動作遲緩，這一類型的人可以深思熟慮，卻難以做到敏捷而神速。

（11）樸露之人的性格總特徵是中疑實培，優點在於誠實質樸，缺點在於不能察之玄微，這一類型的人可以樹立信用，卻難以衡量事情的輕重。

（12）韜譎之人的性格總特徵是原度取容，優點在於譎詐而有謀略，缺點在於沒有定見，這一類型的人可以輔佐事務，卻難以矯正違謬。

### 2. 從專業分

在〈流業第三〉，劉卲按照專業將人材分為十二種類型，並概括了各類專業人材的特徵，指出他們所能擔任的官職或工作。劉卲畫分專業的主要依據是德、法、術三材，對三材掌握的情況不同，就造究了八種不同的人材：

（1）清潔家：一個人如果「德行高妙，容止可法」，可擔負「師氏之任」，在朝廷中「激濁揚清，師範僚友」，延陵、晏嬰是代表的人物。

（2）法家：一個人如果能夠「建法立制，彊國富人」，可擔負「司寇之任」，做法制工作，管仲、商鞅是代表人物。

（3）術家：一個人如果能夠「思通道化，策謀奇妙」，稱為「術家」，可以擔負「三孤之任」，出謀畫策，范蠡、張良是代表的人物。

（4）國體：一個人如果很好的掌握了德、法、術三材，就屬於「國體」之人，「國體」的意思是明於治國之大體。「其德足以厲風俗，其法足以正天下，其術足以謀廟勝」，可以擔負「三公之任」，坐而論道，伊尹、呂望是代表的人物。

（5）器能：一個人如果兼有三材，但比國體之人略遜一籌者，稱為「器能」。「其德足以率一國，其法足以正鄉邑，其術足以權事宜」，可以擔負「家宰之任」，統率百官，子產、西門豹是代表的人物。

（6）臧否：一個人如果掌握了德，但不如清潔家那麼超脫，而是喜歡挑剔別人的毛病，這種人叫做「臧否」，可以擔任「師氏之佐」，子夏之徒是代表的人物。

（7）伎倆：一個人如果掌握了法，但與法家相差較遠的是「伎倆」，可以擔負「司空之任」，組織建築和工藝之事，張敞、趙廣漢是代表的人物。

（8）智意：一個人如果掌握了術，但不及術家的人稱為「智意」，可以擔負「冢宰之佐」，輔助宰相工作，陳平、韓安國是代表的人物。

另外，還有四類人材，他們的專業知識在三材之外：

（1）文章：「能屬文著述」的稱爲「文章」，可以擔任「國史之任」，司馬遷、班固
　　　是代表的人物。

（2）儒學：「能傳聖人之業，而不能幹事施政」的是「儒學」，可以擔任「保氏之
　　　任」，毛公、貫公是代表的人物。

（3）口辯：「辯不入道，而應對資給」的稱爲「口辯」，可以擔負「行人之任」，樂
　　　毅、曹丘生是代表的人物。

（4）驍雄：「膽力絕眾，材略過人」的稱爲「驍雄」，可以擔負「將帥之任」，白起、
　　　韓信是代表的人物。

## 3. 從能力分

劉邵在〈材能第五〉，按照不同的能力對人材做了分類。他把人的能力分爲自任
之能、立法之能、計策之能、人事之能、行事之能、權奇之能、司察之能、威猛之
能等八種類型，具有特定能力的人可以在政府中擔任一定的職務，發揮一定的作用。

（1）自任之能屬於「器能之材」，在中央可以擔負「冢宰之任」，形成「矯直之政」。
　　　這種能力的人「宜於治大，以之治小則迂。」他可以做道德的表率和統領百官，
　　　適宜於從大處著眼，抓住整體工作，如果去處理具體問題，就會顯得迂腐。

（2）立法之能屬於「法家之材」，在中央可以擔負「司寇之任」，形成「辨護之政」。
　　　這種能力的人「宜於治煩，以之治易則無易。」他可以嚴明法紀，適合於整頓
　　　混亂的社會秩序，人民安定時採用他反而會增加麻煩。

（3）計策之能屬於「術家之材」，在中央可以擔負「三孤之任」，形成「變化之政」。
　　　這種能力的人「宜於治難，以之治平則無奇。」他可以通權達變，針對政治上
　　　遇到的特殊難題，提出對策加以解決，沒有特殊難題就不需要奇謀妙策了。

（4）人事之能屬於「智意之材」，在中央可以擔負「冢宰之佐」，形成「諧和之政」。
　　　這種能力的人「宜於治新，以之治舊則虛。」他可以普及教化，調和矛盾，適
　　　用於剛安定下來的局面，使之趨於穩定，如果是舊攤子就起不了作用。

（5）行事之能屬於「譴讓之材」，在中央可以擔負「司寇之佐」，形成「督責之政」。
　　　這種能力的人「宜於治侈，以之治弊則殘。」他可以矯正缺失，適用於糾正舖
　　　張奢侈的社會風氣，如果百姓窮困仍用這種方式，只會使百姓更痛苦。

（6）權奇之能屬於「伎倆之材」，在中央可以擔負「司空之任」，形成「藝事之政」。
　　　這種能力的人「宜於治富，以之治貧則勞。」他可以組織工藝制作和土木建築，
　　　適合於在人民富足的情況下進行，否則就會勞民傷財。

（7）司察之能屬於「臧否之材」，在中央可以擔負「師氏之佐」，形成「刻削之政」。

這種能力的人「宜於糾姦，以之治邊則失眾。」他注重使用嚴厲打擊的手段，適用於糾正各種邪惡的行為，但過於嚴苛，在邊境地區實施會引起暴亂。

（8）威猛之能屬於「豪傑之材」，在中央可以擔負「將帥之任」，形成「嚴厲之政」。這種能力的人「宜於討亂，以之治善則暴。」他能夠用武力鎮壓，適於結束動亂，如果沒有動亂而濫用武力，則是暴虐。

以上所述皆屬於偏材的範疇，人臣的材能。至於最高的統治者，那就完全另一回事。劉邵認為，能夠當君主的人，是與偏材之人完全不同的。〈流業第三〉：「主德者，聰明平淡，總達眾材而不以事自任者也」。人主的特點，表面上平平無奇，不表現甚麼材能，如果說他有甚麼材能，他的材能就在於能任用有材能的人，而他自己卻甚麼事都不辦。因為「若道不平淡，與一材同好，則一材處權而眾材失任矣」。接著，〈材能第五〉進而分析君臣之能力本不相同：「故臣以自任為能，君以用人為能；臣以能言為能，君以能聽為能；臣以能行為能，君以能賞罰為能；所能不同，故能君眾材也」。劉邵認為，人君的能力不在於能言或能行，而在於能知人、用人、聽人或賞罰分明，而使各種人材得以適材適所的發揮他們的專長，達到行政上的最高效率。

### （四）、《人物志》論知人失誤的原因

知人的目的在於瞭解人的材性，以達到「眾材得其序，而庶績之業興」的政治效用。而要想達到知人之材性，必須從「九徵」、「陰陽」、「三談」、「英雄」、「八觀」、「心志」、「五視」、「謙德」等途徑入手，但是，由於存在七種似是而非的情形：

1. 有人漫談陳說，娓娓動聽，似乎他所說的能夠行得通。

2. 有人表面理由不足，卻頭緒很多，似乎是博學多聞的人。

3. 有人對不懂的事理反復論說，以求一致，似乎理解得非常透徹。

4. 有人在爭辯討論時，等到最後發表意見，擁護大多數人的意見而做出似乎正確的判斷。

5. 有人逃避疑難不作回應，卻大談其它問題，似乎綽綽有餘，其實是真的不懂。

6. 有人一聽到他人的論辯觀點，就表示羨慕佩服，顯出喜悅的表情，而他的內心其實並不快樂。

7. 有人因氣勝而情性偏頗，本已辭窮理屈，卻仍以為自己妙而未盡，牽強附會。實際上是想求得兩種對立的解釋都能說得通，似乎在道理上是不可以屈服的。

由於上述知人的困難，在實際衡鑒材性時，常常產生種種謬誤，因此，劉邵在

〈接識第七〉、〈七謬第十〉、〈效難第十一〉中，對選材失誤的原因加以分析為：1. 察譽有偏頗之謬。2. 接物有愛惡之惑。3. 度心有小大之惑。4. 品質有早晚之疑。5. 變類有同體之嫌。6. 論材有申壓之詭。7. 觀奇有二尤之失。8. 眾人之察不能盡備。9. 草創信形之誤。可見，劉劭對於人材選拔失誤的原因之認識十分深刻。這主要表現在他不僅認識到鑒識困難是人們知識水準方面的問題，而且是一個由社會經濟條件所決定的普遍自私自利的社會心理方面的問題。能看到這一層，在一千七百多年前的思想家中是不多見的。

### （五）、《人物志》論「偏材之性不可移轉」

劉劭論人物，從材性著眼，而材性是由氣稟決定，是人人不同的，且不容易以後天的力量來改變的。既然如此，所以一個人生來就是一種「偏至之材」，那就要一直偏至下去，沒有辦法可以改變。〈體別第二〉：「夫學，所以成材也；恕，所以推情也。偏材之性，不可移轉矣。雖教之以學，材成而隨之以失；雖訓之以恕，推情各從其心。信者逆信，詐者逆詐。故學不入道，恕不周物，此偏材之益失也。」可見，劉劭雖然肯定「學」的功效，在於訓練或培養一個人，使他充分發揮或體現他先天稟氣所得的材質，以造就或完成這材質。然而，後天的學對於先天的材質之影響畢竟有限，它會受先天材質的限制而隨時回復為它的本然的材質。劉劭認為，「偏至之性」總是有長處，也有短處的。長處叫「益」，短處叫「失」。他的「益」和「失」是聯系在一起的。他有哪一種「益」，就有哪一種「失」。他所以有這種「失」，正是他有這種「益」。他的這種「益」越發展，他的「失」也跟著越發展。如人的性剛，經學習便更成就他的剛，而顯出激越的毛病。這就是所謂的「材成而隨之以失」。可見，在氣性的層次上論「學」，學有其限制，而偏至的材性必然不可以移轉。

## 五、《人物志》的評價方面

《人物志》是華夏第一部人材思想專著，在我國人材思想的發展中，其地位是相當特殊的，故歷來學者對其評價的頗多。對於《人物志》的理論架構之評價，大抵而言，學者皆認為它體系完備，一意相承。惟有勞思光持相反的論點，認為它全無理論架構可言。在人材思想方面的評價，如劉知幾、阮逸、王三省、馬端臨、顧定芳、劉元霖、李苟、孫星衍、陶望齡、牟宗三、湯用彤、王曉毅、周紹賢、劉貴傑、王邦雄、劉君祖、劉修士、戴燕、楊國樞、鄭玉光、余書霖、李軍、李建中、徐光太、張和敬、林麗真、郭有遹、郭模、何啓民、賴麗蓉、吳丕、吳怡等，皆持正面的評價。少數學者，如錢穆、馮友蘭、任繼愈等，則夾褒夾貶。個人認為，就

理論架構而言，《人物志》由論人物的形上根據談起，延伸至論知人的途徑，用人的原則，論知人失誤的原因，最後，以「偏材之性不可移轉」作結，以呼應人物材性由先天的氣稟決定的主張，首尾完備，一以貫之。《人物志》人材思想的可貴，在於因應時代的需求，撇開出身門第貴賤的束縛，拋棄了虛偽的禮法規範，就人物本身實際情況來考察其材略的高下。它的局限在於過度強調先天的稟斌，認為一旦天賦為「偏材之性」，就不可改變，「雖教之以學，材成而隨之以失」，流露出較濃厚的宿命論的思想色彩，忽略後天環境考驗及學習訓練對於材能培育的重要地位。

## 六、未來的展望方面

　　《人物志》可供發掘和進一步詮釋的方面還很多，比如材與德的關係，人材的局限性，人材與社會環境，進一步探究人性論和本體論的關係，《人物志》對現代的影響，還有不少文章可做。

　　另外，個人服務於國立高雄海洋技術學院，對於三保太監鄭和重視選拔有航海經驗的專業人材，如導航、駕駛、看雲、占天、測星，熟知各國風俗語言的翻譯人員，以協助他遠航成功，開啓中國與南洋各國的貿易往來，建立海上的絲綢之路，頗感興趣。因此，希望能以本論文的研究為基礎，挖掘更多古代海事研究的資料，以呼應時代的需求，開拓海事專業人材研究的新頁。

# 附　錄

## 一、劉卲年譜簡編

漢靈帝中平三年（186）一歲

　　約出生於廣平邯鄲（今河北省邯鄲市）。

漢靈帝中平四年（187）二歲

漢靈帝中平五年（188）三歲

漢靈帝中平六年（189）四歲

漢獻帝初平元年（190）五歲

漢獻帝初平二年（191）六歲

漢獻帝初平三年（192）七歲

漢獻帝初平四年（193）八歲

漢獻帝興平元年（194）九歲

漢獻帝興平二年（195）十歲

漢獻帝建安元年（196）十一歲

漢獻帝建安二年（197）十二歲

漢獻帝建安三年（198）十三歲

漢獻帝建安四年（199）十四歲

漢獻帝建安五年（200）十五歲

漢獻帝建安六年（201）十六歲

漢獻帝建安七年（202）十七歲

漢獻帝建安八年（203）十八歲

漢獻帝建安九年（204）十九歲

漢獻帝建安十年（205）二十歲

漢獻帝建安十一年（206）二十一歲

漢獻帝建安十二年（207）二十二歲

漢獻帝建安十三年（208）二十三歲

漢獻帝建安十四年（209）二十四歲

漢獻帝建安十五年（210）二十五歲

漢獻帝建安十六年（211）二十六歲

漢獻帝建安十七年（212）二十七歲

　　大概在漢獻帝建安十七年以前，劉邵以計吏的身分詣許（今河南許昌縣）上計，開始他的仕宦生涯，嶄露頭角。《三國志》〈本傳〉：「建安中，爲計吏，詣許。太史上言：『正旦當日蝕。』邵時在尙書令荀彧所，坐者數十人，或云當廢朝，或云宜卻會。邵曰：「梓愼、裨灶，古之良史，猶占水火，錯失天時。《禮記》曰：諸侯旅見天子，及門不得終禮者四、日蝕在一。然則聖人垂制，不爲變異豫廢車服者，或災消異伏，或推術謬也。』或善其言，敕朝會如舊，日亦不蝕。」

漢獻帝建安十八年（213）二十八歲

漢獻帝建安十九年（214）二十九歲

漢獻帝建安二十年（215）三十歲

漢獻帝建安二十一年（216）三十一歲

漢獻帝建安二十二年（217）三十二歲

　　建安二十二年夏六月之前，郗慮徵召劉邵爲其僚屬。

　　建安二十二年冬十月之前，劉邵任太子舍人。

　　建安二十二年冬十月之後，劉邵任秘書郎。

漢獻帝建安二十三年（218）三十三歲

漢獻帝建安二十四年（219）三十四歲

魏文帝黃初元年（220）三十五歲

　　漢獻帝建安二十五年改爲延康元年，二月壬戌，置散騎侍郎四人，劉邵爲其中之一。《魏書》〈文帝紀〉：「改建安二十五年爲延康元年。元年二月壬戌，置散騎常侍、侍郎四人。」

　　延康元年（220）至魏文帝黃初中（約 226）、歷時數載，劉邵奉詔與王象、桓範、韋誕、繆襲等飽學之士編集《皇覽》。《三國志》〈本傳〉：「黃初中，受詔集五經群書，以類相從，作《皇覽》。」《魏略》：「桓範字元則，世爲冠族。建安末，入丞相府。延康中，爲羽林左監。以有文學，與王象典集《皇覽》。」

魏文帝黃初二年（221）三十六歲

魏文帝黃初三年（222）三十七歲

魏文帝黃初四年（223）三十八歲

魏文帝黃初五年（224）三十九歲

魏文帝黃初六年（225）四十歲

魏文帝黃初七年（226）四十一歲

魏明帝太和元年（227）四十二歲

　　出任陳留太守，著有政績。《三國志》〈本傳〉：「明帝即位，出爲陳留太守，敦
　　崇教化，百姓稱之。」

魏明帝太和二年（228）四十三歲

魏明帝太和三年（229）四十四歲

　　冬十月，奉詔編集《魏法》。《三國志》〈本傳〉：「徵拜騎都尉，與議郎庾嶷、荀
　　詵等定科令，作《新律》十八篇，著《律略論》。」《資治通鑑》將此事繫於魏
　　明帝太和三年（229）十月之下。

魏明帝太和四年（230）四十五歲

魏明帝太和五年（231）四十六歲

魏明帝太和六年（232）四十七歲

　　劉邵升任散騎常侍，公孫淵受孫權燕王的封號，他勸魏明帝以寬容的心看待此
　　事。《三國志》〈本傳〉：「遷散騎常侍。時聞公孫淵受孫權燕王之號，議者欲留
　　淵之計吏，遣兵討之。邵以爲『昔袁尚兄弟歸淵父康，康斬送其首，是淵先世
　　之效忠也。又所聞虛實，未可審知。古者要荒未服，脩德而不征，重勞民也。
　　宜加寬貸，使有以自新。』」

魏明帝青龍元年（233）四十八歲

　　十二月，公孫淵斬送孫權所遣使張彌、許晏首。

魏明帝青龍二年（234）四十九歲

　　吳圍合肥，劉邵獻策退敵。《三國志‧魏書‧滿寵傳》：「權自將號十萬，至合肥
　　新城。」《三國志‧魏書‧明帝紀》：「青龍二年五月，太白晝見。孫權入居巢湖
　　口，向合肥新城。」發生於青龍二年五月的吳圍合肥新城事件，在三國戰爭史
　　上，屬規模較大的一次。劉邵議對吳國作戰方針，深受明帝器重。〈本傳〉：「青
　　龍中，吳圍合肥，時東方吏士皆分休，征東將軍滿寵表請中軍兵，並召休強士，
　　須集擊之。邵議認爲：『賊眾新至，心專氣銳。寵以少人自戰其地，若便進擊，
　　不必能制。寵求待兵，未有所失也。以爲可先遣步兵五千，精騎三千，軍前發，

揚聲進道，震曜形勢。騎到合肥，疏其行隊，多其旌旗，曜兵城下，引出賊後，擬其歸路，要其糧道。賊聞大軍來，騎斷其後，必震怖遁走，不戰自破賊矣。』帝從之，兵比至合肥，賊果退還。」

魏明帝青龍三年（235）五十歲

《三國志》〈本傳〉：「詔卲作〈許都〉、〈洛都賦〉。時外興軍旅，內營宮室，卲作二賦，皆諷諫焉。」據〈本傳〉的說法，劉卲作〈許都賦〉、〈洛都賦〉不是用來歌頌該二都的壯觀美勝，而是諷刺明帝不該「外興軍旅，內營宮室」。「外興軍旅」指青龍二年（234）、夏四月，諸葛亮出斜谷與司馬懿戰於渭南，以及五月，孫權圍合肥等事。這兩次戰爭，雖然未對魏國造成傷害，但天下分合未定，卻足以讓魏國君臣上下忐忑不安。「內營公室」指指青龍三年（235）、明帝大治洛陽宮，起昭陽、太極殿，築總章觀等而言。可見，劉卲作〈許都〉、〈洛都賦〉，當在青龍二～三年間（234～235）。

魏明帝青龍四年（236）五十一歲

夏侯惠向明帝推薦劉卲。〈本傳〉：「時詔書博求眾賢。散騎侍郎夏侯惠薦卲曰：『伏見常侍劉卲，深忠篤思，體周於數，凡所錯綜，源流弘遠，是以群才大小，咸取所同而斟酌焉。故性質之士服其平和良正，清靜之人慕其玄虛退讓，文學之士嘉其推步詳密，法理之士明其分數精比，意思之士知其深沉篤固，文章之士愛其著論屬辭，制度之士貴其化略簡要，策謀之士贊其明思通微，凡此諸論，皆取適己所長而舉其支流者也。臣數聽其清談，覽其篤論，漸漬歷年，服膺彌久，實為朝廷奇其器重。以為若此人者，宜輔翼機事，納謀帷幄，當與國道日隆，非世俗所常見也。惟陛下垂優游之聽，使卲承清閒之歡，得自盡於前，則德音上通，輝耀日新矣。』

青龍四年（236）至景初元年（237）之間，奉詔作《都官考課法》。〈本傳〉：「景初中，受詔作《都官考課》。」不過，《三國志‧魏書‧傅嘏傳》卻說：「嘏弱冠知名，司空陳群辟為掾。時散騎常侍劉卲作《考課法》，事下三府。嘏難卲論曰：「案卲考課論，雖欲尋前代黜陟之文，然其制度略以闕亡。」據〈傅嘏傳〉的說法，曾擔任司空陳群之掾的傅嘏，在陳群尚存的時候，即對劉卲作《都官考課》予以論難。而陳群去世的時間，據《三國志‧魏書‧明帝紀》的記載：「青龍四年，十二月癸巳，司空陳群薨。」如此看來，劉卲作《都官考課》最遲也要在青龍四年（236）即開始。另外，《資治通鑑》則將此事繫於景初元年（237）。對此，江建俊解釋說：「竊以為《都官考課》之議，在青龍四年已發起，因其作始終帙，非一時之事，故記載稍有歧異耳。」那麼，劉卲作《都官考課》的時

間，大概起於青龍四年（236）、完稿於景初元年（237）。

又，青龍年間起，劉卲開始醞釀《人物志》，寫成初稿，到景初時期受詔作《都官考課》，而得到充實和完善，隨後即脫稿成書。

魏明帝景初元年（237）五十二歲

魏明帝景初二年（238）五十三歲

劉卲參加「六宗」祭祀的討論。《晉書・禮志》：「至景初二年，大議其神，朝士紛紜，各有所執。惟散騎常侍劉卲以爲萬物負陰而抱陽，沖氣以爲和。六宗者，太極沖和之氣，爲六氣之宗也。」

魏明帝景初三年（239）五十四歲

景初三年（239）、春正月丁亥，明帝崩殂前完成《樂論》十四篇。〈本傳〉：「又以爲宜制禮作樂以移風易俗，著《樂論》十四篇，事成未上。會明帝崩，不施行。」

魏齊王芳正始元年（240）五十五歲

執經講學，賜爵關內侯。〈本傳〉：「正始中，執經講學，賜爵關內侯。」

魏齊王芳正始二年（241）五十六歲

執經講學，賜爵關內侯。

魏齊王芳正始三年（242）五十七歲

執經講學，賜爵關內侯。

魏齊王芳正始四年（243）五十八歲

執經講學，賜爵關內侯。

魏齊王芳正始五年（244）五十九歲

執經講學，賜爵關內侯。

魏齊王芳正始六年（245）六十歲

病卒。追贈光祿勳。子琳嗣。

## 二、劉昞傳（引自《魏書劉昞列傳》）

劉昞，字延明，敦煌人也。父寶，字子玉，以儒學稱。昞年十四、就博士郭瑀學。時瑀弟子五百餘人，通經業者八十餘人。瑀有女始笄，妙選良偶，有心於昞。遂別設一席於坐前，謂諸弟子曰：「吾有一女，年向成長，欲覓一快女婿，誰坐此席者，吾當婚焉。」昞遂奮衣來坐，神志肅然，曰：「向聞先生欲求快女婿，昞其人也。」瑀遂以女妻之。

昞後隱居酒泉，不應州郡之命，弟子受業者五百餘人。李暠私署，徵爲儒林祭

酒、從事中郎。好尙文典，書史穿落者親自補治，昞時侍側，前請代曷。曰：「躬自執者，欲人重此典籍。吾與卿相值，何異孔明之會玄德。」遷撫夷護軍，雖有政務，手不釋卷。曷曰：「卿注記篇籍，以燭繼晝。白日且然，夜可休息。」昞曰：「朝聞道，夕死可矣，不知老之將至，孔聖稱焉。昞何人斯，敢不如此。」昞以三史文繁，著《略記》百三十篇、八十四卷，《涼書》十卷，《敦煌實錄》二十卷，《方言》三卷，《靖恭堂銘》一卷，注《周易》、《韓子》、《人物志》、《黃石公三略》，並行於世。

蒙遜平酒泉，拜祕書郎，專管注記。築陸沉觀於西苑，躬往禮焉，號「玄處先生」，學徒數百，月致羊酒。牧犍尊爲國師，親自致拜，命官屬以下皆北面受業焉。時同郡索敞、陰興爲助教，並以文學見舉，每巾衣而入。

世祖平涼州，士民東遷，夙聞其名，拜樂平王從事郎。世祖詔諸年七十以上聽留本鄉，以子撫養。昞時老矣，在姑臧，歲餘，思鄉而返，至涼州西四百里韭谷窟，遇疾而卒。昞六子。長子僧衍，早亡。次仲禮，留鄉里。次字仲，次貳歸，少歸仁，並遷代京。後分屬諸州，爲城民。歸仁有二子，長買奴，次顯宗。

太和十四年，尙書李沖奏，昞河右碩儒，今子孫沉屈，未有祿潤，賢者子孫宜蒙顯異。於是除其一子爲郢州雲陽令。正光三年，太保崔光奏曰：「臣聞太上立德，其次立功、立言。死而不朽，前哲所尙，思人愛樹，自古稱美。故樂平王從事中郎敦煌劉昞，著業涼城，遺文茲在，篇籍之美，頗足可觀。如或惌爽，當蒙數世之宥，況乃維祖逮孫，相去未遠，而今久淪皁隸，不獲收異，儒學之士，所爲竊歎。臣忝職史教，冒以奏聞，乞敕尙書，推檢所屬，甄免碎役，用廣聖朝旌善繼絕。敦化厲俗，於是乎在。」四月六日詔曰：「昞德冠前世，蔚爲儒宗，太保啓陳，深合勸善。其孫等三家，特可聽免。」河西人以爲榮。〔註1〕

---

〔註1〕見楊家駱主編《新校本魏書附西魏書》卷五十二列傳四十〈劉昞傳〉（臺北：鼎文書局，中華民國 68 年），頁 1160～1161。

# 參考資料

## （一）、主要參考資料

1. 劉卲撰，《人物志》（上海涵芬樓景印明正德刊本，臺灣商務印書館）。
2. 劉卲撰，《人物志》（明顧定芳刊本，國立中央圖書館藏善本）。
3. 劉卲撰，《人物志》（明刊本，國立中央圖書館藏善本）。
4. 劉卲撰，《人物志》（明藍格鈔本，國立中央圖書館藏善本）。
5. 劉卲撰，《人物志》（明梁夢隆刊本，國立中央圖書館藏善本）。
6. 劉卲撰，《人物志》（明李氏思益軒刊本，國立中央圖書館藏善本）。
7. 劉卲撰，《人物志》（明胡氏兩京遺編本，國立中央圖書館藏善本）。
8. 劉卲撰，《人物志》（明胡氏兩京遺編殘本，國立中央圖書館藏善本）。
9. 劉卲撰，《人物志》（明程榮漢魏叢書本，新興書局）。
10. 劉卲撰，《人物志》（明說海彙編本，國立中央圖書館藏書）。
11. 劉卲撰，《人物志》（何允中廣漢魏叢書本，國立中央圖書館藏書）。
12. 劉卲撰，《人物志》（明葉刊評點本，中國子學名著集成編印基金會）。
13. 劉卲撰，《人物志》（臺灣商務印書館景印文淵閣四庫全書本）。
14. 劉卲撰，《人物志》（清王謨增訂漢魏叢書本，大化書局景清乾隆五十六年金谿王氏刻八十六種本）。
15. 劉卲撰，《人物志》（清張海鵬墨海金壺本，文友書店）。
16. 劉卲撰，《人物志》（清王氏畿輔叢書本，藝文印書館）。
17. 劉卲撰，《人物志》（民國鄭國勳龍谿精舍本，中國書店）。
18. 劉卲撰，《人物志》（民國四部備要本，中華書局）。
19. 鮑吳剛，《人物志引得》（臺北：成文出版社，中華民國 63 年）。
20. 牟宗三，《才性與玄理》（臺北：臺灣學生書局，中華民國 67 年 10 月修訂四版）。
21. 鄭玉光，《知人善任的奧秘——劉卲人物志研究譯注》（太原：山西人民出版社，1982 年）。
22. 江建俊，《漢末人倫鑒識之總理則——劉卲人物志研究》（臺北：文史哲出版社，中華民國 72 年）。
23. 郭模，《人物志及注校證》（臺北：文史哲出版社，中華民國 72 年）。
24. 劉君祖，《人物志》（臺北：金楓出版有限公司，中華民國 75 年）。

25. 程兆熊，《人學與人物》（臺北：明文書局，中華民國 76 年）。

26. 王曉毅，《中國古代人才鑒識術——人物志譯注與研究》（長春，吉林文史出版社，1993 年）。

27. 李子濤，《中國識人學——人物志全譯》（河北，河北人民出版社，1995 年）。

28. 王玫，《人物志評注》（北京，紅旗出版社，1996 年）。

29. 陳喬楚，《人物志今註今譯》（臺北：臺灣商務印書館，中華民國 85 年）。

30. 郭泰，《識人學》（臺北：遠流出版社，中華民國 85 年）。

31. 蔡崇名《新編人物志》（臺北：臺灣古籍出版社，2000 年）。

## （二）、一般參考資料

### 1、經　部

1. 《尚書》（《十三經注疏本》，臺北縣：藝文印書館，中華民國 68 年）。

2. 《詩經》（《十三經注疏本》，臺北縣：藝文印書館，中華民國 68 年）。

3. 《周禮》（《十三經注疏本》，臺北縣：藝文印書館，中華民國 68 年）。

4. 《儀禮》（《十三經注疏本》，臺北縣：藝文印書館，中華民國 68 年）。

5. 《禮記》（《十三經注疏本》，臺北縣：藝文印書館，中華民國 68 年）。

6. 《左傳》（《十三經注疏本》，臺北縣：藝文印書館，中華民國 68 年）。

7. 《論語》（《十三經注疏本》，臺北縣：藝文印書館，中華民國 68 年）。

8. 《孟子》（《十三經注疏本》，臺北縣：藝文印書館，中華民國 68 年）。

9. 《爾雅》（《十三經注疏本》，臺北縣：藝文印書館，中華民國 68 年）。

10. 元·楊桓，《六書統》（元至大元年〔西元 1308 年〕江浙行省刊，國立中央圖書館藏）。

11. 明·張忻，《篇海》（明崇禎甲戌七年〔西元 1634 年〕北海張氏刊本）。

12. 明·宋濂，《篇海類編》〈日本寬文九年〔西元 1669 年〕刊本〉。

13. 明·張自烈，《正字通》〈清康熙十年〔西元 1671 年〕張氏弘文書院刊本，故宮博物院藏〉。

14. 宋·丁度，《集韻》〈清康熙四十五年〔西元 1706 年〕揚州使院重刊，國立中央圖書館藏）。

15. 清·朱駿聲《說文通訓定聲》，（臺北：宏業書局，中華民國 63 年再版）。

16. 周法高等，《金文詁林》〈香港：香港中文大學，1975 年〉。

17. 宋·陳彭年，《新校正切宋本廣韻》（臺北：黎明文化事業有限公司，中華民國 65 年）。

18. 明·樂韶等，《洪武正韻》（國家圖書館藏）。

19. 清·阮元等，《經籍纂詁，（臺北：宏業書局，中華民國 66 年再版）。

20. 清·段玉裁，《說文解字注》〈臺北縣：藝文印書館，中華民國 68 年）。

21. 晉・郭璞,《爾雅》〈北京:中華書局,1985 年〉。

22. 魏・張楫,《廣雅》(臺北:臺灣商務印書館,中華民國 75 年)。

23. 漢・孔鮒,《小爾雅》(臺北:新文豐出版社,中華民國 75 年)。

24. 清・鄭珍,《說文新附考》(臺北:新文豐出版社,中華民國 75 年)。

## 2、史　部

1. 李源澄《秦漢史》(臺北:臺灣商務印書館,中華民國 59 年 7 月臺三版)。

2. 漢・司馬遷,《史記》(臺北:鼎文書局,中華民國 64 年)。

3. 東漢・班固,《漢書》(臺北:洪氏出版社,中華民國 64 年)。

4. 宋・范曄,《後漢書》(臺北:鼎文書局,中華民國 64 年)。

5. 晉・陳壽,《三國志》(臺北:洪氏出版社,中華民國 64 年)。

6. 盧弼,《三國志集解》〈臺北縣:藝文印書館〉。

7. 楊家駱,《新校本晉書並附編六種》(臺北:鼎文書局,中華民國 65 年)。

8. 楊家駱,《新校本北史並附編三種》(臺北:鼎文書局,中華民國 65 年)。

9. 楊家駱,《新校本新唐書附索引》(臺北:鼎文書局,中華民國 65 年)。

10. 宋・司馬光,《資治通鑑》(臺北:啓業書局,中華民國 66 年)。

11. 錢穆,《中華學術思想史論叢》(臺北:東大圖書公司,中華民國 66 年)。

12. 楊家駱,《新校本舊唐書附索引》(臺北:鼎文書局,中華民國 68 年)。

13. 楊家駱,《新校本隋書附索引》(臺北:鼎文書局,中華民國 68 年)。

14. 梁廷燦,《歷代名人生卒年表》(臺北:臺灣商務印書館,中華民國 68 年 11 月臺二版)。

15. 楊家駱,《新校本宋史並附編三種宋史翼》(臺北:鼎文書局,中華民國 69 年)。

16. 清・趙翼,《廿二史箚記》(臺北:世界書局,中華民國 69 年 2 月八版)。

17. 勞思光,《中國哲學史》〈香港:香港中文大學崇基學院,1980 年 11 月三版〉。

18. 孫文良,《中國官制史》(臺北:文津出版社,1993 年)。

19. 邱創煥,《文官制度論叢》(臺北:上海印刷廠,1993 年)。

20. 唐・杜佑,《通典》(臺北:臺灣商務印書館,中華民國 75 年)。

21. 元・馬端臨,《文獻通考》(臺北:臺灣商務印書館,中華民國 75 年)。

22. 吳怡,《中國哲學發展史》(臺北:三民書局,中華民國 78 年 12 月三版)。

23. 孫述圻,《六朝思想史》〈江蘇:南京出版社,1992 年〉。

24. 余書麟,《中國儒家心理思想史》(臺北:心理出版社,中華民國 83 年)。

25. 楊志玖,《中國古代官制講座》(臺北:萬卷樓圖書有限公司,1997 年)。

## 3、子　部

1. 晉・孔晁,《逸周書》(臺北:臺灣中華書局,中華民國 55 年)。

2. 《陽明全書》（臺北：臺灣中華書局，中華民國 55 年）。

3. 漢・王符，《潛夫論》（臺北：世界書局，中華民國 56 年 9 月再版）。

4. 漢・徐幹，《中論》（臺北：世界書局，中華民國 56 年 9 月再版）。

5. 清・魏源，《老子本義》（臺北：臺灣商務印書館，中華民國 61 年臺三版）。

6. 牟宗三，《歷史哲學》（臺北：樂天出版社，中華民國 62 年）。

7. 郭慶藩，《莊子集釋》（臺北：河洛圖書出版社，中華民國 63 年）。

8. 三國・王弼，《老子註》〈臺北縣：藝文印書館，中華民國 64 年三版〉。

9. 清・顧炎武，《原抄本日知錄》〈臺南：唯一書業中心，中華民國 64 年〉。

10. 楊家駱，《世界文庫四部刊要淮南子》（臺北：世界書局，中華民國 65 年）。

11. 勞榦，《漢代政治論文集》〈臺北縣：藝文印書館，中華民國 65 年〉。

12. 唐君毅，《中國哲學原論》（臺北：臺灣學生書局，中華民國 67 年）。

13. 清・王先謙，《荀子集解》（臺北：世界書局，中華民國 67 年十版）。

14. 楊家駱，《韓非子集解》（臺北：世界書局，中華民國 68 年）。

15. 秦・呂不韋，《呂氏春秋》（臺北：中國子學集成編印基金會，中華民國 69 年）。

16. 漢・賈誼，《新書》（臺北：中國子學集成編印基金會，中華民國 69 年）。

17. 漢・董仲舒，《春秋繁露》（臺北：中國子學集成編印基金會，中華民國 69 年）。

18. 漢・王充，《論衡》（臺北：中國子學集成編印基金會，中華民國 69 年）。

19. 晉・葛洪，《抱朴子》（臺北：中國子學集成編印基金會，中華民國 69 年）。

20. 唐・馬驄，《意林》（臺北：中國子學集成編印基金會，中華民國 69 年）。

21. 清・陳立，《白虎通疏證》（臺北：中國子學集成編印基金會，中華民國 69 年）。

22. 清・趙曦明，《顏氏家訓注》〈台北縣：漢京文化事業公司，中華民國 70 年〉。

23. 錢穆，《兩漢經學今古文評議》（臺北：東大圖書公司，中華民國 72 年 9 月臺三版）。

24. 高明，《大戴禮記今註今譯》（臺北：臺灣商務印書館，中華民國 73 年 3 月修訂初版）。

25. 賀昌群、容肇祖等，《魏晉思想甲編五種》（臺北：里仁書局，中華民國 73 年）。

26. 漢・楊雄，《法言》〈北京：中華書局，1985 年〉。

27. 唐・李德裕，《李衛公會昌一品集別集外集補遺》〈北京：中華書局，1985 年〉。

28. 漢・戴德，《大戴禮記》（臺北：新文豐出版社，中華民國 75 年）。

29. 唐・趙蕤，《長短經》（臺北：臺灣商務印書館，中華民國 75 年）。

30. 王葆玹，《正始玄學》〈山東：齊魯書社，1987 年〉。

31. 周紹賢，《魏晉清談述論》（臺北：臺灣商務印書館，中華民國 76 年）。

32. 舊題管仲撰，《管子》（臺北：世界書局，中華民國 77 年）。

33. 王邦雄等，《中國哲學家與哲學專題》〈臺北縣：國立空中大學，中華民國 78 年〉。

34. 孔建民，《古代用人方略》〈北京：中國政法大學出版社，1989 年〉。

35. 何啓民，《魏晉思想與談風》（臺北：臺灣學生書局，中華民國 79 年）。

36. 宋・劉義慶，《世說新語》（臺北：臺灣中華書局，中華民國 81 年七版二刷）。

37. 黃貴民主編，《人觀、意義與社會》（臺北：中央研究院民族研究所，中華民國 82 年）。

38. 徐培根，《太公六韜今註今譯》（臺北：臺灣商務印書館，中華民國 82 年四月修訂版第四次印刷）。

39. 《魏晉南北朝文學與思想學術研討會論文集》（臺北：國立成功大學中文系，文津出版社，中華民國 82 年）。

40. 戴燕，《玄意幽遠──魏晉玄學風度》〈風雲時代出版社，1994 年〉。

41. 安居香山、中村璋八輯，《緯書集成》〈河北：河北人民出版社，1994 年〉。

42. 周紹賢等，《魏晉哲學》（臺北：五南圖書出版公司，中華民國 85 年）。

43. 孫星衍，《廉石居藏書記內篇》〈中華書局據式訓堂叢書本排印〉。

## 4、集　部

1. 宋・胡繼宗，《書言故事大全》〈明萬曆己丑十七年（1589）吳伯仁刊本〉。

2. 梁・昭明太子，《昭明文選》（臺北：文化圖書公司，中華民國 64 年再版）。

3. 清・唐彪，《讀書作文譜》（臺北：偉文圖書出版社，中華民國 65 年）。

4. 清代學人，《筆記小說四編》（臺北：新興書局，中華民國 76 年）。

5. 明・張溥，《漢魏百三家集》（景印摛藻堂四庫全書薈要，臺北：世界書局，中華民國 77 年）。

6. 《御定全唐詩》（景印摛藻堂四庫全書薈要，臺北：世界書局，中華民國 77 年）。

7. 《御選宋詩》（景印摛藻堂四庫全書薈要，臺北：世界書局，中華民國 77 年）。

8. 宋・洪興祖，《楚辭補注》〈三重：長安出版社，中華民國 80 年〉。

9. 清・嚴可均，《全上古三代秦漢六朝文》〈北京：中華書局，1995 年〉。

## （三）學位論文及期刊論文

1. 孫人和，〈人物志舉正〉（《北平圖書館月刊》第三卷第一號，中華民國 16 年 3 月）。

2. 林麗真，〈讀人物志〉（《中國書目季刊》第九卷第二期，中華民國 64 年 9 月）。

3. 林麗真，〈魏晉清談主題之研究〉（《國立臺灣大學中文研究所博士論文》，中華民國 67 年 6 月）。

4. 金貞姬，〈劉邵人物志之哲學底反省〉（《國立臺灣大學中國文學研究》第八期，1994 年 5 月）。

5. 馮友蘭，〈魏晉之際關於名實、才性的辯論〉（《中國哲學史研究》，1983 年第 4 期）。

6. 徐光太、張和敬，〈一部彌足珍貴的人才學專著──劉邵人物志初探〉(《安徽師大學報哲學社會科學報》，1988 年第 3 期)。

7. 吳丕，〈人物志政治思想分析〉(《北京大學學報哲學社會科學版》，1989 年第 3 期)。

8. 李軍，〈論三世紀世界傳統教育的一朵奇葩──劉邵人物志教育思想初探〉(《哲學與文化》二十卷第二期，1993 年 2 月)。

9. 王曉毅，〈人物志成書、版本及學術價值〉(《書目季刊》第二十九卷第二期，中華民國 84 年 9 月)。

10. 莊耀郎，〈論人物志的英雄理論及英雄人物〉(《國立臺灣師範大學國文學報》第二十五期，中華民國 85 年 6 月)。

11. 李建中，〈轉型時期的才性理論──劉邵人物志研究〉(《蘇州大學學報哲學社會科學版》，1996 年第 3 期)。

12. 彭震球，〈人物志之論旨及其時代背景〉(《文史季刊》第一卷第四期)。

13. 顏承繁，〈人物志在人性學上的價值〉(《國立臺灣師範大學國文研究所集刊》第二十三號)。

14. 賴麗蓉，〈人物志何以入名家〉(《鵝湖月刊》第二一卷第四期總號第二四四)。

15. 李幸錦，〈人物志其人、其書之探究〉(《鵝湖月刊》第二四卷第三期)。

16. 戴卓英，〈人物志淺論〉(《中國工商學報》第八期)。

17. 高柏園，〈人物志論性之哲學根據與論性傳統〉(《鵝湖月刊》第二四卷第八期)。

18. 楊吉仁，〈三國時代用人制度之研究〉(《台北市立女子師範專科學校學報》)。

19. 馮承基，〈三國志魏志劉邵傳滯義疏略〉(《書目季刊》第九卷第二期)。

20. 郭有遹，〈評劉邵的人物志〉(《書和人》第五○六期)。

21. 錢國盈，〈魏晉人性論研究〉(《國立臺灣師範大學國研所集刊》第三十六號)。

22. 蕭振邦，〈魏晉前期審美觀的轉化與特色暨人物志的美學意義〉(《中央大學人文學報》)。

## (四) 其 它

1. 《中國學術類編整理本鼎文版古今圖書集成》(臺北：鼎文書局，中華民國 74 年再版)。

2. 《臺灣商務印書館景印文淵閣四庫全書》(臺北：清·紀昀等纂，中華民國 75 年)。

3. 《叢書集成新編》(臺北：新文豐出版社，中華民國 75 年)。

4. 《世界書局景印欽定四庫全書薈要》(臺北：四庫全書，中華民國 77 年)。

5. 宋·李昉等編纂，《太平御覽》(臺北：臺灣商務印書館影印靜嘉堂文庫藏宋刊本，1980 年臺四版)。

人物志卷上

魏　散騎常侍劉邵撰

京　儒林祭酒劉昞注

九徵一　體別二

流業三　材理四

九徵第一 人物情性，志性形驗，性氣有九，由稟染習，是以觀人察物，當尋其性質也

蓋人物之本，出乎情性。性氣之稟，由於自然，情性之理，甚微而玄，非聖人

觀人察物，當尋其性質也。情性之理，甚微而玄，非聖人

之察其孰能究之哉 知無形狀，故常人莫貌，惟聖人目擊而

凡有血氣者，莫不含元一以為質 質，至則不則

體五行而著形 骨勁筋柔，皆金木之意別矣，故稟陰陽以立性

可即而求之者 由受稟白素著也，故拘凡人之質

量中和最貴矣 者，百行之根本，人情之良

田中和之質，必平淡無味，故能調成五材，變化應節 也，不則不甘矣，若不能釀矣，故能調成五材，變化應節也

書影二　明嘉靖八年上海顧定芳刊本

人物志卷上

　魏　散騎常侍劉邵　撰

　涼　儒林祭酒劉昞　注

九徵一　　體別二

流業三　　材理四

九徵第一

人物情性志氣不同

徵神見貌形驗有九

益人物之本出乎情性

人物之本出乎情性變由於染習是以

觀人察物當質性質稟之自然情

詩其性質也　情性之理甚微而玄非聖人

書影三　明刊本

人物志卷上

　魏　散騎常侍劉邵撰

　涼　儒林祭酒劉昞注

九徵一　體別二

流業三　材理四

九徵第一

人物情性志氣不同　徵神見貌形驗有九

蓋人物之本出乎情性發由於染習是以

觀人察物當尋其性質也情性之理甚微而玄非聖人

書影四　明藍格鈔本

人物志卷上

魏　散騎常侍劉邵撰

涼　儒林祭酒劉昞注

九徵一
流業三
材理四
體別二

九徵第一

蓋人物之本出乎情性情性之理甚微而玄非聖人之察其孰能究之哉

凡有血氣者莫不含元一以為質稟陰陽以立性體五行而著形苟有形質猶可即而求之

人物情性志氣不同凡物情性志氣有九人稟之以為質故曰質也性質稟之自然情變由於染習是以觀人察物當尋其性質也

九徵第一徵神見貌形驗有九之自然情變由於染習是以觀人察物當尋其性質

凡人物之本出乎情性情性之理甚微而玄非聖人之察其孰能究之哉也質情性之理甚微而玄非聖人之察其孰能究之哉也

知無形狀目故常人不能觀惟聖人目擊而照之也

書影五　明隆慶六年真定梁夢龍刊本

人物志卷上

魏　散騎常侍劉邵撰

涼　儜林祭酒劉昞注

九徵一　　體別二

流業三　　材理四

九徵第一　人物情性志氣不同

蓋人物之本出乎情性性質稟之自然情變由於染習是以

觀人察物當觀其性質也情性之理甚微而玄非聖人

書影六　明李氏思益軒刊本

人物志卷上

魏　散騎常侍劉邵撰

涼　儒林祭酒劉昞注

九徵一　體別二

流業三　材理四

九後第一

夫人物之本出乎情性情性之理甚微而玄非聖人

書影七　明胡氏兩京遺編本

人物志卷上

魏　散騎常侍劉邵撰

涼　儒林祭酒劉昞注

九徵一　體別二

流業三　材理四

九徵第一

人物情性，志氣不同，徵神見貌，形驗有九。

蓋人物之本，出乎情性。情性之理，甚微而玄，非聖人之察，其孰能究之哉。

其性質稟之自然，情變由於習染，是以觀人、察物，當尋其質也。

知無形狀，惟聖人目擊而照之，凡有……

書影八　明胡氏兩京遺編殘本

人物志卷上

魏散騎常侍劉邵撰

涼儒林祭酒劉昞注

九徵一　體別二

流業三　材理四

九徵第一

蓋人物之本出乎情性

情性之理甚微而玄非聖人之察

其孰能究之哉

書影九　明程榮漢魏叢書本

人物志卷上

魏　廣平劉邵著
凉　燉煌劉昺注
明　新安程榮校

九徵第一

人物志〈卷上〉

蓋人物之本，出乎情性。情性之理，甚微而玄，非聖人之察，其孰能究之哉。

凡有血氣者，莫不含元一以為質，稟陰陽以立性，體五行而著形。苟有形質，猶可即而求之。

凡人之質量，中和最貴矣。中和之質，必平淡無味，故能調成五材，變化應節。

是故觀人察質，必先察其平淡，而後求其聰明。

聰明者，陰陽之精。陰陽清和，則中叡外明，聖人淳耀，能兼二美，知微知章。

自非聖人莫能兩遂。故明白之士，達動

書影十　明說海彙編本

人物志卷上

　　魏　廣平劉邵著　劉昞釋篇

九徵第一　人物情性志氣不同神見貌說形驗有九

蓋人物之本出乎情性情性之理甚微而玄非聖人之察其孰能究之哉凡有血氣者莫不含元一以為質稟陰陽以立性體五行而著形苟有形質猶可即而求之凡人之質量中和最貴矣中和之質必平淡無味故能調成五材變化應節是故觀人察質必先察其平淡而後求其聰明聰明者陰陽之精陰陽清

書影十一　明何允中廣漢魏叢書本

魏　廣平劉邵著　劉昞釋篇

九徵第一

人物情性志氣不同
徵神見貌形驗有九

蓋人物之本出乎情性情性之理甚微而玄非聖人
之察其孰能究之哉凡有血氣者莫不含元一以為
質禀陰陽以立性體五行而著形苟有形質猶可即
而求之凡人之質量中和最貴矣中和之質必平淡
無味故能調成五材變化應節是故觀人察質必先
察其平淡而後求其聰明聰明者陰陽之精陰陽清

人物志

書影十二　明葉刊評點本

人物志卷上

　　魏散騎常侍劉邵撰

　　涼儒林祭酒劉昞注

九徵第一　徵神見貌形驗有九

人物情性志氣不同性質稟之自然情變出於染習是以觀人察物當尋其性

蓋人物之本出乎情性情性之理甚微而玄非聖人之察其孰能究之哉

質也凡有血氣者莫不含元一以為質稟陰陽以立性性資於陰陽故剛柔之意別矣體五行而著形骨勁筋柔皆稟精於金木苟有形質猶可即而求

為質質不至則不能觀惟聖人目撃而照之知無形狀故常人不能

體五行而著形稟精於金木苟有形質猶可即而求

人物志卷上　九徵第

一

## 書影十三　欽定四庫全書本

欽定四庫全書

人物志卷上

魏　劉卲　撰
涼　劉昞　注

九徵第一

蓋人物之本出乎情性情性之理甚微而玄非聖人之察其孰能究之哉凡有血氣者莫不含元一以為質稟陰陽以立性體五行而著形苟有形質猶可即而求之著形骨勁筋柔皆由金木苟有形質猶可即而求之中和之質必平淡無味故能調成五材變化應節是故觀人察質必先察其平淡而後求其聰明聰明者陰陽之精陰陽清和則中叡外明聖人淳耀能兼二美知微知章自非聖人莫能兩遂雖得之於

## 書影十四　清王謨增訂漢魏叢書本

人物志卷上

魏　廣平劉邵著
宋　新羅蘭玉校

九徵第一

蓋人物之本出乎情性情性之理甚微而元非聖人之察其孰能究之哉凡有血氣者莫不含元一以為質稟陰陽以立性體五行而著形苟有形質猶可即而求之凡人之質量中和最貴矣中和之質必平淡無味故能調成五材變化應節是故觀人察質必先察其平淡而後求其聰明聰明者陰陽之精陰陽清和則中叡外明聖人淳耀能兼二美知微知章自非聖人莫能兩遂

書影十五　清張海鵬墨海金壺本

人物志卷上

墨海金壺　子部

魏　劉卲　撰

涼　劉昞　注

九徵一

流業三

體別二

材理四

九徵第一
人物情性志氣有九徵神見貌形驗性質是以觀人察物當尋其性質也惟聖人能觀形狀不至歷四時則不能觀常實

蓋人物之本出乎情性，情性之理甚微而元非聖人之察其孰能究之哉。人之染習由於性質也卻無形狀不能觀察要情性

凡有血氣者莫不含元一以為質，涉寒不至歷歷矣故要

陰陽以立性，性資於陰陽故剛柔之意別矣故體五行而著形，骨勁筋柔皆稟形於

形質猶可即而求之者得其情素也。凡人之質量中和最苟有

書影十六　清畿輔叢書本

人物志卷上

魏邯鄲劉劭撰

涼燉煌劉昞注

畿輔叢書

九徵一
　體別二
　流業三
　材理四

九徵第一　人物情性性志氣不同
蓋人物之本出乎情性是以觀人察物當尋其性質也情之理甚微而元非聖人之察其孰能究之哉故人之察物常尋其性質稟之自然情變由於染習故性質稟之自然情變由於染習故體別矣無形狀不

凡有血氣者莫不含元一以爲質不能涉寒能觀惟聖人凡有血氣者莫不含元一以爲質不至則日擊而照之

暑歷四時稟陰陽以立性剛柔之意別矣體五行而著形筋骨勁皆稟精於陰陽故體五行而著形筋骨勁

於金木苟有形質猶可卽而求之者得其情素也凡人

人物志卷上
一

書影十七　民國鄭國勳龍谿精舍本

人物志卷上

魏　散騎常侍劉卲撰
涼　儒林祭酒劉昞注

九徵一
流業三
材理四
體別二

人物志　卷上　　　龍谿精舍校刊

九徵第一

蓋人物之本，出乎情性。情性之理，甚微而玄，非聖人之察，其孰能究之哉？凡有血氣者，莫不含元一以為質，稟陰陽以立性，體五行而著形。苟有形質，猶可即而求之者也。

凡人之質量，中和最貴矣。中和之質，必平淡無味；故能調成五材，變化應節。是故觀人察質，必先察其平淡，而後求其聰明。聰明者，陰陽之精。陰陽清和，則中叡外明；聖人淳耀，能兼二美。知微知章，自非聖人莫能兩遂。故明白之士，達動之機，而暗於玄慮；玄慮之人，識靜之原，而困於速捷。猶火日外照，不能內見；金水內映，不能外光。二者之義，蓋陰陽之別也。若量其材質，稽諸……

書影十八　民國四部備要本

人物志卷上

魏　劉　卲　撰

涼　劉　昞　注

九徵一

　流業三　　　　　材理四

九徵一

　　　　　體別二

九徵第一　人物情性志氣不同

蓋人物之本出乎情性情性之理甚微而元非聖人之察其孰能究之哉

質情性之故當人之能凡有血氣者莫不含元一以

觀惟聖人目之能凡四時歷
知惟聖人目之能凡四時歷

為質涉寒暑歷四時禀陰陽以立性

體五行而著形禀骨勁筋金木皆有形質猶可即而求

之者由得其色情外素著也

之味甘受人情中和之艮者百行也

人物志卷上

中華書局聚

凡人之質量中和最貴矣惟

中和之質必平淡無味也故采白

一